献给天津考古70周年

（1953～2023）

天津文化遗产保护成果系列之三

天津考古

（三）

天津市文化遗产保护中心　编著

科学出版社

北京

内 容 简 介

本书集中刊布了天津市近十年来考古调查、勘探和发掘新成果,包括主动性考古、基本建设工程考古和抢救性发掘等最新资料,以发掘报告、简报为主,也包括部分重要项目的主动性调查、勘探报告。本书是天津市文化遗产保护中心成立以来,继《天津考古》(一)、《天津考古》(二)之后,科学、系统地整理出版天津地区阶段性考古成果的文集,集科学性与研究性于一体,对于研究天津地域历史文化具有重要的资料价值和学术价值。

本书可供考古、历史、文博等方面研究人员,以及高等院校相关专业师生和广大文物考古爱好者阅读、参考。

图书在版编目(CIP)数据

天津考古. 3 / 天津市文化遗产保护中心编著. —北京:科学出版社,2023.6
(天津文化遗产保护成果系列)
ISBN 978-7-03-075652-7

Ⅰ. ①天… Ⅱ. ①天… Ⅲ. ①考古工作–天津 Ⅳ. ①K872.21

中国国家版本馆CIP数据核字(2023)第098750号

责任编辑:王光明 / 责任校对:邹慧卿
责任印制:肖 兴 / 封面设计:张 放

科学出版社 出版
北京东黄城根北街 16 号
邮政编码:100717
http://www.sciencep.com
北京汇瑞嘉合文化发展有限公司 印刷
科学出版社发行 各地新华书店经销
*
2023年6月第 一 版 开本:889×1194 1/16
2023年6月第一次印刷 印张:22 1/4 插页:27
字数:738 000
定价:**288.00元**
(如有印装质量问题,我社负责调换)

出版说明

考古资料整理和报告编写是考古工作者的重要职责之一。考古发现新材料的及时整理和发表无疑对考古学研究及其后续文化遗产价值阐释、保护利用具有重要基础性作用。随着天津考古新发现、新材料的积累和前期整理工作的推进，天津市文化遗产保护中心决定在2013年出版《天津考古》（一）、《天津考古》（二）基础上，集众考古人之力，特别是年轻考古专业人员，对近年来开展的主动性考古、基建考古和抢救性考古项目进行一次再梳理，结集出版《天津考古》（三）。

《天津考古》（三）主要收录2010年至2020年，天津开展的考古调查、勘探、发掘项目，共计考古报告（简报）25篇，全部为首次公开发表。考古报告（简报）依遗存年代由早及晚排列，为方便读者阅读参考，本书也尽量多地选取了重要和有代表性的遗迹和遗物照片作为书后图版。

本书主要包括以下两部分内容：

第一部分为考古调查与勘探报告（简报）5篇，主要发表天津地区近年来开展的重要专题考古调查（勘探）项目成果，涵盖旧石器、明代窑址、明清海防遗存、天津海域水下考古重点调查等不同时期考古材料。

第二部分为考古发掘报告（简报）20篇，主要发表近年来天津地区开展的代表性和零散的考古发掘成果，遗存时代涵盖春秋战国至明清时期，遗存涵盖古遗址、古墓葬、窑址、窖藏、水井、佛塔等多种类型。

本书的出版，对解决一定时期内天津考古材料积压有积极推动作用，同时又为中小型、零散考古材料及时发表提供了平台、创造了条件。希望本书的出版，能为天津考古和地域历史文化研究者提供有益的参考和帮助。

本书中每篇报告的执笔者基本为该项目的考古负责人，限于作者水平和整理写作时间，书中难免存在不足之处，敬请专家和读者在使用中批评指正。

天津市文化遗产保护中心

2023年6月

目　录

考古调查与勘探

考 古 发 掘

考古调查与勘探

蓟州段庄旧石器地点调查简报

天 津 市 文 化 遗 产 保 护 中 心
吉 林 大 学 边 疆 考 古 研 究 中 心
天 津 市 蓟 州 区 文 化 遗 产 保 护 中 心

一、引　言

2005年3～5月，天津市文化遗产保护中心首次在天津蓟县地区发现旧石器地点，后经整理共拟合成13处，采集石制品千余件[1]。2007年5月至7月，由天津市文化遗产保护中心和中国科学院古脊椎动物与古人类研究所联合组队，对其中东营坊遗址进行了考古发掘，出土大量石制品[2]。上述工作填补了天津地区旧石器考古的空白，丰富了研究环渤海地区古人类与古环境的资料。

为进一步廓清天津地区旧石器文化发展脉络，建立、完善天津旧石器考古遗存时空框架和编年序列，2015年4月至5月，在前期考古调查成果基础上，天津市文化遗产保护中心、吉林大学边疆考古研究中心、蓟县文物保管所再次联合组队，通过认真分析研判，对蓟县北部高海拔和高阶地等区域开展旧石器考古重点调查。调查队新发现旧石器地点14处，采集石制品数百件，进一步丰富了天津地区旧石器时代文化内涵和既有认识。考古调查期间，在下营镇段庄村附近发现一处旧石器地点，共获石制品49件。本文即是对此地点发现的初步报告和分析研究。

二、地理位置、地貌与地层

（一）地理位置

段庄地点位于天津市蓟州区下营镇段庄村沟河东岸的Ⅱ、Ⅲ和Ⅳ级阶地上。西距沟河1千米，西北距段庄村1.4千米，东南距下营镇1.5千米。地理坐标为北纬40°11′59.1″，东经117°27′13.42″（图一）。

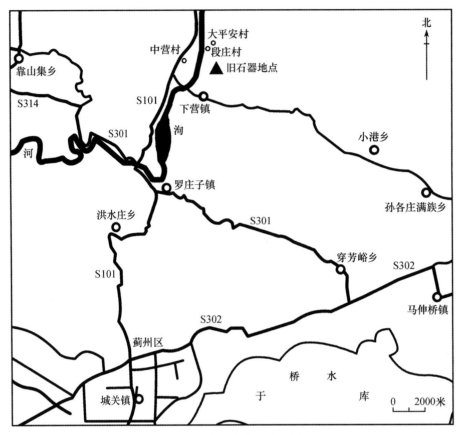

图一　段庄地点位置示意图

（二）地貌与地层

1. 地貌

段庄地点位于天津市蓟州区北部，该地区属于天山—阴山—燕山纬向构造带。长期的海陆变迁，使北部地区褶皱隆起形成东西走向的燕山山脉，南部断裂下沉堆积成为平原，主断裂线方向也为东西走向。新生代新近纪末期的喜马拉雅运动以及后来的新构造运动，使该地区北部继续隆起上升，南部继续下沉堆积，形成本地点所在的地区北部高、南部低的地势[3]。

2. 地层

沟河在地点西侧自北向南流过，形成河谷阶地的侵蚀地貌。Ⅰ级阶地缺失；Ⅱ、Ⅲ和Ⅳ级阶地为侵蚀阶地，下部为花岗岩基岩，上部为耕土层。石器皆出土于Ⅱ、Ⅲ和Ⅳ级阶地上部的耕土层中，无文化层堆积，其海拔分别为211米、228米和299米（图二）。

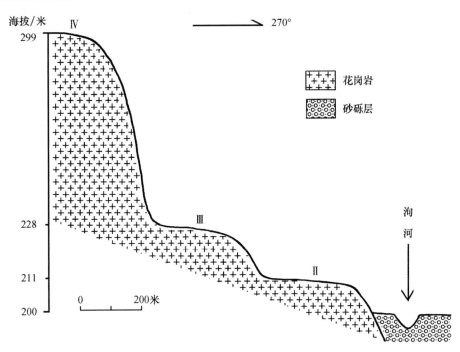

图二　段庄地点河谷剖面示意图

三、石器的分类与描述

此地点在Ⅱ、Ⅲ和Ⅳ级阶地共发现石器49件，包括石核、石片、断块和工具[4]，具体分析如下。

（一）Ⅱ级阶地的石器分类与描述

共发现石器21件，包括石核、石片、断块和工具（图版一，1）。

1. 石核

共3件。根据台面的多少分为单台面和双台面石核。

单台面　2件。长54.1～75.2、平均长64.7毫米；宽41.9～58.6、平均宽50.3毫米；厚25.3～39.4、平均厚32.4毫米；重79.3～101.4、平均重90.4克。原料皆为石英砂岩，均为锤击法剥片。标本15TJDZⅡ：17，长48、宽39.4、厚39.4毫米，重101.4克。形状呈正方体。自然台面，长45.5、宽42毫米，呈长方形，台面角71.5°。1个剥片面，6个剥片疤，最大的长27.2、宽19.5毫米（图三，2）。

双台面　1件。标本15TJDZⅡ：6，长60、宽60.8、厚35.3毫米，重170.7克。原料为砂岩。椭圆形砾石，锤击法剥片。A台面，自然台面，台面角106.2°。1个剥片面，1个剥片疤，长50、宽31.4毫米。B台面，自然台面，台面角101.2°。1个剥片面，3个剥片疤，最大的长14.6、宽20.5毫米（图三，5）。

整体来看，石核以砾石毛坯为主，片状较少。最大者为75.2毫米。原料为石英砂岩和砂岩，锤击法剥片。石核以单台面为主，双台面较少，且皆为自然台面，剥片面皆有1个，剥片率不高，可能跟原料的优劣有关。

2. 石片

共3件。均为横向断片，分为近端和远端断片。

近端断片　1件。标本15TJDZⅡ：3，长48.7、宽60、厚13.8毫米，重42.2克。原料为石英砂岩。锤击石片。有脊台面。石片角为82.5°。打击点散漫，半锥体较平，无锥疤，同心波不清晰，放射线清晰。劈裂面左侧有1片小石片疤。背面均为石片疤，剥片方向为转向剥片。远端折断（图三，9）。

远端断片　2件。长28.7～37、平均长32.9毫米；宽39.5～66.9、平均宽53.2毫米；厚13.2～18.6、平均厚15.9毫米；重14.2～35.5、平均重24.9克。原料为砂岩和角岩。标本15TJDZⅡ：16，长28.7、宽39.5、厚13.2毫米，重14.2克。原料为角岩。劈裂面凸，同心波清晰，放射线不清晰。背面为节理面和石片疤，剥片方向为向心剥片（图三，8）。

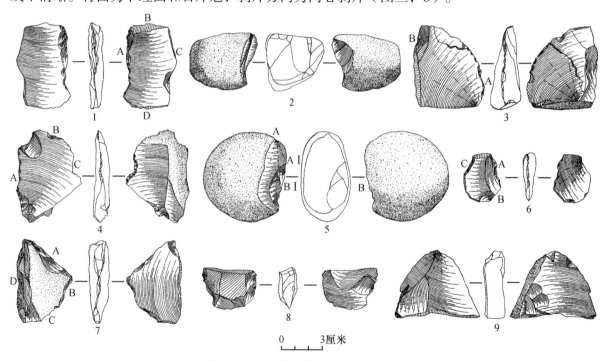

图三　段庄地点发现的部分石核、断片和三类工具

1. 单凹刃刮削器（15TJDZⅡ：18）　2. 单台面石核（15TJDZⅡ：17）　3. 单凸刃刮削器（15TJDZⅡ：8）　4. 复刃刮削器（15TJDZⅡ：10）　5. 双台面石核（15TJDZⅡ：6）　6. 单直刃刮削器（15TJDZⅡ：14）　7. 单尖刃刮削器（15TJDZⅡ：15）　8. 远端断片（15TJDZⅡ：16）　9. 近端断片（15TJDZⅡ：3）

3. 断块

1件。标本15TJDZⅡ：7，呈块状，形状不规整，难以划分类型。长41.5、宽19.3、厚14毫米，重11.2克。原料为石英砂岩。

4. 工具

共14件。均为三类工具（修理工具），包括刮削器和凹缺刃器。

刮削器　12件。可分为单、双和复刃。

单刃　10件。分为直、凸、凹和尖刃。

直刃　2件。长34.2～51.1、平均长42.7毫米；宽25.9～34.9、平均宽30.4毫米；厚8.9～13、平均厚11毫米；重7.6～27.6、平均重17.6克。原料均为石英砂岩。均为片状毛坯。刃长26.4～44.1毫米，刃角33.9°～59.1°。标本15TJDZⅡ：14，长34.2、宽25.9、厚8.9毫米，重7.6克。背面为石片疤，剥片方向为向心剥片。A处为刃缘，有大且深的单层鱼鳞状修疤，锤击法、正向修理，刃长26.4、刃角33.9°。B处折断是为了修形。C处经过简单加工，是为了修理把手，便于执握（图三，6）。

凸刃　1件。标本15TJDZⅡ：8，长61.3、宽51.1、厚22.4毫米，重63.3克。原料为石英砂岩。毛坯为双阳面石片。仅在刃缘局部A处有大且深的单层鱼鳞状修疤，锤击法、正向修理，刃长72.5毫米，刃角59.2°。B处经过简单加工，是为了修理把手，便于执握（图三，3）。

凹刃　5件。长33.1～99.9、平均长73.6毫米；宽28.8～128.2、平均宽68.7毫米；厚9.9～33.2、平均厚22.9毫米；重15.3～222.9、平均重129.2克。原料为石英砂岩和燧石。片状和块状毛坯，其中有1件双阳面石片。刃长25～50.5毫米，刃角39.1°～77.2°。标本15TJDZⅡ：18，长60.3、宽36.7、厚9.9毫米，重25.8克。毛坯为双阳面石片。A处为刃缘，两侧有大且深的双层鱼鳞状修疤，锤击法、复向修理，刃长33.2毫米，刃角49.7°。B和D处折断是为了修形。C处折断是为了修理把手，便于执握（图三，1）。

尖刃　2件。长43.9～59.2、平均长51.6毫米；宽40～50.4、平均宽45.2毫米；厚14.2～19.3、平均厚16.8毫米；重28～33.7、平均重30.9克。原料均为石英砂岩。均为片状毛坯。刃角85.2°～106.8°。标本15TJDZⅡ：15，长59.2、宽40、厚14.2、重28克。背面为石片疤和自然面。A处刃修疤大且深，呈双层鱼鳞状，锤击法、正向修理，刃长39毫米。B处刃修疤大且深，呈单层鱼鳞状，锤击法、正向修理，刃长24.5毫米。A处刃和B处刃相交于一角，刃角106.8°。C和D处经简单加工，是为了修理把手，便于执握（图三，7）。

双刃　1件。标本15TJDZⅡ：19，长39.2、宽86.2、厚27.6毫米，重61.6克。原料为石英砂岩。片状毛坯。背面为较大的修疤和自然面。A处为直刃，修疤大且深，呈双层鱼鳞状，锤击法、复向修理，刃长33.8毫米，刃角58°。B处为直刃，直接使用锋利的边缘，刃长86.2毫米，刃角57.4°（图四，9）。

复刃　1件。标本15TJDZⅡ：10，长65.5、宽46.1、厚11.5毫米，重26.9克。原料为石英砂岩，片状毛坯。背面为石片疤和自然面。A处为凸刃，局部修理，修疤大且深，锤击法、反向修理，刃长24.5毫米，刃角45.8°。B处为直刃，直接使用锋利的边缘，刃长22.1毫米，刃角35.2°。C处为凹刃，修疤大且深，呈单层鱼鳞状，锤击法、正向修理，刃长24.5毫米，刃角45.8°（图三，4）。

凹缺刃器　2件。长62.6～86.2、平均长74.4毫米；宽38～42.7、平均宽40.4毫米；厚26.1～31、平均厚28.6毫米；重61.7～83.6、平均重72.7克。原料均为石英砂岩。片状和块状毛坯。刃长19.2～21.8毫米，刃角66.2°～82.2°。标本15TJDZⅡ：13，长62.6、宽42.7、厚31毫米，重83.6克。块状毛坯，呈长方形。用锤击法、正向加工而形成一个凹形刃口。刃长21.8毫米，刃角66.2°（图四，8）。标本15TJDZⅡ：11，长86.2、宽38、厚26.1、重61.7克。片状毛坯。背面为石皮。A刃直接使用锋利的刃缘，未经修理，刃长38.6毫米，刃角51.5°。在B处，用锤击法、反向加工形成一个凹形刃口，刃长19.2毫米，刃角82.2°（图四，7）。

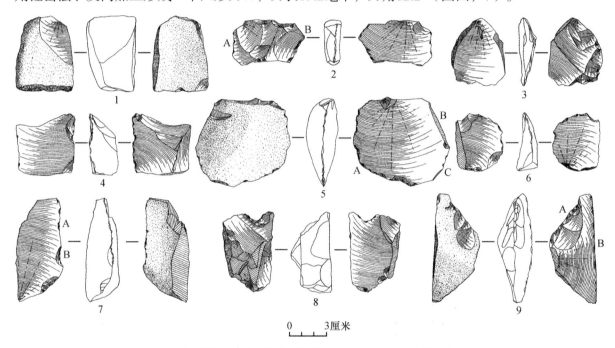

图四　段庄地点发现的部分石核、石片、二类和三类工具

1. 石核（15TJDZⅢ：3）　2. 二类直尖刃刮削器（15TJDZⅢ：2）　3. 完整石片（15TJDZⅢ：5）　4. 二类单直刃刮削器（15TJDZⅢ：8）　5. 三类单凸刃刮削器（15TJDZⅢ：1）　6. 二类单凸刃刮削器（15TJDZⅢ：7）　7、8. 三类凹缺刃器（15TJDZⅡ：11、15TJDZⅡ：13）　9. 三类双直刃刮削器（15TJDZⅡ：19）

（二）Ⅲ级阶地的石器分类与描述

共发现石器11件，包括石核、石片和工具。

1. 石核

共1件。单台面石核。标本15TJDZⅢ：3，长60、宽46.3、厚38.7毫米，重151.8克。原料为石英砂岩。形状呈正方体。锤击法剥片。自然台面，长60、宽46.3毫米，台面角62.5°。1个剥片面，1个剥片疤，长40、宽42毫米（图四，1）。

2. 石片

2件。均为完整石片。长53.8～74、平均长63.9毫米；宽43.6～69、平均宽56.3毫米；厚12.7～14.6、平均厚13.7毫米；重27～68.9、平均重48克。原料皆为石英砂岩。均为锤击石片。标本15TJDZⅢ：5，长53.8、宽43.6、厚12.7毫米，重27克。打击台面，长6.2、宽2.5毫米。石片角81.5°。打击点集中，半锥体微凸，无锥疤，同心波不清晰，放射线清晰。背面均为片疤，剥片方向为向心剥片。远端有零星小疤，应是碰撞所致（图四，3）。

3. 工具

8件。包括二类（使用石片）和三类工具。

二类工具　3件。可分为单刃和双刃刮削器。

单刃　2件。又可分为直和凸刃。

直刃　1件。标本15TJDZⅢ：8，长47.8、宽46.8、厚18.9毫米，重40克。原料为石英砂岩。背面均为片疤，剥片方向为向心剥片。刃缘两侧均有不连续的鱼鳞状使用疤。刃长46.4毫米，刃角33.2°（图四，4）。

凸刃　1件。标本15TJDZⅢ：7，长44.9、宽45.9、厚17.7毫米，重26.1克。原料为石英砂岩。毛坯为双阳面石片。刃缘两侧均有不连续的鱼鳞状使用疤。刃长70.5毫米，刃角36.8°（图四，6）。

双刃　1件。标本15TJDZⅢ：2，长35.2、宽60.8、厚13.8毫米，重27.1克。原料为石英岩。背面均为石片疤，剥片方向为向心剥片。A处为直刃，两侧均有不连续的鱼鳞状使用疤，刃长21.6毫米，刃角37.9°。B处为尖刃，有不连续的鱼鳞状使用疤，刃角108.7°（图四，2）。

三类工具　5件。包括刮削器和凹缺刃器。

刮削器　4件。可分为单刃和双刃。

单刃　3件。分为凸和凹刃。

凸刃　2件。长41.2～69.7、平均长55.5毫米；宽66.2～78.4、平均宽72.3毫米；厚16.1～25.2、平均厚20.7毫米；重44～131.7、平均重87.9克。原料均为石英砂岩。均为片状毛坯。刃长63.3～89.2毫米，刃角35.1°～54.1°。标本15TJDZⅢ：1，长69.7、宽78.4、厚25.2毫米，重131.7克。背面为自然面。A处为刃缘，直接使用锋利的边缘，两侧留有不连续的鱼鳞状使用疤，刃长89.2毫米，刃角54.1°。B处和C处折断是为了修理把手，便于执握（图四，5）。

凹刃　1件。标本15TJDZⅢ：6，长61.4、宽43.6、厚22毫米，重40.3克。原料为石英砂岩。片状毛坯。背面为石片疤和自然面。A处为刃缘，直接使用锋利的边缘，两侧留有不连续的鱼鳞状使用疤，刃长39.4毫米，刃角47.4°。B处经过简单加工，是为了修理把手，便于执握（图五，1）。

双刃　1件。标本15TJDZⅢ：10，长37.8、宽33.8、厚12.8毫米，重16.8克。原料为石英砂岩。片状毛坯。背面均为石片疤，剥片方向为向心剥片。A刃为直刃，刃缘腹面有双层鱼鳞状修疤，锤击法、反向修理，刃长16.5毫米，刃角56°。B刃亦为直刃，刃缘背面有单层鱼鳞状修疤，锤击法、正向修理，刃长25.4、刃角69.5°。C、E处折断是为了修形。D处折断是为了修理把手，便于执握（图六，5）。

凹缺刃器　1件。标本15TJDZⅢ∶9，长115.5、宽73.9、厚28.9毫米，重184.3克。原料为石英砂岩。片状毛坯。背面为自然面。A处和D处均用锤击法锤击而形成一个凹形刃口，刃长分别为24.3和14毫米，刃角分别为84.8°和76.2°。B处和C处经过简单加工，是为了修理把手，便于执握（图五，5）。

（三）Ⅳ级阶地的石器分类与描述

共发现石器17件，包括石核、石片和工具（图版一，2）。

1. 石核

1件。为单台面。标本15TJDZⅣ∶6，长54、宽45、厚24.2毫米，重68.9克。原料为石英砂岩。形状呈正方体。锤击法剥片。自然台面。长37.9、宽23毫米，台面角68.8°。锤击法剥片，1个剥片面，2个剥片疤，最大的长29.8、宽36.8毫米（图五，3）。

2. 石片

4件。分为完整石片和断片。

完整石片　1件。标本15TJDZⅣ∶2，长46.3、宽51.7、厚16.8毫米，重36.5克。原料为石英砂岩。锤击石片。自然台面。石片角95.2°。打击点集中，半锥体微凸，无锥疤，同心波不清

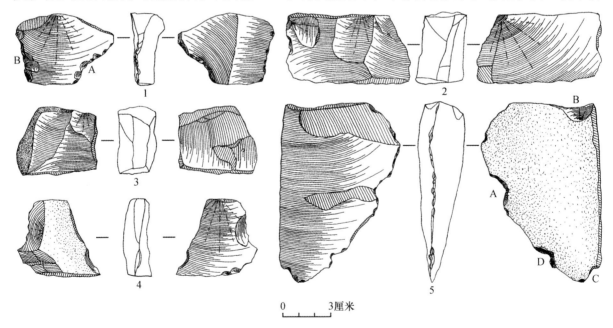

图五　段庄地点发现的部分石核、石片和三类工具

1. 单凹刃刮削器（15TJDZⅢ∶6）　2. 近端断片（15TJDZⅣ∶5）　3. 单台面石核（15TJDZⅣ∶6）　4. 完整石片
（15TJDZⅣ∶2）　5. 凹缺刃器（15TJDZⅢ∶9）

晰，放射线清晰。背面为石片疤和自然面，剥片方向为转向剥片（图五，4）。

断片　3件。根据断裂的方向可分为横向断片和纵向断片。

横向断片　2件。均为近端断片，长41～42.9、平均长42毫米；宽71～78.9、平均宽75毫米；厚19～28.4、平均厚23.7毫米；重51.5～122.8、平均重87.2克。原料皆为石英砂岩。均为锤击石片。标本15TJDZ Ⅳ：5，长42.9、宽78.9、厚28.4毫米，重122.8克。有脊台面。石片角为74°。打击点散漫，半锥体微凸，无锥疤，同心波不清晰，放射线清晰。劈裂面左侧有片小石片疤。背面均为石片疤，剥片方向为向心剥片。远端折断（图五，2）。

纵向断片　1件。右断片，标本15TJDZ Ⅳ：16，长41.5、宽36、厚12.7毫米，重15.9克。原料为石英砂岩。锤击法剥取的双阳面石片。台面保留一半。打击点散漫，劈裂面较平，同心波不清晰，放射线清晰。一侧劈裂面经过简单剥片，剥片方向为转向剥片（图六，4）。

3. 工具

共12件。包括二类和三类工具。

二类工具　2件。均为单刃刮削器，又可分为直和凸刃。

直刃　1件。标本15TJDZ Ⅳ：14，长41.8、宽63、厚15.3毫米，重24.1克。原料为石英砂岩。背面均为片疤，剥片方向为同向剥片。刃缘两侧留有不连续的鱼鳞状使用疤。刃长29.9毫米，刃角29.2°（图六，8）。

凸刃　1件。标本15TJDZ Ⅳ：8，长62.5、宽39.2、厚18毫米，重33.3克。原料为石英砂岩。背面为石片疤和节理面。刃缘两侧有不连续的鱼鳞状使用疤。刃长60.9毫米，刃角37.9°（图六，2）。

三类工具　10件。均为刮削器，分为单刃和双刃。

单刃　9件。又分为直、凸、凹和尖刃。

直刃　2件。长33.6～40、平均长36.8毫米；宽40.2～62.4、平均宽51.3毫米；厚11.8～31.4、平均厚21.6毫米；重17.3～46、平均重31.7克。原料均为石英砂岩。均为片状毛坯。刃长34.3～60.1毫米，刃角为70.2°～74.2°。标本15TJDZ Ⅳ：15，长40、宽40.2、厚11.8毫米，重17.3克。背面均为石片疤。A刃两侧均有大且深的单层鱼鳞状修疤，锤击法、反向修理，刃长34.3毫米，刃角74.2°。B处经过简单加工，是为了修理把手，便于执握（图六，1）。

凸刃　3件。长48.8～58.5、平均长52.1毫米；宽48.4～66.4、平均宽56.7毫米；厚14.3～15.7、平均厚14.8毫米；重35.4～49.1、平均重42.5克。原料均为石英砂岩。均为片状毛坯。刃长57.4～83.7毫米，刃角46.2°～63°。标本15TJDZ Ⅳ：17，长58.5、宽66.4、厚14.3毫米，重49.1克。背面为石片疤和自然面。刃缘局部两侧有大且深的单层鱼鳞状修疤，锤击法、复向修理，余下使用锋利的边缘，刃长83.7毫米，刃角46.2°（图六，6）。

凹刃　1件。标本15TJDZ Ⅳ：10，长57.9、宽45.9、厚21.4毫米，重53.9克。原料为石英砂岩。片状毛坯。背面为石片疤和自然面。A处为刃缘，两面修理，均有鱼鳞状修疤，但腹面修疤较背面大且深。刃长57毫米，刃角65.8°。B处折断，是为了修形（图六，7）。

尖刃　3件。长32.3～54.8、平均长43.7毫米；宽32.1～58.1、平均宽48.8毫米；厚

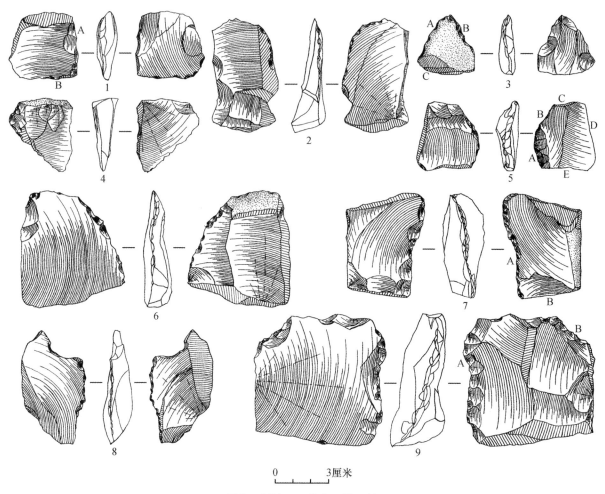

图六　断片、二类和三类工具

1. 三类单直刃刮削器（15TJDZⅣ：15）　　2. 二类单凸刃刮削器（15TJDZⅣ：8）　　3. 三类单尖刃刮削器（15TJDZⅣ：9）
4. 右断片（15TJDZⅣ：16）　　5. 三类双直刃刮削器（15TJDZⅢ：10）　　6. 三类单凸刃刮削器（15TJDZⅣ：17）
7. 三类单凹刃刮削器（15TJDZⅣ：10）　　8. 二类单直刃刮削器（15TJDZⅣ：14）　　9. 三类双凹刃刮削器（15TJDZⅣ：1）

7.3～23.2、平均厚16.3毫米；重7.2～61.1、平均重38.4克。原料均为石英砂岩。片状毛坯。刃长10.3～30.6毫米，刃角65.2°～112.5°。标本15TJDZⅣ：9，长32.3、宽32.1、厚7.3毫米，重7.2克。背面为石片疤和自然面。A处刃直接使用锋利的边缘，刃长21.8毫米。B处刃两面修理，腹面修疤较背面大且深，刃长25.5毫米。A处刃和B处刃相交于一角，刃角65.2°。C处经简单修理，是为了修理把手（图六，3）。

　　双刃　1件。标本15TJDZⅣ：1，长72.4、宽73.9、厚23.7毫米，重158.1克。原料为石英砂岩，片状毛坯。背面均为石片疤。A处为凹刃，两面修理，均有大且深的单层鱼鳞状修疤，锤击法修理，刃长73.4毫米，刃角59.2°。B处亦为凹刃，两面修理，均有大且深的双层鱼鳞状修疤，锤击法修理，刃长25.5毫米，刃角54.4°（图六，9）。

四、结　语

（一）石器工业的基本特征

1. Ⅱ级阶地的石器工业特征

（1）石器的原料包括石英砂岩、砂岩、角岩和燧石。其中石英砂岩使用最多，占80.95%；砂岩较少，占9.53%；角岩和燧石最少，仅皆占4.76%。总体来看，原料以石英砂岩为主，其他原料较少使用。

（2）根据石器的最大长度，将此阶地的石器划分为小型（20～50毫米）、中型（50～100毫米）和大型（100～200毫米）三个等级[5]。中型占石器总数的76.19%；小型较少，占19.05%；大型最少，仅占4.76%。由此可见，此阶地的石器大小以中型为主。

（3）石器类型较简单，包括石核、石片、断块和工具。工具（仅三类工具）比重最高，占石器总数的66.66%。其中以刮削器最多，占三类工具的85.71%（又以单刃最多，占83.33%）；凹缺刃器较少，仅占14.29%。石核和石片次之，皆占总数的14.29%。断块最少，仅占4.76%（表一）。

此阶地仅使用锤击法进行剥片。石核台面皆为自然台面，皆仅1个剥片面且剥片率不高，可能是石料的质地所致。石片皆为断片。工具毛坯以片状（其中双阳面石片占片状毛坯的15.38%）为主，占总数的92.86%，块状较少，仅占7.14%。修理方法均为锤击法，修疤大且深，多为单层的鱼鳞状修疤。修理方向以正向为主，反向和复向较少。工具修理得较为简单粗糙，部分工具还存在修形或修理把手。

2. Ⅲ级阶地的石器工业特征

（1）石器的原料包括石英砂岩和石英岩。其中石英砂岩使用最多，占90.91%；石英岩较少，占9.09%。

（2）此阶地的石器亦可划分为小型、中型和大型三个等级。中型占石器总数的63.64%；小型次之，占27.27%；大型最少，仅占9.09%。可见，此阶地的石器大小以中型、小型为主。

（3）石器类型简单，包括石核、石片和工具。工具比重最高，占石器总数的72.73%。三类工具最多，占工具的62.5%，其中以刮削器最多，占三类工具的80%（又单刃最多，占75%）；凹缺刃器较少，占20%；二类工具次之，占37.5%。石片和石核较少，分别占总数的18.18%和9.09%（表一）。

（4）仅使用锤击法进行剥片。石核台面为自然台面，皆仅1个剥片面且剥片率亦不高。石片皆为完整石片；台面均为打击台面，打击点较大，半锥体较平，同心波不清晰，放射线清晰，背面皆为石片疤。工具毛坯均为片状，其中有1件双阳面石片毛坯。修理方法均为锤击法；修疤大且深，多为单层的鱼鳞状修疤。修理方向以正向为主，反向较少。工具修理得较简单粗糙，部分工具还存在修形或修理把手。

3. Ⅳ级阶地的石器工业特征

（1）石器的原料均为石英砂岩。

（2）将此阶地的石器划分为小型和中型两个等级。中型占石器总数的70.59%；小型次之，占29.41%。可见，此阶地的石器大小以中型、小型为主。

（3）石器类型简单，包括石核、石片和工具。工具比重最高，占石器总数的70.59%。三类工具（均为刮削器）最多，占工具的83.33%，其中又单刃最多，占90%；二类工具较少，占16.67%。石片较少，占总数的23.53%。石核最少，仅占5.88%（表一）。

（4）使用锤击法进行剥片。石核台面为自然台面，仅1个剥片面且剥片率亦不高。石片包括完整石片和断片，其中有1件双阳面石片；台面以自然台面为主，有脊台面最少，打击点较大，半锥体较平，同心波不清晰，放射线清晰。工具毛坯均为片状。修理方法均采用锤击法；修疤大且深，多为单层的鱼鳞状修疤。修理方向以复向为主，反向和正向较少。工具修理得简单粗糙，部分工具还存在修形或修理把手。

表一　段庄地点石器类型数量及所占比例表

类型				Ⅱ级阶地 数量/件	Ⅱ级阶地 百分比/%	Ⅲ级阶地 数量/件	Ⅲ级阶地 百分比/%	Ⅳ级阶地 数量/件	Ⅳ级阶地 百分比/%
石核		单台面		2	14.29	1	9.09	1	5.88
		双单台面		1		/		/	
石片		完整石片		/	14.29	2	18.18	1	23.53
		近端断片		1				2	
		远端断片		2		/			
		右断片						1	
断块				1	4.76	/	/	/	/
工具	二类	刮削器	单刃	/	/	2	37.5	2	16.67
			双刃	/		1		/	
	三类	刮削器	单刃	10	83.33 / 85.71	3	75 / 80	9	90 / 83.33
			双刃	1	16.67	1	25	1	10
			复刃	1		/		/	
		凹缺刃器	单刃	2	14.29 / 66.66	/	20 / 62.5	/	/ / 72.73(70.59)
			双刃	/		1			

（二）文化面貌对比

段庄地点的石器原料皆以石英砂岩为主，在Ⅱ、Ⅲ级阶地中出现几件砂岩、角岩、石英岩和燧石。石器的大小皆以中、小型为主。石器类型比较简单，包括石核、石片和工具。石核、石片的剥片方法均为锤击法，石核均以自然台面进行剥片，1个剥片面，仅几片剥片疤，不存在预制技术，利用率较低；石片存在从Ⅳ级阶地以自然台面为主到Ⅲ级阶地以打击台面为主、再到Ⅱ级阶地以有脊台面为主的发展。工具以片状毛坯占绝大多数，块状仅几件。工具组合以三类工具为主，二类工具较少，皆不见一类工具。三类工具多为刮削器（以单刃最多），在Ⅱ、Ⅲ级阶地中才逐渐出现凹缺刃器。修理技术均采用锤击法，修疤皆以大且深的单层鱼鳞状为主。在修理方向上，Ⅳ级阶地以复向为主，正向和反向最少，而在Ⅱ、Ⅲ级阶地则相反。同时，从Ⅳ级阶地双阳面石片的出现到Ⅱ、Ⅲ级阶地以双阳面石片为毛坯进行加工工具，可见双阳面石片技术在此地点的进步发展。综上所述，Ⅳ、Ⅲ和Ⅱ级阶地所发现石器的工业文化是连续且发展的。

现将此地点的Ⅱ、Ⅲ级阶地的石器工业特征与周围已发表的同海拔的遗址（地点）进行对比分析。到目前为止，在天津地区与Ⅳ级阶地同海拔的遗址（地点）资料尚未发表，但从石器的工业特征来看，其与泥河湾盆地的板井子遗址[6]的工业特征极其相似，具体如下。

（1）天津蓟县的小平安地点[7]发现的旧石器和北台地点[8]发现的旧石器皆以中、小型为主；石片台面以自然和打击台面为主，断片多于完整石片；工具毛坯以片状为主，块状极少；工具以三类的刮削器（又单刃最多）为主，使用锤击法修理，单面加工（正向为主，反向次之）为主，两面加工次之，这与Ⅱ级阶地发现的旧石器工业特征基本一致。但Ⅱ级阶地的石器工业又有其自身的特点，原料以石英砂岩为主，燧石仅一件，与北台地点皆以燧石为原料形成鲜明的对比；双阳面石片的出现，以及用其作为加工工具的毛坯，在天津地区目前所发现的其他旧石器地点中极为罕见；剥片方法仅使用锤击法，不见砸击法；三类工具中仅包括刮削器和凹缺刃器，不见雕刻器和钻器等其他的器形。

（2）天津蓟县东营坊遗址[9]发现的旧石器以中、小型为主；石片台面以自然和打击台面为主，均为完整石片；工具毛坯均为片状；工具以三类的刮削器（以单刃最多）为主，使用锤击法修理，单面加工（正向为主）为主，这与Ⅲ级阶地的旧石器工业特征基本相似。与其不同的是，Ⅲ级阶地原料以石英砂岩为主，而东营坊遗址则以黑色或灰黑色燧石原料为主；运用双阳面石片作为加工工具的毛坯；仅使用锤击法剥片，不见其他方法；三类工具中仅包括刮削器和凹缺刃器，不见雕刻器。

（3）板井子遗址发现的旧石器亦以中、小型为主；石片包括完整石片和断片，台面以自然台面为主，有脊台面较少；工具毛坯均为片状（除几件砍斫器外）；工具以三类的刮削器（以单凸刃最多）为主，二类工具次之；仅使用锤击法剥片及修理，这与Ⅳ级阶地的旧石器工业特征基本相似。但Ⅳ级阶地又有其自身的特点，如原料均为石英砂岩，而板井子遗址是以燧石和石英岩为主，石英砂岩等较少；还发现了1件双阳面石片；修理方向则与板井子遗址相反；三类工具中仅包括刮削器，不见凹缺刃器、钻器和砍斫器。

（三）地点性质

根据段庄旧石器地点的石器工业特征分析，此地点具有我国北方以直接打击的小石器为主[10]的工业特点。通过对此地点周围的区域性调查分析，此地点的石器原料应采自附近的河漫滩。从周围地理环境上分析，此地点分布于沟河的Ⅱ、Ⅲ和Ⅳ级阶地上，水资源丰富，适合古人类进行生产活动。再通过对此地点的石器工业特征分析判断，此地点可能是进行生产、生活的临时性场所。

（四）年代分析

段庄旧石器地点的石器出土于Ⅱ、Ⅲ和Ⅳ级阶地的花岗基岩上的耕土层中。按照阶地的形成过程，Ⅱ级阶地晚于Ⅲ级阶地，更晚于Ⅳ级阶地。此地点没有明确的地层堆积，亦没有发现共存的动物化石，也未发现磨制石器和陶片，因此，根据天津地区区域地层的堆积年代分析，可确定Ⅱ、Ⅲ级阶地的原生层位属于上更新统，Ⅳ级阶地属于中更新统[11]。同时各级阶地上的石器表面棱脊清晰，未见水冲磨的痕迹；再根据与其他遗址（地点）的石器工业特征对比分析，暂将段庄地点Ⅱ级阶地的时代归于旧石器时代晚期，Ⅲ级阶地归于旧石器时代中期的晚段，Ⅳ级阶地归于旧石器时代早期向中期过渡的时期或中期的早段。

（五）学术价值及意义

段庄旧石器地点是十余年来在天津地区再次发现的旧石器地点之一，这些新发现的材料，不仅是研究该地区旧石器时代文化连续发展的重要资料，也为恢复古人类的生存环境，探讨人类与环境的互动关系、人类在特定环境下的行为特点和适应方式提供了新材料。

附记：本次重点考古调查由盛立双、王春雪主持。天津市文化遗产保护中心甘才超，吉林大学考古学院陈全家教授，吉林大学在读硕士、博士研究生李万博、刘亚林、石晶、王家琪、窦佳欣，天津市蓟州区文化遗产保护中心刘福宁等参加了全部野外调查工作。吉林大学考古学院博士研究生崔祎文对本地点出土石制品进行了测量和绘图。

本次野外考古调查工作得到蓟州区文物局、天津市蓟州区文化遗产保护中心的大力支持和配合。考古调查工作结束后，中国科学院古脊椎动物与古人类研究所高星研究员、北京大学城市环境学院夏正楷教授、北京大学考古文博学院王幼平教授、天津市文史研究馆陈雍研究员、吉林大学考古学院陈全家教授观察了此次调查采集的全部石制品，听取了调查工作汇报，对调查成果给予了充分肯定，并对考古新发现地点的价值认定、资料整理、后续工作等方面提出了全面中肯的指导和建议。在此谨致谢忱。

执笔：盛立双　崔祚文　王春雪

注　释

［1］　盛立双：《初耕集：天津蓟县旧石器考古发现与研究》，天津古籍出版社，2014年，第3～12页。

［2］　盛立双、王春雪：《天津蓟县东营坊旧石器遗址考古发掘》，《2007中国重要考古发现》，文物出版社，2008年，第2～5页。

［3］　蓟县志编修委员会：《蓟县志》，南开大学出版社、天津社会科学院出版社，1991年，第122～133页。

［4］　陈全家：《吉林镇赉丹岱大坎子发现的旧石器》，《北方文物》2001年第2期，第1～7页。本文选用陈全家先生的分类观点，将工具分为三类：一类，制作石器的工具（石锤、石砧）；二类，石片未经加工直接使用者（使用石片）；三类，直接将片状或块状毛坯经过加工修理者（修刃、修形和修理把手）。

［5］　卫奇：《石制品观察格式探讨》，《第八届中国古脊椎动物学学术年会论文集》，海洋出版社，2001年，第209～218页。

［6］　石金鸣：《板井子石工业探析》，《山西大学学报（哲学社会科学版）》1992年第4期，第15～18页。

［7］　王春雪、盛立双：《天津蓟县小平安旧石器地点调查简报》，《北方文物》2013年第4期，第3～6页。

［8］　吉林大学边疆考古研究中心、天津市文化遗产保护中心：《天津蓟县北台旧石器地点调查简报》，《中原文物》2013年第4期，第4～7页。

［9］　王春雪、盛立双、周振宇等：《天津蓟县东营坊遗址出土的石制品》，《人类学学报》2015年第1期，第14～20页。

［10］　张森水：《中国北方旧石器工业的区域渐进与文化交流》，《人类学学报》1990年第4期，第322～333页。

［11］　天津市地质矿产局：《天津市区域地质志》，地质出版社，1992年，第116～142页。

静海张官屯窑址考古综合调查及相关问题探讨

天 津 市 文 化 遗 产 保 护 中 心
天津市静海区文化遗产保护中心

在天津市静海区一直流传有张官屯窑址是为紫禁城烧造城砖的传说，近年来陆续有文物爱好者在窑址区内采集到一定数量的铭文城砖，为揭示张官屯窑址的真实面貌提供了一些有益的线索。为解决张官屯窑址的性质、分布范围、保存状况、建造和使用年代等问题，经天津市文物局批准，2019年4月，天津市文化遗产保护中心联合天津市静海区文化遗产保护中心组织实施了"张官屯窑址考古调查与综合研究项目"，通过对张官屯窑址的考古调查、勘探，结合相关文献资料梳理，对张官屯窑址的性质、分布范围、保存状况、建造和使用年代等问题有了一些初步的认识。现将张官屯窑址考古综合调查情况及对相关问题的初步认识报告如下。

一、考古调查及勘探

（一）考古调查

张官屯窑址位于静海区陈官屯镇张官屯村西南约1000米，南运河东岸（图一），全国第三次文物普查资料显示，当时"窑址地表暴露青砖较多，砖块较大，长约0.4米，宽约0.21米，厚约0.1米，据当地村民介绍，此地烧好的青砖是利用运河运输。现此处为农用耕地，地势平坦。由于自然水土流失，村民耕种等活动对窑址造成一定破坏"。

本次实地调查了解到，在21世纪初修建的南运河河堤路从窑址区域穿过，施工过程中发现并破坏了大量疑似砖窑的遗迹，2008年该窑址被静海县登记为尚未核定公布为文物保护单位的不可移动文物。目前，该窑址地表已被平整为林地，区域内有现代坟茔数座，在遗址区内地表零星散布着一些城砖残块。在遗址区内采集到一些城砖残块，宽20～24、厚10～12厘米。此外，在静海文化馆、静海区教育博物馆及陈官屯运河文化博物馆内藏有一些明确在遗址区内采集的"静海县窑""任丘县窑"铭文城砖，现将部分铭文城砖整理介绍如下。

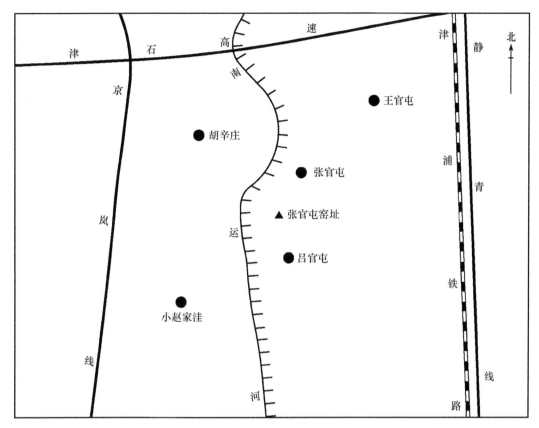

图一 张官屯窑址位置示意图

静海区教育博物馆馆藏铭文砖1 青灰色。残。质地坚细。残长21.5、宽23、厚11厘米。长侧面压印竖行楷书阳文，残存"成化十七年六月初一日静"（图版二，1）。

静海区文化馆馆藏铭文砖1 青灰色。残。残长34、宽23、厚9厘米。长侧面压印竖行楷书阳文，可辨识有"……月河间府静海县……"（图二，2）。

静海区文化馆馆藏铭文砖2 青灰色。残，质地坚细。残长33、宽22、厚11厘米。长侧面压印竖行楷书阴文，可辨识有"……六年静海县窑……"（图二，1；图版二，2）。

静海区文化馆馆藏铭文砖3 青灰色。残。残长24、宽18、厚9厘米。长侧面压印竖行楷书阳文，可辨识有"静□□□新庄广造"（图二，3）。

此外，在前期走访调查中，工作组对窑址周边张官屯、吕官屯村10余位老人开展了关于张官屯窑址相关情况的口述史调查工作。通过对这些口述史资料的梳理，可将周边老人所知张官屯窑址的相关情况归纳为以下几个方面。

（1）张官屯窑址在当地一直被称为"张官屯官窑"，一直为北京烧造城砖，张官屯钱氏家族与"张官屯官窑"有密切关系，据钱氏后人介绍，其先祖在明初永乐年间即移居于此负责为紫禁城烧窑造砖，至今钱氏后人中间还流传有"钱圈子""窑顺道"等多个与"张官屯官

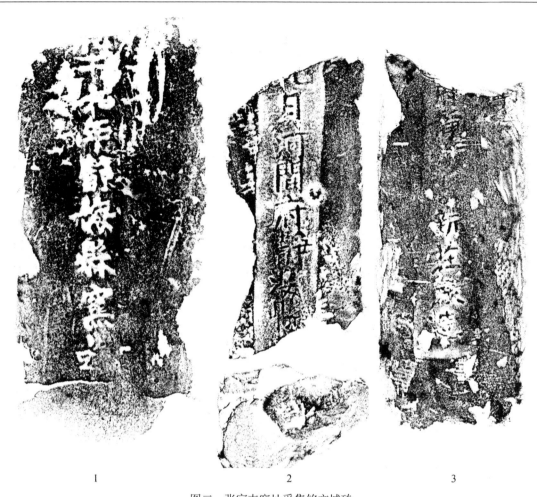

1　　　　　　　　　　2　　　　　　　　　　3

图二　张官屯窑址采集铭文城砖

1.静海区文化馆馆藏铭文砖2　2.静海区文化馆馆藏铭文砖1　3.静海区文化馆馆藏铭文砖3

窑"相关的传说①。

（2）据村内老人介绍，20世纪60年代在窑址区内还能看到一个一个的"窑疙瘩"，沿着运河大堤东侧排成一排，当时窑址区内地势东低西高，东边的好大一片地地势低洼，要比周围矮一米多，后来生产队平整土地，填平了东边的低洼地。

（3）20世纪60年代，在"窑疙瘩"东边的地下浅埋有很多青砖，有的还砌得很整齐，当时张官屯村里许多猪圈之类的建筑都是用窑址内刨出的青砖砌筑，好多青砖上还带有铭文。近年来，由于村里普遍都新盖了房子，已经基本见不到搭建猪圈的青砖了。

———————————

① 关于"张官屯官窑"的传说在当地文史工作者编著的《陈官屯史话》中也有收集整理，但关于官窑的故事多带有演义成分。书内关于"钱圈子""窑顺道"的来历，则与钱氏后人所说内容基本一致，两者均与张官屯官窑烧造城砖所需的燃料有关。据传说当地官府为张官屯官窑解决燃料来源的方法是将大港区（今滨海新区大港街）的一片苇地（今大港水库一带）划归张官屯官窑取用，钱家便在苇地旁建起了居住的房屋，派人负责管理、收割芦苇，不许外人使用，这片苇地便被当地人俗称为"钱家圈""钱圈子"，久而久之就成了一个带有特指内容的地名，时至今日这个地名依然被沿用；收割的芦苇被大车往返不停地运回官窑，渐渐地从张官屯到钱家圈被轧出了一条路，这条路在附近穿过了张官屯和昌官屯两个村子的土地，所以至今这两个村子都把这条路通过的土地称为"窑顺道"。

（二）考古勘探

根据考古调查情况，此次考古勘探以张官屯村西南公路拐角为基准，沿运河堤布设勘探方。勘探工具为探铲，探孔间距一般为5米，局部加密，以能确定地下遗迹的形状、范围为宜。目前已完成勘探面积2万平方米，通过勘探初步明确了运河堤东侧遗址内遗迹的分布情况和文化层厚度。在已探范围内共计发现各类遗迹现象33处，其中砖窑24座、井1座、灰坑8处（图三）。

1. 文化层

根据考古勘探的初步结果，运河堤东侧的地层堆积自上而下可分为4层。

第1层：现代耕土层。黄褐色，土质松软，夹杂少量植物根茎及现代建筑垃圾等。厚80厘米。

第2层：黄褐色土，略泛白，土质较硬，含少量砂石颗粒。厚80厘米。

第3层：红褐色土，土质较软，包含较多红烧土块、颗粒及青砖块等。厚50厘米。

第4层：生土层。浅白色土，含少量砂石颗粒。

2. 遗迹

砖窑　共24座，主要沿南运河河堤路东侧一字排开，分布较为规律，张官屯和吕官屯两村之间的沥青路可将窑址分为南北两区，南区有砖窑遗迹14个，北区有砖窑遗迹10个；如按照砖窑之间间距和窑址方向的变化又似乎可将各区内的砖窑遗迹细分为若干小组，因掌握的相关考古材料（如各砖窑的结构特点、建造年代等信息）不够，在此不做具体论述。砖窑地上部分均被破坏，地下部分经勘探可辨识的结构包括窑室、操作间等，窑室平面均呈近圆形，直径多在4～6米。

Y1　位于南运河河堤路东侧，北临沥青路，南临Y2，整体呈东西向。操作间为平面呈长方形的竖穴土坑，坑壁近直，未发现砌砖墙痕迹。长5.8、宽2.5米。填土为浅灰褐色杂土，底层包含大量红烧土颗粒、烧土块及少量草木灰。窑室平面呈近圆形。直径约5米。窑壁经焙烧后已成橘红色烧土，窑室内铺有青砖，探铲不能穿透。

Y2　位于南运河河堤路东侧，北临Y1，南临Y3，整体呈东西向。操作间为平面呈梯形的竖穴土坑，坑壁近直，未发现砌砖墙痕迹，操作间局部破坏严重。残长2.5、宽2.5米。填土为浅灰褐色杂土，底层包含大量红烧土颗粒、烧土块及少量草木灰。窑室平面呈近圆形。直径约5米。窑壁经焙烧后已成橘红色烧土，窑室内铺有青砖，探铲不能穿透。

Y3　位于南运河河堤路东侧，北临Y2，南临Y4，整体呈东西向。操作间为平面呈长方形的竖穴土坑，坑壁近直，未发现砌砖墙痕迹。长4、宽2.5米。填土为浅灰褐色杂土，底层包含大量红烧土颗粒、烧土块及少量草木灰。窑室平面呈近圆形。直径约4米。窑壁经焙烧后已成橘红色烧土，窑室内铺有青砖，探铲不能穿透。

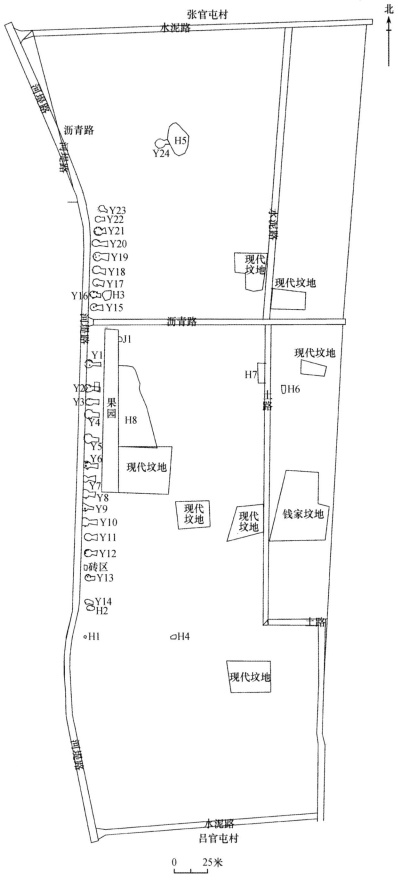

图三　窑址考古探勘平面图

Y4 位于南运河河堤路东侧，北临Y3，南临Y5，整体呈东西向。操作间为平面呈长方形的竖穴土坑，坑壁近直，未发现砌砖墙痕迹。长4、宽2.5米。填土为浅灰褐色杂土，底层包含大量红烧土颗粒、烧土块及少量草木灰。窑室平面呈近圆形。直径约6米。窑壁经焙烧后已成橘红色烧土，窑室内铺有青砖，探铲不能穿透。

Y5 位于南运河河堤路东侧，北临Y4，南临Y6，整体呈东西向。操作间为平面呈梯形的竖穴土坑，坑壁近直，未发现砌砖墙痕迹。长5、宽2.5米。填土为浅灰褐色杂土，底层包含大量红烧土颗粒、烧土块及少量草木灰。窑室平面呈近圆形。直径约6米。窑壁经焙烧后已成橘红色烧土，窑室内铺有青砖，探铲不能穿透。

Y6 位于南运河河堤路东侧，北临Y5，南临Y7，整体呈东西向。操作间为平面呈梯形的竖穴土坑，坑壁近直，未发现砌砖墙痕迹。长5、宽2.5米。填土为浅灰褐色杂土，底层包含大量红烧土颗粒、烧土块及少量草木灰。窑室平面呈近圆形。直径约5米。窑壁经焙烧后已成橘红色烧土，窑室内铺有青砖，探铲不能穿透。

Y7 位于南运河河堤路东侧，北临Y6，南临Y8，整体呈东西向。操作间为平面呈梯形的竖穴土坑，坑壁近直，未发现砌砖墙痕迹，局部破坏严重。残长2.5、宽2.5米。填土为浅灰褐色杂土，底层包含大量红烧土颗粒、烧土块及少量草木灰。窑室平面呈近圆形。直径约6米。窑壁经焙烧后已成橘红色烧土，窑室内铺有青砖，探铲不能穿透。

Y8 位于南运河河堤路东侧，北临Y7，南临Y9，整体呈东西向。操作间为平面呈梯形的竖穴土坑，坑壁近直，未发现砌砖墙痕迹。长4、宽3米。填土为浅灰褐色杂土，底层包含大量红烧土颗粒、烧土块及少量草木灰。窑室平面呈近圆形。直径约6米。窑壁经焙烧后已成橘红色烧土，窑室内铺有青砖，探铲不能穿透。

Y9 位于南运河河堤路东侧，北临Y8，南临Y10，整体呈东西向。操作间为平面呈长方形的竖穴土坑，坑壁近直，未发现砌砖墙痕迹。长4、宽2.5米。填土为浅灰褐色杂土，底层包含大量红烧土颗粒、烧土块及少量草木灰。窑室平面呈近圆形。直径约5米。窑壁经焙烧后已成橘红色烧土，窑室内铺有青砖，探铲不能穿透。

Y10 位于南运河河堤路东侧，北临Y9，南临Y11，整体呈东西向。操作间为平面呈梯形的竖穴土坑，坑壁近直，未发现砌砖墙痕迹。长4、宽2.5米。填土为浅灰褐色杂土，底层包含大量红烧土颗粒、烧土块及少量草木灰。窑室平面呈近圆形。直径约6米。窑壁经焙烧后已成橘红色烧土，窑室内铺有青砖，探铲不能穿透。

Y11 位于南运河河堤路东侧，北临Y10，南临Y12，整体呈东西向。操作间为平面呈梯形的竖穴土坑，坑壁近直，未发现砌砖墙痕迹。长4、宽2.5米。填土为浅灰褐色杂土，底层包含大量红烧土颗粒、烧土块及少量草木灰。窑室平面呈近圆形。直径约5米。窑壁经焙烧后已成橘红色烧土，窑室内铺有青砖，探铲不能穿透。

Y12 位于南运河河堤路东侧，北临Y11，南临Y13，整体呈东西向。操作间为平面呈梯形的竖穴土坑，坑壁近直，未发现砌砖墙痕迹。长4、宽3米。填土为浅灰褐色杂土，底层包含大量红烧土颗粒、烧土块及少量草木灰。窑室平面呈近圆形。直径约4.5米。窑壁经焙烧后已成橘红色烧土，窑室内铺有青砖，探铲不能穿透。

Y13　位于南运河河堤路东侧，北临Y12，南临Y14，整体呈东西向。操作间遭破坏严重。窑室平面呈近圆形。直径约4.5米。窑壁经焙烧后已成橘红色烧土，窑室内铺有青砖，探铲不能穿透。

Y14　位于南运河河堤路东侧，北临Y13，南临H2，整体呈东西向。操作间为平面呈长方形的竖穴土坑，坑壁近直，未发现砌砖墙痕迹。长3、宽3米。填土为浅灰褐色杂土，底层包含大量红烧土颗粒、烧土块及少量草木灰。窑室平面呈近圆形。直径3.5～4米。窑壁经焙烧后已成橘红色烧土，窑室内铺有青砖，探铲不能穿透。

Y15　位于南运河河堤路东侧，北临Y16，南临沥青路，整体呈东西向。操作间为平面呈梯形的竖穴土坑，坑壁近直，未发现砌砖墙痕迹。长3、宽3米。填土为浅灰褐色杂土，底层包含大量红烧土颗粒、烧土块及少量草木灰。窑室平面呈近圆形。直径约6米。窑壁经焙烧后已成橘红色烧土，窑室内铺有青砖，探铲不能穿透。

Y16　位于南运河河堤路东侧，北临Y17，南临Y15，整体呈东西向。操作间为平面呈长方形的竖穴土坑，坑壁近直，未发现砌砖墙痕迹，破坏严重。残长2.5、宽2.5米。填土为浅灰褐色杂土，底层包含大量红烧土颗粒、烧土块及少量草木灰。窑室平面呈近圆形。直径约5米。窑壁经焙烧后已成橘红色烧土，窑室内铺有青砖，探铲不能穿透。

Y17　位于南运河河堤路东侧，北临Y16，南临Y18，整体呈东西向。操作间为平面呈梯形的竖穴土坑，坑壁近直。残长2、宽2米。填土为浅灰褐色杂土，底层包含大量红烧土颗粒、烧土块及草木灰。窑室平面呈近圆形。直径约5米。窑壁经焙烧后已成橘红色烧土，窑室内铺有青砖，探铲不能穿透。

Y18　位于南运河河堤路东侧，北临Y19，南临Y17，整体呈东西向。操作间为平面呈梯形的竖穴土坑，坑壁近直，未发现砌砖墙痕迹。长4、宽4米。填土为浅灰褐色杂土，底层包含大量红烧土颗粒、烧土块及少量草木灰。窑室平面呈近圆形。直径约6米。窑壁经焙烧后已成橘红色烧土，窑室内铺有青砖，探铲不能穿透。

Y19　位于南运河河堤路东侧，北临Y19，南临Y17，整体呈东西向。操作间为平面呈梯形的竖穴土坑，坑壁近直，未发现砌砖墙痕迹。长4.5、宽5米。填土为浅灰褐色杂土，底层包含大量红烧土颗粒、烧土块及少量草木灰。窑室平面呈近圆形。直径约6米。窑壁经焙烧后已成橘红色烧土，窑室内铺有青砖，探铲不能穿透。

Y20　位于南运河河堤路东侧，北临Y21，南临Y19，整体呈东西向。操作间为平面呈梯形的竖穴土坑，坑壁近直，未发现砌砖墙痕迹。长4.5、宽5米。填土为浅灰褐色杂土，底层包含大量红烧土颗粒、烧土块及少量草木灰。窑室平面呈近圆形。直径约6米。窑壁经焙烧后已成橘红色烧土，窑室内铺有青砖，探铲不能穿透。

Y21　位于南运河河堤路东侧，北临Y22，南临Y20，整体呈东西向。操作间为平面呈梯形的竖穴土坑，坑壁近直，未发现砌砖墙痕迹。长5、宽3.5米。填土为浅灰褐色杂土，底层包含大量红烧土颗粒、烧土块及少量草木灰。窑室平面呈不规则圆形。直径4.5～6米。窑壁经焙烧后已成橘红色烧土，窑室内铺有青砖，探铲不能穿透。

　　Y22　位于南运河河堤路东侧，北临Y23，南临Y21，整体呈东西向。操作间为平面呈不规则长方形的竖穴土坑，坑壁近直，未发现砌砖墙痕迹，破坏严重。残长2、宽2.5米。填土为浅灰褐色杂土，底层包含大量红烧土颗粒、烧土块及少量草木灰。窑室平面呈近圆形。直径约6米。窑壁经焙烧后已成橘红色烧土，窑室内铺有青砖，探铲不能穿透。

　　Y23　位于南运河河堤路东侧，南临Y22，整体呈东西向。操作间为平面呈不规则长方形的竖穴土坑，坑壁近直，未发现砌砖墙痕迹，破坏严重。残长1.5、宽1.5米。填土为浅灰褐色杂土，底层包含大量红烧土颗粒、烧土块及少量草木灰。窑室平面呈近圆形。直径约5米。窑壁经焙烧后已成橘红色烧土，窑室内铺有青砖，探铲不能穿透。

　　Y24　位于南运河河堤路东侧田地里，东部被H5打破，整体呈东西向。操作间为平面呈不规则长方形的竖穴土坑，坑壁近直，未发现砌砖墙痕迹，破坏严重。残长3.5、宽3米。填土为浅灰褐色杂土，底层包含大量红烧土颗粒、烧土块及少量草木灰。窑室平面呈近圆形。直径约6米。窑壁经焙烧后已成橘红色烧土，窑室内铺有青砖，探铲不能穿透。

　　井　1座。J1，位于Y1附近，井西部因果园围栏障碍，未能勘探，平面呈近圆形，直径约3.6米，深4米不见底。

　　灰坑　共发现8处，分布没有规律，大小不一，平面均呈不规则形。

　　H1　位于勘探区域的西南部，平面呈不规则形。南北长1.3、东西宽1.2、深1.7米。灰坑底掺杂大量的草木灰和砖渣。

　　H2　位于勘探区域的西南部，北临Y14，平面呈不规则形。东西长5、南北宽3、深1.3米。灰坑底掺杂大量的草木灰和砖渣。

　　H3　位于勘探区域的西北部，西临Y16，平面呈不规则形。南北长6、东西宽6、深2米。灰坑底掺杂大量的草木灰和砖渣。

　　H4　位于勘探区域的南部，平面呈不规则形。东西长4、南北宽4、深1.3米。灰坑底掺杂大量砖块。

　　H5　位于勘探区域的北部，西临并打破Y24，平面呈不规则形。南北长24、东西宽16、深1.8米。灰坑底掺杂大量草木灰。

　　H6　位于勘探区域的东部，平面呈不规则形，南北向。南北长5.7、东西宽3、深1.5米。灰坑底掺杂大量砖块。

　　H7　位于勘探区域的东部，东部被土路覆压，平面呈不规则形，南北向。南北长14.3、东西残宽5、深0.8米。灰坑底掺杂大量砖块。

　　H8　位于Y1～Y5东侧，因现代坟地和果园栅栏遮挡，未勘探到灰坑的西界和南界。灰坑平面呈不规则形。南北残长57.2、东西残宽27.8、深1.7米。灰坑底掺杂大量的草木灰和砖渣。

二、相关问题探讨

因条件限制，此次工作只对张官屯窑址近运河一侧的20000平方米进行了考古勘探，故而只能通过考古调查、勘探的结果结合对文献资料的梳理情况对张官屯窑址的性质、保存状况、建造和使用年代、分布等相关问题进行初步探讨。

1. 张官屯窑址性质

静海于明洪武年间开始隶属河间府，嘉靖《河间府志》载："静海县窑二座，坐本县城南新庄村，共地二顷四十七亩，东至大道，南至李官屯，西至卫河，北至张官屯，原立厂房十二间，见存四间，看厂夫二十名。""任丘县窑三座，坐新庄厂，共地一顷三十二亩，东至官道，西至卫河，南至吕官营，北至静海县窑厂，原立厂房十五间，看厂夫十五名，窑地钱友佃种十六亩，天津卫军徐刘创佃种四十四亩，于劝佃种四十亩。"[1]根据府志记载，静海县窑和任丘县窑的四至为吕官屯①、张官屯、运河和官道，与张官屯窑址所在位置基本吻合，结合在窑址内采集到的带有"静海县窑""任丘县窑"铭文的城砖，可以判断张官屯窑址在明代嘉靖年间应为明代河间府静海县窑和任丘县窑所在地。

在张官屯窑址采集到的大部分城砖尺寸与山东临清市河隈张庄明清"贡砖"窑址[2]、河南卫辉王奎屯明代窑址[3]、北京明代东皇城遗址[4]发掘出土的城砖尺寸基本一致；在北京十三陵旧城危改工程中发现有印有"成化十七年四月初一日直隶河间府静□""弘治十四年任丘县窑造"铭文的城砖[5]，从实证角度证明了位于张官屯窑址的静海县窑和任丘县窑为明代北京营建烧造城砖的历史。

此外，按嘉靖《河间府志》载，在张官屯窑址内还有"新庄厂""新庄村"，其位置与静海县窑和任丘县窑重叠在一起，在窑址区内也采集到带有"静□□新庄厂造"铭文的城砖，其尺寸较带有"静海县窑"和"任丘县窑"铭文的城砖偏小。查阅康熙、民国年间的《静海县志》，均未发现新庄村的信息，新庄厂与静海县窑、任丘县窑的确切位置关系以及新庄厂的性质等问题现在还不能得到解决，需要在今后的工作中加以注意。

2. 始建年代

自永乐四年营建北京城以来，卫河（即南运河）即为北方输京运道的主力，在卫河沿岸取土烧造砖瓦以供北京营建是明代前中期供应北京营建砖瓦的最重要的方式[6]。《明会典》载："永乐间，差工部侍郎一员，于临清管理烧造，提督收放。自直隶至山东河南军卫州县有窑座者俱属统辖，宣德二年，令河南山东二督司并直隶卫所拨军夫五千名于沿河一带烧砖，以添设官十五员分行提督。成化十七年，添设郎中二员于山东河南及南北直隶原有窑处减半

---

① 现在张官屯和吕官屯之间距离仅500米左右，没有任何村落，故推测嘉靖《河间府志》中所载李官屯、吕官营应为一地，即今之吕官屯。

烧造。"[7]乾隆《临清州志》卷七《关榷志》载："明永乐初山东河南并直隶河间诸府俱建窑烧砖，临清设工部营缮分司督之，岁额城砖百万。"[8]河北省武强县马头村明三圣庙遗址上保留的万历《重修谷沙村窑厂三圣庙记》清楚地记载明代永乐年间，"国家立烧造窑厂于此"，"造作运都"[9]。根据以上文献记载可以初步推断，位于张官屯窑址的静海县窑和任丘县窑的始建年代当在明代永乐年间北京城开始大规模营建时期。

3. 停烧年代

据嘉靖《河间府志》载，嘉靖十九年（府志始修），静海县窑和任丘县窑两处窑厂已经停止烧造城砖，仅剩数间厂房和少量看厂夫，窑厂的田地则由他人佃种，这与明代北京城市营建所需城砖烧造地域在嘉靖年间的调整有关。关于卫河沿岸城砖烧造地域的调整及收缩的文献，《明会典》载："嘉靖五年题准，差部属二员，一往南直隶各府，于苏州有窑处所烧造方砖，一往山东、河南、北直隶各府，于临清有窑处所，督造方城砖斧券等砖……""嘉靖九年，以大工紧急，奏准……其河南、山东、北直隶等司府，俱折价，解临清有窑处所，招商烧造。"[10]这说明在嘉靖五年后北方各地的城砖烧造地渐趋集中在临清的趋势。河北武强县明三圣庙遗址保留的《重修谷沙村窑厂三圣庙记》所载当地窑场"嘉靖初犹造作运都，邑群以苦民，遂徙临清"的史料也印证了卫河沿岸各处窑厂停止烧造是在嘉靖初年这一时期[11]。此外，《北京铭文城砖研究——明清城砖铭文的历史信息与多元文化价值》中录有"嘉靖十年春季窑户孙敞为河间府造""大工 嘉靖十年秋□□□□□为河间府造"的城砖[12]。通过以上资料相互印证，至晚在嘉靖十年，位于张官屯窑址的静海县窑和任丘县窑已停止为北京营建烧造城砖，河间府开始折价借临清有窑处招商烧造城砖。

4. 窑址分布

此次工作仅对张官屯窑址西侧进行了考古勘探，因而张官屯窑址的分布范围是结合考古勘探结果及研究相关文献后得出的。

根据考古勘探情况，张官屯窑址的分布范围为北至张官屯村南，南至吕官屯村北，西至运河堤，与嘉靖《河间府志》所载基本一致，东界因未进行考古勘探，尚不清楚；根据窑址的布局关系，以两村间沥青路为界，可将24座窑址划分为南北二区，基本符合嘉靖《河间府志》中的记载，南区为任丘县窑，北区为静海县窑。嘉靖《河间府志》载静海县窑、任丘县窑共占地379亩，约合25万平方米，经实测张官屯与吕官屯之间的距离约为500米，按静海县窑与任丘县窑总面积推算，张官屯窑址的东界，即嘉靖《河间府志》所载"官道""大道"，应为张官屯村东侧通往吕官屯的土路。

此次考古勘探工作发现的灰坑中H5、H8面积巨大，可能为当时的取土坑，灰坑底部的草木灰及砖渣，可能是取土坑废弃后用来存放窑厂产生的废料形成的；而水井可能与当时窑厂制砖坯用水有关。故而，此次考古勘探发现的取土坑、水井、窑址、储灰坑初步构成了一个相对完备的城砖烧制体系。

嘉靖《河间府志》载当时静海县窑有砖窑2座，任丘县窑有砖窑3座，但此次勘探共发现窑址24座，远多于文献记载。这一方面与单个砖窑有相对的使用寿命有关。另一方面应与烧造规模的变化有关，有学者研究认为，明代各地的城砖烧造会因北京地区营建修造工程规模的变化而扩大规模或者暂停烧造[13]；因此，静海县窑和任丘县窑的烧造规模会随北京地区营建修造工程规模的变化而变化甚至暂停，这种情况可能导致静海县窑和任丘县窑在烧造规模小时将多余的砖窑的废弃，烧造规模大时又新建砖窑，这种情况在临清河隈张庄明清"贡砖"窑城砖烧造的过程中也有发生[14]。至于张官屯窑址内各砖窑具体的建造年代及归属等问题还需借助进一步的考古发掘工作来解决。

5. 窑厂选址原因

静海县窑之所以选择在张官屯一带，可能有以下三个原因。

（1）足够的燃料：芦柴是烧造城砖重要燃料，《明会典》载，洪武时期"黑窑，每中窑一座，装到大小不等砖瓦二千二百个。计匠八十八工，用五尺围芦柴八十八束。"明万历时期北京黑窑厂烧制方砖耗柴量为二尺方砖120斤/个，尺七方砖90斤/个，尺五方砖70斤/个，城砖50斤/个[15]；《临清州志》载："柴薪每烧砖一窑约需柴八九万斤不等……"[16]由此可见烧造城砖所产生的燃料需求是巨大的。

静海县境位于华北大平原的东北部，地势低平，河道众多，素有"九河下梢"之称，洼地、平地是县内主要的地貌类型，适宜芦苇等湿地植物生长，明代静海有大片的苇地，《明会典》记载："河间府静海县九百三十八顷一十二亩七分五厘四毫五丝，万历五年题准，行保定巡抚及通州管河郎中查勘河间府静海县独流等一十六庄苇地，除上地一百七十三顷一十六亩四分，每亩照旧征银二分外，中地一百一十三顷四亩二分，每亩止征银一分，下地三百五十八顷四十二亩八分有余，及逃绝地一百九十三顷四十九亩三分有余……"[17]现虽不能确认当地"钱圈子""窑顺道"传说的真伪，但张官屯周边大片的苇地可为静海县窑和任丘县窑两处窑厂烧造城砖提供足够的燃料是不争的事实。

（2）适宜的土质：烧造砖瓦的土质关系到砖瓦的质量，"皆以粘而不散、粉而不沙者为上"[18]，张官屯一带为黄河故道的流经地，属河流地貌所塑冲积平原，其沉积物颗粒较细，适于制坯烧造。此外，因地势低洼，此地不适宜农作物生长，可以将因大量取土烧砖造成的经济损失降到最低。

（3）便利的运输条件：张官屯西侧紧挨南北漕运通道——卫河，静海县窑烧造的城砖可搭解各省漕船直达北京通州一带。在张官屯窑址南侧，据传明清时期有专门的运河码头，便于城砖的装卸。任丘县窑之所以选择在静海张官屯一带烧制城砖，应是因为任丘不临近卫河，水运交通不便，陆运运输费时费力，而府内临近水道的州县距任丘最近者便是静海县，因而将任丘县窑设置在静海县窑附近是一种合理的安排。这种情况也见于当时的献县，据府志记载，献县宋村附近有河间县、宁津县、吴桥县、肃宁县等多个临近地方窑厂。

三、结　语

通过考古调查、勘探及对相关文献的梳理，可以判定张官屯窑址为明代早中期静海县窑和任丘县窑所在地，与明代北京城的营建有密切的关系。以静海县窑、任丘县窑为代表的明代卫河沿岸的城砖烧造，是明代早中期供应北京营建砖瓦料的主要方式，在明北京的营建过程中发挥了重要作用，对明代北京营建史的研究有重要的历史价值。静海县窑、任丘县窑两处窑厂的停烧废弃则见证了明代嘉靖年间北京营建城砖烧造政策调整，北方地区的城砖烧造向临清集中的历史，对于研究明代的匠籍、徭役制度的变化也有重要的参考价值。此外，张官屯窑址作为天津大运河文化遗产的一个重要组成部分，对该窑址的深入研究对于丰富大运河的历史文化内涵、活化大运河的历史文化场景具有重要的作用。

附记：项目负责人为盛立双，参与人员有尹承龙、祖红霞、孟庆林。城砖拓片由雷金夫制作；城砖拍照由尹承龙完成。项目开展期间得到静海区文化和旅游局、静海区陈官屯镇和张官屯村、吕官屯村党委政府及村民的大力支持，在此一并致谢。

执笔：尹承龙　盛立双

注　释

［1］　嘉靖《河间府志》卷8《财赋志·窑厂》，天一阁藏明代方志选刊第1册，上海古籍书店，1982年。

［2］　山东省文物考古研究所、临清市博物馆：《山东临清市河隈张庄明清"贡砖"窑址发掘报告》，《海岱考古》（第七辑），科学出版社，2014年。

［3］　申文、常寅真：《卫辉王奎屯明代窑址研究》，《河南科技学院学报（社会科学版）》2017年第1期。

［4］　李华：《北京东皇城遗址发掘简报》，《北京文物与考古》（第五辑），北京燕山出版社，2002年。

［5］　蔡青：《北京铭文城砖研究——明清城砖铭文的历史信息与多元文化价值》，金城出版社，2018年。

［6］　王毓蔺：《明北京营建烧造丛考之——烧造地域的空间变化和烧办方式变迁》，《故宫博物院院刊》2012年第2期。

［7］　（明）申时行等重修：《明会典》卷190，商务印书馆，1936年。

［8］　临清市人民政府：《临清州志》，山东省地图出版社，2001年。

［9］　王毓蔺：《卫河沿岸明代城砖烧造考》，《中原文物》2013年第6期。

［10］　（明）申时行等重修：《明会典》卷190，商务印书馆，1936年。

［11］　王毓蔺：《明代北京营建烧造转折期的重要史迹——记河北武强县明三圣庙遗址》，《故宫博物院院刊》2014年第4期。

［12］　蔡青：《北京铭文城砖研究——明清城砖铭文的历史信息与多元文化价值》，金城出版社，2018年。

［13］　王毓蔺：《明北京营建烧造丛考之——烧造地域的空间变化和烧办方式变迁》，《故宫博物院院刊》2012年第2期。

［14］ 山东省文物考古研究所、临清市博物馆：《山东临清市河隈张庄明清"贡砖"窑址发掘报告》，《海岱考古》（第七辑），科学出版社，2014年。

［15］ 何士晋：《工部厂库须知》卷3《营缮司》，北京图书馆古籍珍本丛刊（47），书目文献出版社，1998年。

［16］ 临清市人民政府：《临清州志》，山东省地图出版社，2001年。

［17］ （明）申时行等重修：《明会典》卷190，商务印书馆，1936年。

［18］ （明）宋应星：《天工开物》第七《窑埏》，商务印书馆，1954年。

滨海新区北塘义胜营炮台遗址考古勘探报告

天津市文化遗产保护中心

义胜营炮台遗址位于滨海新区中新天津生态城的中部,北塘河口北岸至蛏头沽区间汉北公路西侧(图一),现存多处"三合土"夯筑遗迹,遗址中心GPS坐标为北纬39°08′19.1″,东经117°45′39.8″,海拔-2.7米。

义胜营炮台遗址是北塘炮台遗址的重要组成部分,北塘炮台作为大沽口防御体系的北翼,在抵御外扰的战争中发挥过重大历史作用,是天津市乃至全国明清海防遗产的重要组成部分,具有十分重要的文物保护价值。2013年1月5日被天津市人民政府公布为天津市文物保护单位。

2018年5月11日,天津市文化遗产保护中心组织专业技术力量开展现场考古调查勘探与试掘工作,7月13日全部现场考古工作结束。此次考古勘探,基本摸清了该遗址的分布范围、基本布局以及保存状况,实际考古勘探工作面积为138000平方米,配合勘探作业开1米×2米探沟4个,共8平方米。确认考古勘探区域内炮台遗址分布面积92000平方米(汉北公路以北部分),由壕沟、主墙体、道路及内部遗迹组成(图二)。

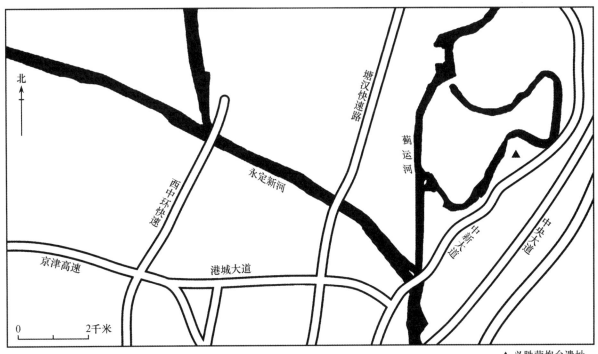

▲ 义胜营炮台遗址

图一　义胜营炮台遗址位置示意图

一、炮台壕沟（护壕）

（一）地层堆积情况

经对壕沟（G1）及周边区域的考古勘探，对其地层堆积情况有了较为清晰的认识。该区域的地层堆积自上而下可分为4层（图三）。

第1层：表土层。厚0.2~0.4米。浅灰褐色，土质疏松，含植物根茎、少量建筑垃圾等。

第2层：淤积层。厚0.6~1米。该层由近现代淤积而成，土色不一，杂乱，土质稍硬，土层内含有现代垃圾、植物根系等。壕沟就开口于该层下，内含大量黑淤泥。

第3层：淤积层。厚1.2~1.8米。该层由早期多次淤积而成，土色深浅不一，土质较硬、湿黏，部分区域含沙量大，土层内较净。

第4层：淤积沙层。厚0.8~1.2米。青褐色，土质较硬，纯净。

第4层下为生土层。

（二）保存现状

炮台的壕沟环绕整个炮台而建，东、北、西三面尚存，平面为不规则长条形，用于对炮台的防御和排水。由于被汉北路及绿化带所压，炮台遗址南部壕沟及其内部遗迹未进行考古勘探，有待确定（图二）。

整个壕沟（不包括南部）环长约800米，东部宽于西部，东部宽25~30、西部宽16~25米。壕沟剖面呈"U"形，沟口略大沟底，开口距现地表深1~2.8米，北部略浅，东、西两侧向南部逐步加深，北部最浅处深约2.2米，南部两端最深处深约3.5米。壕沟内填黑淤泥，土质较硬、湿黏。

二、炮台主墙体

（一）地层分析

由于下部存在三合土墙体，因此在三合土墙体夯质较好的区域，勘探无法进行。三合土墙体夯质较差的区域，在发现有三合土墙体时，勘探即刻停止，免使墙体遭受破坏，仅少部分探孔通过，用于摸清墙体厚度及下部地层堆积情况。该区域的地层堆积与壕沟的相似，自上而下也分为4层（图四）。

第1层：表土层。厚0.1~0.3米。浅灰褐色，土质疏松，含植物根茎、少量建筑垃圾等。裸

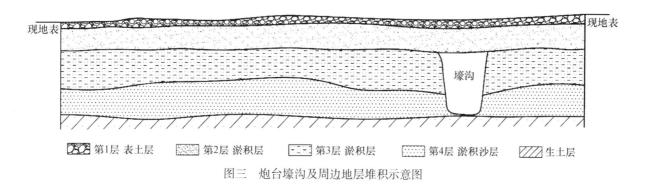

图三　炮台壕沟及周边地层堆积示意图

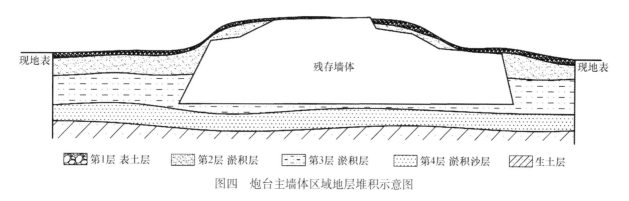

图四　炮台主墙体区域地层堆积示意图

露于地表的墙体部分发现于该层下。

　　第2层：淤积层。厚0.5~1米。该层由近现代淤积而成，土色深浅不一，杂乱，土质稍硬，土层内含有现代垃圾、植物根系等。大部分墙体就开口于该层下。

　　第3层：淤积层。厚1.3~2.1米。该层由早期多次淤积而成，土色深浅不一，土质较硬、湿黏，部分区域含沙量大，土层内较净。

　　第4层：淤积沙层。厚0.8~1米。青褐色，土质较硬，纯净。

　　第4层下为生土层。

（二）保存现状

　　炮台的墙体是整个炮台的主体，墙体修筑得宽大、厚重，墙体上部架设有炮位，中部修筑有空洞（图五）。

　　该炮台历经明、清两个时期，经多次复修，最终在清末毁于外敌，致使现存炮台主墙体破坏严重，平面现为不规则形，宽窄不一、高低不平。墙体由三合土夯筑而成，南部和东部三合土夯质较好，西部三合土夯质较差。现地表仍残存部分明显的三合土墙体，裸露于地面。

　　墙体上原修筑有大小不一的炮位，现仅南墙体东、西两端的炮位较为明显，其他炮位现已无法确定。墙体中部修建有空洞（墙体中部偏内侧的中空区域我们称为空洞），相互连接，军队可在此进行防护、物资运输、食宿、修整等。空洞整体损毁严重，南部区域残留较多，基本可看出其形制结构，北部空洞被破坏或坍塌，已不明显。

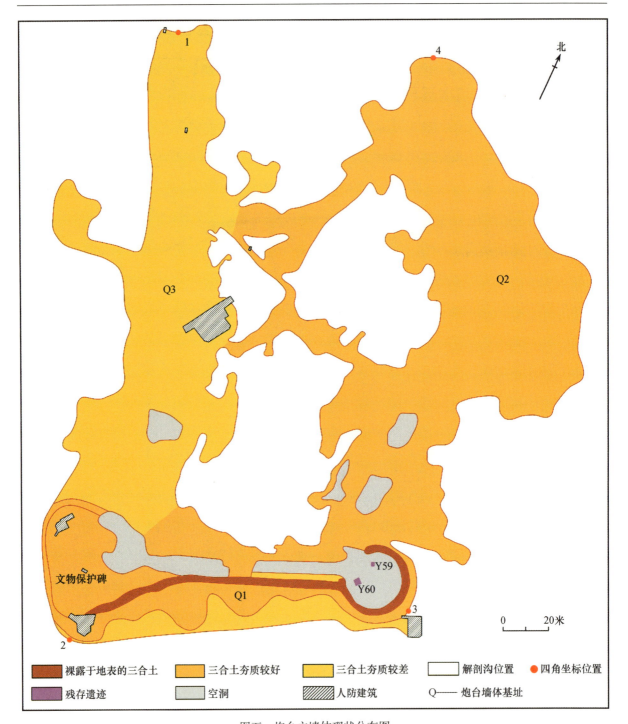

图五　炮台主墙体现状分布图

图例：

符号	说明	符号	说明	符号	说明
	裸露于地表的三合土		三合土夯质较好		三合土夯质较差
	残存遗迹		空洞		人防建筑

解剖沟位置　　●四角坐标位置　　Q—— 炮台墙体基址

炮台主墙体面积（依墙体外边线为准）约40000平方米，南北长170～240、东西宽140～200米（表一），依据现有墙体的现状，将其分为南、东、西三部分，依次编号为Q1、Q2、Q3，现详述如下。

表一　炮台主墙体四角坐标

位置	GPS坐标
西北角1	北纬：39°08′23.6″，东经：117°45′35.2″，海拔−2.3米
西南角2	北纬：39°08′15.3″，东经：117°45′37.8″，海拔−2米
东南角3	北纬：39°08′17.8″，东经：117°45′43.2″，海拔−2.8米
东北角4	北纬：39°08′24.8″，东经：117°45′39.6″，海拔−2.1米

1. 南部主墙体（Q1）

南部主墙体保存相对较好，可较全面地展示炮台修筑的方式及结构，墙体东西残长160、南北残宽40～60米，现存三合土厚0.4～3.2米。东端墙体的外侧早期已被破坏，明显小于西端的墙体，西端的墙体外侧在修建华三路时部分被破坏。该墙体由主墙体、空洞、炮位构成（图六）。

主墙体　整个墙体由三合土夯筑而成，中北部的三合土夯质较好，部分三合土裸露于地面，清晰可见。此区域的三合土黏合度高，坚硬，残留较厚，厚1.5～3.2米。下部基础应为最早修筑炮台时的原基础，上部三合土有后期修复痕迹，夯质有所不同，下部夯质优于上部。

南部边缘区域的三合土夯质较差，白灰和黄土分散，已无黏合作用，且仅存底部，厚0.4～1.2米，推测为后期复建时所筑。

空洞　墙体东、西两端的内部为圆形空洞，西侧保留三合土顶部，空洞内部大小不详，东侧顶部被破坏，直径约25米。墙体中间的内部为长条形空洞，顶部被破坏，现存空洞宽窄不一，西部宽于东部，西部宽约8米，东部宽约5米。空洞深2.8～3.2米，现内填杂土，底部发现有煤渣、黑炭灰、红烧土、踩踏面等痕迹残留。

东部圆形空洞内发现2处三合土遗迹，用途不详，编号为Y59、Y60。

Y59　位于空洞的北部，平面近似梯形，南北长1.3～1.5、东西宽1.2、距现地表深1.1～1.3米，三合土夯质一般。

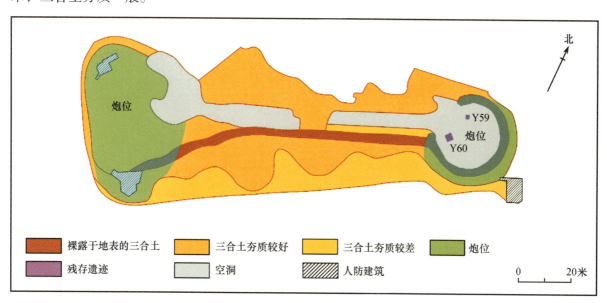

图六　南部主墙体现状分布图

Y60　位于空洞的西部，平面梯形，边长2.4~2.5、宽2.4、距现地表深0.6~0.8米，三合土夯质一般。

炮位　放置大炮的位置，通常有规则地布设于墙体上，炮位处的三合土修筑得厚重、坚固，便于支撑大炮。该墙体东、西两端的基址明显较大、厚重，三合土夯质非常好，应为炮台的炮位。墙体中间有向外部突出的三合土部分，夯质好，也疑似为炮位，但因破坏严重，无法准确判定。

2. 东部及北部主墙体（Q2）

由于东部和北部主墙体情况较为相似，因此均放在东部主墙体部分进行介绍（图七）。

此处墙体三合土黏合度高，夯质较好。墙体平面为不规则形，宽窄不一、高低不平，残留厚薄不均。东部主墙体整体残留的三合土较厚，北部残留较薄，现分别详述如下。

东部主墙体　南北残长约206、东西残宽30~60、三合土厚0.8~3.2、距现地表深0.1~1米，部分墙体侧面裸露于外部。

图七　东部及北部主墙体现状分布图

该段墙体南部残留3处空洞，顶部已被破坏。3处空洞大小不一，平面为不规则形，最小长15、宽2.5~5、深1.8~2.5米，最大长18、宽7~10、深2.2~3米。空洞内见煤渣、黑炭灰、红烧土、踩踏面等痕迹。

东部墙体外侧有多处明显向外部突出的部分，疑似为该墙体的炮位，但因破坏严重，无法准确判定。

北部主墙体　该墙体由南、北两段组成，并相互连接，近似"X"形。东、西两侧分别与东部和西部主墙体相连。东西长约68、南北宽约50、三合土厚0.5~1.8、距现地表深0.1~1.2米，部分墙体裸露于现地表。

该段墙体中部偏北区域发现踩踏面，踩踏面北部连接一条南北向的道路（后有详细介绍），从其所在的位置和周边的遗迹来推测，该处可能是整个炮台的大门位置，因为遭破坏严重，大门的具体位置、大小、形制结构均无法详细确定。

东部和北部主墙体的三合土相对较好，故在北墙体的西侧布设一条探沟，探沟长1.8、宽1米，内见夯质较好的三合土墙基，与勘探结果相符。

3. 西部主墙体（Q3）

西部主墙体整体保存较差，三合土黏合度差、松散，探铲极易打穿。外侧墙体部分已破坏，墙体上部有较厚的渣土覆盖。在该段墙体的南部发现1处空洞，顶部已被破坏，平面为不规则形，残长15、宽10~13、深1.8米，内见黑炭灰、红烧土等（图八）。

墙体南北长约206、东西残宽25~60、三合土厚0.2~2.3米，南部较厚，北部较薄。

因该段主墙体的外侧遭不同程度的破坏，墙体夯质较差，炮位已不明显，无法准确判定。

在该处墙体的北侧布设两处探沟，探沟长1.6、宽1米，内见三合土墙体，夯质较差，与勘探结果相符。

三、炮台道路

（一）地层分析

该区域的地势与周边相比相对较低，地层堆积自上而下分为4层（图九）。

第1层：表土层。厚0.2~0.3米。浅灰褐色，土质疏松，含植物根茎、少量建筑垃圾等。

第2层：淤积层。厚0.5~1米。该层由近现代淤积而成，土色深浅不一，杂乱，土质稍硬，土层内含有现代垃圾、植物根系等物。道路就开口于该层下。

第3层：淤积层。厚1.5~2米。该层由早期多次淤积而成，土色深浅不一，土质较硬、湿黏，部分区域含沙量大，土层内较净。

第4层：淤积沙层。厚0.8~1米。青褐色，土质较硬，纯净。

第4层下为生土层。

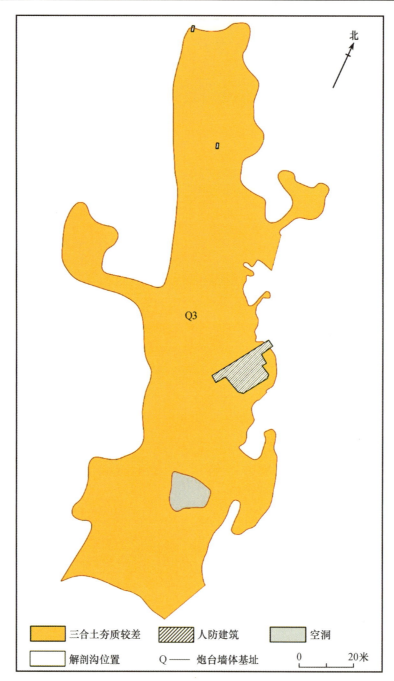

图八　西部主墙体现状分布图

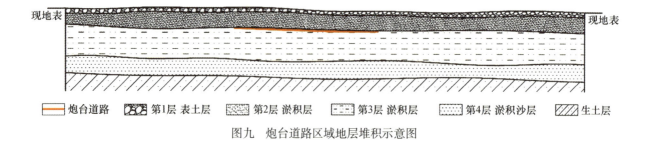

图九　炮台道路区域地层堆积示意图

（二）保存现状

炮台道路（L1）　位于遗址的北部，北连壕沟，南接北部主墙体北侧踩踏面，由北向南逐步变宽，是进入炮台内部的通道（图一〇）。

该段道路长约54、宽12～21、距现地表深1～1.3、道路厚0.1～0.15米。道路质地坚硬，内掺拌有白灰颗粒。道路南侧连接踩踏面，踩踏面与道路结构相似，但相对较薄，部分区域有缺失。

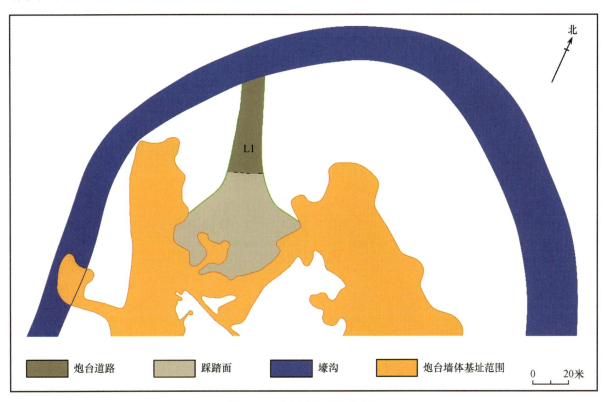

| 炮台道路 | 踩踏面 | 壕沟 | 炮台墙体基址范围 |

0 20米

图一〇　炮台道路现状分布图

四、炮台内部遗迹

（一）地层堆积

该区域地层堆积与炮台道路相似，地势均比周边低，自上而下分为4层。

第1层：表土层。厚0.2～0.3米。浅灰褐色，土质疏松，含植物根茎、少量建筑垃圾等。部分遗迹现象开口于该层下。

第2层：淤积层。厚0.6～1.2米。该层由近现代淤积而成，土色深浅不一，杂乱，土质稍硬，土层内含有现代垃圾、植物根系等物。该区域内的踩踏面和部分遗迹现象均开口于该层下。

第3层：淤积层。厚1.7~2.1米。该层由早期多次淤积而成，土色深浅不一，土质较硬、湿黏，部分区域含沙量大，土层内较净。

第4层：淤积沙层。厚0.8~1.1米。青褐色，土质较硬，纯净。

第4层下为生土层。

（二）保存现状

炮台内部是指炮台主墙体内部的区域，距现地表深0.8~1.4米处发现有大量踩踏面，由于踩踏面较薄，且在早期被破坏，部分区域的踩踏面现已无存，踩踏面内含有少量白灰颗粒。

在炮台内部发现58处三合土遗迹（图一一），大小不一、厚薄不均、形状各异，夯质一般，暂无法确定其用途，编号为Y1~Y58（表二），现举例说明。

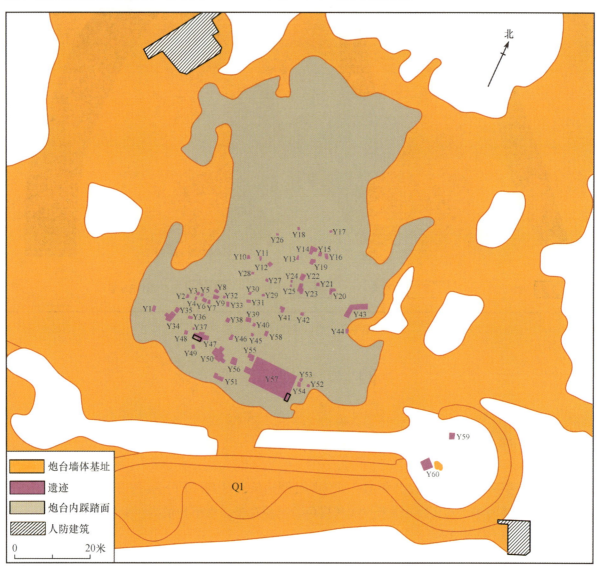

图一一　炮台内部遗迹分布图

表二　三合土遗迹登记表

编号	形状	长/米	宽/米	深/米
Y1	梯形	1.3	0.5 ~ 0.7	0.6
Y2	梯形	0.5 ~ 1	0.4 ~ 0.6	0.8
Y3	梯形	0.6 ~ 0.7	0.4 ~ 0.5	0.4
Y4	长方形	0.7	0.4	0.5
Y5	方形	0.5	0.5	0.4
Y6	长方形	1	0.6	0.4
Y7	梯形	0.8	0.3 ~ 0.7	1.3
Y8	梯形	1.1	0.5 ~ 0.7	0.5
Y9	不规则形	0.9 ~ 1.4	0.5 ~ 0.8	1.5
Y10	梯形	0.7	0.3 ~ 0.7	0.8 ~ 1.1
Y11	不规则形	1	0.3 ~ 0.5	1.4 ~ 1.5
Y12	梯形	0.7 ~ 0.9	0.8	0.8 ~ 1.5
Y13	不规则形	1	0.1 ~ 0.6	0.8 ~ 1.3
Y14	"7"字形	2	0.5 ~ 1.6	1.1 ~ 1.5
Y15	长方形	0.8	0.6	0.4 ~ 1.6
Y16	长方形	1.3	0.7	0.7 ~ 1.2
Y17	方形	0.5	0.5	1.2
Y18	不规则形	0.5 ~ 0.6	0.4 ~ 0.5	1.3
Y19	不规则形	1.1 ~ 1.2	0.7 ~ 1	0.7 ~ 1.3
Y20	不规则形	0.5 ~ 1.4	0.2 ~ 1	1.5
Y21	方形	0.7	0.7	0.7
Y22	不规则形	1.1 ~ 1.3	0.9 ~ 1.1	1.3
Y23	"Z"字形	2.5	0.5 ~ 1.5	0.7 ~ 1.4
Y24	不规则形	0.4 ~ 0.5	0.2 ~ 0.3	1.3
Y25	不规则形	0.4 ~ 0.5	0.2 ~ 0.3	1.1
Y26	不规则形	0.3 ~ 0.5	0.3 ~ 0.4	
Y27	不规则形	0.5 ~ 0.6	0.5 ~ 0.6	1.4
Y28	梯形	0.5 ~ 0.6	0.4 ~ 0.5	1.1
Y29	方形	0.5	0.5	1.5
Y30	不规则形	0.5 ~ 0.6	0.3 ~ 0.5	1.2
Y31	长方形	1	0.5	0.8 ~ 1.2
Y32	梯形	0.4	0.3 ~ 0.4	0.5
Y33	不规则形	1.0 ~ 1.1	0.5 ~ 0.6	1
Y34	"凸"字形	2.3	1.2 ~ 2	0.4 ~ 1.2
Y35	不规则形	1 ~ 1.1	0.7 ~ 0.8	0.4 ~ 1.2
Y36	长方形	1.1	0.5	0.4 ~ 0.6
Y37	不规则形	0.3 ~ 0.5	0.4	0.9

编号	形状	长/米	宽/米	深/米
Y38	方形	0.8	0.8	0.8
Y39	长方形	1.3	0.9	1.2
Y40	梯形	0.7	0.4～0.6	1
Y41	"7"字形	0.5～1.1	0.4～1.1	1
Y42	方形	0.7	0.7	1
Y43	"7"字形	4.6	1.2～3.2	1.2
Y44	长方形	1.2	0.7	0.6～1
Y45	梯形	0.4～0.6	0.3～0.4	0.6
Y46	"7"字形	1.2	0.5～0.8	0.8
Y47	"十"字形	3.6	2.3	0.8
Y48	方形	0.8	0.8	0.4～0.9
Y49	梯形	0.7～0.8	0.7	0.6
Y50	不规则形	2.9～4	0.7～3.6	0.8～1
Y51	"7"字形	0.7～2.5	0.9～1.1	0.8
Y52	梯形	0.4～0.6	0.4	0.7
Y53	梯形	0.6～0.8	0.6	1.3
Y54	不规则形	0.8～1.0	0.8	1.3
Y55	"7"字形	0.9～1.5	0.9～1.4	1.3
Y56	梯形	1.4～1.6	1.5	1.2
Y57	长方形	13	6.8	0.4～0.8
Y58	梯形	0.8～1	0.7	1
Y59	梯形	1.3～1.5	1.2	1.1～1.3
Y60	梯形	2.4～2.5	2.4	0.6～0.8

Y1　平面近似梯形。南北向。长1.3、宽0.5～0.7、距现地表深0.6米。

Y14　平面近似"7"字形。南北向。长2、宽0.5～1.6、距现地表深1.1～1.5米。

Y23　平面近似"Z"字形。南北向。长2.5、宽0.5～1.5、距现地表深0.7～1.4米。

Y34　平面近似"凸"字形。南北向。长2.3、宽1.2～2、距现地表深0.4～1.2米。

Y41　平面近似"7"字形。东西向。长0.5～1.1、宽0.4～1.1、距现地表深1米。

Y43　平面近似"7"字形。东西向。长4.6、宽1.2～3.2、距现地表深1.2米。

Y46　平面近似"7"字形。南北向。长1.2、宽0.5～0.8、距现地表深0.8米。

Y47　平面近似"十"字形。东西向。长3.6、宽2.3、距现地表深0.8米。

Y50　平面为不规则形。东西向。长2.9～4、宽0.7～3.6、距现地表深0.8～1米。

Y51　平面近似"7"字形。东西向。长0.7～2.5、宽0.9～1.1、距现地表深0.8米。

Y55　平面近似"7"字形。东西向。长0.9～1.5、宽0.9～1.4、距现地表深1.3米。

Y57　平面长方形。东西向。长13、宽6.8、距现地表深0.4～0.8米。见三合土基础，夯质一般。

五、主 要 收 获

（1）首次明确了北塘炮台义胜营炮台遗址北部的分布范围。通过考古勘探等工作，明确了考古勘探区域内、现汉北公路（中新大道）以北义胜营炮台遗址分布范围达到92000平方米，更正了以往对于该遗址分布范围的认识；根据已探明炮台遗址向南侧继续延伸的分布规律，现汉北公路（中新大道）及以南仍有炮台遗迹分布，推测该部分面积在3万平方米左右。据此综合判断，北塘炮台义胜营炮台遗址整体呈椭圆形南北向布局，分布面积约在130000万平方米。

（2）明确了北塘炮台义胜营炮台遗址防御系统的基本布局。通过工作发现，该炮台整体基本由壕沟（护壕）、炮台、炮台间墙体、内部道路、内部建筑等组成。其中义胜营炮台护壕是此次工作的重要发现，以往天津考古在大沽口炮台、北塘仁正营炮台等同类遗址考古勘探工作中，均未发现护壕遗迹，这次发现，为认识天津明清炮台防御体系结构和布局提供了考古实证和典型个案，为后续保护、展示利用和相关文献对比研究提供了重要依据。

（3）初步掌握了北塘炮台义胜营炮台遗址护壕、炮台、墙体及内部道路、踩踏面等的构筑方式和基本结构，为下一步考古工作奠定了基础。

执笔：戴　滨

滨海新区大沽口北岸炮台遗址考古勘探报告

天津市文化遗产保护中心

大沽口北岸炮台遗址位于天津市滨海新区交通运输部北海救助局天津基地西侧,与大沽口南炮台遗址隔海河相对,中心位置GPS坐标为北纬38°59′40.1″,东经117°42′62.5″。

大沽海口自古为津门屏障。明朝嘉靖年间,为抵御倭寇,加强大沽口海防战备,始驻军设防。清嘉庆二十一年(1816年)分别在海河口南北两岸各修建炮台一座,由此而称"南炮台""北炮台"。道光二十一年(1841年),又于北岸增建1座,南岸增建2座。咸丰八年(1858年),炮台全面整修,分别以"威、镇、海、门、高"五字命名。此外,在北岸另建石头缝炮台1座,以及小炮台25座。第二次鸦片战争期间,在这里进行了中外闻名的大沽口保卫战。光绪二十六年(1900年),在抗击八国联军战争中,义和团成员和清军士兵共同进行了反侵略的斗争。清光绪二十七年(1901年),清廷与八国签订《辛丑条约》,炮台随即被拆毁。目前遗址地表自南向北分布着修复后的"威"字炮台及"镇"字、"海"字炮台遗存,其他遗迹埋藏在地下。

2004年与2009年,天津市文化遗产保护中心先后两次对大沽口南炮台遗址开展考古勘探作业,勘探过程中配合以小规模的考古试掘,通过工作,基本明确了大沽口南炮台遗址的分布范围、内部功能布局等,取得了一系列新的发现。而作为大沽口防御体系重要组成部分的北岸炮台,由于湮没已久,地表基本没有太多的文物线索,历史文献资料记载中的北岸炮台分布情况始终语焉不详,这也成为2012年考古勘探任务的缘起。

考古勘探区域平面呈不规则条状分布(图一),地势呈由东南向西北倾斜的坡状,东西长约650、南北宽30~130米。遗址东邻渤海石油路,其余三面为海河所包围,近年新修建的海河大桥从遗址上方穿过。遗址现场现大部分被水泥路面、现代临时建筑、天津海事局天津航标处临港航标管理站办公楼及树木等占压。

由于大沽口北岸炮台遗址原状保存较差,考古工作中采用地面踏查、当地居民口述调查与历史文献资料记载相结合的方法明确考古勘探重点。考古勘探过程中普探与局部重点考古勘探相结合,在重要遗迹分布区域开掘小规模考古探沟,以了解炮台遗存的内部结构。

通过对大沽口北岸炮台遗址进行全面勘探,寻找"门"字炮台、"高"字炮台及石头缝炮台遗址的具体位置及分布范围,并探查分布于炮台遗址范围内的其他相关建筑遗迹。

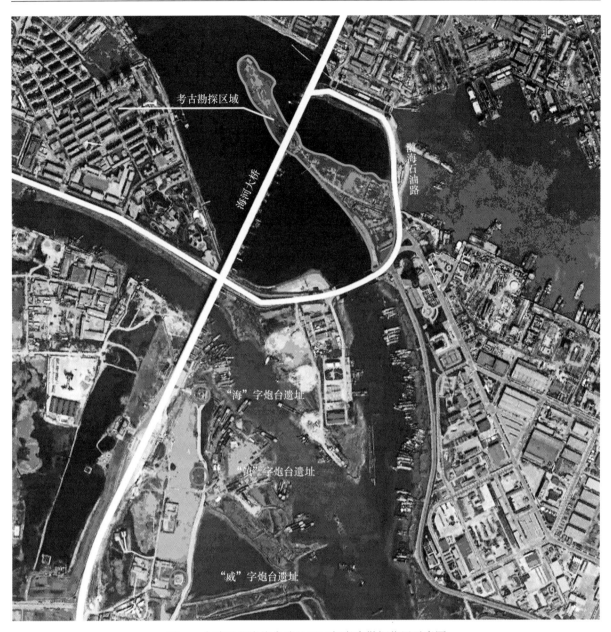

图一　大沽口北岸炮台遗址2012年考古勘探位置示意图

一、遗址地层堆积

根据考古勘探结果，该区域内的地层堆积可分为五层，现分述如下。

第1层：垫土层。厚0.4～0.8米。深褐色，土质较硬，内含石子、灰渣及植物根茎等。

第2层：冲积层。厚0.5～1.1米。浅褐色，土质稍硬，内含少量蚌壳、石子。

第3层：冲积层。厚0.3～0.7米。黄褐色，上质较硬，内含少量植物根系及蚌壳等。

第4层：淤积层。厚0.4～0.7米。灰褐色，土质软，纯净，湿黏。

第5层：黑褐色淤积层，土质纯净、细腻。出水严重，无法下探。

二、勘 探 成 果

此次考古勘探作业区域面积约55000平方米。因在考古勘探区域内有现房、临建房、硬化路面等无法勘探的区域，因此实际勘探面积约52000平方米。在考古勘探区域内共发现遗迹现象5处，现代扰坑3个（图二）。

（一）遗迹

编号为遗迹1～遗迹5。

1. 遗迹1

位于勘探区域内临港航标管理站院内，航标高土台周围。中心点GPS坐标为北纬38°59′381″，东经117°42′674″，海拔0.9米。该处发现的是三合土基础，其中部分探孔中发现有青砖残块。由于该院内有办公楼、航标塔、硬化路面等区域无法勘探，为详细介绍该处的三合土基础，现将其分为四部分逐一介绍，编号为Q1～Q4（图三）。

Q1　位于航标塔的西部，平面呈弧形。南北长约21、东西宽2.5～7、距地表深0.6～2.2米。内见三合夯土、青砖，质地坚硬密实。西部部分延伸出航标管理站西侧围墙。

Q2　位于航标塔的南部，平面呈弧形，西部紧邻Q1。南北长约16、东西宽2.5～5、距地表深0.7米。内见三合夯土，质地坚硬密实。

Q3　位于航标塔的东部，平面呈不规则形。南北长约22、东西宽2.5～8、距地表深0.8～3.5米。内见三合夯土、青砖等，质地坚硬密实。

Q4　位于航标管理站办公楼的西南侧，平面呈弧形。东西长约11、南北宽5.5～6、距地表深1.8米。内见三合夯土，质地坚硬密实。

2. 遗迹2

位于临港航标管理站东围墙的外，遗迹中心GPS坐标为北纬39°59′399″，东经117°42′623″。该遗迹开口于表土层下，呈斜坡状，西南高，东北低，延伸进入海河，西南部宽，东北部略窄。长8.8、宽7～12.5、距地表深0.05～0.5米。内见三合夯土，质地坚硬密实，东北部上层三合土被破坏，仅留下部素夯土，根据遗迹结构，推断为墙基础。

为进一步了解该遗迹现象的内部结构，在此处开探沟1条，编号T1，规格1米×7米，方向30°。

地层堆积可分为3层。

第1层：深褐色垫土层。土质松软，内含现代残砖及植物根系。本层分布于整个探沟，呈南高北低斜坡状。厚0.05～0.25米。为人类活动形成。

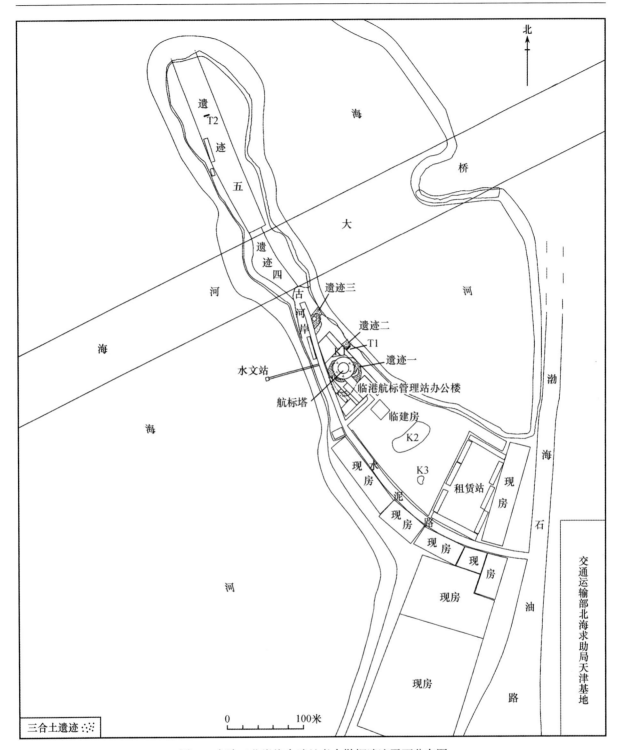

图二　大沽口北岸炮台遗址考古勘探遗迹平面分布图

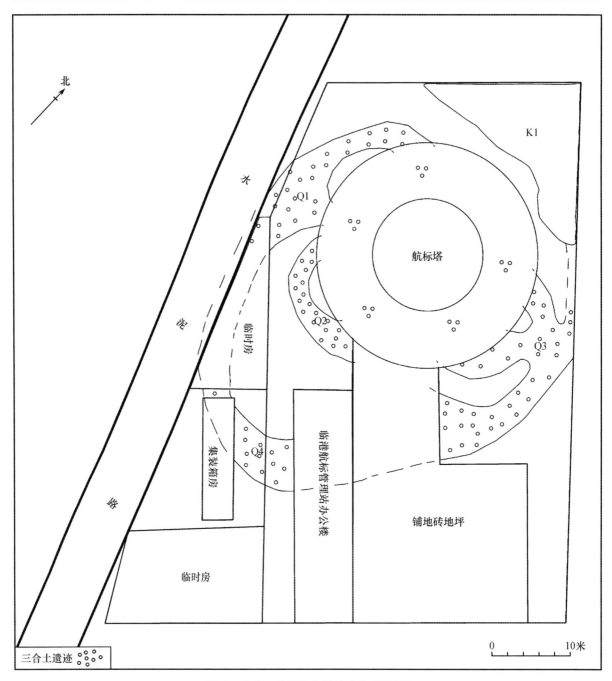

北

水

泥

路

临时房

集装箱房

临时房

Q1

Q2

Q3

Q4

航标塔

临港航标管理站办公楼

铺地砖地坪

K1

0　　　　　　　　10米

三合土遗迹

图三　大沽口北岸炮台遗址遗迹1平面图

　　第2层：浅褐色冲积层。土质较硬、纯净，无包含物。本层分布于探沟南部，呈南高北低斜坡状。厚0.05～0.3米。自然冲积形成。

　　第3层：褐色冲积层。土质较硬，内含少量蚌壳、石子。为自然形成。

　　第3层下未发掘。

　　遗迹现象如下。

　　a：三合土层。叠压于第3层之上，北部已被破坏。南北残长2.5、厚0.1～0.2米。质地硬，分布于探沟南部，人工夯筑而成。

　　b：夯土，南北向呈带状分布，打破第3层，南部被三合土层打破。东西宽0.75、厚0.85米。自上而下又分四层，编号b1～b4。b1：素夯土。厚0.3米。土质较硬，呈小颗粒状。b2：素夯土。厚0.3米。土质较硬，呈小颗粒状。b3：白灰三合土。厚0.1米。土质坚硬，在该层上面发现有朽木痕迹。b4：素夯土。厚0.15米。此道夯土应先在第3层开夯槽，再进行夯筑。

　　三合土层打破夯土层，应属不同时期修建，推测可能为炮台后期进行整修或加固所致。另外发现两块不规则石块，叠压于三合土层之上，其性质不详。

　　地层与遗迹之间的叠压、打破关系为①→②→a→b→③。而根据包含物特征，初步推断：第1层为现代层，第2层为近代冲积层，第3层为明清冲积层（图四）。

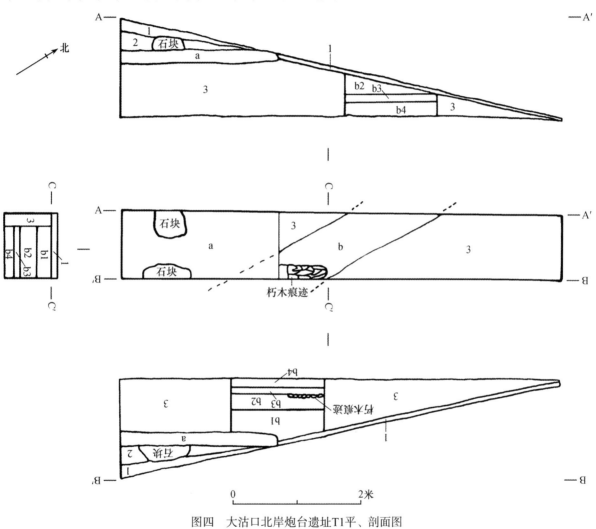

图四　大沽口北岸炮台遗址T1平、剖面图
1.深褐色垫土层　2.浅褐色冲积层　3.褐色冲积层
a.三合土层　b.夯土　b1.素夯土　b2.素夯土　b3.白灰三合土　b4.素夯土

3. 遗迹3

位于勘探区域的西北部，南距航标站约40米，遗迹中心点GPS坐标为北纬38°59′405″，东经117°42′619″。遗迹开口于表土层下，呈西南—东北向延伸入海河，西南宽，东北窄。残长18、宽10～24.5、遗迹距现地表埋深0.6～1.2米。内部见有三合夯土，质地坚硬密实，应为一处墙体基础。

4. 遗迹4

位于勘探区域的西北部，新建海河大桥桥下，遗迹中心点GPS坐标为北纬38°59′444″，东经117°42′567″。该遗迹开口于第2层下，平面大致呈带状，西北—东南走向。残长93、宽16～32、遗迹距现地表埋深约1.2～2米。内见石块，质地坚硬。

5. 遗迹5

位于勘探区域的最北部，南部与遗迹4相邻。遗迹中心点GPS坐标为北纬38°59′519″，东经117°42′523″。该遗迹开口于表土层下，平面呈长条形，西北—东南走向。长237、宽24～33、遗迹距现地表约0.4～0.6米。内见三合土、黑灰、贝壳、石块等，逐层堆积而成，质地坚硬，推断为炮台道路遗迹。

在该遗迹北部开掘探沟1条，编号T2，规格1米×7米，方向40°。

T2地层堆积及成因如下。

第1层：深褐色渣土层。较疏松，内含现代残砖等，略呈北高南低斜坡状。厚0.5～0.55米。为现代人类活动形成。

第2层：浅红褐色土层。土质较硬，内含有贝壳及石块，略呈北高南低斜坡状。厚0.25～0.3米。为人工添加贝壳夯筑而成，应为当时路面。

第3层：浅黄褐色沙土层。土质硬，较纯净，内含大量碎石块，略呈北高南低斜坡状。厚0.1～0.12米。人工添加碎石夯筑而成，为道路垫层。

第4层：黑色炭灰层。土质硬、纯净，无包含物。本层分布于整条探沟，略呈北高南低斜坡状。厚0.05～0.06米。人工夯筑而成，为道路垫层。

第5层：贝壳堆积层。土质硬。本层分布于整个探沟。厚0.5米。人工夯筑形成，为道路垫层。

第6层：不规则石块层。人工修筑而成，应为道路路基层。

由于工作条件限制，第6层下并未继续向下清理。

地层与遗迹之间的叠压、打破关系为①→②→③→④→⑤→⑥。根据包含物特征，初步推断：第1层为现代层，第2～6层为清代层（图五；图版三，1）。

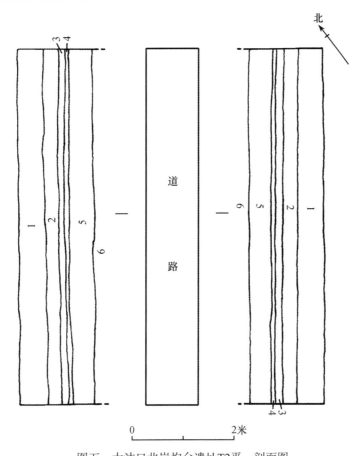

图五　大沽口北岸炮台遗址T2平、剖面图

1.深褐色渣土层　2.红褐色土层　3.浅黄褐色沙土层　4.黑色炭灰层　5.贝壳堆积层　6.石块层

（二）现代坑

编号K1～K3。

K1　位于临港航标管理站北墙角，GPS坐标为北纬39°59′394″，东经117°42′621″，海拔0.8米。平面近似三角形。西边长19、东边长20、高12、距现地表约0.3米。因该坑内含现代红砖、石头等物，无法探测，深度不详。

K2　位于考古勘探区东南部，租赁站北部，GPS坐标为北纬39°59′254″，东经117°42′654″，海拔1.1米。平面呈不规则形，东西向。长51、宽23、深1.4、距地表深0.4米。内含石块、现代红砖等。

K3　位于考古勘探区东南部，租赁站北部，GPS坐标为北纬39°59′237″，东经117°42′651″，海拔1.1米。平面呈不规则形，南北向。长10、宽5～8、距地表深0.4米。内含石块、现代红砖，无法向下勘探，深度不详。

三、收获与认识

（1）文献记载大沽口北岸炮台包括"门"、"高"及"石头缝"炮台。本次考古勘探区域内发现的遗迹1，即现天津航标处临港航标管理站院内三合土夯土基础遗存，从遗迹的形状、堆积性质与规模大小推断，应为当时三座炮台遗存中的一座。通过与历史文献资料比对（图版三，2），就炮台排列顺序、相对方位推断，此处遗迹可能为"门"字或"高"字炮台遗存。

（2）"石头缝"炮台遗存此次勘探未有发现，应不在此次考古勘探工作范围之内。根据相关文献记载，"石头缝"炮台在"高"字炮台西北侧，且距离稍远。本次考古勘探区北侧的海河河道为现代开挖，因此我们对"石头缝"炮台遗存分布有两种推测：一种是在后期开挖北侧的河道时被破坏；另一种可能是分布在北侧河道对岸，被大量现代构筑物所占压，尚需进一步工作确认。

（3）勘探发现的遗迹2、遗迹3应为炮台遗存的墙基，遗迹5应为当时连接炮台的道路遗迹。上述遗迹的发现也证明，北岸炮台应和南岸炮台一样，是一个有机衔接的防御体系。

（4）为进一步了解勘探发现的遗迹现象，在遗迹2、遗迹5范围内重点开掘探沟2条，为认识北岸炮台遗存的建筑结构及建筑方法提供了实物参考。

执笔：戴　滨

2011年度天津水下考古调查简报

——大沽口散化锚地沉船重点调查

国家文物局考古研究中心①

天津市文化遗产保护中心

一、引　言

　　天津地区地处河海交汇处，河海等水下资源相当丰富，自古以来就有着众多重要的水运码头、港口，蕴含着丰富的水下文化遗产资源。天津具有153千米的海岸线和3000平方千米的海域，同时天津又是河网密布的地区，素有"九河下梢"之称，有海河干流及南运河、北运河、子牙河、大清河、永定河、潮白河、蓟运河等诸多河流，这些河流是天津的主要水系。距今三千年前，天津就已成为转运"岛夷皮服"的必经之地。魏武北征乌桓，凿泉州渠和新河，送运战争物资；唐时幽燕驻重兵，粮草自江南经海运北上，天津军粮城是转输之地；金元以降，河、海两漕兴起，渤海、海河、南运河、北运河成为供给京师物资的主要航道，天津三岔河口一带出现"连樯集万艘"之奇观。天津境内运河故道中有不少沉船被陆续发现，而渔民也常反映在渤海中打捞出古代器皿、古代炮弹等，这说明渤海水域也不乏水下文物的存在。近代以来，天津大沽口海域既是中国军民抵抗外来侵略的重要战场，又是中国对外经济交流的主要港口。上述资料表明，天津大沽口海域极有可能存在丰富的各类水下文化遗产资源。

二、工作背景

　　2009年12月～2010年8月，天津市文化遗产保护中心组队完成了对天津沿海地区涉海文物线索的陆地调查工作，通过历史文献资料梳理和实地调查走访基本摸清了涉海文物点的分布情况，为进一步开展水下考古调查工作打下了良好的工作基础。2010年9月，天津市文化遗产保

---

　　① 国家文物局考古研究中心，前身国家水下文化遗产保护中心，成立于2009年，2012年更名为国家文物局水下文化遗产保护中心，2020年更名为国家文物局考古研究中心。

护中心与中国国家博物馆水下考古研究中心合作，对渤海湾西部以大沽口锚地为中心的海域重要文物线索进行了水下物理勘测和水下考古探摸，成功确认了大沽口散化锚地沉船的位置，宣告天津水下考古工作全面启动。

为了进一步推进天津水下考古调查工作，2011年3月，天津市文化遗产保护中心上报了《关于开展2011年天津沿海水下文化遗产调查工作的请示》（津遗保〔2011〕8号），并编制了详细的《2011年天津海域水下文化遗产调查工作方案》《2011年天津水下考古工作应急预案》，经天津市文物局批准后形成《关于开展天津沿海水下文化遗产调查工作申请立项的请示》（津文物〔2011〕20号），上报国家文物局，4月初该重点调查项目获得了国家文物局批准立项并下发《关于天津市2011年度水下文物重点调查工作计划的批复》（文物保函〔2011〕519号）（图一）。天津市文化遗产保护中心根据批复要求，制定了具体的工作方案、安全预案，并细化了经费预算报国家文物局备案，于8月份获得批准。10月份"2011年天津海域水下文物重点调查"项目正式启动。

国 家 文 物 局

文物保函〔2011〕519号

关于天津市 2011 年度水下文物
重点调查工作计划的批复

天津市文物局：

你局《关于开展天津沿海水下文化遗产调查工作申请立项的请示》（津文物〔2011〕20号）收悉。经研究，我局批复如下：

一、原则同意你局所报 2011 年度水下文物重点调查工作计划和你局意见。

二、此次水下文物重点调查工作应由国家水下文化遗产保护中心、天津市文化遗产保护中心共同负责组织实施，调集全国水下考古专业人员参与相关工作。请你局协调、组织有关单位，进一步完善和细化工作计划，明确工作目标、主要任务、队伍组成、职责分工等。应在前期普查工作的基础上，进一步明确调查海域范围，制订具体工作方案和相关安全预案。应进一步细化经费预算，并将经费方案报我局备案。

三、应根据水下考古工作特点，并参照《田野考古工作规程》的要求，做好调查工作中的文字、绘图、照相等记录工作，

最大限度地提取各类信息，为以后的考古和研究工作提供详细资料。调查工作结束后，应及时总结工作成果，为进一步保护沿海海域水下文物提供科学依据。

四、请依法取得此次水下工作区域的海域使用权或临时海域使用权，并在水下考古工作过程中注意海洋环境保护问题，采取有效措施降低考古活动对海洋环境的影响。

五、请你局加强监督、管理，明确各有关单位责任，突出国家水下文化遗产保护中心的主导作用，做好队伍的组织协调工作。同时，加强与地方公安、边防、海洋、交通等相关部门以及海军的联系与沟通，协调时间和人员安排，保证各项工作顺利进行，确保文物和人员安全。

六、请你局指导有关单位做好此次水下考古调查工作相关宣传报道的管理，防止炒作。

此复。

抄送：国家水下文化遗产保护中心，本局办公室预算处、财务处。

国家文物局办公室秘书处　　　2011 年 4 月 11 日印发

初校：李珅　　　　终校：张凌

图一　国家文物局批准立项文件

三、水下考古调查与收获

（一）项目组织

2011年天津海域水下考古调查工作由国家水下文化遗产保护中心、天津市文化遗产保护中心共同组织实施。为了保障调查工作科学、有序地开展，由国家水下文化遗产保护中心组织协调，联合广东省文物考古研究所、汕头市登海区博物馆、东莞市袁崇焕纪念公园、福州市文物考古队、舟山市文物管理办公室、威海市博物馆、江西省文物考古研究所、中国人民解放军海军博物馆等单位共20余名水下考古队员共同组成了2011年天津海域水下考古调查队（图二），于10月10日至25日开展了调查工作，调查工作包含了水下考古区域物探扫测调查和水下潜水探摸调查两部分，其中区域物探调查主要扫测区域为海河口至大沽口散化锚地海域和蓟运河河口海域，水下潜水探摸重点调查了天津大沽口散化锚地沉船遗址。

调查队根据工作内容分为水下调查组、物探组、资料组、文物组、设备组、后勤组等工作小组，由现场队长进行分组分工，明确各自的任务和职责，以保障调查工作有序开展。

图二　队员离港合影

（二）重点区域物探调查

这一阶段的主要工作目标是通过分析前期文献查寻和口碑调查获得的水下文物线索，并把口碑资料、实物资料、文献资料、地理环境等方面证据作为水下文物线索的认定标准；然后在此基础上划定了大沽口目标海域和北塘口（蓟运河与潮白河、永定新河交汇海口）目标海域作为工作区域（图三），实施旁扫声呐、多波束测探仪、浅地层剖面仪和磁力仪等仪器的综合探测，以探扫发现可疑的水下文化遗存埋藏点。

目前国内较为通行的水下考古调查方法有两种，一种是通过陆地调查获得水下遗址线索点进而开展物探定位及水下探摸确认[1]，即水下考古调查之前，必须通过各种途径掌握遗址存在的大致位置、性质等线索，并作为水下考古重点调查或发掘选点作业的依据；初步了解可能包含物现状、水中环境等，以决定相应的技术手段和设备。因为水下遗址不可能像陆上遗址一样有程度不等的地面遗物，更需要一定的背景线索为据，缩小调查范围，否则大海捞针是不可

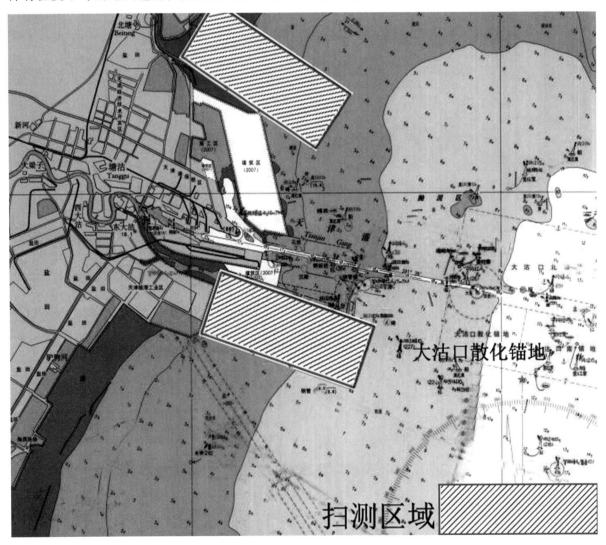

图三　物探扫测目标区域

能的，而且考虑到费用，即使可能也不可取。同时有些文物一旦出水就得立刻进行处理，否则就会导致质和量的不同程度的损失，在文物出水之前了解可能的内涵、准备好相应的保护设备及材料等，确保易损、易腐、易变质的文物标本能得到及时、科学的处理。

背景线索主要通过以下两个途径获得：第一，调访当地渔民、驻军及科研生产部门。他们在长期的水上作业中不同程度地掌握了水下遗址分布的线索和遗址内涵等情况，甚至会提供一些被打捞出水的零星标本，指出文物出水的大体位置。乔治·巴斯在地中海诸沉船遗址的调查、发掘，福建连江定海湾水下考古、辽宁绥中大南铺三道岗沉船调查、广东台山沉船遗址调查、东山海域第四纪哺乳动物和人类化石、山东渔民在长岛海域发现岳石类型遗存等，都是以当地生产部门偶然的发现为线索的。这也是目前已发现或开展工作的水下遗址点最主要的线索获得途径。第二，文献、档案材料调研。水下遗址的调查之前可以有选择地调研有关的历史文献和档案材料，尽可能详细地了解水下遗址，特别是沉没的原因、时间等可资参考的线索和背景。各时期海关都有详略不等的档案，尤其是国外水下考古的调查更离不开海关、保险公司和港口部门的档案记录，海关档案涉及出航、迫航时进、出口岸的货物品种、数量，因风信影响不能如期返航或海事不能返航者均有记录。如澳大利亚巴塔维亚（Batavia）号沉船就是依据海关档案材料，记载巴塔维亚号船是1629年在西澳水域因船上兵变而遭毁沉没的，1971年调查证实此事。此次即将开展重点调查的大沽口散化锚地沉船遗址即是通过海军航保部根据民国早期海事档案绘制的海图记录掌握的线索和背景资料。

第二种水下考古调查方法即"水下考古区域调查法"，即通过系统收集资料，分析地理特征、风险分布、航路交通、历史地位与既有考古发现，从而形成信息叠合度最高的"目标区域"，以此作为主动性水下考古调查工作的优先选择。在目标区域内，使用海洋物探设备开展系统性探测以取得海床异常点数据，在对异常点数据进行图像解译与分类分级的基础上，通过潜水作业对其进行记录、确认、分析、研究[2]。这一方法也称作"水下考古区域系统调查"，它起源于西方，是以聚落形态研究为目的，在某一区域内开展全覆盖式调查，以全面、系统地记录调查区域内遗迹、遗物分布情况为主要目标的考古调查方法。我国的水下考古调查工作经过水下考古工作者的不断探索与总结，于21世纪初在广东以及福建东山、漳浦以及海坛海峡等海域进行水下考古调查时也开始进行这种区域系统调查的尝试[3]。

既有调查资料显示渤海湾西岸大沽口大沽沙航道海域和蓟运河口（北塘口）海域沉船点线索、航海风险、航路分布、海域历史事件等要素高度契合；海河口作为元代以来天津港海运的重要入海通道，航路密布，是南粮北运保证大都（京城）粮食供应的最主要路径；而大沽口炮台和北塘炮台则是第二次鸦片战争时最重要的战场，据载，在第二次大沽口之战中，英法联军的旗舰"鸻鸟"号被击毁，炮艇"茶隼"号和"庇护"号被击沉，"鸬鹚"号等炮艇先是搁浅，后又被击毁。其参战的13艘舰艇中，有6艘丧失战斗力，4艘被击毁击沉。此役也成为清军在第二次鸦片战争中唯一的一次胜利。这些记载充分显示了对这一区域沉船事件进行历史研究、区域分析的可能性。所以作为天津海域水下文化遗产调查的重要环节，物探扫测阶段重点以该目标区域为着眼点开展调查，以期能够取得下水下考古调查的主动性成果。

物探扫测技术就是借助声、光、磁等感应媒介对水底和水底以下一定深度地层堆积状况产生远距离感应并以一定符号、图像、数据反映出来供考古学者分析水下遗址位置的水下扫测技术。这是一系列复杂而先进的水下遗址调查搜寻方法体系（图四），其优点是：考古学者只要在调查船上判读、分析遥感探寻的图像、数据、符号就可以发现遗址的可能位置；受水中能见度、水底地貌、水流等环境因素影响较小；可以测知被泥沙埋藏于地层中的水下遗址；准确、快速、高效。常用设备有旁扫声呐、多波束测深仪、浅地层剖面仪和磁力仪等（图五）。

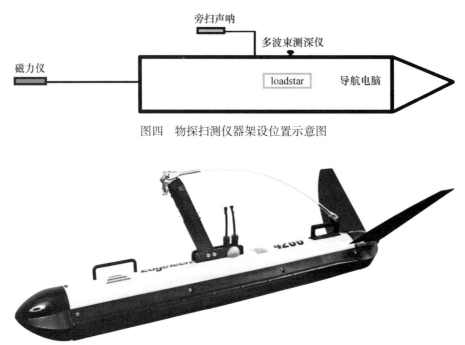

图四　物探扫测仪器架设位置示意图

图五　EdgeTech 4200-MP拖曳式旁侧声呐

此次水下考古调查队运用了"多波束测深"、"浅地层剖面"、"旁扫"以及磁法等海洋物探声呐技术，扫测水深范围5～20米，经过近半个月的物探扫测工作，累计完成测线里程近60千米，侧扫声呐覆盖面积5平方千米，多波束声呐覆盖面积0.1平方千米。经过扫测取得海床异常点数据10余处，发现水下沉船疑似点5处，获取了一批精确的水下疑点声呐图像与数据资料（图六、图七）。

（三）大沽口散化锚地沉船重点调查

1. 调查方式及工作经过

本次调查工作方法是租用游船公司中型游船作为工作平台和海上交通工具，利用GPS及旁扫声呐扫描进行定位，然后派遣水下考古队员潜水探摸。具体工作过程如下（图八）。

（1）位置确认：根据2010年调查掌握到的GPS坐标数据，以数据点为中心布设三横三纵六条测线，测线间隔200米，声呐设备左右两侧扫宽各100米，利用旁扫声呐进行区域性全覆盖扫描，于第一个工作日成功找到了准确的沉船点。考古队首先使用物探设备对沉船范围进行扫测，除了搜寻沉船外，还进行了一些定位参照、图形判读和正形的尝试，取得了很好的效果，也为今后类似的工作提供了方法，建立了初步的标准和程序（图九、图一〇）。

Depth Plotter

Sidescan Plotter

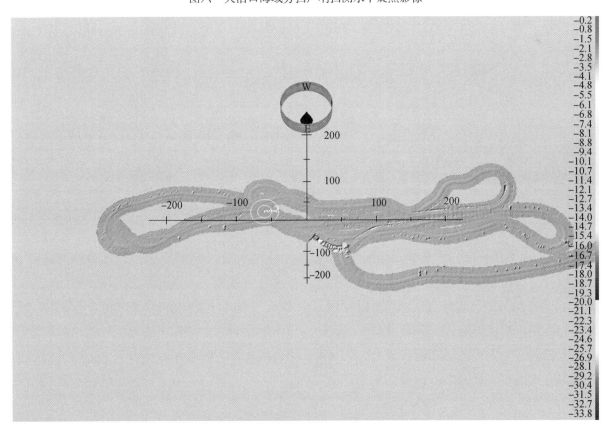

图六　大沽口海域旁扫声呐扫测水下疑点影像

图七　北塘口海域多波束扫测路径及影像

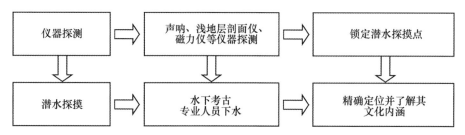

图八　水下考古重点调查流程示意图

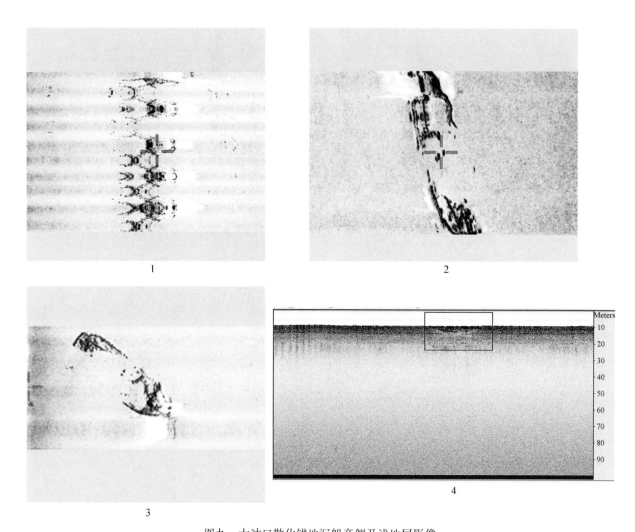

图九　大沽口散化锚地沉船旁侧及浅地层影像
1.船速过慢情况下旁侧图像　2.船速过快情况下旁侧图像　3.船速适中情况下旁侧图像　4.浅地层扫测影像

　　（2）水下探摸搜寻：结合扫测图像，在经过沉船遗址上方时投下沉块，然后派遣队员下水进行搜寻。由于定位准确，一次成功，第一组下水队员就成功搜索到距离沉块不远的沉船遗址，随即移动沉块至遗址处。本次水下调查是在物探的基础上进行的，通过抛带标识物（轮胎）的沉块，然后再对水下沉船与水下标识物进行图形比对，掌握标识物与沉船的相对位置后再下水搜寻，大大提高了搜索效率。水下探摸采用自携式水下呼吸器（图一一），按成对潜水的潜水方式进行水下工作（表一、表二）。

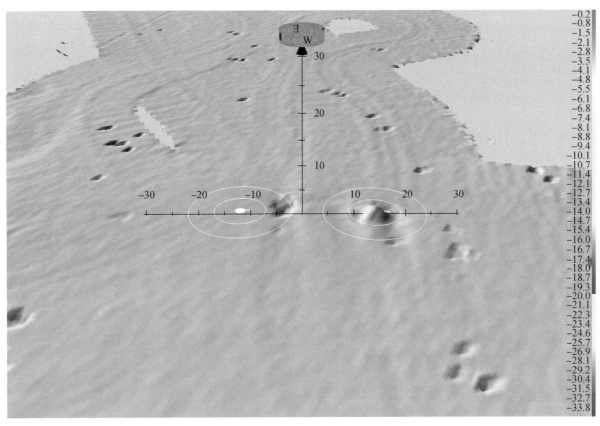

图一〇 大沽口散化锚地沉船多波束扫测影像

图一一 天津水下考古调查第一跳入水

天津考古（三）

表一　2011年天津水下文化遗产调查潜水记录表

日期	调查地点	潜水方式	姓名	工作内容	工作时间			气瓶气压		最大水深/米	水温/℃	能见度/米	记录者
					入水	出水	时长	入水	出水				
10-11	大沽口散化锚地	单瓶	王志杰	搜索	10：57	11：26	29	180	60	11.8	22	0.3	王鹏
10-11	大沽口散化锚地	单瓶	罗俊雄	搜索	10：57	11：27	30	170	60	11.8	22	0.3	王鹏
10-11	大沽口散化锚地	单瓶	张勇	拍照	12：54	13：17	23	140	50	11.8	22	0.3	王鹏
10-11	大沽口散化锚地	单瓶	张瑞	拍照	12：54	13：17	23	180	70	11.8	22	0.3	王鹏
10-11	大沽口散化锚地	单瓶	黎飞艳	拍照	13：37	14：00	23	170	60	11.8	22	0.3	王鹏
10-11	大沽口散化锚地	单瓶	周强	拍照	13：37	14：00	23	170	50	11.8	22	0.3	王鹏
10-11	大沽口散化锚地	单瓶	丁见祥	搜索	16：43	17：52	30	190	90	11.2	22	0.4	王鹏
10-11	大沽口散化锚地	单瓶	金涛	搜索	16：43	17：52	30	180	70	11.2	22	0.4	王鹏
10-11	大沽口散化锚地	单瓶	崔勇	录像	17：25	17：55	30	180	120	11.2	22	0.2	王鹏
10-12	大沽口散化锚地	单瓶	王志杰	清理渔网	12：32	12：59	27	170	100	11.8	22	0.5	王鹏
10-12	大沽口散化锚地	单瓶	罗俊雄	清理渔网	12：32	12：59	27	170	100	11.8	22	0.5	王鹏
10-12	大沽口散化锚地	单瓶	甘才超	搜索	13：13	13：44	31	190	90	11.8	21	0.2	王鹏
10-12	大沽口散化锚地	单瓶	司久玉	搜索	13：13	13：44	31	200	100	11.8	21	0.2	王鹏
10-12	大沽口散化锚地	单瓶	崔勇	拉基线	14：00	14：30	30	200	120	11.8	21	0.2	王鹏
10-12	大沽口散化锚地	单瓶	周强	拉基线	14：00	14：30	30	190	110	11.8	21	0.2	王鹏
10-12	大沽口散化锚地	单瓶	张勇	拍照	14：49	15：20	31	190	90	11.8	21	0.4	王鹏
10-12	大沽口散化锚地	单瓶	张瑞	拍照	14：49	15：20	31	190	90	11.8	21	0.4	王鹏
10-12	大沽口散化锚地	单瓶	丁见祥	清理渔网	15：18	15：54	36	190	70	11.8	20	0.4	王鹏
10-12	大沽口散化锚地	单瓶	金涛	清理渔网	15：18	15：54	36	190	80	11.8	20	0.4	王鹏

（3）发现遗址后首先进行了水下作业面清理（主要工作对象是船体上悬挂纠缠的渔网），然后对遗址进行了全面搜索调查，一是搜索遗址的分布范围，并在沉船中部布设基线；二是对遗址主体进行小范围揭露，在淤泥堆积较厚的地方，采用高压水枪清除淤泥层，揭露出部分遗迹，局部解剖，了解遗址的内涵。

（4）对出露海床的遗址、遗物进行了水下记录、绘图、照相、录像等工作（图一二）。

图一二　水下探摸调查
1.队员水面交流　2.水下搜索调查　3.水下测绘　4.水下清理

2. 调查成果

此次大沽口散化锚地沉船重点调查共下水50多组百余人次，潜水总时长1500多分钟，平均每次潜水时长约为30分钟，经过潜水探摸、吹泥、采集标本、水下录像、照相和测量绘图等方式提取沉船资料，通过科学分析，确定了沉船的沉态、尺寸和保存状况。根据水下提取到的沉船资料分析，确定该船为一艘铁木质沉船，船形完整，长21.6、宽5、船体最高处高出海床1.1、最低处低于海床0.9米。船上布满众多后期挂上的渔网。该船船头船尾相向侧倾，中部为淤泥覆盖，推测其中部断裂。船主体为木头，船头、船舷包有铁甲；在船头还发现了部分船前甲板，此外还有隔舱板、缆桩、绞盘等船体结构（图一三）。

表二　2011年天津水下文化遗产调查气象记录表之一

天气		晴
气温（塘沽）	最高	21℃
	最低	12℃
海浪	8时	0.3～0.8米
	14时	0.3～0.8米
风力	2～14时	西北风6～7级
	14～24时	北风5～7级
海温	表层	17.5～17℃
	10米深	18℃
海流	表层	0.6～0.8米/秒
	10米深	0.6～0.8米/秒
海面能见度		15千米

注：本表为2011年10月16日（星期日）天津港大沽口散化锚地气象预报记录表。来源为国家海洋环境预报中心、中央气象台。制表人：周强、王鹏。

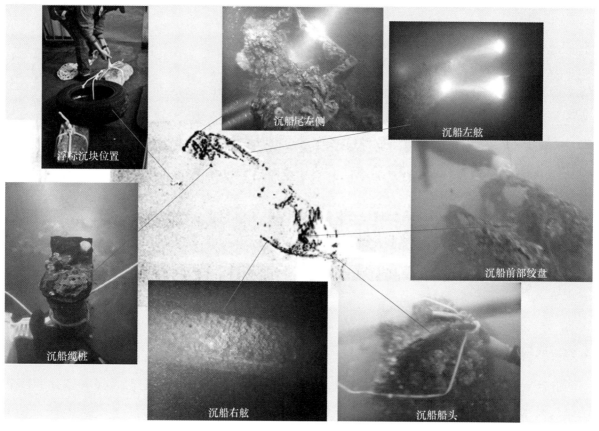

图一三　沉船船体结构扫测影像及水下照片

　　该沉船无船名和沉没年代的记载，其沉没年代当在中华人民共和国建立海事档案之前；通过走访当地老渔民及对船型结构的初步分析，基本上排除了为渔船的可能；通过与文献历史资料和目前掌握的沉船资料对比，该沉船点应为民国初期的沉船遗址。

四、结　语

本次调查工作主要包括了天津海域重点区域的物理探测工作和大沽口散化锚地沉船的重点潜水探摸调查，经过近20天的海上艰苦作业，基本完成了既定的工作任务和目标，主要收获有以下几点。

（1）大沽口海域等重点目标区域物探扫测获得的丰富水下疑点声呐图像与数据资料，为今后天津水下文物调查工作奠定了很好的工作基础。由此初步摸清了天津沿海水下文化遗产的保存状况及其分布规律，也为天津水下考古和水下文化遗产保护工作的全面深入开展以及区域规划的制定奠定了良好的基础。

（2）探索出一套结合物探调查正形图进行潜水探摸的方法和程序；使用物探设备对沉船范围进行扫测，同时进行了一些定位参照、图形判读和图形正形尝试，取得了很好的效果，为今后类似的工作提供了方法，建立了初步的标准和程序。

（3）大沽口散化锚地沉船是天津水下考古首次发现并进行重点调查的水下沉船遗址，这次对该遗址调查的成功完成是天津水下考古工作的一个很好的开端。

此次调查工作为天津今后开展水下考古工作积累了较好的经验，对工作组织、协调、海洋水质条件、海流、水温变化、气象等各方面有了真实和全面的认知，改变了以往认为天津海域水质环境不利于水下考古的认识，对今后科学、高效开展天津水下考古工作有很好的借鉴意义。

附记：参加此次天津水下考古调查工作的队员有：领队刘曙光（国家水下文化遗产保护中心），副领队梅鹏云（天津市文化遗产保护中心）、范伊然（国家水下文化遗产保护中心），队员组成：崔勇（广东省文物考古研究所，现场队长）、黎飞燕（广东省文物考古研究所）、王志杰（汕头市澄海区博物馆）、罗俊雄（东莞市袁崇焕纪念园）、张勇（福州市文物考古工作队）、司久玉（舟山市文物管理办公室）、周强（威海市博物馆）、饶华松（江西省文物考古研究所）、王鹏（中国人民解放军海军博物馆）、丁见祥（国家水下文化遗产保护中心）、金涛（国家水下文化遗产保护中心）、尹锋超（国家水下文化遗产保护中心）、甘才超（天津市文化遗产保护中心）、张瑞（天津市文化遗产保护中心）、杨新（天津市文化遗产保护中心）、戴滨（天津市文化遗产保护中心）。

执笔：甘才超

注　释

［1］　林国聪：《浅谈水下考古的陆上调查》，《宁波文物考古研究文集》，科学出版社，2008年。
［2］　丁见祥：《评估与选择：沉船考古方法的初步讨论》，《边疆考古研究》（第25辑），科学出版社，2019年。
［3］　羊泽林：《试论水下考古区域系统调查》，《福建文博》2014年第2期。

考 古 发 掘

宝坻歇马台战国至汉代墓葬2013年度发掘简报

天津市文化遗产保护中心

天津市宝坻区文化馆

　　歇马台遗址位于宝坻区城南宝平街道歇马台村，窝头河从遗址北部穿过（图一）。1984年天津市历史博物馆考古部曾对歇马台遗址进行了考古发掘。为配合歇马台村还迁房项目的工程施工，2013年4月至7月，天津市文化遗产保护中心、天津市宝坻区文化馆再次对歇马台遗址进行考古发掘，设东部、西部、中部3个发掘区，在西部发掘区共清理战国至汉代墓葬36座。现将此次发掘情况简要报告如下。

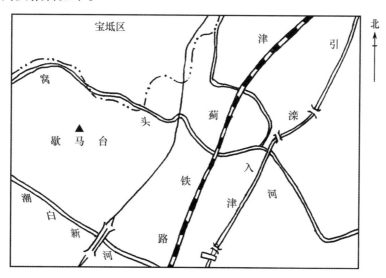

图一　歇马台遗址位置示意图

一、发掘概况与地层堆积

　　2013年对歇马台遗址的田野发掘共设3个发掘区，西部发掘区紧邻新宝平路，中部发掘区位于歇马台原村址中部，东部发掘区东距津围公路约1千米（图二；图版四，1）。发掘总面积2760平方米，共发掘各类遗迹单位118处，其中水井5口、灰沟8条、灰坑69座、墓葬36座。此次清理的战国至汉代墓葬全部位于西部发掘区内。

　　歇马台遗址面积较大，发掘成果主要包含三个不同时期的文化遗存，各时期堆积分布并不

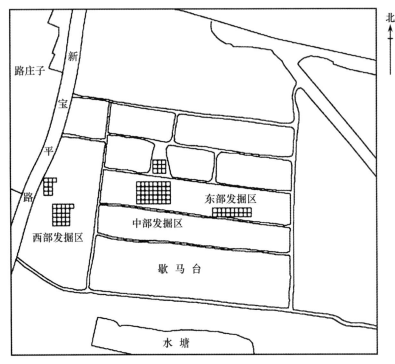

图二　发掘区分布图

普遍。整个遗址包括表土在内地层堆积自上而下可区分为4层。

第1层：黑色。土质黏，呈松散颗粒状，含有较多烧土粒。厚0.3～0.6米。各发掘区零星分布。出土陶片为夹砂红陶，泥质灰陶、褐陶；器表主要有素面、绳纹两种，另有少量的戳印纹、压印纹和弦纹等，个别器物几种纹饰兼饰；可辨器形有釜、罐、盆、瓮、壶、网坠等。陶器以轮制为主，小件陶器多为手制。

第2层：黄褐色。土质细密、坚硬。厚0.3～0.7米。各发掘区均有分布。出土陶片为夹砂红陶，泥质灰陶、褐陶；器表主要有素面、绳纹两种，另有少量的压印纹和弦纹等；可辨器形有釜、鬲、罐等。

第3层：黑褐色。土质较黏，厚0.2～1米。各发掘区均有分布。出土陶片以夹砂陶占绝大多数，泥质陶较少；器表以绳纹为主，素面陶较少，另有少量的磨光、划纹、戳印纹和附加堆纹等；可辨器形有鬲、甗、罐、盆、瓮等。

第4层：黑灰色。内含较多的草木灰，土质松软。厚0.2～1米。目前只见于西发掘区南部与中发掘区北部的遗迹单位中。出土陶器以夹砂红陶、夹砂褐陶为主，泥质陶极少，泥质陶中，以灰陶为主；器表以细绳纹为主，素面、弦断绳纹、划纹、附加堆纹、戳印纹等均较少；制法以手制为主，器壁厚薄不匀；可辨器形有鬲、甗、罐、盆、网坠等。

二、墓葬形制

此次发掘的36座墓葬，均为长方形竖穴土坑墓（图版四，2）。墓向以南北向为主，东西向较少。墓圹清晰，墓口略大于墓底。葬具多为单棺，少数为一棺一椁。葬式以仰身直肢葬为主，侧身屈肢葬较少。根据葬具结构的不同分为土坑无椁墓、土坑棺椁墓。现以典型墓葬为例，介绍如下。

（一）土坑无椁墓

32座。直接在墓圹中放置尸体或者用木棺装殓尸体进行埋葬。可以分为A、B二型，包括A型无葬具墓、B型木棺墓。

A型　4座。无葬具墓，包含某些使用了葬具，但由于保存条件较差，已经无法辨认出来的墓葬。分别是M26、M30、M42、M56。

M30　位于发掘区西南部，长方形竖穴土坑无葬具，方向40°。开口于扰土层下，墓口距地表0.5米，墓坑南北残长2.2、东西残宽0.9、残深0.2米。出土骨架一副，保存一般，头向北，面向上，为仰身直肢葬。墓内填土为灰褐色土夹少量黄土块，土质较硬，内含少量绳纹陶片及灰陶素面罐口沿。

未见随葬品（图三；图版五，2）。

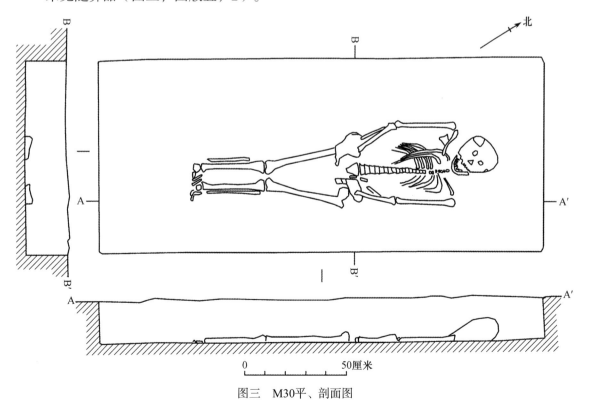

图三　M30平、剖面图

　　M56　位于发掘区西南部，长方形竖穴土坑无葬具墓，方向20°。西邻M45，打破G8，南部被扰坑打破。开口于第2层下，墓口距地表0.7米，墓坑南北残长1.14～1.4、东西残宽1.06、残深0.3米。未见人骨及葬具痕迹。墓内填土为五花土，夹杂红烧土颗粒。

　　出土随葬品3件，分布于墓室南部，包括陶罐2件、陶钵1件（图四）。

　　B型　28座。木棺墓，使用木棺作为葬具装殓尸体进行埋葬。根据葬具数量分为二亚型，包括Ba型单棺墓、Bb型双棺墓。

　　Ba型　27座。单棺墓，单葬，分别是M24、M25、M27～M29、M31、M32、M34、M35、M37～M41、M43～M45、M47、M48、M51～M55、M57～M59。

　　M25　位于发掘区西南部，长方形竖穴土坑单棺墓，方向28°。北邻M31，东邻M32。开口于第2层下，墓口距地表0.35米，墓坑南北残长2.7、东西残宽1.35、残深0.65米。木棺南北残长1.8、东西残宽0.7～0.9、残高0.15米。出土骨架一副，保存较好，头向北，面向西，为仰身直肢葬，右手搭腹，左手贴胸。墓内填土为五花土，土质较松，灰褐土中央夹有红烧土颗粒，并包含少量陶片。

　　出土随葬品10件，均分布于棺外头侧，包括陶壶2件、陶豆2件、陶鼎2件、陶罐2件、陶匜1件、陶盘1件（图五；图版五，1、3）。

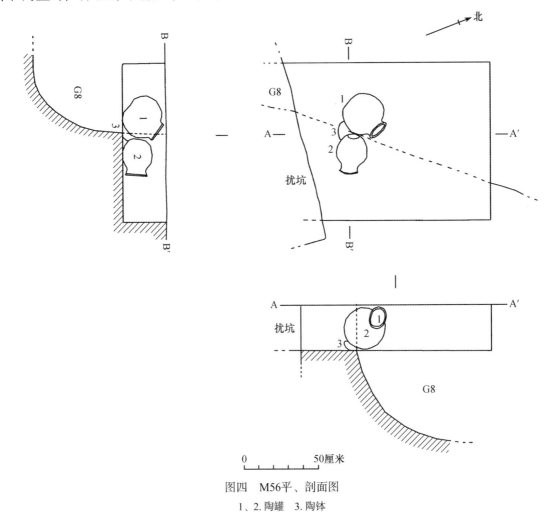

图四　M56平、剖面图

1、2.陶罐　3.陶钵

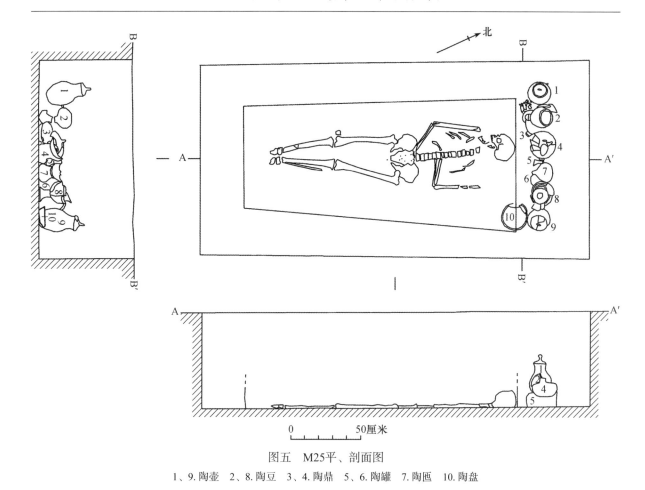

图五　M25平、剖面图
1、9.陶壶　2、8.陶豆　3、4.陶鼎　5、6.陶罐　7.陶匜　10.陶盘

M29　位于发掘区西南部，长方形竖穴土坑单棺墓，方向25°。南邻M46，西邻M38，西北角被扰坑打破，南部打破H68。开口于第2层扰土下，墓口距地表0.6米，墓坑南北残长2.5、东西残宽0.8～1、残深0.55米。木棺南北残长2、东西残宽0.5～0.7、残高0.1米。出土骨架一副，保存较一般。头向北，面向上，为仰身直肢葬，为女性。墓内填土为灰褐色花土，土质一般。

未见随葬品（图六）。

M34　位于发掘区的西南部，长方形竖穴土坑单棺墓，方向26°。东邻M31，打破M55。开口于第2层下，墓口距地表0.8米，墓口距墓底残存0.1米，墓坑南北残长2.43、东西残宽1.2、残深0.1米。木棺南北残长1.96、东西残宽0.5～0.6、残高0.05米。出土骨架一副，保存较差，头向北，面向不详，为仰身直肢葬。墓内填土为五花土，土质较疏松，偶尔可见红烧土颗粒。

未见随葬品（图七）。

M35　位于发掘区西部，长方形竖穴土坑单棺墓，方向65°。南邻M36，打破H69。开口于第2层下，墓口距地表0.7米，墓坑东西残长2.3、南北残宽1.06～1.2、残深0.15米。木棺东西残长1.86、南北残宽0.53～0.6、残高0.07米。出土骨架一副，保存较好，头向东，面向上，为仰身直肢葬，为女性。墓内填土为灰花土，土质较疏松。

出土随葬品2件，分布于棺内头骨北侧及左肩膀侧，包括陶簋1件、铜带钩1件（图八）。

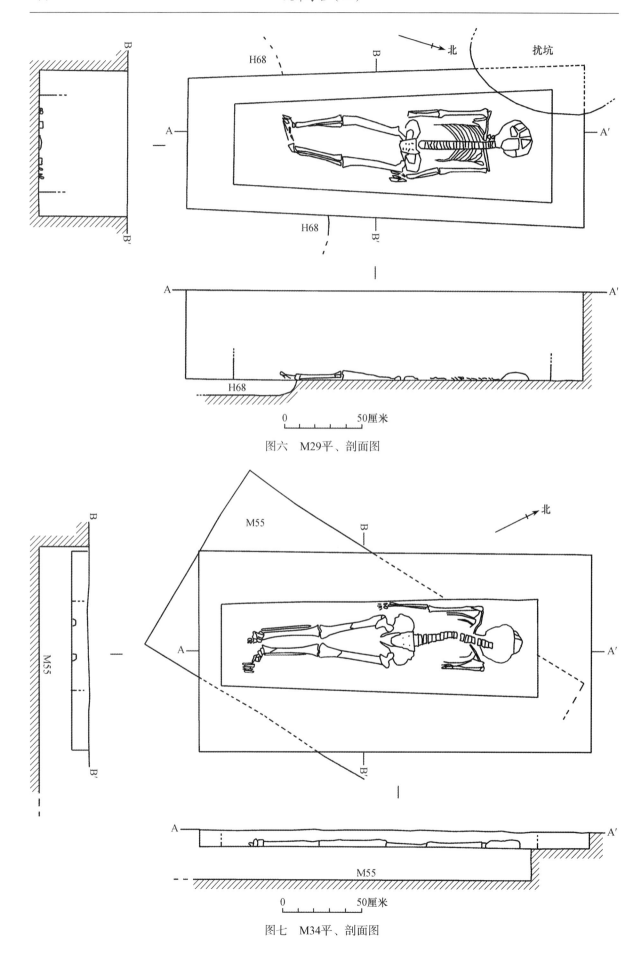

图六　M29平、剖面图

0　　　　　　　50厘米

图七　M34平、剖面图

0　　　　　　　50厘米

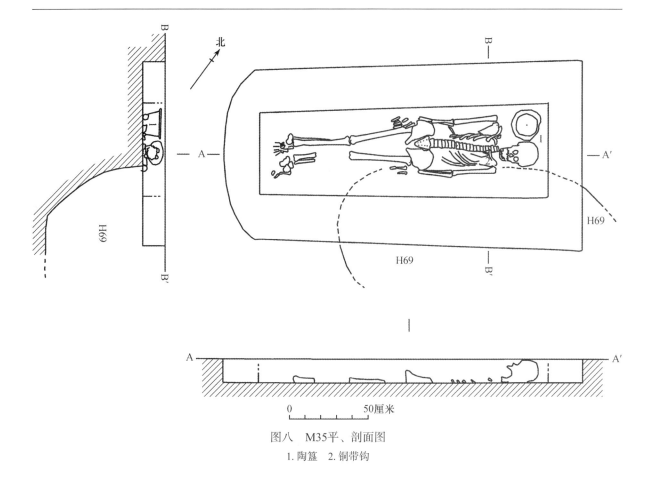

图八 M35平、剖面图

1.陶簋 2.铜带钩

M45 位于发掘区西南部，长方形竖穴土坑单棺墓，方向18°。西邻M34。开口于第2层下，墓口距地表0.6米，墓坑南北残长3.5、东西残宽1.2～1.4、残深0.3米。在距墓底0.2米时发现头箱及棺痕，头箱残长1.05、残宽0.79～0.9米，木棺南北残长2、东西残宽0.56～0.77、残高0.07米。出土骨架一副，保存一般，头向北，面向西，为仰身直肢葬。墓内填土为五花土，土质较疏松，中央夹杂烧土颗粒。

出土随葬品7件，均分布于头箱内，包括陶壶2件、陶尊1件、陶鼎2件、陶罐1件、铜带钩1件（图九）。

M47 位于发掘区西南部，长方形竖穴土坑单棺墓，方向15°。南邻M43，打破M54、H67、G8，西部被M40打破。开口于第2层下，墓口距地表0.6米，墓坑南北残长4、东西残宽1.42～1.6、残深0.4米。木棺南北残长2.2、东西残宽0.99～1.06、残高0.1米。棺内仅存头骨残片及椎骨残块。墓内填土为五花土，土质较疏松，夹杂红烧土颗粒。

出土随葬品11件，均分布于墓室北部的头箱内，包括陶罐5件、陶鼎1件、陶器盖2件、陶盒1件、陶壶2件（图一〇）。

M55 位于发掘区西南部，长方形竖穴土坑单棺墓，方向345°。被M34打破，并打破H10。开口于第2层下，墓口距地表0.7米，墓坑南北残长2.45、东西残宽1.2、残深0.3米。在距墓底0.2米时发现棺痕，木棺南北残长1.85、东西残宽0.53～0.67、残高0.1米。出土骨架一副，保存较差，头向北，面向东，为仰身直肢葬。墓内填土为五花土，土质较疏松，中央夹杂有红

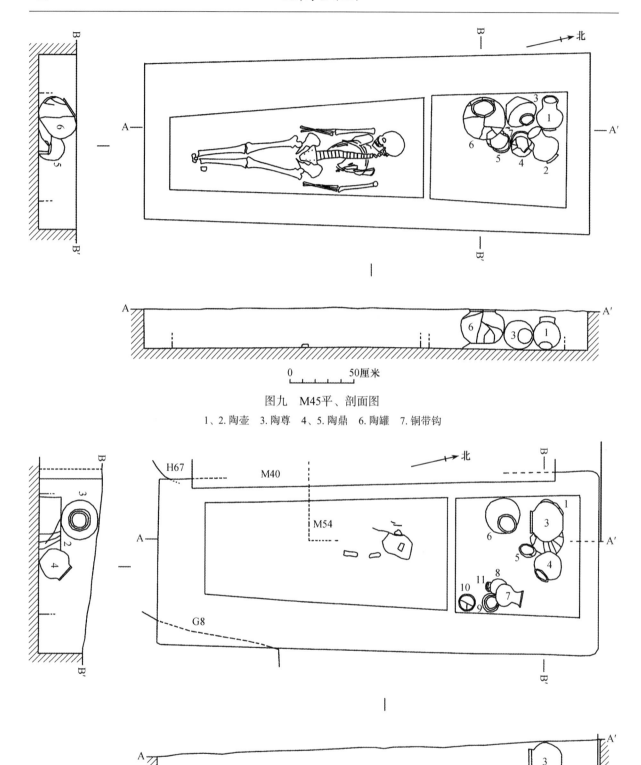

图九　M45平、剖面图

1、2.陶壶　3.陶尊　4、5.陶鼎　6.陶罐　7.铜带钩

图一〇　M47平、剖面图

1～4、6.陶罐　5.陶鼎　7、11.陶壶　8、10.陶器盖　9.陶盒

烧土颗粒。

出土随葬品2件，包括陶簋1件、陶罐1件（图一一）。

M57　位于发掘区西南部，长方形竖穴土坑单棺墓，方向52°。开口于第2层下，墓口距地表0.7米，墓坑南北残长2.32、东西残宽1～1.1、残深0.35米。在距墓底0.1米时发现棺痕，东西残长1.85、南北残宽0.51～0.67、残高0.1米。出土骨架一副，保存一般，头向东，面向不详，为仰身屈肢葬。墓内填土为五花土，土质较疏松，中央夹杂有烧土颗粒。

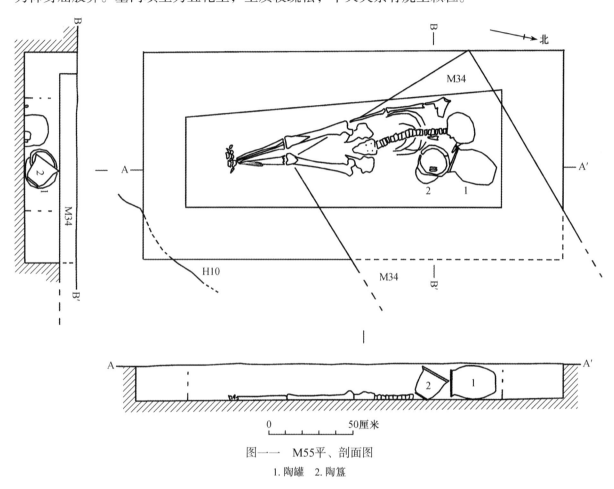

图一一　M55平、剖面图

1. 陶罐　2. 陶簋

出土随葬品1件，分布于墓室东北部，为陶簋1件（图一二）。

Bb型　1座。双棺墓，合葬，仅M50。

M50　位于发掘区西南部，长方形竖穴土坑双棺墓，方向25°。西南邻M48，打破G7。开口于第2层下，墓口距地表0.4米，墓坑南北残长3.15、东西残宽2.16、残深0.3米。在距墓底0.3米处发现棺痕，东棺南北残长1.8、东西残宽0.44～0.6、残高0.1米。西棺南北残长1.9、东西残宽0.47～0.6、残高0.1米。在东、西棺内清理出骨架两副，保存一般，均头向北，面向西，为仰身直肢葬。从骨骼特征来看，西棺为男性，东棺为女性。墓内填土为五花土，土质较疏松，夹杂红烧土颗粒。

出土随葬品10件，均出土于墓室北部，其中东棺3件，包括陶罐1件、陶壶2件；西棺7件，包括陶罐1件、陶器盖1件、陶鼎2件、陶壶2件、陶钵1件（图一三）。

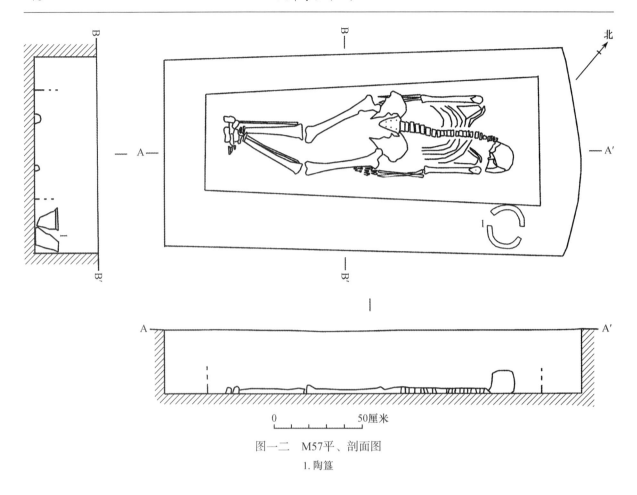

图一二　M57平、剖面图
1.陶篦

（二）土坑棺椁墓

4座。使用木椁及木棺作为主体葬具进行埋葬，均为一棺一椁。分别是M33、M36、M46、M49。

M33　位于发掘区西部，长方形竖穴土坑棺椁墓，方向90°。南邻M31，打破G7。上部扰乱严重。开口于第2层下，墓口距地表0.6米，墓坑东西残长3.04、南北残宽1.9~2、残深0.11米。木椁东西残长2.39、南北残宽1.1~1.14、残厚0.05、残高0.05米。木棺东西残长1.9、南北残宽0.62~0.63、残厚0.05、残高0.05米。出土骨架一副，保存较差，头向东，面向不详，为男性。墓内填土为五花土，土质较疏松。

未见随葬品（图一四）。

M46　位于发掘区西南部，长方形竖穴土坑棺椁墓，方向28°。西邻M39。开口于第2层下，墓口距地表0.8米，墓坑南北残长2.8、东西残宽1.3~1.4、残深0.35米。木椁南北残长2.45、东西残宽0.95~1.08、残厚0.05、残高0.05米。木棺南北残长1.95、东西残宽0.66~0.75、残厚0.06、残高0.05米。出土骨架一副，保存较差，头向北，面向不详，为仰身屈肢葬。墓内填土为五花土，土质较松，中央夹有红烧土颗粒。

未见随葬品（图一五）。

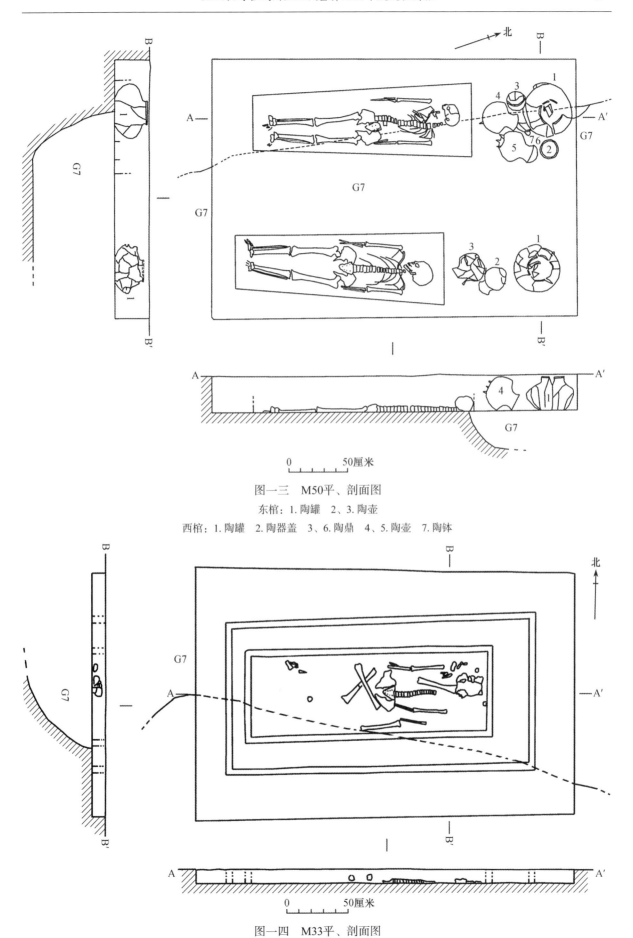

图一三　M50平、剖面图
东棺：1.陶罐　2、3.陶壶
西棺：1.陶罐　2.陶器盖　3、6.陶鼎　4、5.陶壶　7.陶钵

图一四　M33平、剖面图

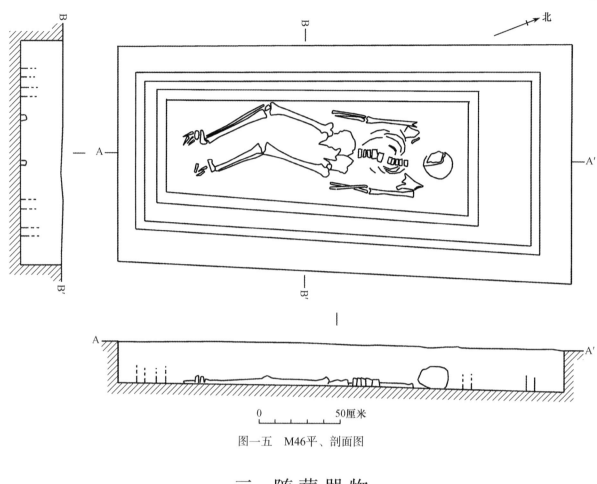

图一五　M46平、剖面图

三、随葬器物

出土随葬品共67件，其中修复完整的陶器57件（套），铜器4件。我们对修复完整的器物进行了型式分析。

（一）陶器

陶器见有泥质灰陶、夹砂红陶、夹砂灰陶及夹蚌红陶；可辨识的器形有鼎、罐、壶、盆、瓮、簋、豆、盘等器物；器表饰绳纹、弦纹、划纹、戳印纹和附加堆纹等纹饰。

壶　14件。根据口部差异分为三型。

A型　6件。喇叭口。根据肩部、腹部、足部差异分为二亚型。

Aa型　2件。折肩，鼓腹，高圈足外撇，最大径在肩部。标本1 M44：1，口沿下饰一道弦纹，下腹部饰三道弦纹，圈足近底部饰两道弦纹。口径15.2、腹径19.6、底径13.4、通高25.2厘米（图一六，1）。标本2 M51：1，弧形器盖。颈部饰一组折线纹，肩腹交界饰一道弦纹。口径16.6、腹径20.2、底径13.4、通高31厘米（图一六，2）。

Ab型　4件。溜肩或弧肩，深鼓腹，矮圈足外撇，最大径下移。标本1 M24：4，器形较大，器壁较厚。大部彩绘剥落，仅下腹部残留白色彩底，腹部以下饰斜向细绳纹。口径18、腹径27.2、底径16.8、通高36.6厘米（图一六，4）。标本2 M45：1，弧形器盖。通体白色彩底，颈部以红彩、黑彩描绘三角纹，器盖及腹上部以红彩、黑彩描绘卷云纹，腹中部以红彩描绘近似眼睛的图案，壶底部饰细绳纹。盖口直径15.2、壶口径13.4、腹径21、通高29.6厘米（图一六，5；图版六，2）。标本3 M45：2，弧形器盖。彩绘剥落严重，漫漶不清，可观察到白色彩底，器盖及腹上部以红彩描绘卷云纹，腹中部以红彩描绘近似眼睛的图案，腹下部及壶底部饰细绳纹。盖口直径15.4、壶口径13.4、腹径20.8、圈足直径11.4、通高28.2厘米（图一六，6；图版六，2）。标本4 M47：11，腹中部以上施白色底彩，颈部以红彩描绘云纹和三角纹，腹上部以红彩描绘卷云纹，近底部有杂乱的细绳纹。壶口径15、腹径22、圈足直径11.4、通高21厘米（图一六，3）。

B型　5件。敞口，弧肩，弧腹，平底或平底微凹。标本1 M50东：2，颈部至肩部饰多

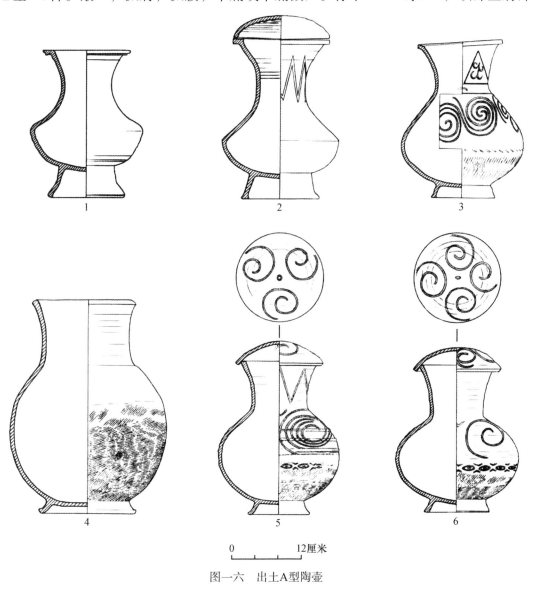

0　　　　　12厘米

图一六　出土A型陶壶

1、2.Aa型（M44：1，M51：1）　3~6.Ab型（M47：11，M24：4，M45：1，M45：2）

组凸弦纹，下腹部满饰斜向与横向细绳纹。口径14.8、腹径22.2、底径10、通高25.8厘米（图一七，1）。标本2 M50东：3，颈部至肩部饰多组凸弦纹，下腹部满饰斜向与横向细绳纹。口径13.6、腹径21.8、底径11、通高26厘米（图一七，2）。标本3 M50西：5，弧形器盖，底部附三足。颈部至肩部满饰弦纹，肩腹交界饰一组联珠纹，下腹部满饰斜向细绳纹。口径15.4～15.8、腹径26.4、高32.1、通高35.6厘米（图一七，3）。标本4 M58：2，覆钵形盖。盖顶有手指按压痕迹，颈部至肩部满饰弦纹，肩腹交界饰一组联珠纹，上腹部饰斜向细绳纹，下腹部饰横向细绳纹。口径14.6、腹径23、底径11、通高30.2厘米（图一七，4）。标本5 M58：3，肩部饰多组弦纹，上腹部饰一组联珠纹，下为弦纹。口径15.2、腹径23.3、底径9.6、通高26.4厘米（图一七，5）。

C型　3件。直口，长直颈。根据耳部、足部差异分为二亚型。

Ca型　2件。带盖，盖顶有束腰形捉手，平底。肩部贴塑对称双耳，耳部饰卷云纹、兽面纹。标本1 M25：1，颈部至上腹部饰四组弦纹。口径10.8、腹径18.4、底径6.8、通高29.6厘米（图一八，1）。标本2 M25：9，器盖纽顶部有手指按压痕迹，颈部满饰弦纹。口径10.6、腹径18、底径7.8、通高28厘米（图一八，2）。

Cb型　1件。无耳，矮圈足外撇。标本1 M24：5，弧形器盖。颈部饰弦纹，颈肩交界饰

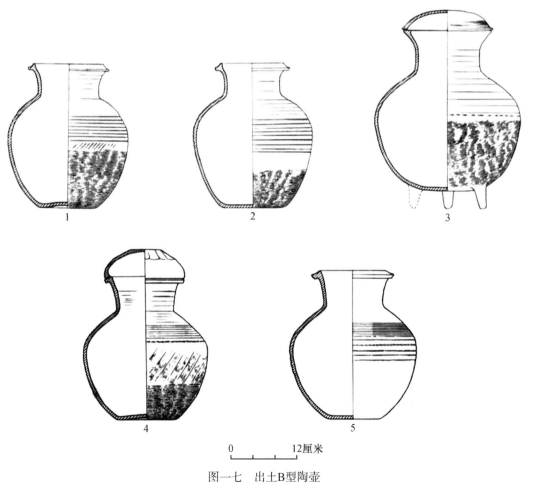

0　　　　12厘米

图一七　出土B型陶壶

1. M50东：2　2. M50东：3　3. M50西：5　4. M58：2　5. M58：3

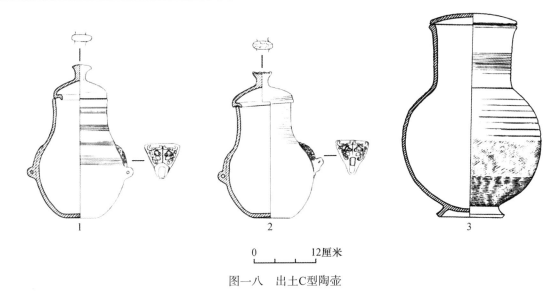

图一八　出土C型陶壶

1、2.Ca型（M25：1、M25：9）　3.Cb型（M24：5）

一道弦纹，上腹部饰弦纹，下腹部饰细绳纹。口径17.8、腹径27.6、底径15.4、通高39.2厘米（图一八，3；图版六，1）。

豆　4件。根据腹部差异分为二型。

A型　2件。碗形豆。浅盖，小圆柄形捉手，盖柱束腰，较矮。器身为子口微敛，弧腹，束腰高柄，喇叭状圈足。标本1 M25：2，口径12.6、腹径16.4、底径11.2、高19.8、通高27厘米（图一九，1）。标本2 M25：8，口径12.4、腹径15.2、底径11.2、高18.8、通高25.4厘米（图一九，2）。

B型　2件。浅盘豆。无盖，敛口，方唇，束腰矮柄，斜弧腹，喇叭状圈足。豆身与柄交

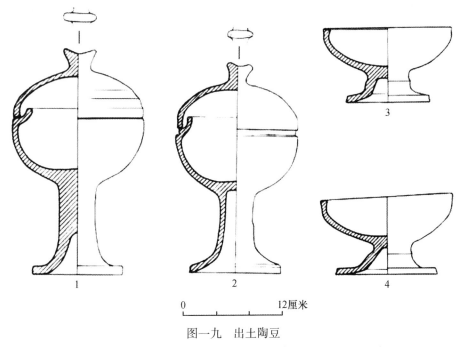

图一九　出土陶豆

1、2.A型（M25：2、M25：8）　3、4.B型（M25：11、M25：12）

界处有一道凸折棱。标本1 M25：11，口径15.8、底径10.8、通高9厘米（图一九，3）。标本2 M25：12，口径16.4、底径12.6、通高9～9.7厘米（图一九，4）。

鼎　9件。根据耳部、足部差异分为二型。

A型　4件。无耳，锥形足。根据口部差异分为二亚型。

Aa型　2件。弧形器盖，子母口，子口上翘，弧腹。通体白色彩底，器盖以红彩描绘三组卷云纹，器身以红彩描绘近似眼睛的图案。标本1 M45：4，盖口直径17.6、鼎口直径14.4～15.8、腹径17.6、高9～9.3、通高13厘米（图二〇，1；图版六，3）。标本2 M45：5，盖口直径17.8、鼎口直径15.4、腹径17.3、高8.2～9.2、通高12.8厘米（图二〇，2；图版六，3）。

Ab型　2件。敛口，弧腹。素面。标本1 M50西：3，弧形器盖。口径14.4、腹径17.7、通高16厘米（图二〇，3）。标本2 M50西：6，口径13.6、腹径16.8、通高11.1厘米（图二〇，4）。

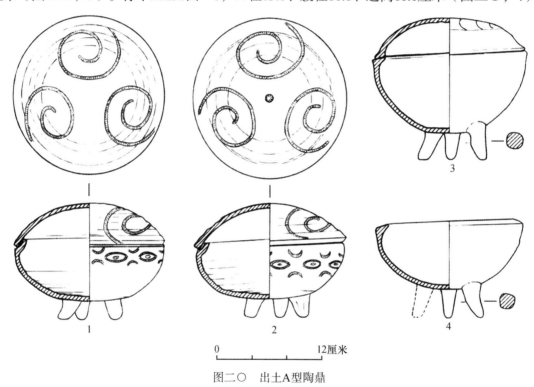

0　　　　　　　　　12厘米

图二〇　出土A型陶鼎

1、2. Aa型（M45：4、M45：5）　3、4. Ab型（M50西：3、M50西：6）

B型　5件。鼎口内收，形成小平台，板状双耳，耳上有穿孔，柱形足，有明显切削痕迹。根据耳部差异分为二亚型。

Ba型　4件。竖耳。标本1 M24：2，口径19、最大宽度13.4、通高12.8厘米。标本2 M24：3，口径21、最大宽度25、通高14厘米（图二一，1）。标本3 M25：3，口径12、腹径15、最大宽度19、通高11.8厘米（图二一，2）。标本4 M25：4，口径12.2、腹径14.6、最大宽度18.6、通高10.8厘米（图二一，3）。

Bb型　1件。折耳。标本M47：5，盖口直径14.6、鼎口直径14.8、最大宽度21.8、通高12.6厘米（图二一，4）。

匜　1件。标本M25：7，器口平视呈瓢形，口沿微敛，方唇，一侧有槽状流，流偏向一边

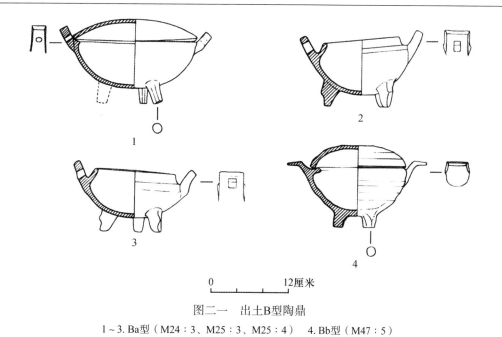

图二一　出土B型陶鼎

1~3.Ba型（M24：3、M25：3、M25：4）　4.Bb型（M47：5）

且上翘，平底。口径12、底径3.8、带流宽度14.6、通高7厘米（图二二）。

盘　1件。标本M25：10，敛口，斜方唇，浅腹，平底。口径18.6、底径6、通高4.6~4.8厘米（图二三）。

罐　17件。根据领部差异分为二型。

A型　15件。矮领。根据颈部、腹部差异分为二式。

Ⅰ式：2件。敞口，肩颈交界不明显，弧腹，最大径在下腹部，平底。标本1 M25：5，肩部、腹部饰细绳纹。口径10.4、腹径13.6、底径6、通高13.7厘米（图二四，1）。标本2 M25：6，肩部饰多组弦纹，腹部有斑块状交叉绳纹。口径10.6、腹径13.6、底径5、通高12.8厘米（图二四，2）。

Ⅱ式：13件。直口或敞口，肩颈交界明显，鼓腹，最大径上

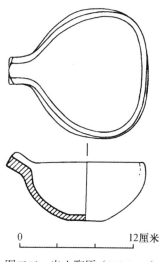

图二二　出土陶匜（M25：7）

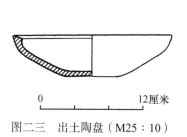

图二三　出土陶盘（M25：10）

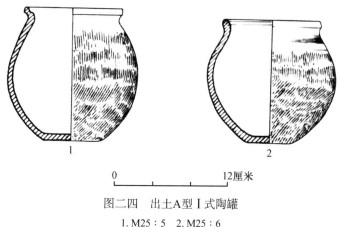

图二四　出土A型Ⅰ式陶罐

1.M25：5　2.M25：6

移，平底或平底微凹。标本1 M32：2，肩部至上腹部饰凸弦纹，下腹部满饰栉齿纹。口径14、腹径27.2、底径11.4、通高24.6厘米（图二五，1）。标本2 M45：3，折肩，斜弧腹，平底内凹。肩部、上腹部饰凸弦纹，下腹部、底部饰细绳纹。口径15、腹径26、底径10.4、通高21.2厘米（图二五，2）。标本3 M45：6，折沿下垂。肩部抹光，上腹部饰瓦棱纹，下腹部、底部饰细绳纹。口径18.6、腹径35.4、底径14.6、通高28.3厘米（图二五，3）。标本4 M47：1，折沿下垂。肩部抹光，肩部、腹部饰瓦棱纹，下腹部饰横向细绳纹，肩腹部有斑块状交叉绳纹。口径17、腹径29.5、底径13.6、通高23.4（图二五，4）。标本5 M47：2，折沿下垂。肩部抹光，上腹部饰瓦棱纹，下腹部、底部饰细绳纹。口径15.6、腹径25、底径9.6、通高21.4～22.6厘米（图二五，5）。标本6 M47：3，折沿下垂。肩部抹光，上腹部饰瓦棱纹，下腹部、底部饰细绳纹。口径19.2、腹径36.4、底径14.6、通高31.2厘米（图二五，6）。标本7 M47：4，折沿下垂。口部沿面有浅凹槽，肩部、上腹部饰凸弦纹，下腹部饰细绳纹，底部饰交错细绳纹。口径16、腹径24.8、底径9.6、通高22.2厘米（图二五，7）。标本8 M47：6，折沿下垂。上腹部饰凸弦纹，下腹部有斑块状交叉绳纹。口径18.3～19、腹径32.6、底径14.6、通高29.1厘米（图二五，8）。标本9 M50东：1，口径21.6、腹径32.8、底径14.6、通高25.6～27.6厘米（图二五，9）。标本10 M50西：1，折沿下垂。上腹部饰凸弦纹，下腹部饰横向细绳纹。口径19.4、腹径36、底径14.6、通高30.4～31.3厘米（图二五，10）。标本11 M51：4，上腹部饰凸弦纹，下腹部饰斜向细绳纹。口径17.8、腹径31.4、底径14、通高25～26厘米（图二五，

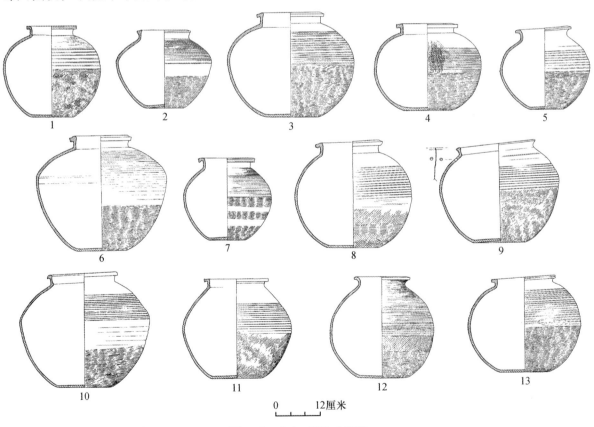

图二五　出土A型Ⅱ式陶罐

1. M32：2　2. M45：3　3. M45：6　4. M47：1　5. M47：2　6. M47：3　7. M47：4　8. M47：6　9. M50东：1
10. M50西：1　11. M51：4　12. M56：2　13. M51：3

11）。标本12 M56：2，肩部饰七道凹弦纹，腹部饰八道凹弦纹，下腹部饰斜向细绳纹，底部有细绳纹痕迹。口径15.4、腹径29、底径14、通高27.4厘米（图二五，12）。标本13 M51：3，下腹部饰多组横向中绳纹。口径19.2～21.2、腹径30.8、底径7.6、高28厘米（图二五，13）。

B型　2件。高领。敞口，折沿，鼓腹，平底或平底微凹。标本1 M32：1，上腹部饰弦纹，下腹部饰绳纹。口径14.6、腹径23.2、底径8、通高25.4厘米（图二六，1）。标本2 M56：1，沿面微凹。上腹部饰弦纹，下腹部饰横向与斜向细绳纹，底部饰交错绳纹。口径12.2、腹径22.4、底径8、通高24.8厘米（图二六，2）。

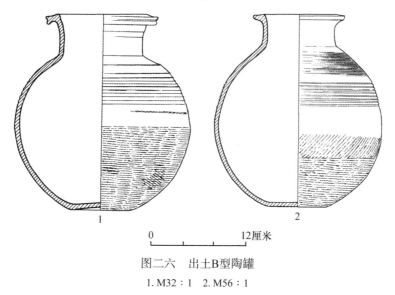

图二六　出土B型陶罐
1. M32：1　2. M56：1

瓿式罐　1件。标本M51：2，直口，斜沿，折肩，斜直腹，平底。肩部饰折线纹、戳印纹，肩腹交界饰两组联珠纹，腹部饰多组弦纹。口径15.4、腹径24.8、底径14、通高18厘米（图二七；图版六，7）。

筒形罐　1件。标本M55：1，敞口，方唇，矮直领，溜肩，弧腹，平底微凹。肩部至下腹部饰多组弦纹，间饰竖向、斜向细绳纹。口径16.2、腹径19.6、底径7.4、通高26.4厘米（图二八）。

瓮　1件。直口，溜肩，鼓腹，圜底。标本M24：1，口部沿面有两道浅凹槽，颈内壁有两道浅凹

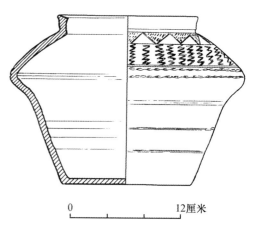

图二七　出土陶瓿式罐（M51：2）

槽，肩部饰绳纹后抹光，腹部饰斜向弦断绳纹，底部饰交错细绳纹。口径27.2、腹径41.2、通高44厘米（图二九）。

钵　3件。方唇，弧腹，平底。根据口部差异分为二型。

A型　2件。敛口。标本1 M32：3，口径15.8、底径6、通高6.4厘米（图三〇，1）。标本2 M56：3，下腹部有切削痕迹。口径15、底径5.6、通高5.9厘米（图三〇，2）。

B型　1件。子口微敛。标本M47：9，上腹部饰弦纹，下腹部有手指按压痕迹。口径13、

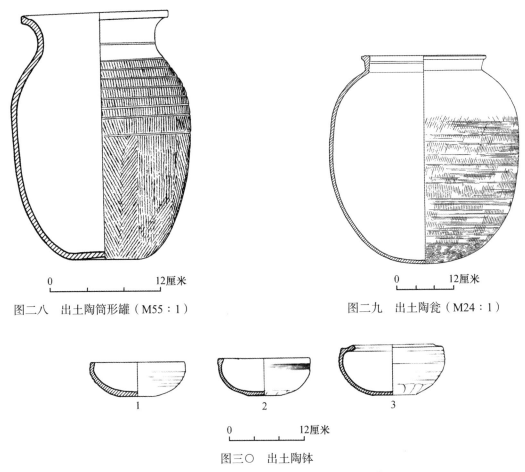

图二八　出土陶筒形罐（M55：1）　　　　图二九　出土陶瓮（M24：1）

图三〇　出土陶钵

1、2. A型（M32：3、M56：3）　3. B型（M47：9）

腹径17、通高8厘米（图三〇，3）。

　　簋　2件。直口，折沿，方唇，垂腹，矮圈足外撇。标本1 M43：1，腹部饰三道凸弦纹。口径18.6、底径8.2、通高11.1厘米（图三一，1；图版六，4）。标本2 M35：1，腹部饰多组凸弦纹，圈足饰两道凸棱。口径20、底径7.6、通高13厘米（图三一，2）。

　　器盖　2件。覆钵状。器身彩绘卷草纹。标本1 M47：8，口径15.8、通高4.6厘米（图三二，1）。标本2 M47：10，口径14.6、通高3厘米（图三二，2）。

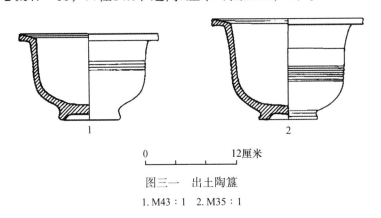

图三一　出土陶簋

1. M43：1　2. M35：1

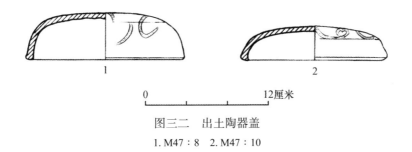

图三二 出土陶器盖
1. M47：8 2. M47：10

（二）铜器

带钩 3件。依钩座形式分二型。

A型 1件。近圆形。标本M35：2，钩身正面中间隆起，短颈，钩首鹅头状。通长4厘米（图三三，1；图版六，5、6）。

B型 2件。琵琶形。标本1 M40：1，钩首鹅头状。通长6.2厘米（图三三，2）。标本2 M45：7，钩首残。通长6.4厘米（图三三，3）。

铜器 1件。标本M59：1，通长10.6、通宽3.2厘米（图三四）。

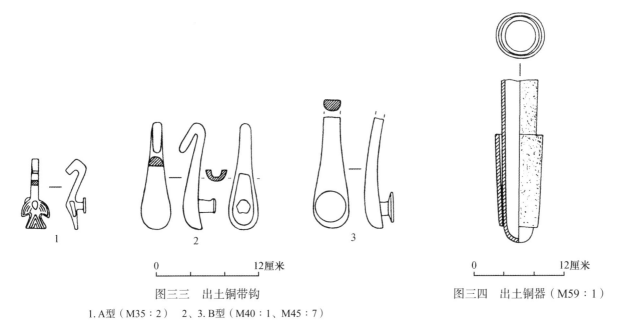

图三三 出土铜带钩
1. A型（M35：2） 2、3. B型（M40：1、M45：7）

图三四 出土铜器（M59：1）

四、结 语

本次考古发掘的这36座墓葬，均为竖穴土坑墓。绝大多数墓葬墓向落在0°～60°和320°～360°内，换言之，绝大多数墓葬墓向为正北向、北偏东向和北偏西向。个别墓葬为东西向，如M33墓向90°、M43墓向86°，为东向；M35墓向65°、M48墓向69°，为东偏北向；其中M35、M43均随葬单簋。

墓圹平面多呈长方形，长1.5～4、宽1米左右。以木棺为主要葬具，少数为一棺一椁，也有少量没有葬具，或者葬具腐烂未得以保存的墓葬。随葬品多放在棺外头侧，或者头箱内；葬具为一棺一椁的随葬品多存放于墓主头部的棺椁之间；铜带钩等墓主随身的装饰品均被贴身放置在棺内。葬式多为仰身直肢葬，头向多为北，多单人葬。

墓葬出土随葬品主要为陶器，没有体现墓葬年代、墓主身份地位的文字资料，因而对墓葬性质、时代等的判断主要依靠墓葬形制以及随葬陶器，参考周边地区年代较明确、纹饰或形制相似的墓葬。共有15座墓葬出土随葬品，出土的陶器有以双罐为组合的，有以罐、瓮为组合的，有以鼎、豆、壶、瓮为组合的，有以鼎、豆、壶、盘、匜、罐为组合的，还有以单簋为陪葬的。

这批墓葬，从年代上来说，大体可以分为三组。第一组以M47为代表，出土的陶鼎M47：5浅腹，双耳外折，年代应在战国早期，陶壶M47：11颈部较长但圈足较矮，年代也应在战国早期[1]。第二组墓葬以M25为代表，M25出土鼎、豆、壶、盘、匜的仿铜陶礼器组合与其他年代明确的战国中晚期墓葬基本一致[2]，高柄小壶顶部有"T"字形捉手，腹较圆扁，同样是战国中晚期开始出现的风格[3]。第三组以M45为代表，出土的长颈圈足彩绘壶和彩绘盖鼎与和易县燕下都[4]和辽阳鹅房[5]等地西汉早期墓内同类陶器较为接近，故年代应为西汉早期。

从文化属性上来说，M43、M55出土的陶簋与战国时期洪沟梁遗址[6]出土的81HH采：4、白庙墓地[7]出土的M1：3形制相似，为燕式陶器；其余墓葬出土陶器组合多为燕墓中常见的鼎、豆、壶、盘或鼎、壶、尊等组合，具有典型的战国燕文化特征。此外，歇马台遗址战国墓为竖穴土坑墓，墓向多南北向，随葬品集中在北部（头顶位置），也与河北、北京一带的燕文化墓葬特征相符[8]。由此可见，歇马台遗址战国墓为典型的燕文化墓葬。

歇马台遗址地处中原文化和北方草原文化的交汇地带，对早期发掘的研究表明，歇马台遗址的遗存主要分三期[9]。第一、二期遗存均属青铜时代，第三期遗存属于铁器时代。歇马台遗址虽曾发掘，但发掘面积较小、发现的遗物数量较少，遗址文化分期编年体系存在明显的缺环。此批墓葬的发掘有助于建立和完善歇马台遗址的考古学文化分期与编年体系，对完善和丰富天津地区的年代学序列与地区发展史也具有重要意义。

执笔：刘　健

注　释

［1］　王腾飞：《东周燕墓再研究》，吉林大学硕士学位论文，2019年，第26页。

［2］　天津市文化局考古发掘队：《天津东郊张贵庄战国墓第二次发掘》，《考古》1965年第2期，第96～98页。

［3］　王腾飞：《东周燕墓再研究》，吉林大学硕士学位论文，2019年，第35页。

［4］　河北省文化局文物工作队：《1964～1965年燕下都墓葬发掘报告》，《考古》1965年第11期，第548～561页。

［5］ 辽宁省文物考古研究院、辽宁省博物馆、辽阳博物馆：《辽阳鹅房汉代墓地1954年、1955年发掘简报》，《中国国家博物馆馆刊》2019年第9期，第36～52页。

［6］ 张家口考古队：《河北怀来官厅水库沿岸考古调查简报》，《考古》1988年第8期，第673～681页。

［7］ 张家口市文物事业管理所：《张家口市白庙遗址清理简报》，《文物》1985年第10期，第23～30、104页。

［8］ 辽阳市博物馆、辽宁省博物馆：《辽宁辽阳市徐往子战国墓》，《考古》2017年第8期，第116～120页。

［9］ 穆瑞江：《宝坻区歇马台遗址发掘简报》，《文物鉴定与鉴赏》2014年第6期，第73页。

宝坻路家庄遗址瓮棺葬发掘简报

天津市文化遗产保护中心

天津市宝坻区文化馆

一、引　言

　　宝坻又名渠阳，位于渔阳（蓟州）和雍阳（武清）之间，自古便是著名的"京东八县之一"。金大定十二年（1172年），分香河建县，取《诗经》中"如坻如京"之意，命名为宝坻县。2001年3月22日，国务院同意撤销宝坻县，设立天津市宝坻区[1]。

　　宝坻历史悠久，遗址众多，遗物丰富。当地的文物保护工作一直受到各级部门的高度关注，瓮棺墓葬屡有发现。1980年，在宝坻牛道口发现1座瓮棺葬墓[2]；1984年，在此次发掘区东南部的歇马台遗址发现儿童瓮棺葬墓3座，墓圹大致为椭圆形，所用瓮棺葬具为两件红陶釜口相对，并将一件釜底打破后，套上一件泥质灰陶盆[3]。1989年，在宝坻县石桥乡辛务屯村南秦城遗址发掘47座瓮棺葬[4]。

　　此次发现瓮棺墓葬的路家庄遗址位于天津市宝坻区宝平街道西南部路家庄村的原址上。北望南环西路，南眺潮白新河，东邻歇马台遗址（图一）。2018年天津市文化遗产保护中心获悉宝坻区钰华街路家庄村即将开展工程项目施工，天津市文化遗产保护中心随即对该区域开展了考古勘探工作。根据勘探结果，中心于2019年对该遗址进行了考古发掘。此次发掘，依据勘探结果设置北部、南部、中部3个发掘区，发掘面积2750平方米。共发现瓮棺墓葬16座，全部位于中部发掘区内（图二）。所有瓮棺墓葬均打破生土，上部被第2~4层的文化层叠压或被其他遗迹单位扰动；瓮棺墓葬均发现墓圹，瓮棺内积满淤土，土质较硬、细腻，均未发现随葬品。

二、瓮棺的结构与器物组合

　　M10位于中部发掘区T045076中部偏东，因打破部分较多无法确定方向。开口于第3层下，墓圹平面形状呈椭圆形。墓口南北长0.99、东西残宽0.6米，墓口距地表深1.5、墓底距墓口深0.34米（图三）。M10出土残陶瓮1件，无法确定形制，故未计入结构分类。

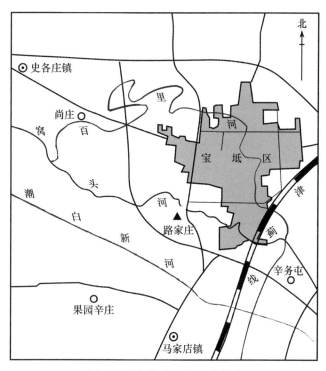

图一　路家庄遗址位置示意图

1. 单器瓮棺墓葬

葬具为单件陶的，仅发现1座，为M8。从以往天津发现的瓮棺墓葬材料来看，天津地区未见使用单件器物为葬具的瓮棺墓葬，此次发现尚属首次。河北武安午汲古城发现过此种葬式[5]。

M8　位于中部发掘区T044073内东北角、T044074西北角、T045074西南角、T045073东南角，南邻M7。土圹瓮棺墓葬。方向10°。开口于第3层下，墓圹平面形状呈椭圆形。墓口南北长1.05、东西宽0.76、墓口距地表深0.73、墓底距墓口深0.4米（图四）。

葬具1件，陶瓮，系泥质灰陶。

瓮棺上部破损严重，棺内积满淤土，土色为黄褐色，土质较硬、细腻。

墓中人骨已朽，只残余骨渣、骨沫，根据残存人骨痕迹推测，墓主人应为儿童。

2. 双器瓮棺墓葬

葬具为两件陶器的，共10座，分别为M2～M7、M9、M13、M15、M16，墓圹平面形状呈椭圆形或近长方形。

双釜组合：由两件陶釜口部对接而成；陶釜均为夹砂红陶，周身均饰绳纹，大多釜身有灼烧痕迹。M4～M7、M13五座为这种类型组合的瓮棺墓葬，在天津地区发现较多，在路家庄遗址附近的宝坻秦城遗址发现19例，歇马台遗址发现的M19亦属此类[6]。

M4　位于中部发掘区T044073西北部。东邻M5。土圹瓮棺墓葬。方向2°。开口于第2层下，墓圹平面形状为近长方形。墓口南北残长0.7、东西宽0.44、墓口距地表深0.8、墓底距墓口0.4米（图五）。

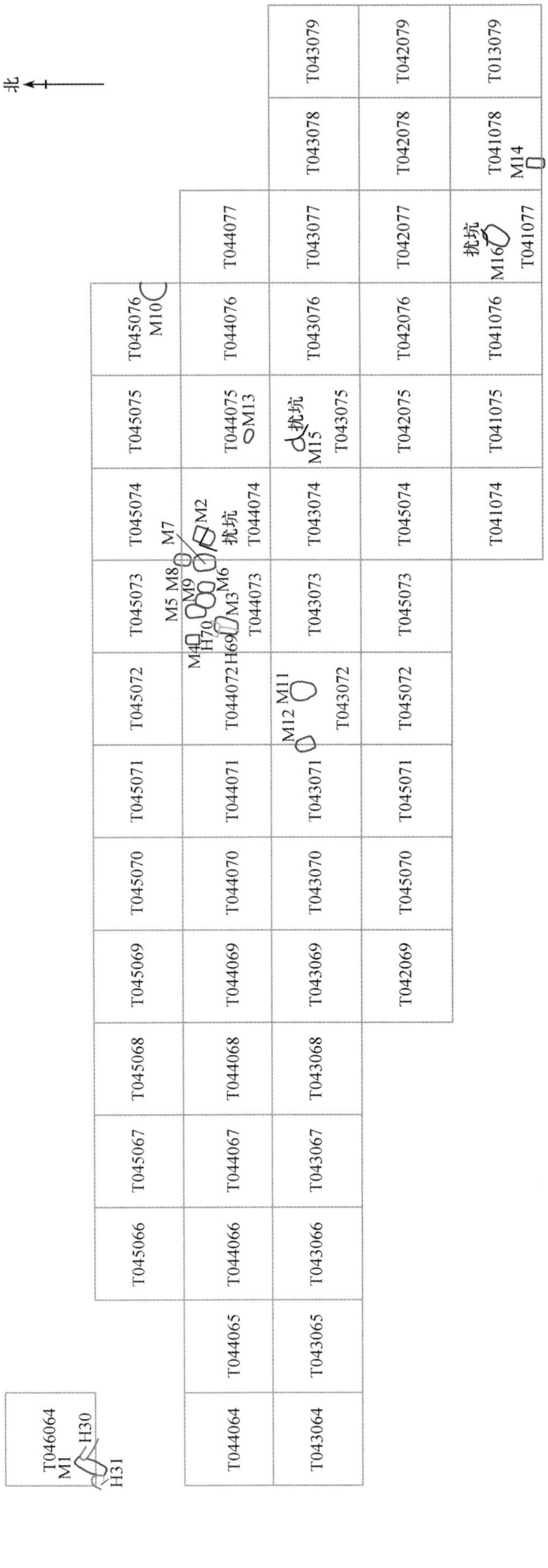

北 ←

		T043079	T042079	T013079
		T043078	T042078	T041078 M14
	T044077	T043077	T042077	扰坑 M16 T041077
T045076 M100	T044076	T043076	T042076	T041076
T045075	T044075 M13	扰坑 M15 T043075	T042075	T041075
T045074	M7 M2 扰坑 T044074	T043074	T045074	T041074
T045073	M5 M8 M9 M6 M3 M4 H70 H69 T044073	T043073	T045073	
T045072	M12 M11 T044072 H69 T043072	T043072	T045072	
T045071	T044071	T043071	T045071	
T045070	T044070	T043070	T045070	
T045069	T044069	T043069	T042069	
T045068	T044068	T043068		
T045067	T044067	T043067		
T045066	T044066	T043066		
	T044065	T043065		
	T044064	T043064		

T046064 M1 H30 H31

图二　瓮棺位置平面图

葬具由2件陶釜双口对接而成。陶釜均为夹砂红陶（M4：1、M4：2）。釜身有灼烧痕迹。

瓮棺已残损，棺内积满淤土，土色为黄褐色，土质较硬、细腻。

墓中人骨已朽，只残余骨渣，骨沫，根据残存人骨痕迹推测，墓主人应为儿童。

M5　位于中部发掘区T044073北部。西邻M4，东南邻M9。土圹瓮棺墓葬。方向5°。开口于第2层下，墓圹平面形状呈椭圆形。墓口南北长1、东西宽0.62米，墓口距地表深0.8米，墓底距墓口深0.34米（图六；图版七，1）。

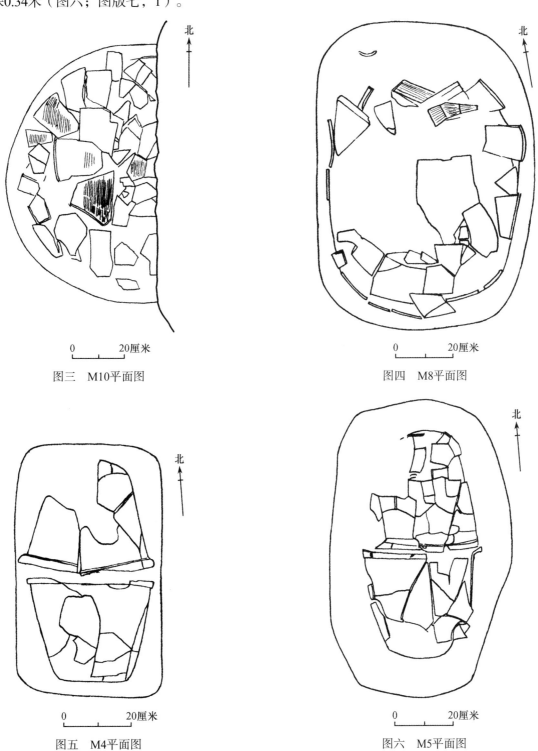

0　　　20厘米

图三　M10平面图

0　　　20厘米

图四　M8平面图

0　　　20厘米

图五　M4平面图

0　　　20厘米

图六　M5平面图

　　葬具由2件陶釜双口对接而成。均为夹砂红陶（M5：1、M5：2），釜身有灼烧痕迹。

　　瓮棺已残损，棺内积满淤土，土色为黄褐色，土质较硬、细腻。

　　墓中人骨大部分已朽，只残余部分头骨和下肢骨痕迹，根据残存人骨痕迹推测，墓主人应为儿童。

　　M6　位于中部发掘区T044073东部。东邻M7，西邻M9。土圹瓮棺墓葬。方向20°。开口于第2层下，墓圹平面形状呈椭圆形。墓口南北长0.92、东西宽0.56、墓口距地表深0.75、墓底距墓口深0.45米（图七）。

　　葬具由2件陶釜双口对接而成。均系夹砂红陶（M6：1、M6：2），釜身有灼烧痕迹。

　　瓮棺上部破损严重，棺内积满淤土，土色为黄褐色，土质较硬、细腻。

　　墓中人骨已朽，只残余骨渣、骨沫，根据残存人骨痕迹推测，墓主人应为儿童。

　　M7　位于中部发掘区T044073东北部、T044074西北部，东邻M2，北邻M6。土圹瓮棺墓葬。方向10°。开口于第2层下，墓圹平面形状呈椭圆形，直壁，墓底较平。墓口南北长0.92、东西宽0.61、墓口距地表深0.65、墓底距墓口深0.4米（图八）。

　　葬具由2件陶釜双口对接而成。均系夹砂红陶（M7：1、M7：2），釜身有灼烧痕迹。

　　瓮棺上部破损严重，棺内积满淤土，土色为黄褐色，土质较硬、细腻。

　　墓中人骨已朽，只残余骨渣、骨沫，根据残存人骨痕迹推测，墓主人应为儿童。

　　M13　位于中部发掘区T044075西南部。南邻M7。土圹瓮棺墓葬。方向77°。开口于第2层下，墓圹平面形状呈椭圆形。墓口东西长0.72、南北宽0.45、墓口距地表深1.7、墓底距墓口深0.3米。

　　葬具由2件陶釜双口对接而成。均系夹砂红陶（M13：1、M13：2），釜身有灼烧痕迹（图九；图版七，4）。

　　瓮棺已残损，棺内积满淤土，土色为黄褐色，土质较硬、细腻。

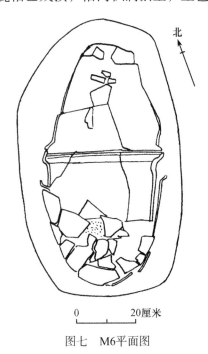

图七　M6平面图

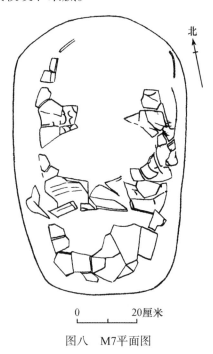

图八　M7平面图

墓中人骨已朽，只残余骨渣、骨沫，根据残存人骨痕迹推测，墓主人应为儿童。

釜瓮组合：由陶釜与陶瓮口部套接组成，陶釜均系夹砂红陶，陶瓮均为泥质灰陶，此次发掘见有M2、M16两座。这种类组合仅发现宝坻牛道口M24这1例[7]。

M2 位于中部发掘区T044074内西北部。西邻M7。土圹瓮棺墓葬。方向45°。开口于第2层下，开口南部被扰坑打破。墓圹平面形状呈近长方形。墓口南北残长1.2、东西宽0.9、墓口距地表深0.7、墓底距墓口0.4米（图一〇）。

葬具由陶瓮与陶釜口部套接组成。北为陶瓮，南为陶釜。陶瓮（M2∶1）为泥质灰陶，陶釜（M2∶2）系夹砂红陶。

瓮棺上部破损严重，棺内积满淤土，土色为黄褐色，土质较硬、细腻。

墓中人骨已朽，只残余骨渣、骨沫，根据残存人骨痕迹推测，墓主人应为儿童。

M16 位于中部发掘区T041077中部。东南邻M14。土圹瓮棺墓葬。方向50°。开口于第2层下，西北部被扰坑打破。墓圹平面形状呈椭圆形。墓口南北长1.1、东西宽0.72、墓口距地表深1.25、墓底距墓口深0.45米（图一一）。

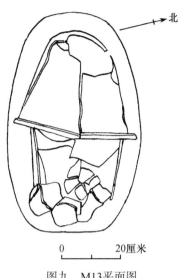

图九 M13平面图

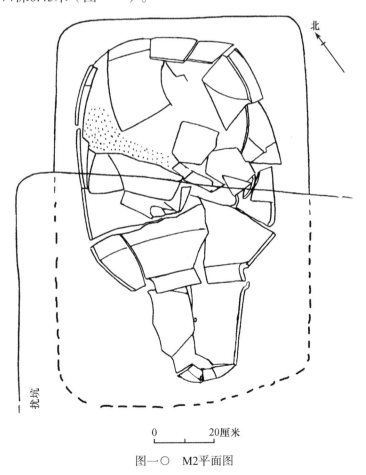

图一〇 M2平面图

　　葬具由陶瓮和陶釜两口对接而成。北为陶瓮（M16：1），南为陶釜（M16：2）。陶瓮为泥质灰陶，陶釜为夹砂红陶。

　　瓮棺已残损，棺内积满淤土，土色为黄褐色，土质较硬、细腻。

　　墓中人骨大部分已朽，只残余部分头骨和下肢骨，根据残存人骨痕迹推测，墓主人应为儿童。

　　盆瓮组合：由陶盆和陶瓮口部套接而成，陶盆、陶瓮为泥质灰陶或夹砂灰陶，此次发掘有M3、M9两座。这种类组合仅发现宝坻秦城遗址W2这1例[8]。

　　M3　位于中部发掘区T044073西南部。东北邻M5、M9。土圹瓮棺墓葬。方向15°。开口于第2层下，西部被H69、H70打破。墓圹平面形状呈近长方形，墓口南北长1.25、东西宽0.75、墓口距地表深0.76、墓底距开口深0.35米（图一二）。

　　葬具由陶盆和陶瓮套接而成。北为陶瓮，南为陶盆。陶盆（M3：2）为泥质灰陶，陶瓮（M3：1）为夹砂灰陶。

　　瓮棺已残损，棺内积满淤土，土色为黄褐色，土质较硬、细腻。

　　墓中人骨已朽，只残余骨渣、骨沫，根据残存人骨痕迹推测，墓主人应为儿童。

　　M9　位于中部发掘区T044073中部偏北。东邻M5，西邻M6。土圹瓮棺墓葬。方向17°。开口于第2层下，墓圹平面形状呈椭圆形。墓口南北长1.01、东西宽0.73、墓口距地表深0.8、墓

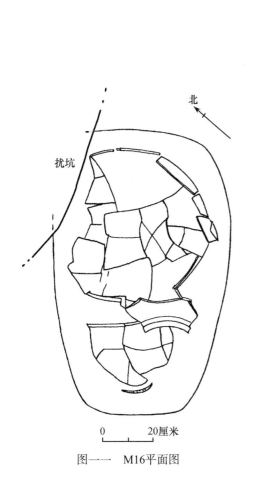

0 ⊢——⊣ 20厘米

图一一　M16平面图

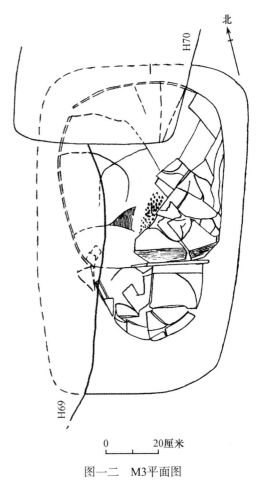

0 ⊢——⊣ 20厘米

图一二　M3平面图

底距墓口深0.45米（图一三；图版七，2）。

葬具由陶盆和陶瓮套接而成。北为陶盆（M9：2），南为陶瓮（M9：1）。陶盆、陶瓮均为泥质灰陶。

瓮棺已残损，棺内积满淤土，土色为黄褐色，土质较硬、细腻。

墓中人骨已朽，只残余骨渣、骨沫，根据残存人骨痕迹推测，墓主人应为儿童。

盆釜组合：由陶盆和陶釜口部套接而成，陶釜系夹砂红陶，陶盆为泥质灰陶。M15为这类组合，此前在天津地区未见使用，此次发现尚属首次。在河北省丰润东欢坨遗址、承德平泉二道河子遗址发现过此类组合[9]。

墓葬基本情况如下。

M15　位于中部发掘区T043075西南部。北邻M13。土圹瓮棺墓葬。方向3°。开口于第2层下，东部被扰坑打破。墓圹平面形状呈椭圆形。墓口南北长0.66、东西残宽0.59、墓口距地表深1.12、墓底距墓口深0.45米。

葬具由陶盆与件陶釜口部套接而成。北部的陶釜（M15：2）为夹砂红陶，南部的陶盆（M15：1）为泥质灰陶（图一四）。

瓮棺已残损，棺内积满淤土，土色为黄褐色，土质较硬、细腻。

墓中人骨已朽，只残余骨渣、骨沫，根据残存人骨痕迹推测，墓主人应为儿童。

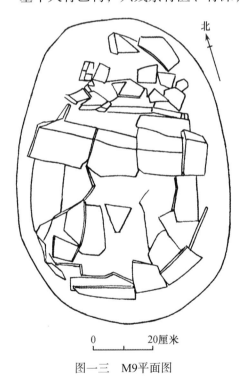

0　　　20厘米

图一三　M9平面图

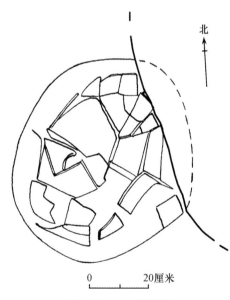

0　　　20厘米

图一四　M15平面图

3. 三器瓮棺墓葬

共发现三器瓮棺墓葬4座，分别为M1、M11、M12、M14，葬具为三件陶器组合，墓圹平面形状呈椭圆形或近长方形。

一釜双瓮组合：M1由陶瓮与陶瓮两口套接，中部陶瓮再与陶釜底部套接。陶釜为夹砂红陶，两个陶瓮，一为泥质灰陶，一为夹砂灰陶。这种类型的组合天津地区未见使用，此次发现尚属首次。在河北燕下都6号遗址发现的W32为此类组合[10]。

M1　位于中部发掘区T046064西南角。土圹瓮棺墓葬。方向27°。开口于第4层下，西南部被H31打破，东北部被H30打破。墓圹平面形状近似长方形。墓口东西长1.5、南北宽0.73、墓口距地表深1.7、墓底距墓口深0.36米（图一五）。

葬具由一釜、双瓮组成。北部陶瓮与中部陶瓮两口套接，中部陶瓮再与南部陶釜底部套接。陶釜（M1：1）为夹砂红陶，两个陶瓮一为泥质灰陶（M1：2），一为夹砂灰陶（M1：3）。

瓮棺上部破损严重，棺内积满淤土，土色为黄褐色，土质较硬、细腻。

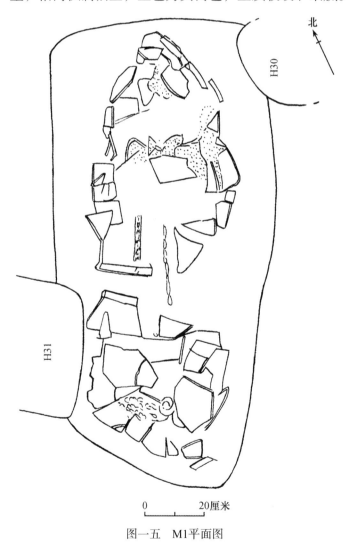

图一五　M1平面图

墓中人骨大部分已朽，只残余部分头骨和下肢骨痕迹，根据残存人骨痕迹推测，墓主人应为儿童。

一瓮双釜组合：M11、M12由两件陶釜相套，再与陶瓮口部套接。陶釜系夹砂红陶，陶瓮为泥质灰陶。这种类型的组合在宝坻秦城遗址、津南巨葛庄遗址各发现1座，为宝坻秦城W56、津南巨葛庄M2[11]。

M11　位于中部发掘区T043072中部偏北。西邻M12。土圹瓮棺墓葬。方向23°。开口于第2层下。墓圹平面形状呈椭圆形。墓口南北长1.27、东西宽0.79、墓口距地表深1.1、墓底距墓口深0.44米（图一六；图版七，3）。

葬具由2件陶釜、1件陶瓮组成。陶釜（M11：2）套接在无底陶釜（M11：1）下腹部后再与陶瓮（M11：3）口套接。陶釜系夹砂红陶，陶瓮为泥质灰陶。

瓮棺已残损，棺内积满淤土，土色为黄褐色，土质较硬、细腻。

墓中人骨大部分已朽，只残余部分头骨和下肢骨，根据残存人骨痕迹推测，墓主人应为儿童。

M12　位于中部发掘区T043072西部、T043071东部。东邻M11。土圹瓮棺墓葬。方向22°。开口于第2层下，墓圹平面形状呈近长方形。墓口南北长0.99、东西宽0.56、墓口距地表深1.1、墓底距墓口深0.4米（图一七）。

葬具破坏较为严重，现场无法确定形制，后期整理中确认墓葬由2件夹砂红陶釜（M12：1、

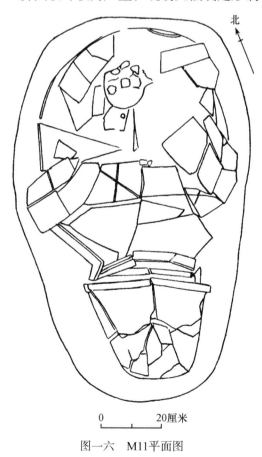

图一六　M11平面图

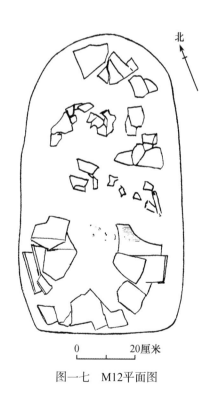

图一七　M12平面图

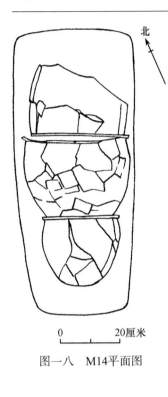

0　　　　20厘米

图一八　M14平面图

M12：3）和1件泥质灰陶瓮（M12：2）组成。

三件陶釜组合：M14先由两陶釜双口对接，第三件陶釜套在中间陶釜底部，中间陶釜无底。陶釜均系夹砂红陶，器表饰绳纹。釜身有灼烧痕迹。这种类型的组合见于宝坻秦城遗址的W29[12]。

M14　位于中部发掘区T041078南部、T040078北部。西北邻M16。土圹瓮棺墓葬。方向26°。开口于第2层下，墓圹平面形状近长方形。墓口东西长1.5、南北宽0.73、墓口距地表深1.7、墓底部距墓口深0.36米（图一八；图版七，5）。

葬具由3件陶釜组成。北部陶釜（M14：1）与中部陶釜（M14：2）双口对接，中部陶釜无底，南部陶釜（M14：2）与中部陶釜口底套接，陶釜均系夹砂红陶，器表饰绳纹。釜身有灼烧痕迹。

瓮棺已残损，棺内积满淤土，土色为黄褐色，土质较硬、细腻。

墓中人骨已朽，只残余骨渣、骨沫，根据残存人骨痕迹推测，墓主人应为儿童。

三、瓮棺葬所用器物

此次发现的瓮棺墓葬均无随葬品，葬具共有瓮、釜、盆三种器类。

1. 瓮

共9件。依据腹部形态，共分为二型。

A型　共6件。为小口，短颈，折肩，直腹，圜底。依据口沿与领部形态，可分为二式。

Ⅰ式：5件。敞口。通体饰弦断绳纹。M3：1，口径29.2、腹径56.8、残高67.6厘米（图一九，1）。M8：1，口径31.6、腹径60、高71.6厘米（图一九，2）。M9：1，口径30、腹径58、高71.2厘米（图一九，3）。M10：1，下腹部与底部残缺，口沿以下饰弦断绳纹。口径31、腹径59.6、残高27.4厘米（图一九，4）。M11：3，口径31.8、腹径56.2、高68.6厘米（图一九，5）。

Ⅱ式：1件。直口，领部变短。M2：1，通体饰弦断绳纹。口径28.6、腹径66.6、高75.2厘米（图一九，6）。

B型　共3件。为直口，溜肩，球腹，圜底。依据口沿与腹部形态，可分为二式。

Ⅰ式：2件。沿外折，腹部及以下饰绳纹。M1：2，底部残缺。口径30、腹径45.6、残高40.2厘米（图二○，2）。M16：2，有铜补穿孔。口径28、腹径63.7、高61厘米（图二○，1）。

Ⅱ式：1件。沿外翻。素面，无纹饰。M1：3，底部残缺。口径36、腹径48、残高48.6厘米（图二○，3）。

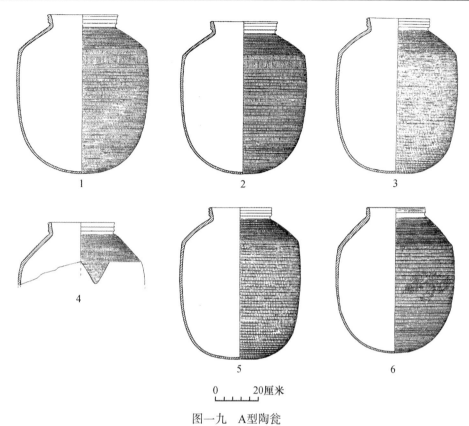

0　　　　20厘米

图一九　A型陶瓮

1~5. Ⅰ式（M3：1、M8：1、M9：1、M10：1、M11：3）　6. Ⅱ式（M2：1）

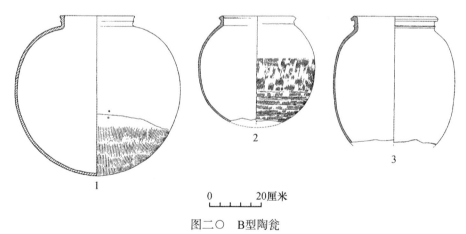

0　　　　20厘米

图二〇　B型陶瓮

1、2. Ⅰ式（M16：2、M1：2）　3. Ⅱ式（M1：3）

2. 釜

共19件。依据腹部形态，可分为二型。

A型　14件。筒形，直腹。依据口沿不同形态，可分为二亚型。

Aa型　6件。盘口。依据口沿形态变化，可分为三式。

Ⅰ式：2件。沿内凹，器口较深。M5：1，直腹，下腹部与底部残缺。口沿以下饰绳纹。口径35.2、残高25.4厘米（图二一，1）。M5：2，直腹，底部残缺。口沿以下饰绳纹。口径

35.2、残高35.2厘米（图二一，2；图版八，4）。

Ⅱ式：2件。沿内凹，器口较浅。M6：1，直腹，下腹部与底部残缺。口沿以下饰绳纹。口径36.6、残高22.4厘米（图二一，3）。M6：2，直腹，圜底。口沿以下饰绳纹。口径34.8、高33.6厘米（图二一，4）。

Ⅲ式：2件。沿内凹，器口很浅。M13：1，直腹，圜底。口沿以下饰绳纹。口径35、高31.6厘米（图二二，1）。M13：2，直腹，圜底。口沿以下饰绳纹。口径35.4、高33.6厘米（图二二，2；图版九，1）。

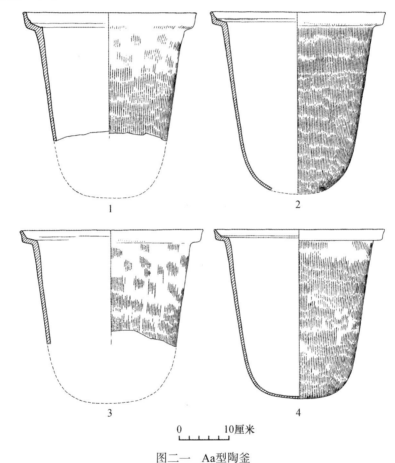

图二一　Aa型陶釜
1、2. Ⅰ式（M5：1、M5：2）　3、4. Ⅱ式（M6：1、M6：2）

Ab型　8件。敞口。依据口沿形态变化，可分为二式。

Ⅰ式：6件。口沿外撇。M4：1，直腹，圜底。口沿以下饰绳纹。口径34.8、残高29厘米（图二三，1；图版八，2）。M4：2，直腹，底部残缺。口沿以下饰绳纹。口径35、高32.1厘米（图二三，2；图版八，3）。M7：1，直腹，下腹部与底部残缺。口沿以下饰绳纹。口径36、残高23.2厘米（图二三，3）。M7：2，直腹，下腹部与底部残缺。口沿以下饰绳纹。口径35.4、残高27厘米（图二三，4）。M11：1，直腹，下腹部与底部残缺。口沿以下饰绳纹。口径36、高24.4厘米（图二三，5）。M11：2，直腹，圜底。口沿以下饰绳纹。口径34.6、高30厘米（图二三，6；图版八，6）。

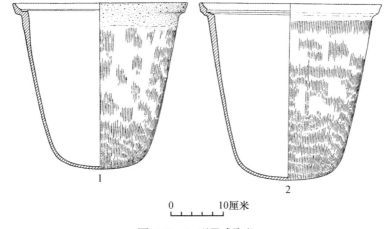

图二二　Aa型Ⅲ式陶釜
1. M13：1　2. M13：2

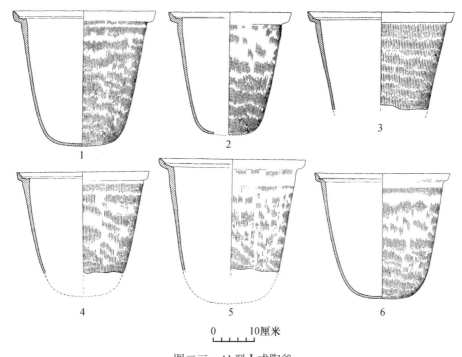

图二三　Ab型Ⅰ式陶釜
1. M4：1　2. M4：2　3. M7：1　4. M7：2　5. M11：1　6. M11：2

Ⅱ式：2件。口沿较Ⅰ式内收。M2：2，直腹，圜底。口沿以下饰绳纹。口径33.6、高32.4厘米（图二四，1）。M15：2，直腹，圜底。口沿以下饰绳纹。口径33.6、高32厘米（图二四，2；图版九，3）。

B型　5件。圆直唇，无肩，折沿，鼓腹，圜底。肩部饰弦纹，腹部及底部饰绳纹。依据口沿、腹部形态变化，可分为二式。

Ⅰ式：3件。沿内凹，器口较深，鼓腹，最大径位于腹中部。腹部饰绳纹。M14：1，腹部饰绳纹。口径21.4、腹径23.6、残高24.8厘米（图二五，1；图版九，2）。M14：2，下腹部与底部残缺。腹部饰绳纹。口径27.4、腹径28.6、残高25.4厘米（图二五，2）。M14∶3，下腹部与底部残缺。腹部饰绳纹。口径26.4、腹径28.6、残高19.6厘米（图二五，3）。

  Ⅱ式：2件。沿内凹不明显，器口较浅，直腹，最大径上移。腹部饰绳纹。M1∶1，底部残缺。腹部饰绳纹。口径31.6、腹径32.6、残高28.8厘米（图二五，4）。M16∶1，腹部有铜补穿孔，下腹部与底部残缺。口部以下饰绳纹。口径28、腹径23.6、残高27.8厘米（图二五，5）。

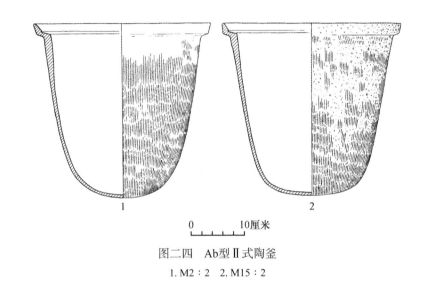

0   10厘米

图二四　Ab型Ⅱ式陶釜

1. M2∶2　2. M15∶2

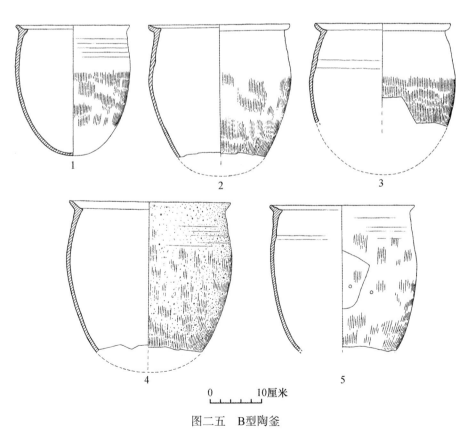

0   10厘米

图二五　B型陶釜

1~3. Ⅰ式（M14∶1、M14∶2、M14∶3）　4、5. Ⅱ式（M1∶1、M16∶1）

3. 盆

共3件。依据口部形态变化，可分为二型。

A型 2件。口沿外翻且较宽，斜腹、平底。近底部饰绳纹。M3：2，口径50、底径23.6、高26.2～29厘米（图二六，1；图版八，1）。M9：2，口径41.6、底径18.2、高24.2～25.4厘米（图二六，2；图版八，5）。

B型 1件。口沿外折，斜腹，较A型外撇，平底。M15：1，近底部饰绳纹。口径45.4、底径20.6、高24.2～27.6厘米（图二六，3；图版九，4）。

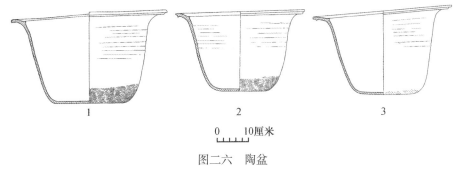

0   10厘米

图二六　陶盆
1、2. A型（M3：2、M9：2） 3. B型（M15：1）

四、埋葬特点及分期断代

1. 埋葬特点

此次路家庄遗址发现的16座瓮棺墓葬均为竖穴土圹，平面形状不甚规则，近似长方形或椭圆形，墓圹仅可容纳瓮棺，一般深度较浅，只有30～50厘米。瓮棺在墓圹中横向放置，均未发现随葬品。路家庄遗址主要包含三个不同时期的文化遗存，各时期堆积分布并不普遍。整个遗址堆积可分为四层：第1层为扰土层，第2、3层为明清时期堆积，第4层金元时期堆积。瓮棺墓葬多叠压于第2层下，只有M8叠压于第3层下，M1叠压于第4层下。根据遗址发掘完成暴露出的生土观察，中部发掘区的原始地表应为一处中心较高、四周逐渐降低的土岗，16座瓮棺墓葬中的14座分布在最高处，其余1座M1，分布在中心的西北部，另1座M8，分布在中心的东部。这与此前学者归纳的"多位于城墙、道路、贝壳堤或自然土丘等高出地表的高地上"相符；瓮棺的发现地点距歇马台遗址不足500米，与"多位于遗址附近"相符；16座瓮棺墓葬除1座为东西向外，均为南北向。与"瓮棺葬埋葬方向具有一定规律性。在战国—西汉时期全部为南北向，东汉时期全部为东西向"[13]相符。

2. 分期

关于天津地区的瓮棺葬已有学者进行过专题研究，结合这些研究成果，再通过对路家庄发现的瓮棺葬分析比较，基本可以把路家庄发现的瓮棺葬划分为五期。

第一期：包括Aa型Ⅰ式釜。标本只见于此次发掘的M5，标本M5：1、M5：2。

第二期：包括A型Ⅰ式瓮，标本M3：1、M8：1、M9：1、M10：1、M11：3；Aa型Ⅱ式、Ab型Ⅰ式釜，标本M6：1、M6：2、M4：1、M4：2、M7：1、M7：2、M11：1、M11：2；A型盆，标本M3：2、M9：2。

第三期：包括A型Ⅱ式瓮，标本M2：1；Aa型Ⅲ式、Ab型Ⅱ式、B型Ⅰ式釜，标本M13：1、M13：2、M2：2、M15：2、M14：1、M14：2、M14：3；B型盆，标本M15：1。

第四期：包括B型Ⅰ、Ⅱ式瓮，标本M1：2、M16：2、M1：3；B型Ⅱ式釜，标本M1：1、M16：1。

3. 年代探讨

通过对上述对此次发掘材料的对比分析，同时考虑到各期之间的演变顺序，可以把路家庄发现瓮棺葬的时代归纳如下。

第一期包含的Aa型Ⅰ式釜与宝坻牛道口M24[14]、燕下都老爷庙台25号建筑遗址[15]战国地层中出土的器物形制基本相同，故推测此期年代应为战国中期。

第二期包含的A型Ⅰ式瓮，Aa型Ⅱ式、Ab型Ⅰ式釜，A型盆与宝坻秦城W5、W56[16]、宝坻秦城F1[17]、武阳台村21号作坊遗址[18]及燕下都13号遗址[19]战国晚期瓮棺葬、房址、地层等出土的器物基本相同。因其中宝坻秦城W56打破战国晚期夯土城墙，故将此期划定为战国晚期至西汉早期较为适宜。

第三期包含的A型Ⅱ式瓮、Aa型Ⅲ式、Ab型Ⅱ式、B型Ⅰ式釜，B型盆与宝坻秦城W2、W24、W35、W43[20]等瓮棺葬的出土器物相同，故判断为西汉中期。

第四期包含的B型Ⅰ、Ⅱ式瓮，B型Ⅱ式釜与宝坻秦城西汉地层T66④：16、T66④：22，西汉土坑墓M54：4、M52：2[21]基本相同。通过考古类型学分析，将此推断定为西汉晚期至东汉早期比较合适。

五、结　语

宝坻路家庄遗址紧邻歇马台遗址，主要包含明、清、金元三个不同时期的文化遗存，而16座瓮棺墓葬的年代为战国中期至东汉早期，与歇马台遗址第三期年代重合[22]，且均为儿童墓葬，据此推测其性质可能为歇马台遗址的一处专用的儿童墓葬区。根据以往的考古发现，天津地区的瓮棺墓葬出现于战国早期，流行于战国晚期至西汉早期，延续至东汉早期。文化面貌与北京、河北等地发现的瓮棺墓葬基本相同。宝坻路家庄、歇马台等遗址地处天津北部的潮白河中游地区，是战国时期燕文化分布范围，此次发现的主要葬具——红陶釜，就是燕文化中典型的炊器，许多红陶釜身上仍留存有烟熏与烧灼痕迹。这些红陶釜在天津地区的流行使用，以及作为葬具在天津地区的出现，就是燕文化在天津地区繁荣一时的实证。此次发现的瓮棺墓葬，丰富了歇马台遗址的考古学文化内涵，对进一步了解该地区发展史，完善天津市宝坻区文化遗存的内涵也具有重要意义。

执笔：刘　　健　尹承龙

注　　释

［1］　"同意撤销宝坻县设立宝坻区，以原宝坻县的行政区域为宝坻区的行政区域。区人民政府驻城关镇。"
（国务院2001年3月22日批准，国函〔2001〕29号）

［2］　天津市历史博物馆考古队、宝坻县文化馆：《天津宝坻县牛道口遗址调查发掘简报》，《考古》1991年第7期。

［3］　天津市文化遗产保护中心、宝坻县文化馆：《宝坻县歇马台遗址试掘报告》，《天津考古》（一），科学出版社，2013年。

［4］　天津市历史博物馆考古部、宝坻县文化馆：《宝坻秦城遗址试掘报告》，《考古学报》2001年第1期。

［5］　河北省文物管理委员会：《河北武安县午汲古城的周汉墓葬发掘简报》，《考古》1959年第7期。

［6］　天津市历史博物馆考古部、宝坻县文化馆：《宝坻秦城遗址试掘报告》，《考古学报》2001年第1期；天津市文化遗产保护中心、宝坻县文化馆：《宝坻县歇马台遗址试掘报告》，《天津考古》（一），科学出版社，2013年。

［7］　天津市历史博物馆考古队、宝坻县文化馆：《天津宝坻县牛道口遗址调查发掘简报》，《考古》1991年第7期。

［8］　天津市历史博物馆考古部、宝坻县文化馆：《宝坻秦城遗址试掘报告》，《考古学报》2001年第1期。

［9］　河北省文物研究所、唐山市文物管理处：《唐山东欢坨战国遗址发掘报告》，《河北省考古文集》（一），东方出版社，1998年；贾金标、张艺薇：《河北地区战国秦汉时期的瓮棺葬》，《瓮棺葬与古代东亚文化交流研究》，科学出版社，2018年。

［10］　河北省文物研究所：《燕下都遗址内的两汉墓葬》，《河北省考古文集》（二），北京燕山出版社，2001年。

［11］　天津市历史博物馆考古队、宝坻县文化馆：《宝坻秦城遗址试掘报告》，《考古学报》2001年第1期；天津市文化局考古发掘队：《天津南郊巨葛庄战国遗址和墓葬》，《考古》1965年第1期。

［12］　天津市历史博物馆考古队、宝坻县文化馆：《宝坻秦城遗址试掘报告》，《考古学报》2001年第1期。

［13］　姜佰国：《天津地区战国秦汉时期的瓮棺葬》，《天津文博论丛》（第2集），天津人民出版社，2010年。

［14］　天津市历史博物馆考古队、宝坻县文化馆：《天津宝坻县牛道口遗址调查发掘简报》，《考古》1991年第7期。

［15］　河北省文物研究所：《燕下都》，文物出版社，1996年。

［16］　天津市历史博物馆考古队、宝坻县文化馆：《宝坻秦城遗址试掘报告》，《考古学报》2001年第1期。

［17］　天津市历史博物馆考古队、宝坻县文化馆：《宝坻秦城遗址试掘报告》，《考古学报》2001年第1期。

［18］　白云翔：《战国秦汉时期瓮棺葬研究》，《考古学报》2001年第3期。

［19］ 河北省文物研究所：《河北易县燕下都第13号遗址第一次发掘》，《考古》1987年第5期。

［20］ 天津市历史博物馆考古队、宝坻县文化馆：《宝坻秦城遗址试掘报告》，《考古学报》2001年第1期。

［21］ 天津市历史博物馆考古队、宝坻县文化馆：《宝坻秦城遗址试掘报告》，《考古学报》2001年第1期。

［22］ 天津市文化遗产保护中心、宝坻县文化馆：《宝坻县歇马台遗址试掘报告》，《天津考古》（一），科学出版社，2013年。

静海西钓台村西遗址和纪庄子遗址战国时期遗存发掘简报

天津市文化遗产保护中心
天津市静海区文化馆

因天津液化天然气（LNG）项目输气干线工程天津段建设工程需要，天津市文化遗产保护中心在2016年前期考古勘探的基础上，经国家文物局批准，于2017年6～8月组织对静海区西钓台村西遗址、纪庄子遗址进行考古发掘。西钓台村西遗址位于天津市静海区陈官屯镇西钓台村西南侧，纪庄子遗址位于天津市静海区陈官屯镇纪家庄村西南，距离西钓台古城约5千米，北距西钓台村西遗址约1.5千米（图一）。

此次发掘的西钓台村西遗址和纪庄子遗址以战国时期遗存为主，遗迹也较为丰富，出土遗物有建筑构件、生活器皿、生产工具等，遗物中陶釜、鼎、罐、豆、盆、瓮、砖、板瓦、筒瓦较多见，少见零星铁、铜质工具等遗物。以下分别对两处遗址发掘情况进行简要报告。

图一　西钓台村西遗址和纪庄子遗址位置示意图

一、西钓台村西遗址

西钓台村西遗址中心坐标点东经116°88′964″，北纬38°79′854″，地表原为农田，附近有多处农业蔬菜大棚。此次发掘依照管道铺设方向共布5米×5米探方92个，扩方2处，发掘面积2315平方米。清理灰坑59个、砖室墓1座、瓮棺葬2座、灶4座、砖井1座、路1条、灰沟3条（图版一○，1）。

（一）地层和堆积情况

发掘区地势较为平坦，区域内地层堆积较清晰、连续，根据土质、土色及地层内包含物，可将整个遗址划分为2层，第2层下即为生土。以T0117北壁剖面为例（图二），介绍如下。

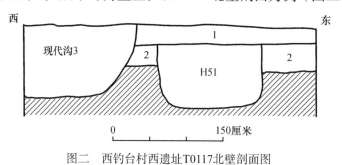

图二　西钓台村西遗址T0117北壁剖面图

第1层：耕土层。厚0.2～0.35米。土色呈灰褐色，土质较硬，内含植物根系、黑灰块等。出土物有红陶盆片、口沿残片、灰陶罐口沿残片、绳纹板瓦残片和少量瓷片和灰陶片。探方被现代沟3打破，H51开口于第1层下，打破第2层和生土层。

第2层：厚0.35～0.4米。土色呈黑褐色，土质较硬，内含黑灰块等。出土物包含大量泥质灰陶和泥质红陶片，可辨器形包括釜、鼎、罐、豆、盆和瓮等。

第2层下为生土。

结合地层堆积和出遗物分析，第1层是近现代扰乱层，遗物以金元时期瓷片和战国时期陶片为主。第1层内涵相对单一，出土物基本均为战国时期。所有早期遗迹均为第1层下开口，除少部分遗迹含有金元时期瓷片外，大部分与第2层出土物相似，年代及文化内涵与第2层遗存基本一致。该遗址发现战国与金元两个时期遗存，以战国时期遗存为主。战国时期遗迹主要发现有灰坑、瓮棺葬等，出土了较丰富的建筑构件、生活器皿、生产工具等遗物，包括陶釜、鼎、罐、豆、盆、瓮、砖、板瓦、筒瓦以及铁质工具等；金元时期遗迹较少，主要位于发掘区中南部，出土遗物主要见有陶盆、白瓷碗、板瓦等。本文主要介绍战国时期遗存。

（二）典型遗迹

战国时期遗迹包括灰坑45座、灰沟3条、瓮棺葬2座等，以下分别对部分典型遗迹进行介绍。

1. 灰坑

共45座。

H1　位于T0122探方的东南部，开口于第1层下，打破第2层，向东侧和南侧延伸进入T0222和T0121，东部打破H10的西部。平面呈不规则形，壁稍斜，坑底略平。坑口南北长5.18、东西宽3.67、距地表深0.2、距坑底深0.46米（图三）。该坑为一次性堆积，坑内填土为黑灰色土，内含有红烧土颗粒及灰烬，坑的东南角有少量黑木灰、植物根系、碎砖块。包含物有泥质灰陶片、穿孔陶片、器耳、筒瓦等，陶器可辨器形有盆5件、豆2件、釜1件（图四）。

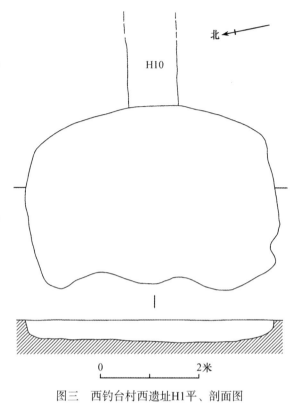

图三　西钓台村西遗址H1平、剖面图

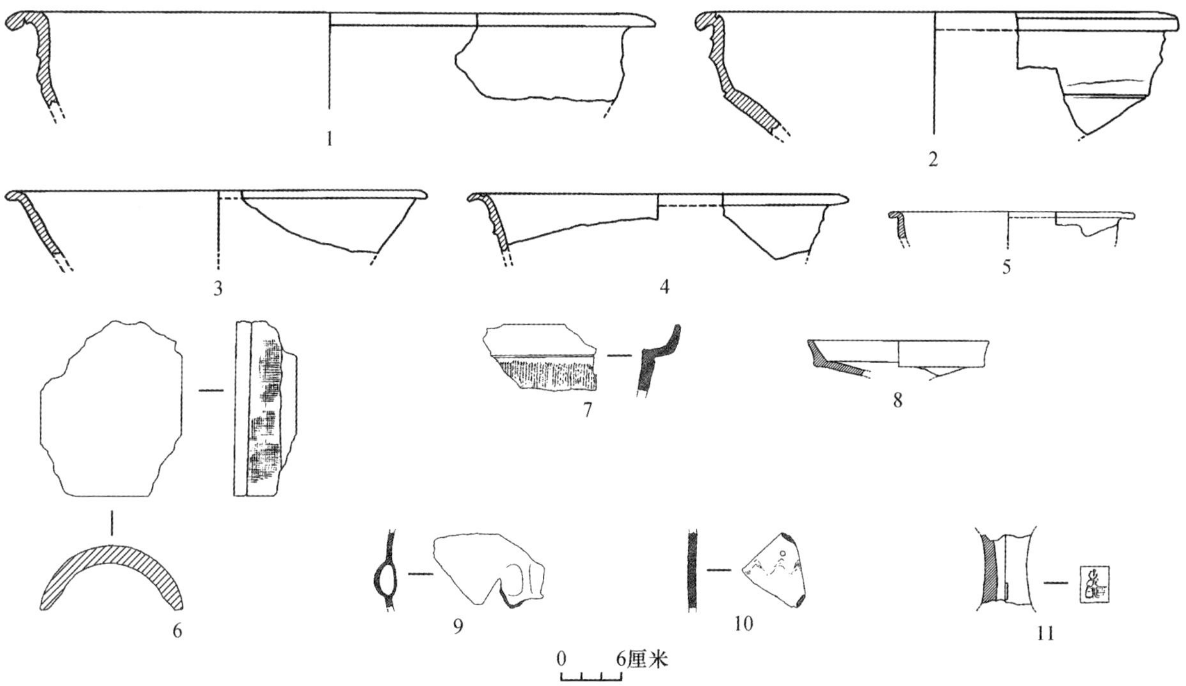

图四　西钓台村西遗址H1出土陶器

1、2.Ac型浅腹盆（H1:10、H1:9）　3、4.Aa型浅腹盆（H1:1、H1:5）　5.Ac型浅腹盆（H1:2）　6.筒瓦（H1:3）
7.A型釜（H1:4）　8.A型豆（H1:6）　9.器耳（H1:11）　10.穿孔陶片（H1:7）　11.豆柄（H1:8）

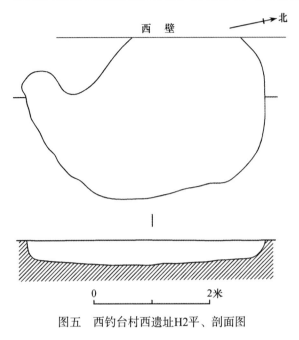

图五　西钓台村西遗址H2平、剖面图

H2　位于T0123探方的西北部，开口于第1层下，打破第2层，进入西壁。平面形状呈不规则形，壁稍斜，坑底平。坑口南北最长4.19、东西最宽2.72、距地表深0.25、距坑底深0.3～0.43米（图五）。该坑为一次性堆积，坑内填土为灰色土，土质一般。出土遗物有泥质灰陶片和泥质红陶片，陶器可辨器形有盆7件（图版一一，5、6；图版一二，6）、罐1件、带流壶1件、板瓦2件（图六）。

H23　位于T0127探方的中南部，开口于第1层下，打破第2层及生土层。平面形状近似方形，近直壁，坑底平。坑口南北长2.25、东西宽2、距坑底深0.46米（图七）。该坑为一次性堆

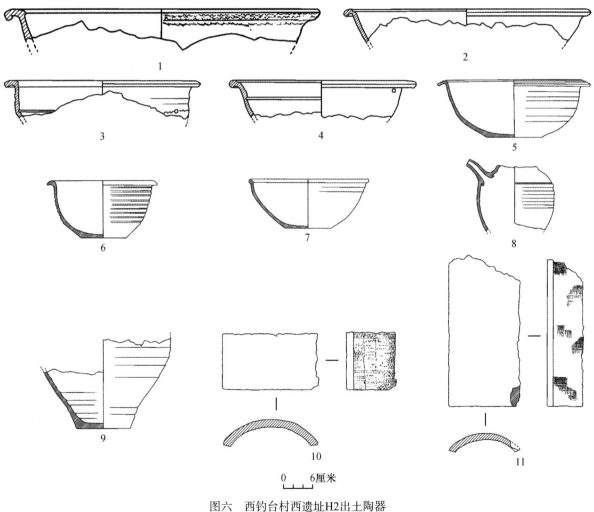

图六　西钓台村西遗址H2出土陶器

1、3～6.Ac型浅腹盆（H2：7、H2：4、H2：5、H2：3、H2：1）　2.Aa型浅腹盆（H2：6）　7.B型浅腹盆（H2：2）
8.带流壶（H2：10）　9.罐底（H2：9）　10、11.板瓦（H2：8、H2：11）

积，坑内填土为灰褐色土，土质较松，内含红
烧土颗粒、黑灰块。包含物有泥质灰陶片、泥
质红陶片，陶器可辨器形有盆4件（图八）。

H45　位于T0224探方的东中部，开口于第
2层下，打破生土层。形状呈不规则椭圆形，直
壁，平底，坑口南北宽1.96、东西长1.87、距地
表深0.9、距坑底深0.19～0.27米（图九）。该
坑为一次性堆积，坑内填土为灰褐色土，土质
较松。出土遗物有泥质灰陶片、泥质红陶片和
夹蚌红陶片，陶器可辨器形有罐8件、盆4件、
釜3件、豆盘2件、豆柄2件、钵1件、器盖1件、
甑底1件（图一〇）。

H47　位于T0431东北角，开口于第1层
下，打破第2层及生土层。平面形状呈半圆形，
向北延伸进入北壁，斜壁，平底。坑口南北长
2.16、东西宽1.4、距地表0.25、距坑底1.4米
（图一一）。该坑为一次性堆积，坑内填土为

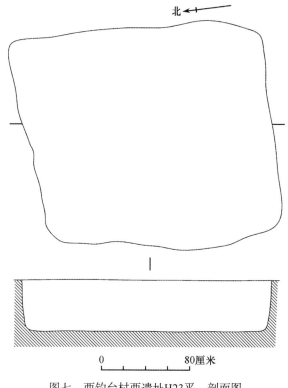

图七　西钓台村西遗址H23平、剖面图

灰褐色土，土质较松，内含黑灰块。出土遗物有泥质灰陶片和泥质红陶片。陶器可辨器形有罐
4件、豆2件、盆2件、钵2件、纺轮1件（图一二）。

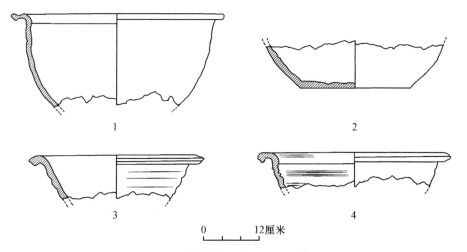

图八　西钓台村西遗址H23出土陶器
1、4.Ac型浅腹盆（H23：1、H23：4）　2.盆底（H23：2）　3.Aa型浅腹盆（H23：3）

2. 灰沟

共3条。以G3为例进行介绍。

G3　位于T0122、T0123、T0222、T0223、T0322、T324、T423、T424探方内，方向75°。
G3开口于第2B层下，打破生土层，①→②A→②B→G3→生土层。该沟形状呈长条形，东北—

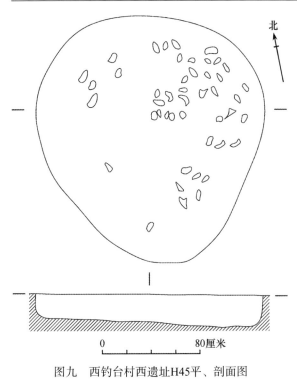

北

图九　西钓台村西遗址H45平、剖面图

0   80厘米

西南向，东西清理长20.8米出发掘范围，南北宽6.2~7.8米，沟口距地表0.85、沟底距沟口0.4~0.5米，沟壁为直壁，口大底小，沟底西部稍高于东部（图一三）。该沟为一次性堆积，内填黑色淤土，土质疏松，填土中出土大量的泥质红陶和灰陶，可辨器形以罐和盆为主（图一四）。

3. 墓葬

瓮棺葬2座。

W1、W2　位于T0434的东南部，开口于第1层下，口距地表0.25米，被树坑打破西南角、南壁（树坑→①→W1、W2→②）。平面呈长方形，东西长3.6、南北宽1.3、深0.41米。为竖穴土圹墓，直壁、平底，内置两个瓮棺，土圹内填土为灰花土，土质疏松。无随葬品，土圹内填土包含物有红陶、灰陶绳纹罐残片、灰陶盆残片（图一五；图版一〇，2）。

W1　位于土圹内西中部。瓮棺南北长0.58、东西宽0.3~0.41、残存高0.28~0.38米，瓮棺由1件饰绳纹的泥质灰陶盆和1件饰绳纹的泥质红陶瓮构成，内葬有少量碎骨（图一六；图版一一，1、2）。

W2　位于土圹北部偏西。位于W1偏东北，相距0.74米。瓮棺南北长0.58、东西宽0.29~0.4、高0.28~0.4米。瓮棺由1件饰绳纹的泥质灰陶盆和1件饰绳纹的泥质红陶瓮构成，内葬有少量碎骨（图一七；图版一一，3、4）。

（三）遗　物

西钓台村西遗址金属器发现数量很少，仅发现铁镞1件。T0118①：1，锈蚀严重。三棱形，圆鋌。残长5.76厘米（图一八；图版一三，1）。出土的遗物以陶器为主，主要是大量的残陶片，可复原的陶器数量较少，以泥质灰陶（约占70%）和泥质红陶（约占29%）为主，少量的夹蚌夹砂红陶。其中素面和绳纹陶片数量相当，所占比例分别为41.36%和41.86%，另外还有一定数量的布纹和少量的弦纹。可辨器形以罐、盆和豆数量最多，其次是釜、钵和瓮，此外还有甑、壶、盘、鼎等陶器。下面将按照器物种类进行介绍。

陶罐　出土数量最多，共116件，根据颈部形态的不同分为三型。

A型　短颈。共76件。根据口沿的特征的差异可分为三亚型。

Aa型　敞口，短颈。共31件。标本H47：6，泥质灰陶。圆唇，弧肩。器身饰粗绳纹。口径26.8、残高19.2厘米（图一九，1）。标本T0231②：2，泥质红陶。方唇，短颈，弧肩。饰绳

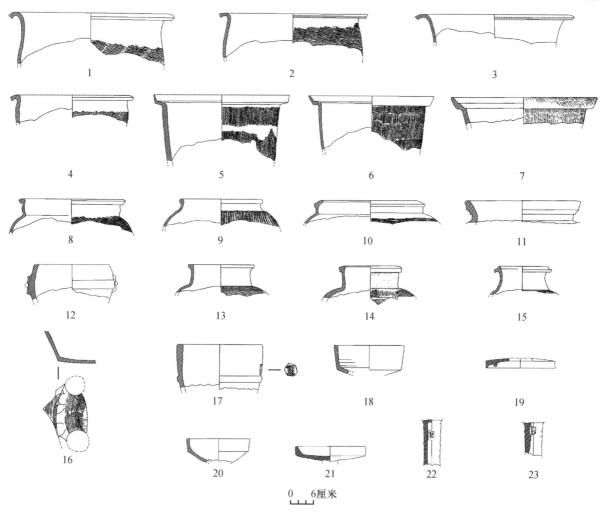

0　　6厘米

图一〇　西钓台村西遗址H45出土陶器

1、2、4.A型深腹盆（H45：12、H45：23、H45：19）　3.Ab型浅腹盆（H45：16）　5、6.B型釜（H45：14、H45：7）
7.A型釜（H45：6）　8.Ab型罐（H45：20）　9、11.Aa型罐（H45：13、H45：5）　10.Ac型罐（H45：21）
12.C型罐（H45：22）　13.Bb型罐（H45：18）　14、15.Bb型罐（H45：2、H45：17）　16.甑底（H45：15）　17.印纹口沿
标本（H45：1）　18.Aa型钵（H45：11）　19.器盖（H45：8）　20.Ba型豆盘（H45：9）　21.A型豆盘（H45：10）
22、23.豆柄（H45：4、H45：3）

纹。口径24、残高12.7厘米（图一九，2）。标本T0238②：3，泥质灰陶。折沿，方唇，短束颈，弧肩。饰绳纹。口径25.3、残高9.3厘米（图一九，3）。

　　Ab型　直口，短颈。共16件。标本T0237②：5，泥质红陶。圆唇，弧肩。肩上饰粗绳纹。口径29.16、残高9.88厘米（图一九，4）。标本T0231②：3，泥质灰陶。方唇，短颈，弧肩。饰绳纹。口径20、残高12.4厘米（图一九，5）。标本T0230②：2，泥质红陶。短颈，弧肩。饰绳纹。口径26、残高8.7厘米（图一九，6）。

　　Ac型　敛口，短颈。共29件。标本H36：3，泥质红陶。方唇。器身饰绳纹。口径28.1、残高15.2厘米（图一九，7）。标本H39：1，泥质红陶。口沿内折，圆唇，弧肩。肩上饰绳纹，有一方形印纹。口径23.2、残高8.6厘米（图一九，8）。标本H41：1，泥质红皮灰陶。口沿内折，尖圆唇，沿上有一周凸棱，弧肩。肩上饰粗绳纹，有一方形印纹。口径24.8、残高8.1厘米

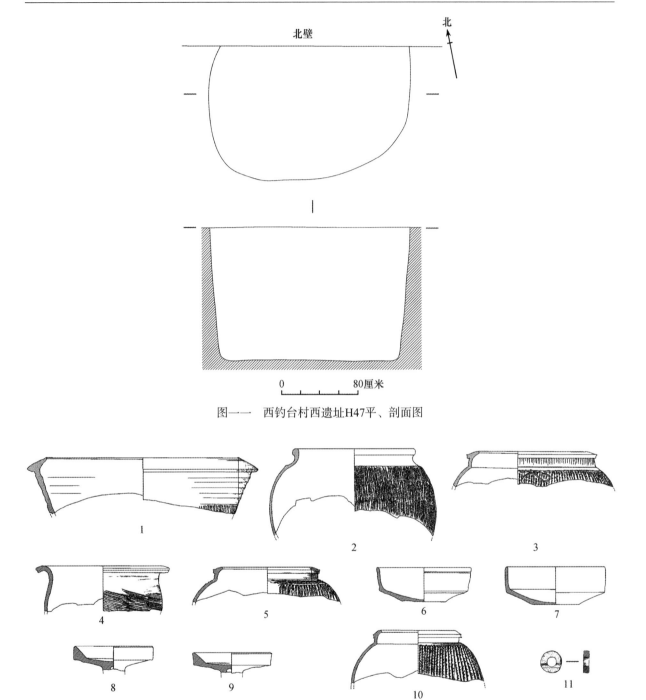

图一一　西钓台村西遗址H47平、剖面图

图一二　西钓台村西遗址H47出土陶器

1.C型浅腹盆（H47：10）　2.Aa型罐（H47：6）　3、5、10.Ac型罐（H47：7、H47：4、H47：5）　4.A型深腹盆
（H47：9）　6、7.Aa型钵（H47：11、H47：8）　8、9.A型豆（H47：3、H47：2）　11.纺轮（H47：1）

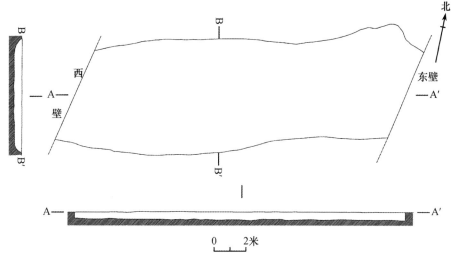

图一三 西钓台村西遗址G3平、剖面图

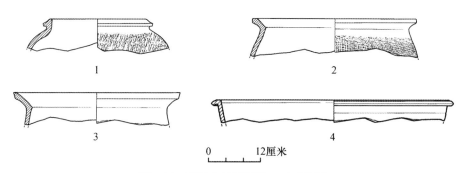

图一四 西钓台村西遗址G3出土陶器

1.Ab型罐（G3∶5） 2.A型深腹盆（G3∶3） 3.B型深腹盆（G3∶2） 4.Ab型浅腹盆（G3∶4）

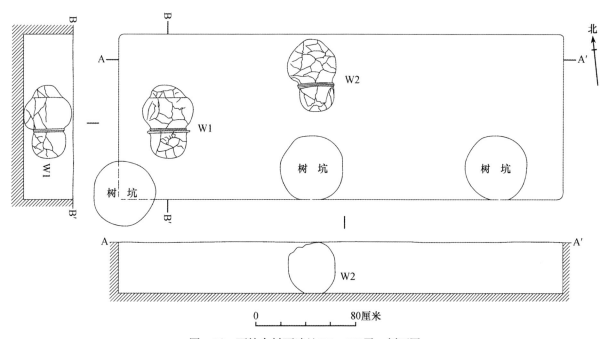

图一五 西钓台村西遗址W1、W2平、剖面图

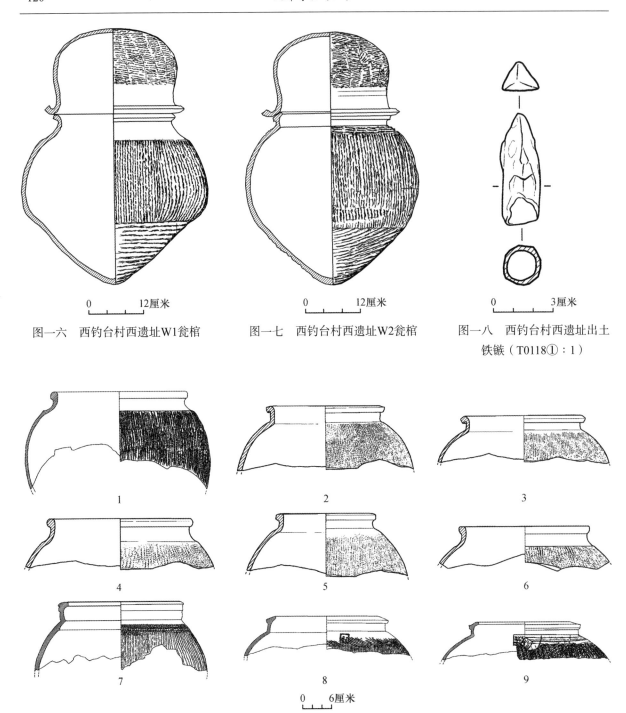

0　　　　12厘米

图一六　西钓台村西遗址W1瓮棺　　　图一七　西钓台村西遗址W2瓮棺　　　图一八　西钓台村西遗址出土
铁镞（T0118①：1）

1

2

3

4

5

6

7

8

9

0　　　6厘米

图一九　西钓台村西遗址出土A型陶罐

1～3. Aa型（H47：6、T0231②：2、T0238②：3）　　4～6. Ab型（T0237②：5、T0231②：3、T0230②：2）　　7～9. Ac型
（H36：3、H39：1、H41：1）

（图一九，9）。

B型 长颈。共38件。根据口沿特征差异可分为二亚型。

Ba型 敞口，长颈。共26件。标本H36：18，泥质灰陶。方唇，折肩。素面。口径29、残高10.1厘米（图二〇，1）。标本H30：23，泥质灰陶。有轮制痕迹。口径25.56、残高7.16厘米（图二〇，2）。标本H24：2，泥质灰陶。折沿，尖唇。有轮制痕迹。口径15.8、残高5.8厘米（图二〇，3）。

Bb型 直口，长颈。共12件。标本H30：12，泥质灰陶。折沿，方唇，弧肩。饰绳纹，有轮制痕迹。口径23.5、残高10.2厘米（图二〇，4）。标本H41：7，泥质灰陶。折沿，圆唇。有轮制痕迹。口径26、残高6.9厘米（图二〇，5）。标本H31：10，泥质灰陶。平沿，尖圆唇。口径23、残高6.1厘米（图二〇，6）。

C型 无颈双耳罐。共2件。标本H45：22，泥质灰陶。鼓腹，双耳。有轮制痕迹。口径19.4、残高9厘米（图二〇，7）。标本T0221②：1，泥质红陶。敛口，凹唇，弧肩。附桥形耳，饰弦纹。口径17、残高11.9厘米（图二〇，8）。

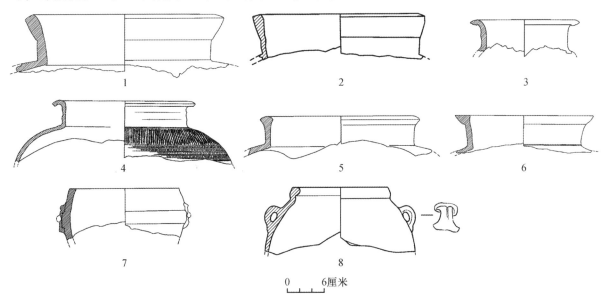

1

2

3

4

5

6

7

8

0 6厘米

图二〇 西钓台村西遗址出土B、C型陶罐

1~3. Ba型（H36：18、H30：23、H24：2） 4~6. Bb型（H30：12、H41：7、H31：10） 7、8. C型（H45：22、T0221②：1）

陶盆 共82件。可分为深腹盆和浅腹盆两大类。

深腹盆 共26件。根据口沿特征的不同，分为二型。

A型 卷沿。共18件。标本H30：28，泥质灰陶。卷沿，尖唇。饰弦纹及绳纹。口径47.2、残高21.3厘米（图二一，1）。标本H58：2，泥质灰陶。卷沿，圆唇，深腹。器身上部饰弦纹，下部饰交错绳纹。口径46.2、残高18厘米（图二一，2）。标本T0335②：6，泥质灰陶。敞口，卷沿，方唇。器身饰一周弦纹，下饰绳纹。口径48、残高9.4厘米（图二一，3）。

B型 折沿。共8件。标本T0116②：5，泥质灰陶。敞口，折沿，方唇。唇上有一周凹槽，外饰绳纹。口径46.9、残高8.5厘米（图二一，4）。标本T0238②：5，泥质灰陶。敞口，

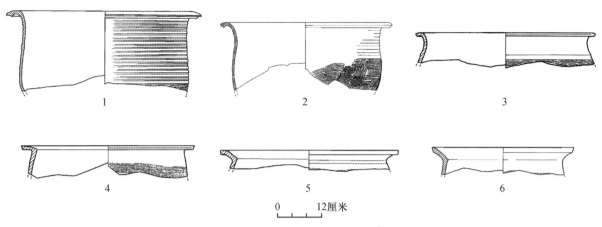

图二一　西钓台村西遗址出土陶深腹盆
1～3.A型（H30：28、H58：2、T0335②：6）　4～6.B型（T0116②：5、T0238②：5、G3：2）

折沿，方唇。素面。口径48.2、残高6厘米（图二一，5）。标本G3：2，泥质灰陶。敞口，折沿，口沿向斜上方延展，尖唇。素面。口径38.12、残高7.52厘米（图二一，6）。

浅腹盆　共56件。根据口沿特征的不同分为三型。

A型　卷沿浅腹盆。共42件。根据腹部特征的不同分为三亚型。

Aa型　斜腹。共12件。标本T0229②：1，泥质灰陶。敞口，卷沿，方唇，斜腹。腹部饰绳纹。口径55.74、残高9.96厘米（图二二，1）。标本H31：9，泥质灰陶。方唇。口径50.7、残高7厘米（图二二，2）。

Ab型　直腹。共11件。标本T0230②：14，泥质灰陶。敞口，卷沿。口径52.3、残高11.5厘米（图二二，3）。标本H41：4，泥质灰陶。方唇。唇上有凹槽，饰绳纹。口径46.6、残高10.8厘米（图二二，4）。

Ac型　弧腹。共19件。标本H53：2，泥质红陶。弧腹。沿下饰弦纹。口径62.2、残高12.8厘米（图二二，5）。标本H53：3，泥质红陶。弧腹。腹部饰弦纹。口径43、底径23.5、高13.9厘米（图二二，6）。

B型　口沿向外折。共9件。标本T0238②：9，泥质灰陶。敞口，折沿，方唇，浅腹。沿上有三周凹弦纹，沿下有两周凸棱，器身饰绳纹。口径56、残高7.2厘米（图二二，7）。标本H2：2，泥质红陶。腹向内收，平底。口径24.3、底径9.3、高9.7厘米（图二二，8；图版一一，6）。

C型　口沿向内折。共5件。标本H31：8，泥质灰陶。尖圆唇。沿上饰细弦纹，器身饰粗弦纹。口径51.8、残高13.3厘米（图二二，9）。

陶豆　陶豆共出土67件，其中豆盘42件，豆座17件，豆柄8件，仅有1件可复原。

豆盘　共42件。根据豆盘的深浅可分为二型。

A型　泥质灰陶。敞口，浅盘，折腹。素面。共23件。标本T0114②：2，矮柄，圈足。腹外部有一凹槽。口径15.8、底径10.2、高13.5厘米（图二三，1；图版一二，2）。标本H56：15，内底较平。口径16.84、残高4.36厘米（图二三，2）。标本H55：3，口径18.56、残

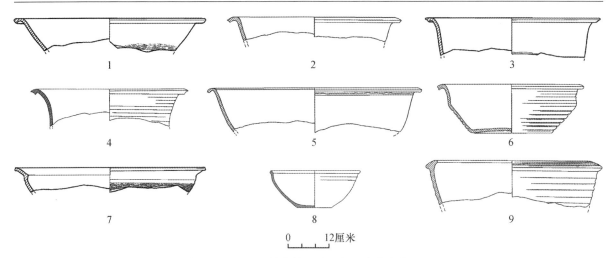

图二二　西钓台村西遗址出土陶浅腹盆

1、2. Aa型（T0229②：1、H31：9）　3、4. Ab型（T0230②：14、H41：4）　5、6. Ac型（H53：2、H53：3）

7、8. B型（T0238②：9、H2：2）　9. C型（H31：8）

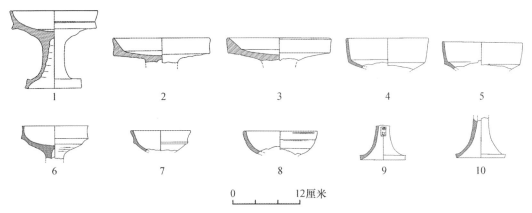

图二三　西钓台村西遗址出土陶豆

1～3. A型豆盘（T0114②：2、H56：15、H55：3）　4～6. Ba型豆盘（H31：7、H15：2、H30：10）　7、8. Bb型豆盘（H18：1、
H30：26）　9、10. 豆座（H39：5、H44：3）

高4.08厘米（图二三，3）。

B型　泥质灰陶。深盘。素面。共19件。根据腹部形态可分为二亚型。

Ba型　深盘，折腹。共15件。标本H31：7，直口。口径15.1、残高6.2厘米（图二三，4）。标本H15：2，直口。口径14.8、残高5厘米（图二三，5）。标本H30：10，敞口，内底较斜。口径11、残高5.6厘米（图二三，6）。

Bb型　泥质灰陶，深盘，弧腹。共4件。标本H18：1，敞口。腹部有一道凸棱。口径15.6、残高4厘米（图二三，7）。标本H30：26，敞口。外有凹槽。口径13、残高4.8厘米（图二三，8）。

豆座　标本H39：5，残柄中空，残柄上有一陶文（方形印）。底径7.9、残高6.1厘米（图二三，9）。标本H44：3，残柄上饰弦纹，圈足上缘凸起一周尖棱。底径8.3、残高6.9厘米（图二三，10）。

陶釜　共20件。根据腹部形态的不同分为二型。

A型　腹向内斜收。共14件。标本T0232①：1，夹砂夹蚌红陶。直口，折沿，口沿外折又上翘。器身饰绳纹。口径34、残高20厘米（图二四，1）。标本H56：10，夹砂夹蚌红陶。沿外折又上翘。外饰绳纹。口径26.8、残高19.2厘米（图二四，2）。标本H42：6，夹砂夹蚌红陶。沿外折又上翘，尖圆唇。外饰绳纹。口径31.4、残高12.9厘米（图二四，3）。

B型　直腹。共6件。标本H45：14，夹砂夹蚌红陶。沿外折又上翘。外饰绳纹。口径34.8、残高16.6厘米（图二四，4）。标本H45：25，夹砂夹蚌红陶。沿外折又上翘。外饰绳纹。口径32.3、残高13.3厘米（图二四，5）。

陶甑　出土可辨为陶甑的有5件，多数残剩甑底。标本H58：3，泥质红陶。敞口，折沿，方唇，深腹，腹向内斜收。有三处锔孔。口径40.6、底径13.2、高23.2厘米（图二四，6）。

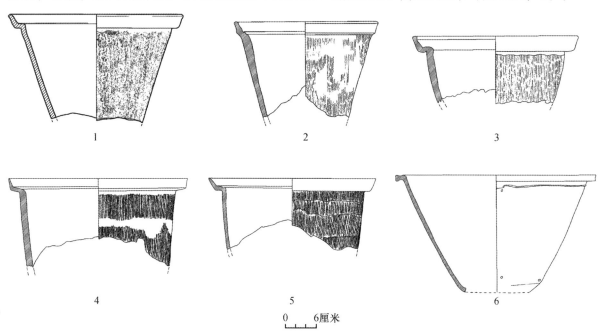

图二四　西钓台村西遗址出土陶釜、甑

1~3. A型釜（T0232①：1、H56：10、H42：6）　4、5. B型釜（H45：14、H45：25）　6. 甑（H58：3）

陶钵　共13件（图版一二，1、3、4）。根据腹的深浅可分为二型。

A型　浅腹。共9件。依据腹下部形态的不同分为二亚型。

Aa型　腹下部有折角。共7件。标本H47：8，泥质灰陶。口微敛，深折腹，腹向内收。素面。口径22、底径10.4、高8.4厘米（图二五，1）。标本H47：11，泥质灰陶。口微侈，深折腹，腹向内收。素面。口径21.2、底径9.8、高7.6厘米（图二五，2）。标本T0107②：17，泥质灰陶。直口，方唇，折腹。腹上部有一条凹弦纹，腹下部向内斜收。口径20、残高8.2厘米（图二五，3）。

Ab型　腹下部呈弧形。共2件。标本H41：11，泥质灰陶。直口。素面。口径21、残高5.7厘米（图二五，4）。

B型　深腹。共4件。标本T0118①：14，上腹部有一周凸棱。口径22.96、残高9.8厘米

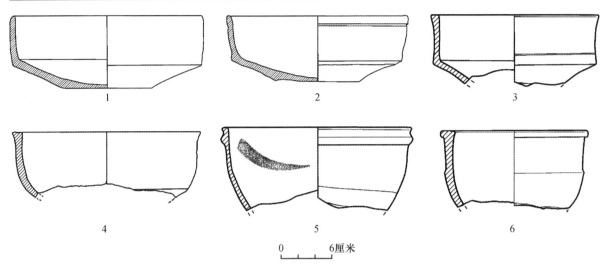

图二五　西钓台村西遗址出土陶钵

1~3. Aa型（H47：8、H47：11、T0107②：17）　4. Ab型（H41：11）　5、6. B型（T0118①：14、T0329②：4）

（图二五，5）。标本T0329②：4，泥质灰陶。平沿，尖唇，腹向内收。下腹部有一周凸棱。口径18.12、残高9.48厘米（图二五，6）。

陶瓮　共3件。标本J1：8，夹砂红陶，陶质粗糙。敞口，外侧饰弦纹，方唇，折肩。肩部和腹部饰条带状的绳纹。口径36、残高8.58厘米（图二六，1）。标本H21：2，泥质灰陶。直口，折肩。腹部饰绳纹。口径19.9、残高11厘米（图二六，2）。标本H58：5，泥质灰陶。口微侈，平沿，圆唇，短束颈，折肩。腹上部饰两周戳印纹，间以一周凸棱，下部饰细绳纹。口径14.4、残高10.6厘米（图二六，3）。

陶壶　共3件。标本T0118②：1，泥质红陶。束颈，鼓腹，短流。素面。残高12.9厘米（图二七，1）。标本H2：10，泥质灰陶。带一流。肩部以下饰弦纹。腹最大径15.6、残高13、流长5厘米（图二七，2）。标本H58：1，泥质灰陶。敞口，折沿，方唇，沿上有一周凹槽，唇上有一周凹槽，束颈，弧肩。器身饰弦纹。口径12.7、残高14.6厘米（图二七，3）。

陶鼎　共1件。标本T0238②：1，夹砂红褐陶。子母口，长方形穿耳外撇，深腹，腹中部饰一条凸弦纹，圜底，三矮足。口径14.9、肩腹径18.6、残高18厘米（图二七，4；图版一二，5）。

陶纺轮和圆陶片　出土陶纺轮2件，穿孔圆陶片3件，圆陶片1件。

纺轮　标本H47：1，泥质灰陶。素面。有使用痕迹。外径4.8、内径2.2、厚1.4厘米（图二八，3）。标本H30：7，泥质灰陶。中有一穿孔。素面。最大径3.7、孔径1.2、厚2厘米（图二八，4）。

穿孔圆陶片　标本H30：1，泥质灰陶。正中有一对穿孔，外饰绳纹。最大径6.2、孔径0.6、厚0.5厘米（图二八，1）。标本H30：2，夹砂夹蚌红陶。背面有穿孔痕迹，但未穿透。饰绳纹。最大径4.9、孔径0.6、厚0.7厘米（图二八，2）。标本T0131②：19，夹砂夹蚌红陶。中间有一穿孔。素面。最大径5.5、厚1厘米（图二八，6；图版一三，2）。

圆陶片　标本H30：3，泥质红陶。外饰绳纹。最大径3.9、厚0.7厘米（图二八，5）。

陶文　在西钓台村西遗址的陶片上还发现了大量陶文。据统计，西钓台出土的陶文共54

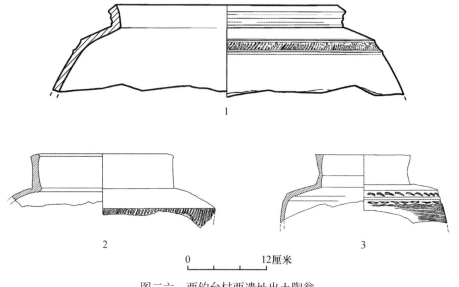

0　　　　　12厘米

图二六　西钓台村西遗址出土陶瓮
1. J1：8　2. H21：2　3. H58：5

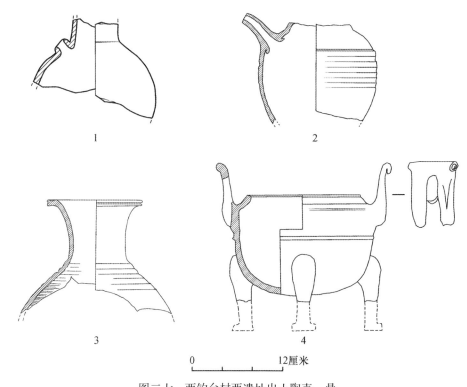

0　　　　　12厘米

图二七　西钓台村西遗址出土陶壶、鼎
1~3.壶（T0118②：1、H2：10、H58：1）　4.鼎（T0238②：1）

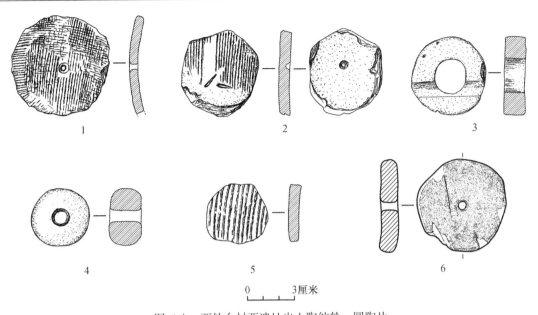

图二八　西钓台村西遗址出土陶纺轮、圆陶片

1、2、6.穿孔圆陶片（H30：1、H30：2、T0131②：19）　3、4.纺轮（H47：1、H30：7）　5.圆陶片（H30：3）

件，其中主要是一些战国文字和图像或几何符号，另外有很多陶文无法辨识具体图案。

文字类陶文　既有私名玺，也有官玺，还有一些陶工的私名。标本H44：1，上有"公孙士悊"，为私名玺（图二九，1；图版一三，3；图版一四，1）。标本H45：1，上有"市玺"，为官玺（图二九，2；图版一四，2~4）。标本T0130②：8，上有"奠阳陈得再右廪"，为官玺（图二九，3；图版一四，5、6）。标本H45：2，陶文作"化"（图二九，4）。这个陶文亦出现在T0109②：1（图二九，5）、T0421②：1（图二九，6）等陶片上。"化"可能是陶工私名。标本H23：1，上有小篆的"五"字（图二九，7）。

此外，还有很多难以辨识的陶文（图二九，8~16）。

除了文字外，还有一些图像或几何符号，如圆圈纹（图三〇，3、9）、"十"字纹（图三〇，1、2、6、10、11）、箭头纹（图三〇，7）、水波纹（图三〇，17）以及一些内部不清楚的长方形或方形纹饰（图三〇，4、5、8、12、13），另外还发现一些其他的刻划纹（图三〇，14~16）。

（四）文化性质与年代

西钓台村西遗址遗迹类型简单，遗迹以灰坑为主，未发现居住遗迹。出土遗物以陶器为主，其他质地的器物偏少。受建设工程施工考古发掘区域的限制，本次所发掘的区域有可能为战国时期村落遗址的边缘区域。遗址中可复原的陶器数量很少，其中以泥质灰陶和泥质红陶为主，少量的夹蚌夹砂红陶。但从可辨器形看，绝大部分都是生活用器，基本不见陶礼器。以罐、盆和豆数量最多，其次是釜、钵和瓮，此外还有甑、壶、盘、鼎等陶器。其中大部分陶器无论从种类还是形制上都见于以燕下都为代表的典型燕文化遗址中[1]，许多器物与天津

图二九　西钓台村西遗址出土陶文（一）

1. H44：1　2. H45：1　3. T0130②：8　4. H45：2　5. T0109②：1　6. T0421①：1　7. H23：1　8. G3：1　9. H21：1
10. H30：4　11. H36：15　12. H39：1　13. H45：3　14. T0114②：8　15. T0236①：1　16. T0323②：1

巨葛庄遗址[2]、北仓遗址[3]、武清兰城遗址[4]、宝坻牛道口遗址[5]、宝坻秦城遗址[6]出土的同类器物形制相近。所以西钓台村西遗址的这些陶器所代表的遗存主体应该属于典型的燕文化。

除了典型燕文化因素外，在西钓台村西遗址中还发现了一些齐文化的因素，主要表现为陶器上的陶文。这些陶文中除了"公孙士悲"为燕国陶文外，其余"市玺""奠阳陈得再右廪"和其他陶工私名均属于齐国陶文。战国时期的天津南部地区一直都是齐国和燕国争夺的区域。从文献记载上看，从公元前380年到公元前314年，齐人多次伐燕，公元前332年攻占燕国

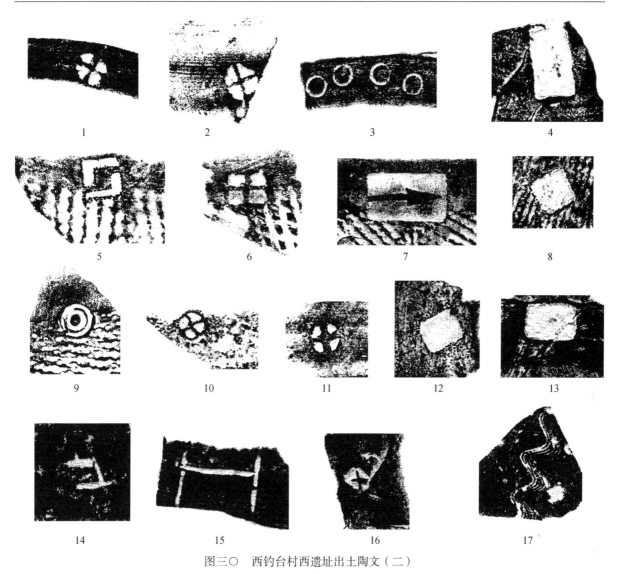

图三〇　西钓台村西遗址出土陶文（二）

1. H30：6　2. H34：1　3. H39：2　4. H39：5　5. T0105②：1　6. T0107②：1　7. T0109②：2　8. T0114②：9
9. T0136②：1　10. T0227②：1　11. T0230②：1　12. T0237②：4　13. T0326②：1　14. T0326②：2　15. T0331②：1
16. T0338②：1　17. H1：7

十城。公元前314年，燕国内乱，齐国甚至攻入了燕都。从公元前312年开始，燕国开始收复国土，并联合其他国家多次伐齐。反映在本次考古发掘的遗存上，便是此遗址兼有燕文化和齐文化的双重因素。从西钓台村西遗址和天津地区其他遗址考古发掘出土的陶器看，其特征仍以燕文化为主，有少量的齐文化因素。

西钓台村西遗址战国时期遗存的年代，可以从陶器形制等进行初步推测。

西钓台村西遗址发现了两座瓮棺葬，这种瓮棺葬分布非常广泛[7]，与之相似的陶釜见于天津巨葛庄遗址和辽宁锦西市（今葫芦岛市）邰集屯小荒地秦汉古城址，巨葛庄遗址主要流行年代在战国中晚期[8]，小荒地秦汉古城址出土的这件陶釜年代在战国晚期到秦[9]。

根据已有的研究，整个海河流域地区的燕文化形成于战国早期，延续到战国晚期，以燕文化为主，另有少量的齐赵文化和地方特色因素[10]。天津地区的东周遗址，除了巨葛庄可以早到战国早期外，其余各个遗址的年代大都集中在战国中期和晚期[11]，这些研究成果与西钓台村西遗址的发掘情况基本吻合，西钓台村西遗址出土的大部分器物都见于周边已发掘的这些遗址中，而且形制也非常相近，但西钓台村西遗址的材料更加丰富。

在燕下都遗址中，战国中期流行陶器以泥质灰陶为主，战国晚期泥质灰陶占绝大多数。战国晚期釜的腹部均向内斜收，圜底，沿多外折又上翘，上折处往往有一周凹弦纹。战国中期豆出现圈足周缘向上凸起一周凸棱的风格，这是战国晚期陶豆圈足的明显特征[12]。这些特征都见于西钓台村西遗址中，如沿多外折又上翘的陶釜。

另外，从文献记载看，从战国中期开始，齐人开始多次伐燕，对燕文化产生了一定的影响，西钓台村西遗址出土的齐文化陶文可能正是这一历史背景的体现。

综合上面分析，西钓台村西遗址主要遗存的年代推定在战国中期到晚期。

二、纪庄子遗址

纪庄子遗址中心坐标点为东经116°88′804″，北纬38°78′623″，遗址地势较平坦，东侧是现代鱼塘。此次发掘共布正南北向5米×5米探方36个，发掘面积900千米，共发现灰坑遗迹33个（图版一五，1）。

（一）地层与堆积情况

发掘区域内地层堆积较清晰，根据探方内土质、土色及层内包含物共分3层，以T0203北壁剖面为例，介绍如下（图三一）。

第1层：为耕土层。厚0.25～0.4米。土色呈黄褐色，质较硬，内含植物根系、塑料袋、树根等杂物。包含物有少量灰陶片。

第2层：灰褐色土层。厚0.15～0.25米。土色呈灰褐色，土质较松，内含红烧土颗粒、黑灰。包含物有灰陶绳纹罐片、红陶绳纹罐片、口沿残片。H16和H17均开口于该层下，并打破第3层和生土层。

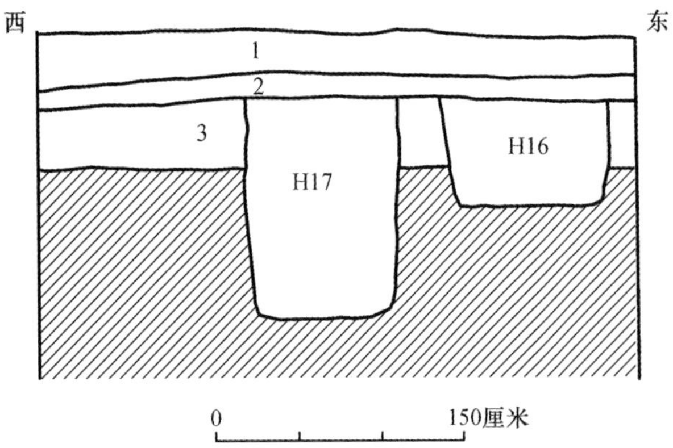

第3层：黄褐色土层。厚0.5～0.6米。土色呈黄褐色，土质较松，内含黑灰块。包含物以泥质灰陶片为主，部分探方第3层无其他包含物。

第3层以下为生土层。

从地层堆积和出土物看，第1层是近现代的扰乱层。第2层内涵相对单一，出土物主

图三一　纪庄子遗址T0203北壁剖面图

要有生活器皿、生产工具和建筑构件等几大类，生活器皿主要有陶釜、罐、豆、盆、瓮和石臼等，生产工具主要有铁铲、镢和铜凿等，建筑构件有板瓦和筒瓦等，此外还发现少量兽骨、蚌壳等遗物。所有早期遗迹均为第2层下开口，与第2层出土物相似，年代也应该一致，因此纪庄子遗址是一处文化内涵相对单一的战国时期遗址。

（二）典型遗迹

纪庄子遗址遗迹种类非常单一，仅发现灰坑33个（图版一五，2、3；图版一六），从灰坑的地层和出土物看，均属于同一时期，以下将选取部分灰坑进行介绍。

H5　位于T0101探方的西南部，开口于第2层下，打破第3层及生土层。形状呈不规则圆形，斜直壁，坑底较平。坑口东西长2.33、南北宽2.19、距地表深0.65、距坑底深0.65米（图三二）。该坑为一次性堆积，坑内填土为灰褐色土，土质较松，内含红烧土颗粒。出土遗物有泥质灰陶片和泥质红陶片，可辨器形有盆、罐和豆等（图三三）。

H14　位于T0203探方的东南角，开口于第2层下，打破第3层和生土层。平面呈椭圆形，直壁，坑底较平。坑口东西长2.73、南北宽2.05、距地表0.55、距坑底深0.74米（图三四）。该坑为一次性堆积，坑内填土为灰色土，土质较为疏松，内含草木灰、红烧土颗粒。包含泥质灰陶片、泥质红陶片，可辨器形有罐、钵和豆等（图三五）。

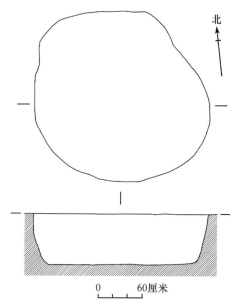

图三二　纪庄子遗址H5平、剖面图

H30　位于T0306探方的西南部，开口于第2层下，打破第3层，打破生土层。形状呈椭圆形，直壁，坑底较平。坑口南北长2.47、东西宽2.25、坑口距地表深0.6、坑口距坑底深0.95米（图三六）。该坑为一次性堆积，坑内填土为灰色土，土质较松，内含红烧土颗粒。包含灰陶绳纹罐片、口沿残片、红陶绳纹罐片、灰陶豆盘残片，可辨器形有盆、钵和罐等（图三七）。

（三）遗物

1. 陶器

纪庄子遗址中出土的完整器和可复原陶器数量非常少，但出土了大量的陶器残片，陶器的质地以泥质陶为大宗，超过出土陶片的95%，还有少量的夹砂夹蚌红陶，主要见于陶釜。陶色以灰色为主，红陶次之，素面陶约占29%，绳纹陶占68%。绝大部分陶器为实用器，形体规整，可辨器形主要包括罐、盆、豆、钵、釜、甗、瓮、盘、纺轮等，其中陶罐数量最多，其次

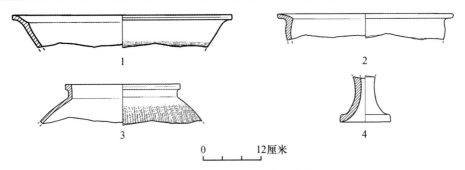

图三三　纪庄子遗址H5出土陶器

1. Ba型浅腹盆（H5：5）　2. Bb型深腹盆（H5：3）　3. Ab型罐（H5：2）　4. 豆柄（H5：4）

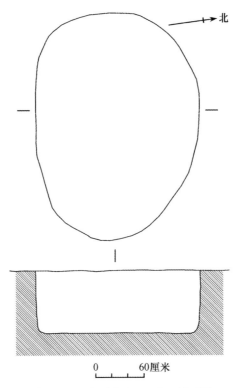

图三四　纪庄子遗址H14平、剖面图

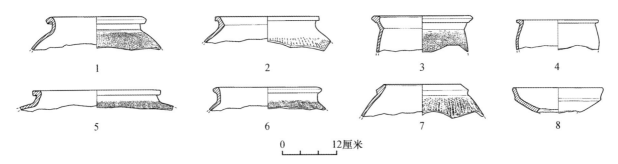

图三五　纪庄子遗址H14出土陶器

1~3、6. Aa型罐（H14：1、H14：5、H14：6、H14：3）　4. 钵（H14：7）　5. Ab型罐（H14：2）　7. C型罐（H14：8）
8. B型豆（H14：4）

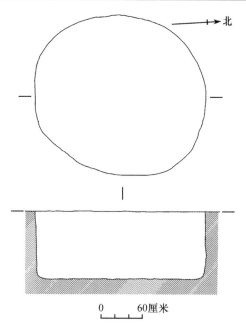

图三六　纪庄子遗址H30平、剖面图

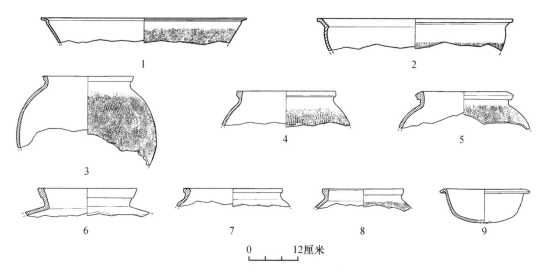

图三七　纪庄子遗址H30出土陶器

1、2.Bb型浅腹盆（H30：2、H30：4）　3.Aa型罐（H30：1）　4、8.Ab型罐（H30：5、H30：8）　5、7.Aa型罐（H30：3、
H30：9）　6.B型罐（H30：6）　9.钵（H30：7）

是陶豆和陶盆，其余陶器数量都比较少。下面按照器物种类逐一介绍。

罐　出土数量最多，器表多饰细绳纹，共112件。根据颈部长短的不同可以分为三型。

A型　短颈。出土数量最多，共101件。根据口部特征分为敞口、直口和敛口三亚型。

Aa型　敞口，短颈。共52件。标本H30：1，泥质灰陶。敞口，方唇，短颈，弧肩。腹部饰绳纹。口径22、腹径34、残高21厘米（图三八，1）。标本H17：2，泥质灰陶。敞口，折沿，方唇，短颈，鼓腹。饰绳纹。口径24、残高12.8厘米（图三八，2）。标本H6：2，泥质灰陶。敞口，方唇，短颈。饰绳纹。口径26、残高11厘米（图三八，3）。

　　Ab型　直口，短颈。共30件。标本T0107②：1，泥质红陶。直口，折沿，方唇，短颈，弧肩。肩上饰绳纹。口径25.84、残高14.28厘米（图三八，4）。标本H17：7，泥质灰陶。直口，折沿，方唇。饰绳纹。口径26、残高15.5厘米（图三八，5）。标本T0208②：1，泥质灰陶。直口，方唇，短颈，弧肩、肩部饰绳纹。口径26.1、残高9.8厘米（图三八，6）。

　　Ac型　敛口，短颈。共19件。标本H20：1，泥质红陶。敛口，方唇，短颈，弧肩。肩部饰绳纹。口径25.72、残高16.36厘米（图三八，7）。标本H22：3，泥质红陶。敛口，方唇，口沿内部有一圈凸棱，短颈，弧肩。肩部饰绳纹。口径26.9、残高13厘米（图三八，8）。标本T0303②：7，泥质红陶。敛口，方唇，短颈，折肩，弧腹。肩部饰绳纹。口径29.92、残高10.64厘米（图三八，9）。

　　B型　敞口，长颈。共6件。标本T0205③：1，泥质灰陶。口微侈，折沿，方唇，长颈，弧肩。饰细绳纹。口径19、残高13.1厘米（图三八，10）。标本H20：7，泥质灰陶。口微敞，长颈，弧肩。饰绳纹。口径21、残高13厘米（图三八，11）。

　　C型　敛口，无颈。共5件。标本H14：8，泥质灰陶。敛口。颈部有一周凸棱，器身饰粗绳纹。口径22、残高9厘米（图三八，12）。

　　盆　均为泥质灰陶，共48件，可以分为浅腹盆和深腹盆两大类。

　　深腹盆　共21件。根据口沿形制的差异可以划分为二型。

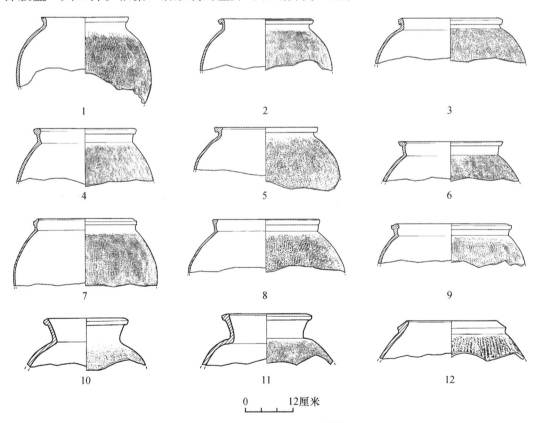

1　　　　　　　　　　　2　　　　　　　　　　　3

4　　　　　　　　　　　5　　　　　　　　　　　6

7　　　　　　　　　　　8　　　　　　　　　　　9

10　　　　　　　　　11　　　　　　　　　12

0　　　　　12厘米

图三八　纪庄子遗址出土陶罐

1～3.Aa型（H30：1、H17：2、H6：2）　4～6.Ab型（T0107②：1、H17：7、T0208②：1）　7～9.Ac型（H20：1、H22：3、T0303②：7）　10、11.B型（T0205③：1、H20：7）　12.C型（H14：8）

A型　卷沿深腹盆。共8件。标本H20：2，泥质灰陶。敞口，卷沿。腹部饰绳纹。口径39.48、残高18.3厘米（图三九，1）。标本T0208③：4，泥质灰陶。敞口，卷沿，方唇。腹上部饰弦纹，下部饰绳纹。口径49.8、残高9.8厘米（图三九，2）。

B型　折沿深腹盆。共13件。依据腹部的特征差异可以划分为二亚型。

Ba型　折沿，鼓腹。共7件。标本 T0107②：3，泥质灰陶。敞口，折沿，方唇。唇上有一周凹槽，器身饰凸弦纹。口径47.82、残高12.78厘米（图三九，3）。标本H8：1，泥质灰陶。敞口，折沿，凹唇。腹部饰绳纹。口径47.7、残高11.64厘米（图三九，4）。

Bb型　折沿，直腹。共6件。标本H23：2，泥质灰陶。敞口，折沿，尖圆唇。沿上有四周凹弦纹，器身饰绳纹。口径66、高7.5厘米（图三九，5）。标本H17：8，泥质灰陶。敞口，折沿，方唇。饰绳纹。口径38、残高10.3厘米（图三九，6）。

浅腹盆　共27件。根据口沿的差异可以分为卷沿和折沿二型。

A型　卷沿，浅腹。共16件。根据腹部特征可以分为二亚型。

Aa型　卷沿，腹向内斜收。共8件。标本H22：5，泥质灰陶。敞口，卷沿，方唇。口沿下有一圈凸棱，腹部饰绳纹。口径46、残高8厘米（图三九，7）。标本H19：10，泥质灰陶。敞口，卷沿，方唇。饰绳纹。口径45.96、残高8.58厘米（图三九，8）。

Ab型　卷沿，鼓腹。共8件。标本T0206②：14，泥质灰陶。敞口，卷沿，方唇。饰弦纹。口径60、残高14厘米（图三九，9）。标本H28：1，泥质灰陶。敞口，卷沿，方唇，唇上有一周凹槽，腹微鼓。器身饰弦纹。口径60、高12厘米（图三九，10）。

B型　折沿，浅腹。共11件。根据腹部特征差异可以分为二亚型。

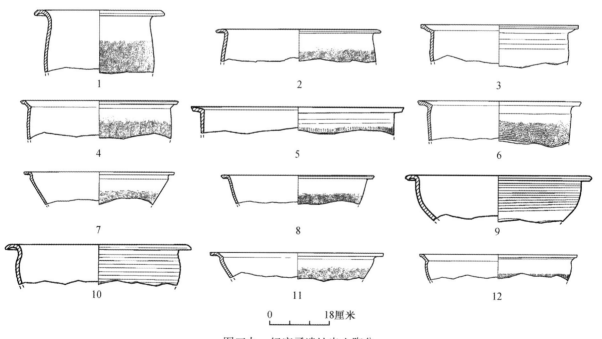

图三九　纪庄子遗址出土陶盆

1、2.A型深腹盆（H20：2、T0208③：4）　3、4.Ba型深腹盆（T0107②：3、H8：1）　5、6.Bb型深腹盆（H23：2、H17：8）　7、8.Aa型浅腹盆（H22：5、H19：10）　9、10.Ab型浅腹盆（T0206②：14、H28：1）　11.Ba型浅腹盆（H11：3）　12.Bb型浅腹盆（H30：4）

　　Ba型　折沿，腹向内斜收。共8件。标本H11：3，泥质灰陶。敞口，折沿，口沿向上延展，尖唇。唇上有一道凹槽，器身饰绳纹。口径52.2、残高4.8厘米（图三九，11）。

　　Bb型　折沿，鼓腹。共3件。标本H30：4，泥质灰陶。敞口，折沿，方唇。口沿内有一周凸棱，腹部饰绳纹。口径48.1、残高7.8厘米（图三九，12）。

　　豆　共出土27件，其中豆盘21件，豆柄6件，仅有1件可复原。

　　豆盘　共21件。根据豆盘的深浅可分为二型。

　　A型　浅盘。共6件。标本H19：12，泥质灰陶。敞口，浅盘，内底较斜。素面。口径19.84、残高5.24厘米（图四〇，1）。标本H20：4，泥质灰陶。敞口，折腹，浅盘。口径19.76、残高2.92厘米（图四〇，2）。标本H4：3，泥质灰陶。敞口，浅盘，内底较斜。素面。口径18.8、残高4.2厘米（图四〇，3）。

　　B型　深盘，折腹。共15件。标本H13：2，泥质灰陶。敞口，折腹，腹下部向内斜收，矮柄，圈足。口径17.5、底径9.9、高14.1厘米（图四〇，4；图版一八，1）。标本H6：4，泥质灰陶。敞口，折腹，内底较平。素面。口径20.1、残高6.1厘米（图四〇，5）。标本H14：4，泥质灰陶。敞口，折腹，内底较斜。素面。口径19.96、残高5.28厘米（图四〇，6）。

　　豆柄　共6件。均残损。标本H3：2，泥质灰陶。圆柱形柄，短柄中空，喇叭形圈足，周缘向内斜收。底径8.88、残高10.08厘米（图四〇，7）。标本H20：8，泥质灰陶。带豆座残片。底径11.84、残高8.88厘米（图四〇，8）。标本H4：14，泥质灰陶。喇叭形。素面。底径10.5、残高8.8厘米（图四〇，9）。

　　瓮　共3件。标本H1：1，泥质灰陶。敛口，短颈，折肩。饰绳纹。口径36.3、残高18.2厘

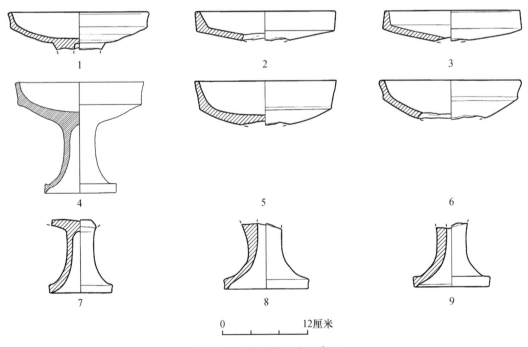

图四〇　纪庄子遗址出土陶豆

1~3.A型豆盘（H19：12、H20：4、H4：3）　　4~6.B型豆盘（H13：2、H6：4、H14：4）　　7~9.豆柄（H3：2、H20：8、H4：14）

米（图四一，1）。标本T0304③：3，泥质灰陶。口微敛，尖唇，短颈，折肩。饰绳纹。口径21.24、残高11.96厘米（图四一，2）。标本T0309②：5，泥质灰陶。敛口，尖圆唇，短颈，折肩，肩部较平。器身饰绳纹。口径20.04、残高10.84厘米（图四一，3）。

釜　共4件。标本T0203②：30，夹砂夹蚌红陶。敞口，口沿外折又上翘。饰绳纹。口径36、残高6.04厘米（图四一，4）。标本H6：5，夹砂夹蚌红陶。敞口，口沿外折又上翘。饰绳纹。口径30、残高9.2厘米（图四一，5）。标本T0306②：3，夹砂夹蚌红陶。敞口，折沿，口沿向上延展，圆唇。器身内外侧皆饰凸弦纹。口径30.24、残高8.88厘米（图四一，6）。

钵　共7件。标本H4：8，泥质红陶。敞口，卷沿，圆唇。素面。口径21.9、残高9.5厘米（图四二，1）。标本H14：7，泥质灰陶。敞口，折沿，尖唇。素面。口径18、残高6.36厘米（图四二，2）。标本H9：2，泥质灰陶。敛口，折沿，方唇，短颈，弧腹。口径18.2、残高7.72厘米（图四二，3）。标本H6：3，泥质灰陶。敞口，折沿，尖唇，折腹。素面。口径20、残高10厘米（图四二，4）。标本T0103②：3，泥质灰陶。敞口，折沿，方唇，折腹。口径22、残高7.4厘米（图四二，5）。标本H30：7，泥质灰陶。折沿，尖唇，弧腹，圜底。口径22.1、残高8厘米（图四二，6）。标本T0103②：1，泥质灰陶。敞口，折沿，方唇，折腹。口径16.9、残高7厘米（图四二，7）。

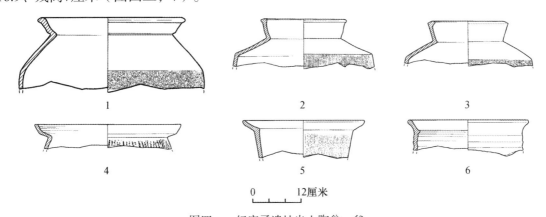

图四一　纪庄子遗址出土陶瓮、釜

1~3.瓮（H1：1、T0304③：3、T0309②：5）　4~6.釜（T0203②：30、H6：5、T0306②：3）

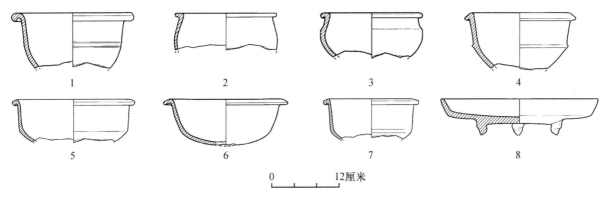

图四二　纪庄子遗址出土陶钵、盘

1~7.钵（H4：8、H14：7、H9：2、H6：3、T0103②：3、H30：7、T0103②：1）　8.三足盘（T0206②：3）

　　盘　共1件。标本T0206②：3，三足盘。泥质红陶。敞口，浅盘，平底，实心蹄足。口径28.28、高6.48厘米（图四二，8）。

　　甑　共2件，体积较大，均可以复原。标本H17：1，泥质灰陶。敞口，折沿，方唇，唇上有一周凹槽，甑底为涡形孔。口径49.2、底径11.7、高27.1厘米（图四三，1；图版一七，1、2）。标本H23：1，泥质灰陶。敞口，折沿，方唇，腹向内斜收，甑底为涡形孔。器身饰绳纹。口径48.1、底径6、高13.7厘米（图四三，2；图版一七，3、4）。

　　纺轮和穿孔圆陶片　共出土纺轮1件、穿孔圆陶片2件。

　　纺轮　共1件。标本T0103②：2，泥质灰陶。圆柱体，有磨制痕迹，中部有一穿孔。高4.8、孔径0.88厘米（图四四，1）。

　　穿孔圆陶片　共2件。标本T0204②：5，穿孔圆陶片。夹蚌红陶，平面近椭圆形，有一

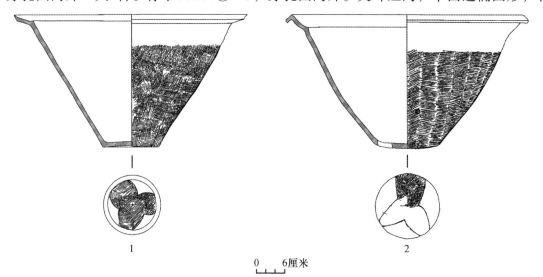

0　　6厘米

图四三　纪庄子遗址出土陶甑
1. H17：1　2. H23：1

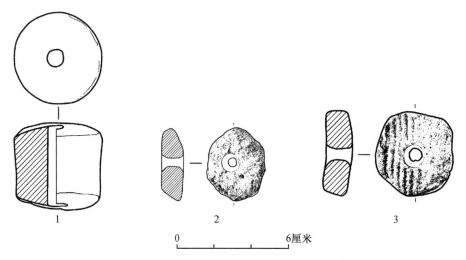

0　　　　　　　　　　6厘米

图四四　纪庄子遗址出土陶纺轮、穿孔圆陶片
1. 纺轮（T0103②：2）　2、3. 穿孔圆陶片（T0204②：5、H4：15）

穿孔，应是使用对穿工艺制成。长3.87、孔径0.98厘米（图四四，2；图版一八，5）。标本H4∶15，夹砂夹蚌红陶。中间有一穿孔。饰绳纹。长4.46、孔径0.68厘米（图四四，3；图版一八，2）。

　　陶文　纪庄子遗址还出土了一些刻文陶片，共25件，主要包括文字和符号两类刻文。属于文字的陶文可能主要是一些陶工的私名，如"鹿"（图四五，1；图版一九，2）、"志"（图四五，5；图版一九，5）、"己"（图四五，6；图版一九，6）、"得"（图四五，4；图版一九，4）、"卑"（图四五，3；图版一九，3）、"寺"（图四五，2；图版一九，1）等，除了陶工的私名外还有"五"字（图四五，7），其余的多是一些图像和几何纹符号，包括树

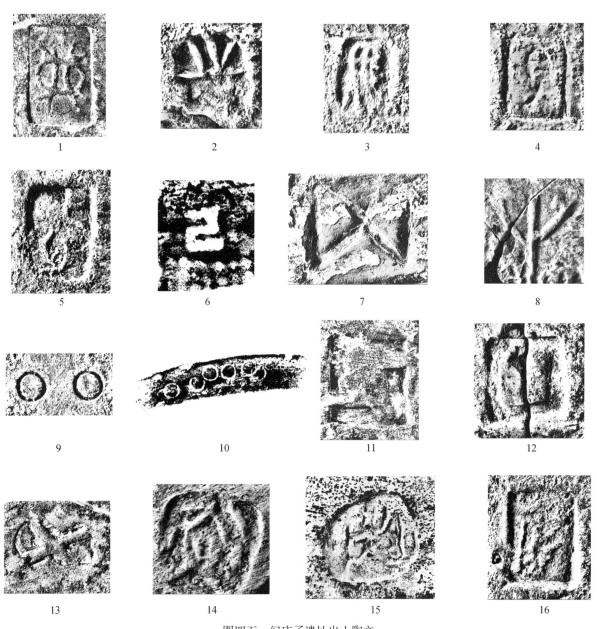

图四五　纪庄子遗址出土陶文

1. H4∶1　2. H19∶2　3. T0203②∶2　4. T0204③∶1　5. T0302②∶1　6. T0305③∶1　7. H26∶1　8. H5∶1　9. T0304②∶1
10. T0305②∶1　11. H11∶1　12. T0206②∶2　13. T0207②∶1　14. T0203②∶1　15. T0206②∶1　16. T0205②∶1

权形象（图四五，8）、成排的圆圈纹（图四五，9、10）、方形印纹（图四五，11、12），还有一些暂时无法辨析的文字和图像（图四五，13~16）。

2. 其他器物

除陶器外，纪庄子遗址出土的其他器物数量较少，主要有少量的石器、铁器、铜器和一些蚌壳，以下将这些器物一一介绍。

（1）石器

共2件。

长条形石器　标本H19：5，上有凹槽。残长11.68、残宽2.8厘米（图四六，1）。

磨石　标本T0205②：17，砖红色。有明显凹陷的磨制痕迹。残长10.2、宽8.4厘米（图四六，2；图版一八，6）。

（2）铁器

共5件，多锈蚀严重。

穿孔铁器　标本T0103③：6，锈蚀严重。平面近梯形，中部有一穿孔。残长19厘米（图四六，3）。

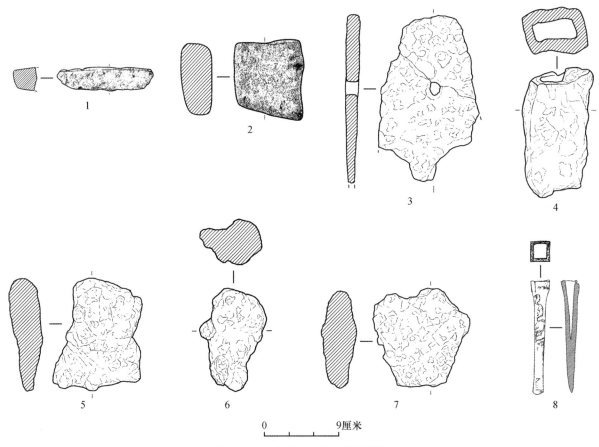

0　　　　9厘米

图四六　纪庄子遗址出土其他器物

1. 长条形石器（H19：5）　2. 磨石（T0205②：17）　3. 穿孔铁器（T0103③：6）　4. 空首铁斧（H13：5）
5. 铁斧（T0306②：10）　6、7. 残铁器（H27：7、T0103②：7）　8. 铜凿（H19：3）

空首斧　标本H13：5，腐蚀严重。残长15.27厘米（图四六，4）。

斧　标本T0306②：10，锈蚀严重，略呈梯形。长13.26厘米（图四六，5）。

残铁器　标本H27：2，腐蚀严重，器形不可辨。残宽8.28、残长12.18厘米（图四六，6）。T0103②：7，腐蚀严重，器形不可辨。残长11.4厘米（图四六，7）。

（3）铜器

共1件。

铜凿　标本H19：3，整体细长，方銎。通长13.4、銎孔长2.4、銎孔宽2.3厘米（图四六，8；图版一八，3、4）。

（四）文化性质与年代

纪庄子遗址遗迹种类比较单一，出土器物以生活器皿为主，考古发掘的区域可能为战国时期村落遗址的边缘区域。出土的完整器和可复原陶器数量少，出土的陶片95%质地都是泥质陶，其中以灰陶为主，红陶次之，还有少量的夹砂夹蚌红陶。绝大部分陶器为实用器，可辨器形主要包括罐、盆、豆、钵、釜、甑、瓮、盘、纺轮等，这些器物无论是从种类还是从形制上看，都属于典型燕文化遗存，纪庄子遗址距西钓台村西遗址只有几千米，二者的文化面貌基本一致，与天津巨葛庄遗址[13]、北仓遗址[14]、武清兰城遗址[15]、宝坻牛道口遗址[16]、宝坻秦城遗址[17]出土的陶器种类和形制也相近。所以纪庄子遗址的这些陶器所代表的遗存应该属于典型的燕文化。

与西钓台村西遗址一样，在纪庄子遗址也出土了一定数量的陶文，共25件，属于文字的陶文主要是一些陶工的私名[18]，如"鹿""志""己""得""卑""寺"等，这些陶文大都属于齐文化系统，纪庄子遗址所在地区在战国时期一直都是齐国和燕国争夺的区域，因此这些陶文的发现也说明了齐文化对该地区的影响。

至于纪庄子遗址的主要延续时间，从出土陶器的种类和形制看，与西钓台村西遗址战国时期遗存非常相似，亦与天津地区其他相关遗址出土的大部分陶器基本相同，出土沿外折又上翘的陶釜和圈足周缘向上凸起一周凸棱的陶豆常见于燕下都战国中期和晚期遗存[19]，因此将纪庄子遗址的主要年代也推定为战国中期至战国晚期。

三、结　语

西钓台村西遗址和纪庄子遗址出土的可复原的陶器数量相对较少，但出土残陶片相对丰富，陶器以泥质灰陶和泥质红陶为主，兼有少量夹云母夹砂红陶。陶器中的纹饰素面和绳纹陶片数量基本相当。出土的绝大部分陶器为生活实用器，可辨器形以罐、盆和豆的数量最多，其他陶器有钵、釜、甑、瓮、盘、鼎、纺轮等。

从出土的陶器种类和形制看，西钓台村西和纪庄子遗址文化内涵基本一致，主要属于战国燕文化遗存，但还存在少量齐文化的因素。

值得一提的是，在西钓台村西遗址和纪庄子遗址中都发现了一定数量的陶文和刻划符号。陶文既包括私人名玺，也有官玺，还有一些陶工的私名。从这些陶文风格看，燕文化和齐文化风格混杂。除了文字外，还有一些图像或几何符号以及其他一些难以辨识的陶文。根据统计，两个遗址发现的陶文和刻划符号共79件，这也是此次发掘的一个重要收获。

战国时期天津南部地区一直都是齐国和燕国争夺的重要区域，文化内涵相对复杂，这一地区战国时期文化遗存中应以燕文化为主，兼有齐文化因素。从西钓台村西和纪庄子遗址考古发掘出土的陶器可以看到，陶器特征仍以燕文化为主，仅有少量齐文化因素。西钓台村西遗址和纪庄子遗址是近年来天津地区发掘规模较大的两处战国时期遗址，其内涵相对丰富，资料相对完整，此次发掘为进一步研究探讨天津地区特别是天津南部地区燕文化及其与周邻文化的互动，提供了重要资料。

发掘负责人：盛立双

发　　　掘：盛立双　尹承龙

绘　　　图：赵芬明

照　　　相：尹承龙

修　　　复：尹承龙　雷金夫

执　　　笔：盛立双

注　释

［ 1 ］　河北省文物研究所：《燕下都》，文物出版社，1996年，第857～870页。

［ 2 ］　天津市文化局考古发掘队：《天津南郊巨葛庄战国遗址和墓葬》，《考古》1965年第1期，第13～16页。

［ 3 ］　天津市文物管理处：《天津北仓战国遗址清理简报》，《考古》1982年第2期，第191、213～215页。

［ 4 ］　天津历史博物馆考古部：《天津市武清县兰城遗址的钻探与试掘》，《考古》2001年第9期，第35～50页。

［ 5 ］　天津市历史博物馆考古队、宝坻县文化馆：《天津宝坻县牛道口遗址调查发掘简报》，《考古》1991年第7期，第577～586、673页。

［ 6 ］　天津市历史博物馆考古部、宝坻县文化馆：《宝坻秦城遗址试掘报告》，《考古学报》2001年第1期，第111～142页。

［ 7 ］　白云翔：《战国秦汉时期瓮棺葬研究》，《考古学报》2001年第1期，第305～334页。

［ 8 ］　天津市文化局考古发掘队：《天津南郊巨葛庄战国遗址和墓葬》，《考古》1965年第1期，第13～16页。

［ 9 ］　吉林大学考古学系、辽宁省文物考古研究所：《辽宁锦西市邰集屯小荒地秦汉古城址试掘报告》，《考古学集刊》（第11辑），中国大百科全书出版社，1997年，第130～153页，图七，5。

［10］　周海峰：《燕文化研究——以址墓葬为中心的考古学考察》，吉林大学博士学位论文，2011年，第107～109页。

［11］　裴炫俊：《东周时期燕文化的扩张与东北地区文化的变迁》，北京大学博士学位论文，2016年，第78页。

［12］　河北省文物研究所：《燕下都》，文物出版社，1996年，第857～870页。

［13］　天津市文化局考古发掘队：《天津南郊巨葛庄战国遗址和墓葬》，《考古》1965年第1期，第13～16页。

［14］　天津市文物管理处：《天津北仓战国遗址清理简报》，《考古》1982年第2期，第191～213页。

［15］　天津历史博物馆考古部：《天津市武清县兰城遗址的钻探与试掘》，《考古》2001年第9期，第35～50页。

［16］　天津市历史博物馆考古队、宝坻县文化馆：《天津宝坻县牛道口遗址调查发掘简报》，《考古》1991年第7期。

［17］　天津市历史博物馆考古部、宝坻县文化馆：《宝坻秦城遗址试掘报告》，《考古学报》2001年第1期，第111～142页。

［18］　何景成、盛立双：《天津静海出土陶文选释》，《中国文字研究》（第三十辑），社会科学文献出版社，2019年，第43～46页。

［19］　河北省文物研究所：《燕下都》，文物出版社，1996年，第857～870页。

华电武清燃气分布式能源站古代墓葬考古发掘报告

天津市文化遗产保护中心

　　天津市文化遗产保护中心于2013年4~5月，对华电武清燃气分布式能源站建设工程勘探发现的10座古代墓葬进行了考古发掘。墓群位于武清开发区西区，武清燃气分布式能源站建设工程用地范围内，东距京津塘高速约1.7千米，西距高王路约2千米，南距福源道约1千米（图一）。

　　墓群共有10座墓葬，其中土坑墓1座，砖室墓9座；带墓道墓6座，无墓道墓4座。墓葬年代涵盖了西汉、东汉及北朝，跨越七八百年的历史。墓葬分布上，可划分为4片区域，M6~M9分布较为集中，M1与M10紧紧相依，M3与M4相距较近，M5位于M4和M6中间位置，M2单独分布（图二）。这批墓葬多数盗扰严重，但仍出土了玉、水晶、铜、鎏金、陶等不同质地的文物。

　　现根据年代将墓葬的发掘及出土物等相关情况报告如下。

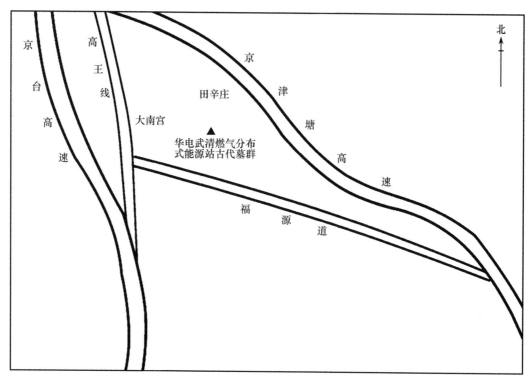

图一　华电武清燃气分布式能源站古代墓群位置示意图

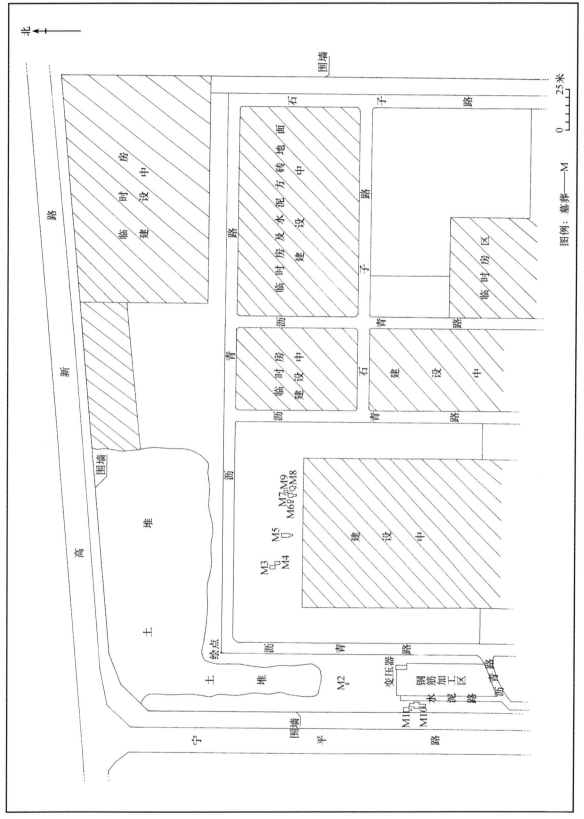

图二 墓葬位置分布图

图例：墓葬—M

一、西　汉　墓

西汉时期墓葬只有1座，编号M1。

M1　位于发掘区西南部，东南邻M10，方向190°，南北向。平面呈"甲"字形，为带墓道竖穴土圹单室墓。墓口距地表深1.2米，土圹南北总长6.7、东西宽0.9～3.48、墓底距地表深3米。在墓室内东部残留椁板一块，长2.6、宽0.12～0.14、厚0.4米（图三；图版二〇，1）。

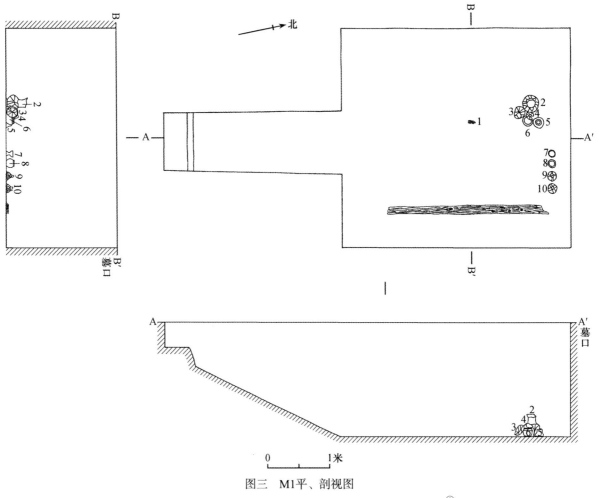

图三　M1平、剖视图

1.五铢钱　2、5.陶壶　3、4、9、10.陶壶盖　6、8.陶罐　7.陶豆[①]

随葬品有陶壶、陶壶盖、陶罐、陶豆、陶瓮、五铢钱等。

灰陶壶　M1：9，直口，鼓腹，圈足，带博山盖。通高49、口径17.6、腹径25.2、底径13厘米（图四，1）。M1：2，敞口，球形腹，高圈足，颈部饰白彩倒三角纹。通高51.4、口径19.4、腹径32.4、底径16.2厘米（图四，2）。M1：5，只存颈部。敞口。颈部饰白彩三角纹。

---

① 本文平、剖面图中编号为临时编号，整理时重新编号并进行介绍，故器物号以后者为准。

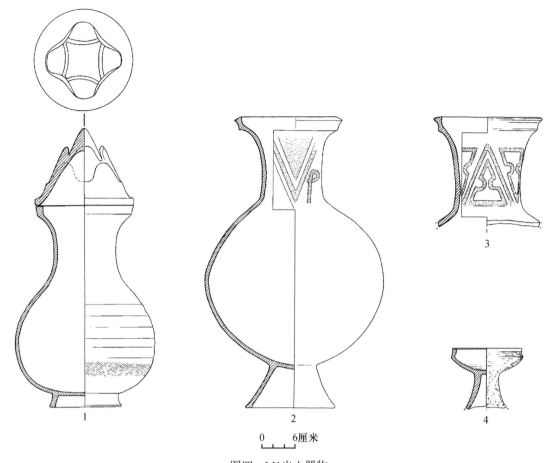

图四 M1出土器物

1~3.灰陶壶（M1∶9、M1∶2、M1∶5） 4.灰陶豆（M1∶7）

口径19.8厘米（图四，3）。

灰陶豆 M1∶7，直口。口径12.9、残高10.6厘米（图四，4）。

灰陶壶盖 M1∶3，近似馒头形。口径21.6、高9.4厘米（图五，3）。M1∶4，口径13.4、高4.7厘米（图五，5）。M1∶10，口径15、高4.7厘米（图五，6）。

灰陶罐 M1∶8，敛口，底微内凹。口径10.8、腹径15.2、底径9.8、通高10.3厘米（图五，1）。M1∶6，敛口，底微内凹。口径11.4、腹径15.6、底径8.2、通高10厘米（图五，2）。

灰陶瓮 M1∶1，夹砂陶。只存上半部，形体较为粗壮。敛口。肩、腹部饰4圈扉棱，间饰绳纹。口径24.4、残高20.4厘米（图五，4）。

二、东 汉 墓

东汉时期墓葬有7座，分别为M2及M5~M10。

M2 位于发掘区中西部，南北向。平面呈近似长方形，为褐砖砌制的单室墓。墓口距地表深0.7米，墓室南北长1.4、东西宽0.46~0.5、深约1.1米。墓室顶部为叠涩砌筑，墓室内用平

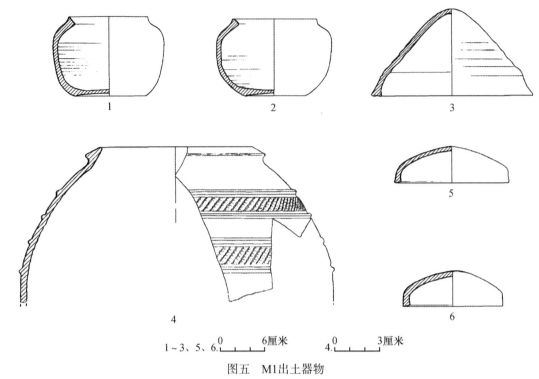

1 ~ 3、5、6.　0 └┴┴┴┘ 6厘米　　　4.　0 └┴┴┴┘ 3厘米

图五　M1出土器物

1、2.灰陶罐（M1：8、M1：6）　3、5、6.灰陶壶盖（M1：3、M1：4、M1：10）　4.灰陶瓮（M1：1）

砖砌制。内葬骨架一具，头北足南，保存较差。从墓葬及骨架大小判断，墓主可能为儿童（图六；图版二〇，2）。该墓未出土随葬品。

M5　位于发掘区中东部，为青砖砌成的南北向单室墓。由墓道、墓室组成，平面呈近似"甲"字形。墓口距地表深0.8米，土圹南北总长6.4、东西宽0.8 ~ 1.9、墓底距地表深1.7米（图七；图版二〇，3）。该墓破坏较为严重，墓砖所剩无几，未出土随葬品。

M6　位于发掘区东部，南北向，由墓道、墓室组成，平面近似"刀"形。为砖瓦砌制的单室墓。墓口距地表深0.8米，土圹南北总长4.4、东西宽0.9 ~ 1.7米，墓底距地表深1.9米。墓室位于墓道的北部，平面为长方形，南北长2.1、东西宽0.95米。墓室上部有一层瓦片平铺，墓壁下部用青砖错缝平砌，高0.42米。墓室内葬2人，头北足南，东侧骨架直肢，面向上；西侧骨架屈肢，面朝东北（图八；图版二〇，4）。该墓未出土随葬品。

M7　位于M6东侧，南北向。为青、红砖砌成的双室合葬墓，平面近似"甲"字形。墓口距地表深0.8米，土圹南北总长5.25、东西宽0.85 ~ 2.76米。东室平面呈长方形，南北长2.2、东西宽0.96 ~ 1米，墓壁用青砖错缝平砌，残高0.28 ~ 0.32米。室底部铺一层瓦片，铺法较乱，室内偏西葬有一人，头北足南，面向西北。西室平面呈长方形，南北长2.4、东西宽0.85米，墓壁用红砖砌成，残高0.2 ~ 0.6米，墓室底用青、红砖混合平铺，室内未发现骨架。在两墓室中间墓壁中部砌有一长方形孔洞，连接东西两室，洞高0.14、宽0.12 ~ 0.14米（图九；图版二一，1）。该墓西室填土中出土1枚五铢钱。

M8　位于M7东侧，南北向。由墓道、墓室组成，平面呈"甲"字形。为青砖砌制的单室墓。墓口距地表深0.8米，土圹南北总长5.6 ~ 5.7、东西宽2.25、墓底距地表深2米。墓室平面呈

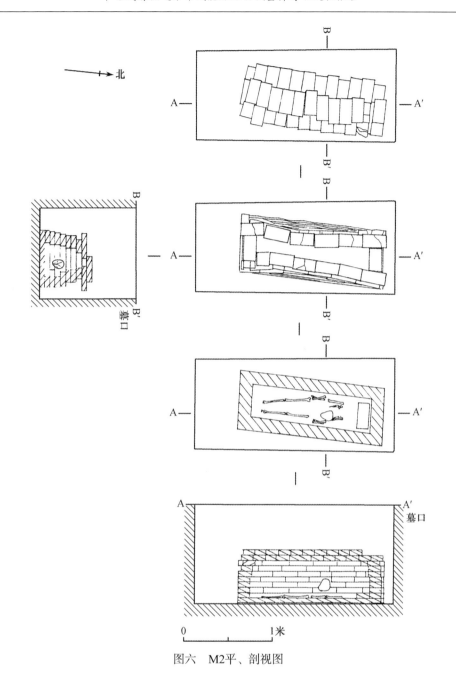

图六 M2平、剖视图

长方形，南北长3、东西宽1.8米，墓壁用青砖错缝平砌，残高0.25～0.7米。墓底南部有一层铺地砖，用青砖三横一竖、二横一竖一横平铺。墓室内未发现骨架（图一〇；图版二一，2）。该墓未出土随葬品。

M9　位于M8西北侧，南北向。为青砖砌制的单室墓，平面呈长方形，无墓道。土圹南北总长2.62、东西宽1.2米，墓室内南北长2.18、东西宽0.8米。墓口距地表深0.8、墓底距地表深2.1米。墓壁上部已被破坏，仅残留下部，用青砖错缝平砌，残高0.7米～0.85米。墓室内葬1人，头北足南，面向东北。墓室底放4块青砖，两两并列放置于骨架背部和膝关节部，下葬时尸体放置于砖上（图一一；图版二一，3）。该墓未出土随葬品。

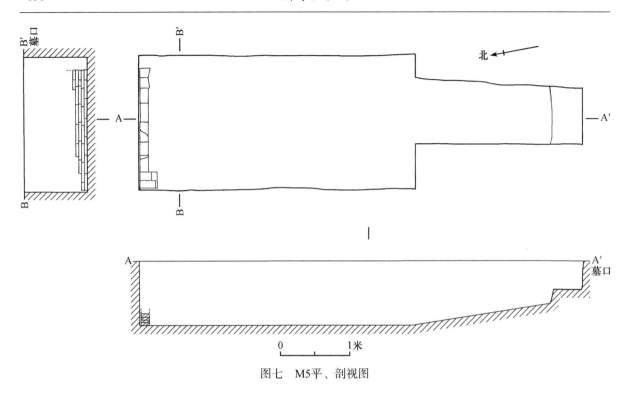

图七　M5平、剖视图

M10　位于M1东南侧，南北向。由墓道、前室、后室组成，平面呈"中"字形，青砖砌制。土圹南北总长9、东西宽3.6米。墓口距地表深1.2、墓底距地表深2.8米。前室平面呈近似方形，南北长3、东西宽3.6米，室内砖墙及铺地砖被破坏，残留土圹。后室平面呈长方形，土圹长2.8、宽2.6米，保留少量青砖，铺地砖上残留一段骨架，头向、葬式不详（图一二；图版二一，4）。

三、北　朝　墓

北朝墓有2座，编号分别为M3、M4。

M3　位于发掘区中北部。南北向，平面呈长方形，为青砖砌制的单室墓，无墓道。墓口距地表0.8、墓底距地表2.6米。墓室南北长2.25～2.4、东西宽1.44～1.85米，顶部已破坏，残留高度1.26～1.4米。墓壁用青砖一平一竖、二平一顺和二平一竖砌制，砌至0.65米起券内收封顶。墓室内有双棺，东棺长1.9、宽0.4～0.5、残高0.5米，棺内1人，头南足北，面向上，直肢，为男性；西棺长1.9、宽0.4～0.5、残高0.5米，棺内1人，头南足北，面向不详，直肢，为女性。棺内骨架保存较差（图一三；图版二二，1）。

随葬品有陶罐、铜铺首、铜手镯、玉饰件、玉剑璏、玉人、水晶片、料珠等，并出土1枚铁棺钉，详细如下。

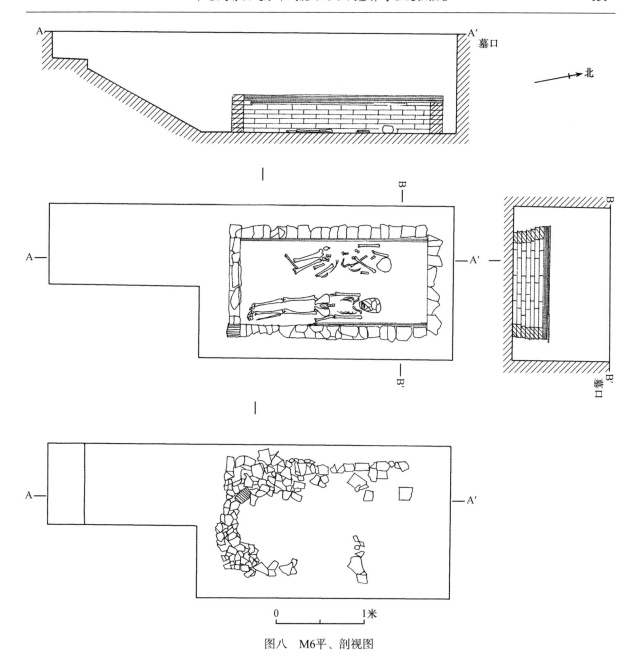

图八 M6平、剖视图

陶罐 M3:9，位于西棺西侧。夹砂（蚌）灰陶。敞口，平底微内凹。肩部饰一圈之字纹。口径13.8、腹径32、底径16.8、通高23.6厘米（图一四，1；图版一五）。M3:8，位于西棺南侧。夹砂灰陶。口沿不存，底内凹，肩部有穿孔。器身饰弦纹。腹径15.6、底径8.4、残高17.6厘米（图一四，2）。

铜铺首 M3:5，出土于东棺头骨东侧。鎏金。高3.3、宽4.3厘米（图一四，4）。

铜手镯 2件。M3:6、M3:7，出土于西棺骨架两手腕处。形制、尺寸相同。直径6.8厘米（图一四，3）。

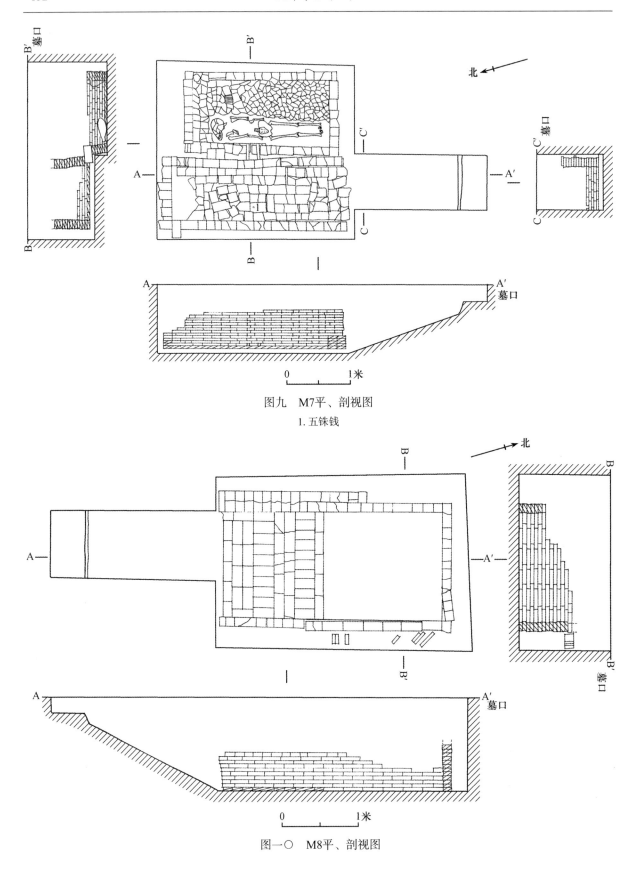

图九　M7平、剖视图

1. 五铢钱

图一○　M8平、剖视图

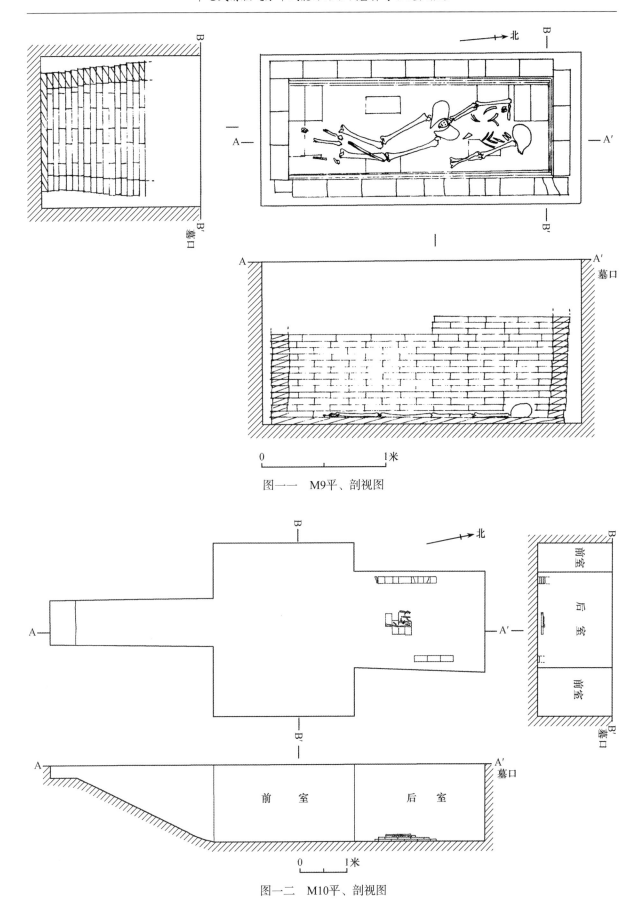

图一一　M9平、剖视图

图一二　M10平、剖视图

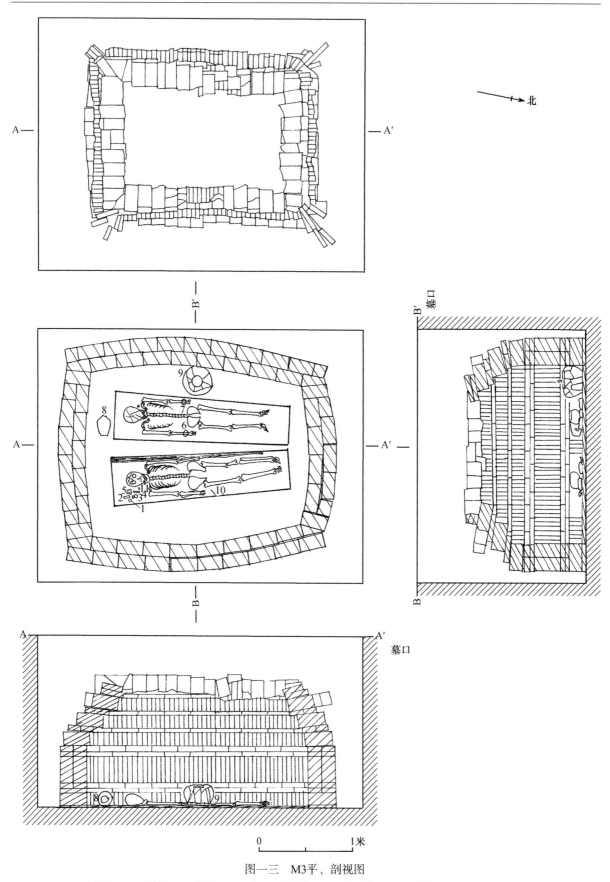

图一三　M3平、剖视图

1.水晶片　2.玉剑璏　3.玉饰件　4.玉人　5.铜铺首　6、7.铜手镯　8、9.陶罐　10.铁棺钉　11.料珠

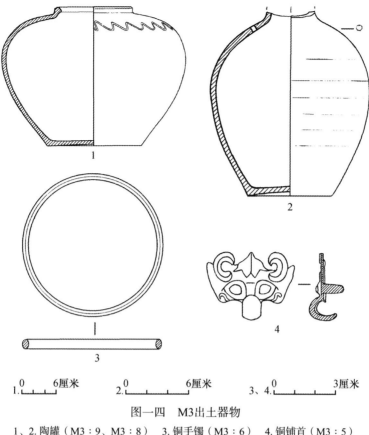

图一四 M3出土器物

1、2.陶罐（M3：9、M3：8） 3.铜手镯（M3：6） 4.铜铺首（M3：5）

玉剑璲 M3：2，出土于东棺头骨东侧。白玉制成，饰圆珠纹。残长5.7、宽2.3厘米（图一五，3）。

玉人 M3：4，出土于东棺头骨东侧。白玉制成，头部残。高4、宽1.4厘米（图一五，1）。

水晶片 M3：1，出土于东棺头骨东侧。圆形，质地透亮。直径2.2、厚0.6厘米（图一五，4）。

玉饰件 M3：3，出土于东棺头骨东侧。造型上头小，下头大。高3.7、宽2.7、厚2.2厘米（图一五，2）。

料珠 M3：11，出土于东棺头骨东侧。中间有孔。直径0.8、厚0.5厘米（图一五，5）。

东棺内的随葬品应为墓主人生前心爱之物，下葬时随主人埋入墓中，并且放置于头侧，寓意与主人形影不离。

M4 位于M3东南侧，离M3较近。平面呈长方形，南北向，为青砖砌制的单室墓，无墓道。土圹南北长2.7、东西宽1.6、墓口距地表0.8、墓底距地表2.4米。墓室平面呈梯状，南宽北窄，南端宽0.68、北端宽0.4、南北长1.9米。墓室内残留一两层砖，用青砖错缝平砌，残高0.5～0.1米。在该墓室内有东西向三排平砖，可能为放置棺木所用（图一六；图版二二，2）。从南宽北窄的墓室形制判断，墓主应为头南足北。该墓未出土随葬品。

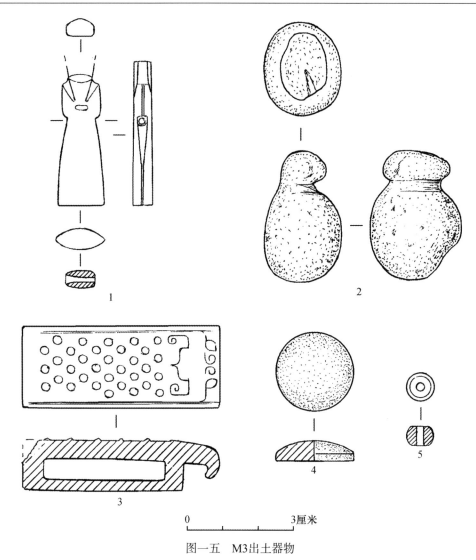

图一五　M3出土器物

1. 玉人（M3：4）　2. 玉饰件（M3：3）　3. 玉剑璏（M3：2）　4. 水晶片（M3：1）　5. 料珠（M3：11）

四、结　语

　　M1为竖穴土圹木椁墓，出土器物以陶壶、罐为主，出土物及器物组合具有较为明显的西汉时期特征。《京津冀地区汉代墓葬研究》中[1]，第二期墓葬器物组合正是以陶罐、壶为主，并将代表性墓葬燕下都D6T26②M2分为第二期。M1出土的3件陶壶在形制和纹饰上均与燕下都D6T26②M2：9相似，所以此墓的年代约当《京津冀地区汉代墓葬研究》的第二期，属西汉中期。

　　M2及M5～M10均为砖室墓，其中M2规模较小，不常见，可能为儿童葬。M6～M9分布较为集中，M6～M8东西排列，形制相似；M9位于M7、M8中间北侧。从排列位置、墓葬方向、骨架头向等方面综合考虑，M6～M9可能为家族墓葬。这7座墓规模都不大，几乎无随葬品出土，从墓葬形制上推断应为东汉墓。参考《京津冀地区汉代墓葬研究》关于砖室墓的分类，

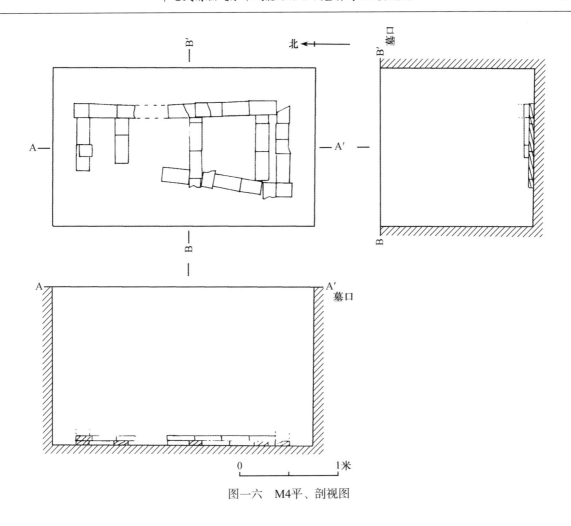

图一六　M4平、剖视图

M2、M9属于Aa型，M5、M6、M8属于Ab型，M7属于Bb型，M10属于Ba型墓。

M3、M4位置相近，墓室及墓棺均南宽北窄。其中M3为夫妻合葬墓，东西墓壁呈弧形。出土的夹砂灰陶罐、玉剑璏、玉人等均不完整，可能是故意为之。随葬品具有"毁器"特征的随葬习俗，透露出墓主人的身份可能与我国古代鲜卑族有关[2]。砖砌墓室及墓棺呈梯形的平面形制说明墓葬年代可能为北朝中期[3]。

此次考古发现的10座古代墓葬，跨越西汉至北朝700余年的历史，部分墓葬构筑材料及方式具有鲜明特色，丰富了武清乃至天津地区两汉及北朝时期墓葬的研究资料。结合以往在武清大南宫墓群、大张庄的零星考古发现与近年来考古调查新成果，可判断在武清城区的西北，龙河与北京排污河以南一带，即现武清开发区的大部分地区，至少自战国以来就有人类居住生存，并且延绵不断。这些考古发现，丰富了对于武清地区古代人文史的认识，是武清悠久历史的重要见证。

领队：相　军

照相：戴　滨

绘图：相　军

执笔：相　军　戴　滨

注　释

［ 1 ］　姜佰国：《京津冀地区汉代墓葬研究》，《边疆考古研究》（第6辑），科学出版社，2007年。

［ 2 ］　孙危：《鲜卑"毁器"葬俗研究》，《边疆考古研究》（第8辑），科学出版社，2009年。

［ 3 ］　孙危：《鲜卑考古学文化研究》，科学出版社，2007年。

蓟州大街汉墓发掘简报

天 津 市 文 化 遗 产 保 护 中 心
天 津 市 蓟 州 区 文 化 遗 产 保 护 中 心

一、地理环境、历史沿革及前期工作情况

大街汉墓位于蓟州区邦均镇北部大街村，京哈铁路以北，大秦铁路以南，东后街村北约200米的一处厂房围墙北外侧平地上。此地处燕山南麓，北部为丘陵地带，中部、南部为平原。西距三河市约15千米，南距邦均镇约200米，东北距蓟州城区约11千米（图一）。

邦均镇历史悠久。早在20世纪50年代，在此地曾集中发现了70多座墓葬。1956年河北省文管会曾在邦均镇调查，确定了此处为一处汉代墓群。墓群东到邦均镇东口，西到镇西口，北至郭家坟一带。东西长约1千米，南北宽约0.75千米。其中，墓室多为长方形，多单室，复室较少，为拱形或穹隆式顶。室内多为一或两副骨架，出土陶灶、井、勺、鼎、盘、俑、猪及五铢钱等[1]。20世纪八九十年代天津市文物考古部门曾对墓群中的西后街汉代墓地[2]进行了发掘。邦均汉墓现为天津市文物保护单位，此次发掘的汉墓就位于邦均汉墓群东部。

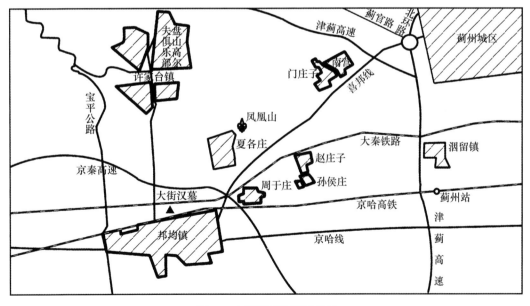

图一　大街汉墓位置示意图

二、发掘经过

　　2019年5月，蓟州区邦均镇大街村在新建村委会的过程中发现大量青砖，随后立即报告文物部门。天津市文化遗产保护中心接报后，立即安排专业人员与天津市蓟州区文化遗产保护中心一道赴现场进行调查和考古勘探。经探查发现砖室墓一座（编号19JBDM1），随后对该墓葬进行了抢救性发掘。

三、墓葬结构

　　19JBDM1　带墓道砖室墓（图二；图版二三，1、2）。坐东朝西，方向270°，由墓道、墓门、墓室三部分组成。除顶部坍塌以外，顶部以下结构保存状况基本较好。墓口距地表0.8、东西通长6.5、南北宽0.7～3.26、遗迹本体高1.5米。

　　墓道　位于墓室西壁外侧南部，墓门西侧，为土坑墓道，西窄东宽，底部由西向东倾斜，有五层台阶。墓道东西长2.86、南北宽0.7～0.8米；步梯宽0.35～0.4、高0.25米。内填五花土，

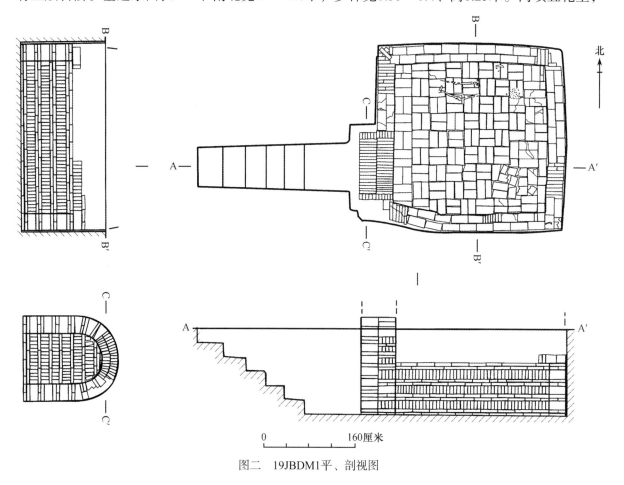

图二　19JBDM1平、剖视图

质地较疏松，包含青砖残块、灰陶片等。

墓门　拱形门。保存较好。位于墓室西壁南部，拱券部分为上下两层，用楔形砖、梯形砖混合白灰浆砌成。墓门两侧为长方形砖堆砌，砌法为"两横一竖"。封门保存较好，采用"中间一横一竖，上下为两横一竖"的砌法封堵。整个墓门由内外两层砖组合砌成。高1.26、宽0.86、进深0.6米。无遗物出土。

墓室　位于墓门东侧。平面近似长方形。顶部券顶大部已坍塌，残留下半部分。四壁为内外双层墓砖砌筑，采用"二横一竖"砌法，除墓门侧的墙壁外，其余三壁走向均略带弧度。铺地砖为单层铺砌，作双砖平列纵横交替式排列。在底面北侧发现骨架一具，腐朽严重，残存头骨碎片和肢骨碎片，头东足西，残损严重，已无法分辨年龄和性别。在清理墓室时出土了五铢钱、少量灰陶片和铁器残件等。墓室东西长2.7、南北宽2.6、残高0.92～1.68米（图版二三，2）。室内填有五花土，质地较疏松，包含青砖残块、灰陶片、五铢钱等。

四、遗　物

19JBDM1出土随葬品数量较少。有少量灰陶片、铁器残件1块、五铢钱56枚。

（一）器物

陶器腹片　19JBDM1填土：5，残。泥质灰陶。口沿与底不详，有弦纹、凸弦纹各一条。残长8.8、残宽1.2～7厘米（图三，1）。

陶盆口沿　19JBDM1填土：1，残，夹砂黄褐陶。方斜唇，折沿，斜颈内收，斜直腹，底不详。下部有弦纹两条。残高6、残宽5.9～7.2厘米（图三，2）。

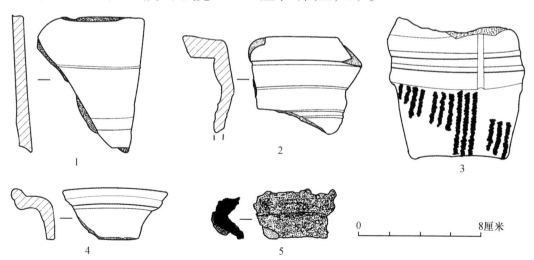

图三　19JBDM1出土器物

1. 陶器腹片（19JBDM1填土：5）　2. 陶盆口沿（19JBDM1填土：1）　3. 板瓦残片（19JBDM1填土：3）　4. 陶盆口沿（19JBD1M1填土：2）　5. 铁器残件（19JBDM1填土：4）

陶盆口沿　19JBDM1填土：2，残。泥质灰陶。双叠唇，折沿，斜腹，底不详。烧造火候不高。素面无纹饰。残高2、残宽2.5～7厘米（图三，4）。

铁器残件　19JBDM1填土：4，残。平面呈长方形。中部横折90°，剖面呈"L"形。用途不详。残长5、残高2厘米（图三，5）。

板瓦残片　19JBDM1填土：3，残。泥质灰陶。上部有凸弦纹两条，弦纹下部为绳纹直通残片底部。残长8.2～9.1、残宽7.3～10、厚1.2厘米（图三，3）。

（二）青砖

共有长方形砖和楔形砖两种。

长方形砖　19JBDM1：1-6，保存完好。火候较高，呈青灰色，砖体长边侧薄厚不一。正面有席纹，其他面均为素面。长30.4、宽14.7、厚5.8和3.4厘米（图四，1；图版二四，3）。19JBDM1：1-4，保存完好，火候较高，砖体呈青灰色，正面有席纹，其他面均为素面。长29、宽13.8、厚4.7厘米（图四，3；图版二四，4）。19JBDM1：1-5，保存完好，火候较高，呈青灰色，砖体正面印有席纹。席纹上刻划字符，从右到左、从上到下依次为"｜｜｜｜｜｜｜　｜｜｜｜Ｘ｜｜"。其他面均为素面。长29.2、宽13.2、厚5厘米（图四，4）。19JBDM1：1-7，保存完好，火候较高，呈青灰色，砖体正面有粗绳纹密布其上，其他砖面均为素面。长29、宽14.4、厚5.7厘米（图四，5；图版二四，1）。

楔形砖　19JBDM1：1-1，保存完好。火候较低，砖体呈黄褐色。整体为梯形立方体，正面有席纹。席纹上刻划字符，从右到左、从上到下依次为"｜｜｜｜｜｜｜｜　｜｜｜｜Ｘ｜｜"。侧面及背面均为素面。长30.5、宽14.3和8.2、厚5.5厘米（图四，2；图版二四，2）。

（三）铜钱

散布于墓室地面和填土中，其中有货泉1枚，其他均为五铢钱。根据钱文的不同将其分为二型，介绍如下。

A型　货泉。19JBDM1：2-5，方穿，郭较厚，做工较好，肉面平整。正面从右往左有货泉二字，背面无字。钱径2.2厘米（图五，2）。

B型　五铢钱。根据铢字金字头样式的不同将其分为二亚型。

Ba型　铢字金字头为"◇"。19JBDM1：2-8，方穿宽郭，做工较好，肉面平整。正面有五铢二字，笔画较宽，字迹清晰，不规整。五字较为细长，铢字金字头为"◇"，朱字头方折，朱字金字高低平齐。背面无文字。钱径2.6厘米（图五，1）。

Bb型　铢字金字头为"△"，根据朱字头形态的变化和钱郭是否已被磨去，将其分为三式。

Ⅰ式：朱字头方折，有钱郭。19JBDM1：2-10，方穿窄郭，做工精致，肉面平滑。正面五铢二字字迹清晰、规整。五字较瘦，中间两笔曲折，铢字金字头为"△"，朱字头方折，朱字、金字高低齐平。背面无文字。钱径2.6厘米（图五，3）。

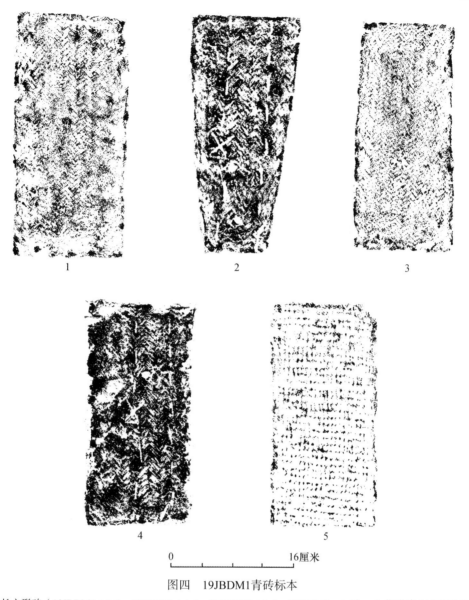

图四　19JBDM1青砖标本

1、3~5. 长方形砖（19JBDM1：1-6、19JBDM1：1-4、19JBDM1：1-5、19JBDM1：1-7）　2. 楔形砖（19JBDM1：1-1）

Ⅱ式：朱字头变为圆折且左右两竖逐渐外放，有钱郭。19JBDM1：2-9，方穿窄郭，做工较好，肉面平滑。正面方穿上方正中有一圆点，中部左右两边有五铢二字，字迹清晰，较为规整，五字宽大，铢字金子头为"△"，朱字头为圆折，金字、朱字高低平齐。背面无文字。钱径2.5厘米（图五，4）。19JBDM1：2-2，方穿窄郭、字迹清晰，肉面平滑。正面五铢二字，五字较为宽大，中间两笔较为曲折，铢字金子头为"△"，朱字头圆折，朱字略高于金字。钱背面无文字。直径2.5厘米（图五，6）。19JBDM1：2-7，方穿宽郭，做工精致，肉面平整。正面有五铢二字，字迹清晰，规整，二字占币面面积比例较小，五字宽大，中间两部较为曲折。铢字金字头为"△"，朱字头圆折且左右两竖向外开放，朱字与金字高低平齐。背面无文字。钱径2.5厘米（图五，5）。19JBDM1：2-4，方穿，郭较宽，钱币做工粗糙不规整，肉面不平整。正面五铢二字笔画较细，五字宽大，中间两笔曲折，五字下部有一圆点，铢字金字头

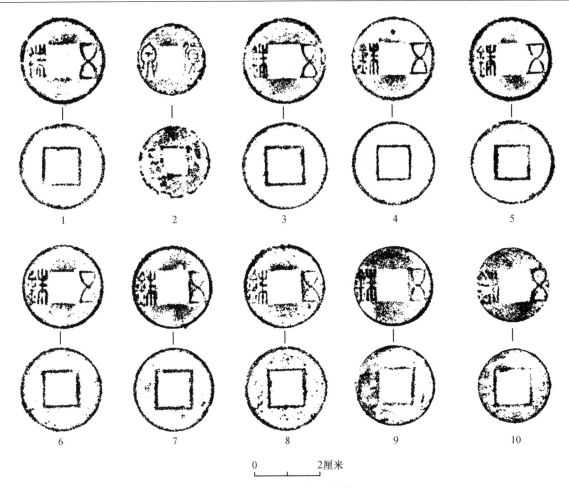

图五　19JBDM1出土铜钱

1. Ba型（19JBDM1：2-8）　2. A型（19JBDM1：2-5）　3. Bb型Ⅰ式（19JBDM1：2-10）　4～8. Bb型Ⅱ式（19JBDM1：2-9、
19JBDM1：2-7、19JBDM1：2-2、19JBDM1：2-6、19JBDM1：2-4）　9、10. Bb型Ⅲ式（19JBDM1：2-3、19JBDM1：2-1）

为"△"，下部四点较为长直，朱字头为圆折，朱字略高于金字。背面无文字。钱直径2.5厘米（图五，8）。19JBDM1：2-6，方穿窄郭，做工较好，肉面平整。正面有五铢二字，五字宽大，中间两笔曲折，铢字金字头为"△"，朱字头圆折且左右两竖向外开放，朱字略高于金字。背面无文字。钱径2.5厘米（图五，7）。

Ⅲ式：朱字头圆折，钱郭被磨掉。19JBDM1：2-3，磨郭钱，方穿，无钱郭，做工较为粗糙。正面有五铢二字，五字较为宽大，中间两笔较为曲折，铢字金字头为"△"，朱字头为圆折，朱字略高于金字。背面无文字。直径2.4厘米（图五，9）。19JBDM1：2-1，磨郭钱，方穿，无钱郭，做工粗糙。正面有五铢二字，五字较为宽大，中间两笔较为曲折，铢字模糊不清，但能辨明金字头为"△"，背面无文字。直径2.2厘米（图五，10）。

五、小 结

由于出土遗物中没有确切的文字资料出土且出土器物较少，墓葬年代仅依据铜钱的形制进行初步推测。根据出土的五铢钱文并结合洛阳烧沟汉墓[3]（以下简称烧沟汉墓）出土的五铢钱形制进行分析，铢字的金字头为"△"，朱字头圆折，为典型的东汉时期钱币特点。具体来看，Ba型五铢钱所属特征与烧沟汉墓五铢钱Ⅱ型特征相似，应为西汉时期钱币；本文更细致划分的五铢钱Bb型Ⅰ式和Bb型Ⅱ式符合烧沟汉墓中五铢钱Ⅲ型之特征，应为东汉前期和中期时期的五铢钱；Bb型Ⅲ式五铢钱为磨郭钱，做工粗糙，字迹模糊，钱文铢字金字头为"△"，朱字头圆折等特征亦符合烧沟汉墓五铢钱Ⅳ型之特征。东汉时期做工粗糙且字迹不清晰的磨郭钱在建宁三年以后数量开始增多[4]，所以其应为东汉中期晚段的五铢钱。在所发现的56枚中绝大多数为Bb型Ⅰ式和Bb型Ⅱ式五铢钱，有2枚Bb型Ⅲ式磨郭五铢，但不见汉灵帝中平三年铸造的四出文五铢。而且砖室墓西汉时期未见，到东汉时期则特别盛行，基本成为当时一种较为固定的埋葬形式[5]。故初步判定墓葬年代应为东汉中期晚段至晚期早段。通过查阅第三次全国文物普查及相关资料并结合周边存在邦均汉墓群遗址的状况，认定此次发现的墓葬处于邦均汉墓群的范围内。所以19JBDM1应该是邦均汉墓群[6]的一个组成部分。在邦均汉墓群中，绝大多数墓葬为南北向，19JBDM1的发现进一步丰富了邦均汉墓群东西向墓葬的实物资料，同时也为天津地区汉墓的分期、研究提供了难得的个案资料。

领　　　队：甘才超
发　　　掘：甘才超　李　斌　刘福宁　胡　斌
绘　　　图：李　斌
文物修复、拓片：雷金夫
执　　　笔：李　斌

注　释

[1]　郑绍宗：《蓟县发现了几处汉墓群》，《文物》1956年第9期，第70页。
[2]　赵文刚、梅鹏云：《蓟县西后街汉代墓地》，《中国考古学年鉴·1989》，文物出版社，1990年，第157页。
[3]　中国科学院考古研究所：《洛阳烧沟汉墓》，科学出版社，1959年。
[4]　中国科学院考古研究所：《洛阳烧沟汉墓》，科学出版社，1959年。
[5]　山东省文物考古研究院、昌邑市博物馆：《昌邑辛置——2010～2013年墓葬发掘报告》，文物出版社，2021年。
[6]　郑绍宗：《蓟县发现了几处汉墓群》，《文物》1956年第9期，第70页。

蓟州公乐亭东汉墓发掘简报

天 津 市 文 化 遗 产 保 护 中 心

天 津 市 蓟 州 区 文 化 遗 产 保 护 中 心

公乐亭汉墓位于天津市蓟州城区西北部，北邻北环路，东邻湖东大道，西邻公乐园小学。墓葬中心GPS坐标为北纬40°02′44.4″，东经117°22′46.3″（图一）。因建设工程需要，2018年11月至12月，天津市文化遗产保护中心对该墓葬区域进行了考古发掘工作。在前期考古勘探工作的基础上，根据遗迹实际分布情况，采取单个布方发掘的方法，共清理东汉墓葬1座，编号2018TJGM1；春秋战国时期灰坑1座，编号2018TJGH1。发掘面积共计311平方米。现将发掘情况简报如下。

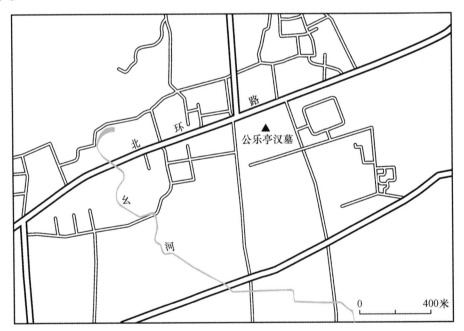

图一　公乐亭汉墓位置示意图

一、2018TJGM1

2018TJGM1位于发掘区的北部，南邻2018TJGH1，打破2018TJGH1，南北向，方向180°，为青砖砌制的竖穴土圹双墓道多室墓，顶部破坏严重，仅底部残留少量砌砖及铺地砖。墓口距地表深0.3～0.6、土圹南北通长3.1～14.2、东西宽0.8～16.7、墓底距墓口深1米（图二；图版二五，1）。

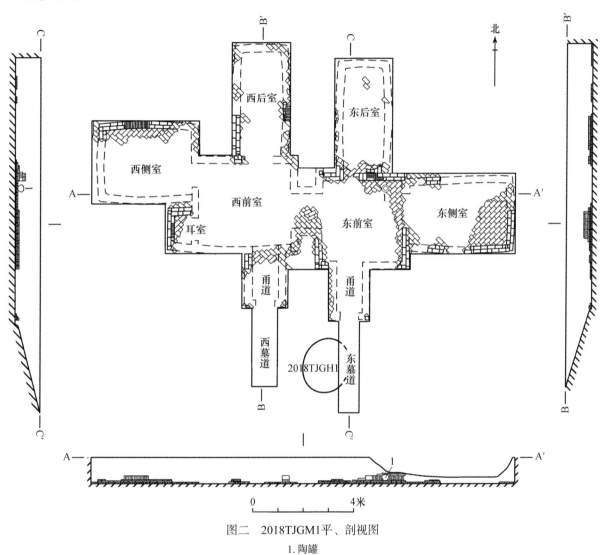

图二　2018TJGM1平、剖视图

1. 陶罐

（一）墓葬形制

2018TJGM1　由墓道、甬道、前室、后室、侧室和耳室组成，现分述如下。

墓道　双墓道，长方形斜坡状，由南向北至墓底。两墓道相距2.4米。东侧墓道打破2018TJGH1，南北长3.5、东西宽0.8、深0～1米。壁竖直，内填花土，土质松软，底部有明显踩踏痕迹。西侧墓道南北长3、东西宽1、深0～0.9米。壁竖直，内填花土，土质松软，底部有明显踩踏痕迹。

甬道　位于墓道北侧、前室南侧，东、西各置一甬道。两甬道间距1.6米，均为长方形。东侧甬道南北长2、东西宽1.6、深1米。内填花土，土质松软，内含较多残砖块，底部东南残留两层砌砖，残高0.12米，西侧残留一层用少量青砖残块斜向平铺的铺地砖。西侧甬道南北长1.5、东西宽1.8、深1米。内填花土，土质松软，内含较多残砖块，底部西北残留一层砌砖，残高0.06米，北部残留一层用少量青砖残块斜向平铺的铺地砖。

前室　位于甬道北侧、后室南侧，东、西各一个，均呈近似方形。东前室南北长3.7、东西宽3.7、深1米。东、西壁南侧分别残留一层砌砖，残高0.06米，底部残留两层铺地砖，为青砖残块斜向错缝平铺。西前室南北长3.8、东西宽3.9、深1米。由于破坏严重，砌砖及铺地砖无存。另外，在两前室之间设一通道，使东、西前室相互贯通。通道东西0.68、南北1.8、深1米。南、北壁无存，南部仅残留底部两层铺地砖，为青砖残块斜向错缝平铺。

后室　共2个，分为东、西后室，分别位于东、西前室北侧。两室间距1.76米，均为长方形，微内弧。东后室南北长4.6、东西宽2.2、深1米。仅残留南壁砌砖，残高0～0.4米，为青砖一平一竖二平砌制；底部南侧残留两层铺地砖，为青砖残块斜向错缝平铺。西后室南北长4.3、东西宽2.3、深1米。东、西壁南侧分别残留一两层砌砖，残高0～0.2米，为青砖一平一竖砌制，底部残留两层铺地砖，为青砖残块斜向错缝平铺。室内填土较松，内含较多碎砖块。

侧室　位于该墓的东、西两侧，分为东、西侧室，均为长方形，微内弧。东侧室位于东前室的东侧，东西长4.2、南北宽3.1、深1米。东壁南侧、南壁东侧分别残留一层砌砖，残高0.06米，底部东南局部残留两层铺地砖，为青砖残块斜向错缝平铺（图版二五，3）。西侧室位于西前室的西侧，东西长4.2、南北宽3.2、深1米。北壁偏西残留一至两层砌砖，残高0.06～0.2米，为青砖一平一竖砌制；底部西北局部残留两层铺地砖，用青砖残块斜向错缝平铺。室内填土松软，内含较多碎砖块。

耳室　位于西前室的西南部，平面近似长方形，南北长1.9、东西宽1.3米。西壁偏南残留一层砌砖，残高0.06米，底部西北局部残留两层铺砖，用青砖残块斜向错缝平铺。室内填土松软，内含较多碎砖块。

由于该墓破坏严重，仅残留少量墙体及铺地砖，墙体宽0.29米，底部铺设地砖两层，第一层用平砖呈东南—西北向错缝斜向平铺，第二层用青砖呈西北—东南向斜向平铺。该墓葬在建造时先挖墓坑，再平铺两层铺地砖，在铺地砖上再砌制墙体。用砖规格28厘米×14厘米×5厘米，背面有细绳纹（图三）。

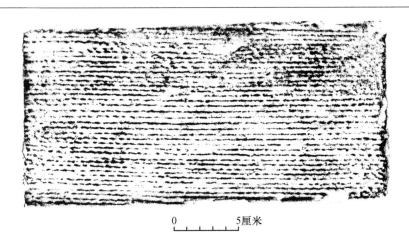

0　　　　　　5厘米

图三　2018TJGM1墓砖拓片

（二）出土遗物

出土随葬品较少，可复原的陶罐1件，零星泥质灰陶豆盘、豆柄残片及少量无法辨认器形的泥质灰陶残片；铜钱25枚。

1. 陶器

陶罐　1件。2018TJGM1：1，泥质灰陶。轮制。侈口，圆唇，平沿，束颈，鼓肩，斜腹，平底。素面。口径13.7、底径9.5、高18.9厘米（图四，8；图版二五，4）。

2. 铜钱

25枚，东侧室填土内出土（图版二五，2）。均为五铢钱，保存较差，多数钱文不清，可分二型。

A型　有郭。17枚。分为二式。

Ⅰ式："朱"字头方折。2018TJGM1：2（图四，1），钱径2.59、穿长1.16、穿宽1.09厘米。"五"字中间两笔弯曲，"铢"字的金字头呈三角形，"金"字四点较长。2018TJGM1：3（图四，2），钱径2.47、穿长1.17、穿宽1.09厘米。铸造较差，"金"字向右扭曲。

Ⅱ式："朱"字头弧折外撇。2018TJGM1：4（图四，3），钱径2.49、穿长、宽均1.09厘米。穿上有一个突出圆点。

B型　无郭。8枚。锈蚀严重，锈蚀严重，钱文均不清（图四，4～7）。2018TJGM1：3（图四，6），钱径2.13、穿长、宽均1厘米。

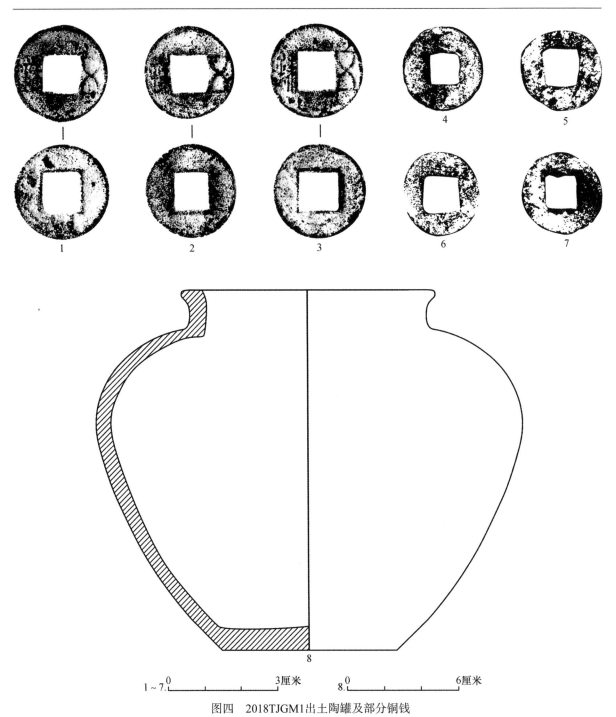

图四　2018TJGM1出土陶罐及部分铜钱

1、2. A型Ⅰ式五铢钱（2018TJGM1：2、2018TJGM1：3）　3. A型Ⅱ式五铢钱（2018TJGM1：4）　4~7. B型五铢钱
（2018TJGM1：5、2018TJGM1：6、2018TJGM1：7、2018TJGM1：8）　8. 陶罐（2018TJGM1：1）

二、2018TJGH1

位于发掘区的北部，北邻2018TJGM1，被2018TJGM1东侧墓道打破。平面呈近似圆形，口大底小。口径长2.05、底径长1.7、深0.35米。斜直壁，周壁由上至下向内倾斜，未见明显加工痕迹，坑底较平整。坑内填土为黄褐色土，土质疏松，内含炭灰颗粒、红烧土块。出土陶片极为零星、破碎，以夹云母红陶、泥质灰陶为主，可辨器形有缸、盆等，纹饰为弦断绳文、粗绳文、细绳纹等。根据陶片特点，推测其年代为春秋战国时期（图五）。

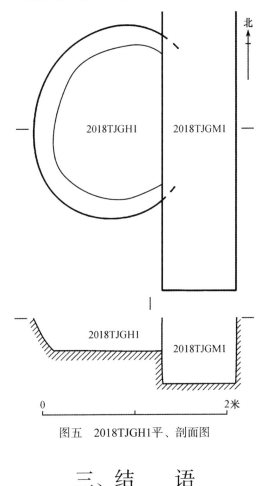

图五　2018TJGH1平、剖面图

三、结　　语

2018TJGM1从形制上看，东西两侧结构相似，都由墓道、甬道、前室、侧室、后室组成，仅西侧室多出一耳室，与河北省石家庄市北宋村M2[1]、河北张家口宣化东升路M3[2]结构相似，有学者称之为"组合式墓葬"[3]，也有学者称之为"砖室多室墓"[4]，同属该类型的汉墓年代均为东汉晚期。

2018TJGM1出土器物极少，可辨器形不多，有泥质灰陶素面罐、泥质灰陶豆。只一件陶罐可复原，复原的陶罐与河北蠡县汉墓出土的陶瓮[5]相似，蠡县汉墓推测年代为东汉中期。公乐亭东汉墓中的五铢钱中有剪轮（郭）五铢出现，《洛阳烧沟汉墓》中对五铢钱的绝对年代研究表明剪轮（郭）五铢的正式流通时期应该在桓帝和灵帝时期[6]。且A型Ⅱ式五铢的"朱"字头弧折外撇，也是东汉晚期五铢的书体特点[7]。

综合墓葬形制和出土随葬品分析，公乐亭东汉墓的年代应为东汉晚期。

以往在蓟州城区东部发现有较多的两汉时期墓葬，城西区域仅在西关汉墓群有较多发现。公乐亭东汉墓所在位置将城区范围内发现的汉代墓葬范围又向西延伸了一大步，此种现象在该区域今后的考古工作中应值得注意。

领　　　　　队：甘才超

发　　　　　掘：甘才超　文　璋　刘福宁　胡　斌

绘　　　　　图：文　璋

文物修复、拓片：雷金夫

执　　　　　笔：文　璋

注　释

［1］　河北省文物管理文员会：《石家庄市北宋村清理了两座汉墓》，《文物》1959年第1期。

［2］　张家口宣化区文物保管所：《河北张家口宣化东升路东汉墓（M3）发掘简报》，《文物》2015年第3期。

［3］　穆朝娜：《河北汉墓形制初论》，《河北省考古文集》（二），北京燕山出版社，2001年。

［4］　姜佰国：《京津冀地区汉代墓葬研究》，《边疆考古研究》（第6辑），科学出版社，2007年。

［5］　河北省文物研究所：《蠡县汉墓发掘记要》，《文物》1983年第6期。

［6］　中国科学院考古研究所：《洛阳烧沟汉墓》，科学出版社，1959年。

［7］　中国科学院考古研究所：《洛阳烧沟汉墓》，科学出版社，1959年。

宝坻窦家桥汉代窖藏发掘简报

天津市文化遗产保护中心
天津市宝坻区文化馆

　　窦家桥窖藏位于天津市宝坻区史各庄镇窦家桥村西区6排4号（图一），东距宝坻城区4千米，北距史各庄镇3千米。2019年4月5日，天津市文化遗产保护中心接到天津市宝坻区文化馆报告，窦家桥村在开挖供水管道的过程中，发现了大批铜钱和铁刀、铁剑等文物，为防止遗迹被进一步破坏，天津市文化遗产保护中心立即赶赴现场并进行了抢救性发掘。共完成发掘面积18平方米，清理窖藏1处，出土了铜碗、铜弩机、铁刀、铁剑、石磨以及大量的铜钱等遗物。现将清理情况介绍如下。

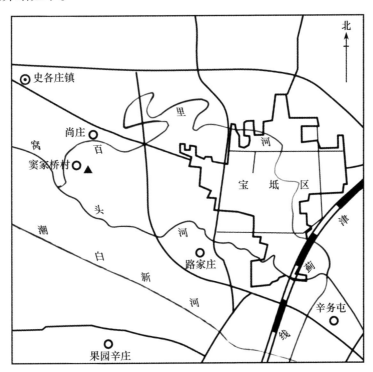

图一　窦家桥窖藏位置示意图

一、地 层 堆 积

窦家桥村窖藏遗迹发掘区内地层简单，共分2层（图二）。

第1层：黄砂土，土质疏松，包含有较多粗砂、植物根茎等，出土有近现代瓷片、明清青花瓷片等。厚0.4米。为现代人类活动堆积层。

第2层：黄褐土，土质较为致密，包含物纯净。厚0.3～0.4米。窖藏遗迹即开口于此层位下。

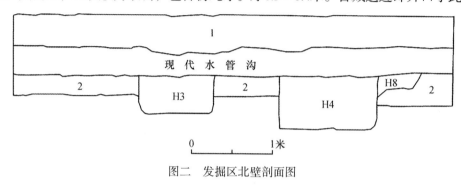

图二　发掘区北壁剖面图

二、遗 迹 现 象

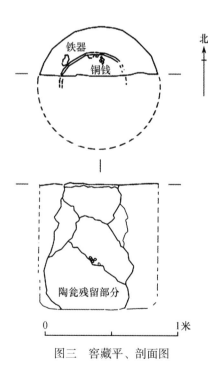

图三　窖藏平、剖面图

1. 灰坑

本次发掘共清理灰坑6处，均开口于第1层下，根据开口层位及出土遗物综合判断，其时代应为近现代，为当时居民生活堆积形成，此处略过不再赘述。

2. 窖藏及其埋葬方式

窖藏开口于第2层黄褐土下，开口距地表1米。土坑竖穴式，平面近似圆形，直径为0.9、底距开口0.9米，破坏较为严重（图三）。

遗迹主体部分由陶瓮、石盖及遗物组成。从现场保存情况来看，该窖藏的埋藏方式应为提前掏挖一圆形大坑，再使用一只高约1米的大陶瓮作盛器，再将铜器、铁器及铜钱等贵重物品放入其内，最后再以石磨盘盖封，现存的陶瓮上半部分破损严重，部分遗物散落于周边。

三、遗 物

窦家桥窖藏出土的遗物以铁器、铜器居多，还有少量的石器与陶器。铁器器形繁多，有兵器、农具及生活用具，整体保存较差，部分器物破损较严重。铜器类器物为生活用具、武器及铜钱，其中，铜钱出土数量很大、品类丰富，不乏品相精美者。陶瓮为储存窖藏器物的盛器。由于出土钱币数量多，且多成串堆放，锈蚀粘连，暂未逐一进行分拣，仅对部分散落存放且钱文可辨的铜钱进行了除锈等保护处理。现介绍如下。

（一）铁器

数量多，武器类有剑、戈、刀等，农具类有犁与犁镜等，还有一些生活用具。

犁镜 1件。铸制，残。平面不甚规则，镜面弧凹。铁质，锈斑明显。长28.4、宽10.2厘米。

犁 4件。均呈舌形，形制相似。2019TBDJ1：31，保存较完整。平面呈舌形，前段为弧形，后段平齐，顶中部设凸棱，断面略呈等腰三角形，后部设中空凹槽以插木质工具。长42.5、宽36、高15厘米（图四；图版二六，3）。2019TBDJ1：29，可复原。平面横舌形，前段为弧形，后段平齐，顶中部设凸棱，断面略呈等腰三角形，后部设中空凹槽以插木质工具。残长29.6、宽35、高15厘米。2019TBDJ1：30，可复原。平面横舌形，前段为弧形，后段平齐，顶中部设凸棱，断面略呈等腰三角形，后部设中空凹槽以插木质工具。长41.7、残宽32、残高12厘米。2019TBDJ1：24，保存较完整。平面呈舌形，前段为弧形，后段平齐，顶中部设凸棱，断面略呈等腰三角形，后部设中空凹槽以插木质工具。长38.9、宽32.4、高13.8厘米。

剑 3件。2019TBDJ1：6，残存剑身。长条形剑身，起脊明显，截面呈菱形。通长34厘米（图五，3）。2019TBDJ1：15，残存部分剑柄及剑身。剑柄方宽，长条形剑身，起脊明显，截面呈菱形。剑柄一侧有凹口。通长52厘米（图图六，4；图版二七，3）。

戈 1件。2019TBDJ1：2，完整。援身窄长，援中部有脊，前峰钝平，上下刃内弧。长胡，其上有一穿、内，截面呈椭圆形。援长

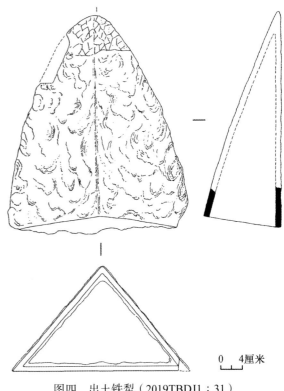

图四 出土铁犁（2019TBDJ1：31）

0 4厘米

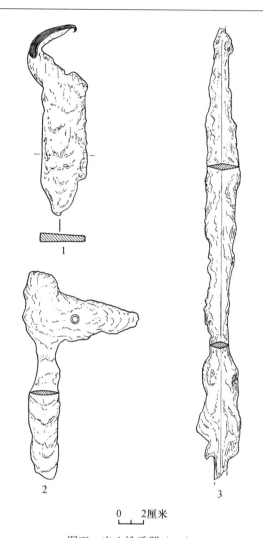

0　　2厘米

图五　出土铁兵器（一）

1.环首刀（2019TBDJ1：1）　2.戈（2019TBDJ1：2）　3.剑（2019TBDJ1：6）

17、胡长9.3厘米（图五，2；图版二六，4）。

刀　3件。2019TBDJ1：12，完整。刀身前段弯曲，后段平直。刀尖及刀端为钝平状，器身断面呈三角形。器身斑驳。长39、宽3.2厘米、刀背最厚处10厘米（图六，1）。2019TBDJ1：13，完整。刀身长直，器身断面呈三角形。长45.1、宽2.7厘米（图六，3）。2019TBDJ1：14，完整。刀身较弯曲，器身断面呈三角形。长38、宽2.7、刀背最厚处12厘米（图六，2）。2019TBDJ1：7，残存部分刀身。刀身前段弯曲，后段弧直，器身断面呈三角形。长20、宽3.4、刀背最厚处7厘米。

釭　2件。形制相同。2019TBDJ1：26，完整。圆环状，中空。外径40、高16厘米（图七，1）。2019TBDJ1：27，完整。圆环状，中空。外径44、高16厘米（图七，2；图版二六，6）。

网坠　20余件。大小、形制相似。均近柱形，两面纵向有槽，近两头处也各有一圈刻槽。2019TBDJ1：17，完整。长8.1、最大径1.9厘米（图八，1；图版二七，4）。2019TBDJ1：18，完整。长8.3、最大径2.1厘米（图八，2；图版二七，4）。2019TBDJ1：19，残存部分坠柄。残长

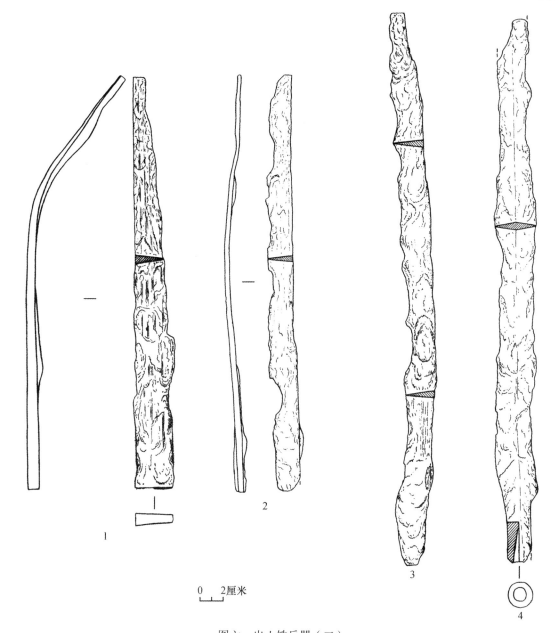

图六　出土铁兵器（二）

1～3.刀（2019TBDJ1：12、2019TBDJ1：14、2019TBDJ1：13）　4.剑（2019TBDJ1：15）

4.9、最大径1.6厘米。2019TBDJ1：20，完整。长8.1、最大径2厘米。

环首刀　1件。2019TBDJ1：1，残存刀身与刀柄。背部及刃部较宽，断面呈长方形，柄端弯曲上钩。刀身宽3.6、通长16.8厘米（图五，1；图版二七，2）。

锤　1件。2019TBDJ1：8，可复原。柱状，顶端为环圆形，较锤体略宽，末端扁圆，中部开方形空槽，内嵌有炭化木柄。最宽3.4、通高11.7厘米（图八，4；图版二七，5）。

钥匙　1件。2019TBDJ1：9，完整。整体呈长条形，首端弯曲，呈钩状，中部身部外凸，末端为圆形环首。最宽3、通长11.9厘米（图八，3；图版二七，6）。

镈　2019TBDJ1：11，残存镈身。扁圆形身，中空，内存木柄，木柄已炭化。铁质，锈斑

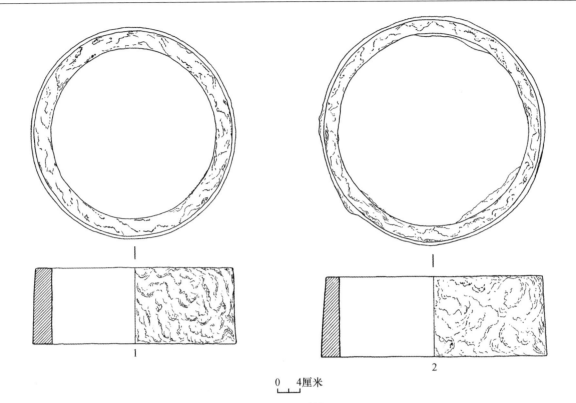

0   4厘米

图七　出土铁钜

1. 2019TBDJ1：26　2. 2019TBDJ1：27

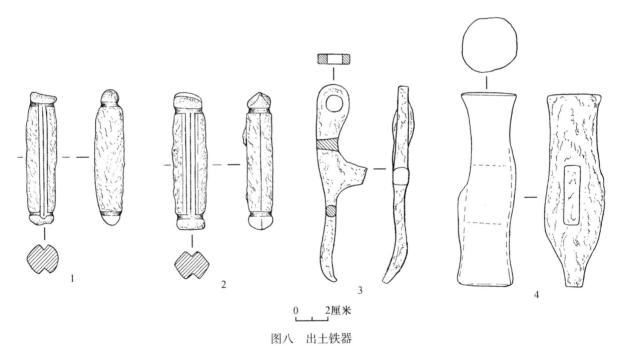

0   2厘米

图八　出土铁器

1、2. 网坠（2019TBDJ1：17、2019TBDJ1：18）　3. 钥匙（2019TBDJ1：9）　4. 锤（2019TBDJ1：8）

明显。残长7.5、残宽2.2厘米（图九）。

盆　2019TBDJ1：16，完整。折沿，弧腹，中腹弧收，平底内凹。锈斑明显。口径32、足径10.8、高14厘米（图一〇，1）。

（二）铜器

盆　2019TBDJ1：4，可复原。撇口，折沿，斜弧腹，圈足。外中腹饰三圈凸弦纹。口径19、足径11、高7.8厘米（图一〇，2；图版二六，1）。

钵　2019TBDJ1：10，可复原。撇口，折沿，斜弧腹，圜底。素面。口径23、足径10、高6.6厘米（图一〇，3；图版二七，1）。

弩机　2019TBDJ1：3，残存郭身。郭身呈长方形，前宽后窄，上有箭槽。通长17.1、宽5.1、高3.7厘米（图一一；图版二六，5）。

铜钱　出土数量较多，大部分与瓮内铁器锈蚀粘连，粗略统计有数千枚，分为半两、五铢及货泉三大类（图版二八，2）。

半两　1枚。郭阔，方穿。2019TBDJ1：5，完整。背平素，面、背均有外郭、无内郭。穿两侧篆书"半两"。郭径2.2、穿宽0.9、厚0.06厘米（图一二，1）。

货泉　3枚。大小厚薄互异，面背均有内外郭。钱文为篆体，笔画匀称，"货"下部的"贝"较椭圆，"泉"中竖断笔。2019TBDJ1：31，完整。郭径2.16、穿宽0.7、厚0.15厘米（图一二，2）。2019TBDJ1：32，完整。郭径2.34、穿宽0.6、厚0.15厘米（图一二，3）。2019TBDJ1：33，完整。郭径2.31、穿0.6、厚0.2厘米（图一二，4）。

五铢　窄郭、阔穿。钱型、大小等各有差异。2019TBDJ1：37，完整。背面有内郭，面背均无外郭。钱文瘦长，可辨篆书"五铢"，文字磨损不清。钱体较薄，制作不甚规整。郭径1.65、穿宽0.9、厚0.09厘米（图一二，5）。2019TBDJ1：40，完整。面背均无外郭，

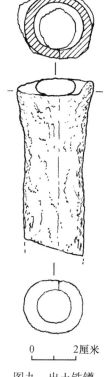

图九　出土铁镈
（2019TBDJ1：11）

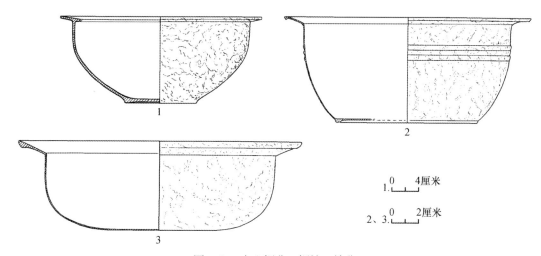

图一〇　出土铜盆、铜钵、铁盆

1. 铁盆（2019TBDJ1：16）　2. 铜盆（2019TBDJ1：4）　3. 铜钵（2019TBDJ1：10）

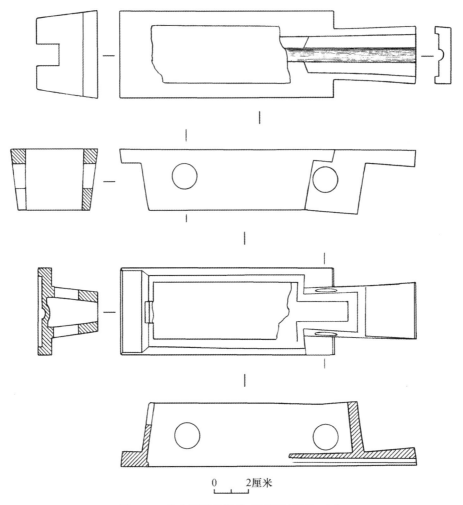

0 ————— 2厘米

图一一　出土铜弩机构件（2019TBDJ1：3）

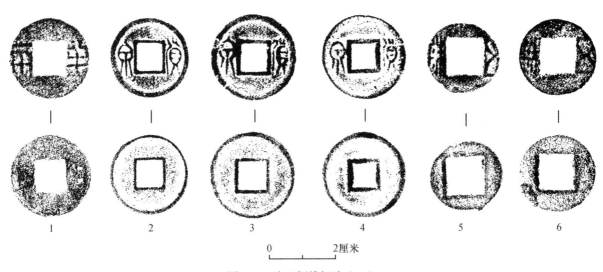

0 ——————— 2厘米

图一二　出土铜钱拓片（一）

1. 半两（2019TBDJ1：5）　2~4. 货泉（2019TBDJ1：31、2019TBDJ1：32、2019TBDJ1：33）　5、6. 五铢（2019TBDJ1：37、2019TBDJ1：40）

面无内郭，背有内郭。钱文瘦长，可辨篆书"五铢"二字。郭径1.75、穿径0.9、厚0.09厘米（图一二，6）。2019TBDJ1：36，完整。背面有内郭，面背均无外郭。钱文瘦长，可辨篆书"五铢"二字。郭径1.79、穿宽0.9、厚0.09厘米。2019TBDJ1：37，完整。背面有内郭，面背均无外郭。钱文瘦长，可辨篆书"五铢"二字。郭径1.97、穿宽0.1、厚0.07厘米。2019TBDJ1：38，完整。面背均无外郭。钱文可辨篆体"铢"字，"五"字模糊不清。郭径1.93、穿宽0.9、厚0.08厘米。2019TBDJ1：39，完整。面背均无外郭。可辨篆体"五铢"二字。郭径2.08、穿宽0.9、厚0.09厘米。2019TBDJ1：40，完整。面背均无外郭。可辨篆体"五铢"二字。郭径2.06、穿宽0.9、厚0.09厘米。2019TBDJ1：41，完整。面背均无外郭。可辨篆体"五铢"二字。郭径2.18、穿宽0.9、厚0.06厘米（图一三，1）。2019TBDJ1：42，完整。面背均无外郭。可辨篆体"五铢"二字。郭径2.24、穿宽0.9、厚0.09厘米（图一三，2）。2019TBDJ1：43，完整。面背均无外郭。可辨篆体"五铢"二字。郭径2.38、穿宽0.9、厚0.12厘米（图一三，3）。2019TBDJ1：44，完整。面背均有内、外郭。可辨篆体"五铢"二字。郭径2.51、穿宽0.9、厚0.12厘米（图一三，4）。2019TBDJ1：45，完整。背有内、外郭，面仅有外郭。可辨篆体"五铢"二字。郭径2.44、穿宽0.9、厚0.11厘米（图一三，5）。2019TBDJ1：46，完整。背有内、外郭，面仅有外郭。可辨篆体"五铢"二字。郭径2.52、穿宽0.9、厚0.13厘米（图一四，1）。2019TBDJ1：47，完整。背有内、外郭，面仅有外郭。可辨篆体"五铢"二字。郭径2.48、穿宽1.0、厚0.22厘米（图一四，2）。2019TBDJ1：48，完整。背有内、外郭，面仅有外郭。可辨篆体"五铢"二字。郭径2.55、穿宽0.9、厚0.13厘米（图一四，3）。2019TBDJ1：49，完整。背有内、外郭，面仅有外郭。可辨篆体"五铢"二字。郭径2.61、穿宽0.9、厚0.13厘米（图一四，4）。2019TBDJ1：50，完整。面背均有外郭、无内郭。可辨篆体"五铢"二字。郭径2.7、穿宽0.9、厚0.12厘米（图一四，5）。

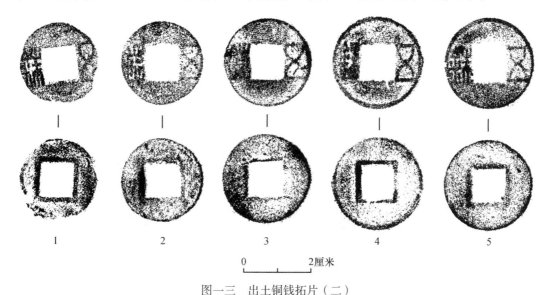

图一三　出土铜钱拓片（二）

1~5.五铢（2019TBDJ1：41、2019TBDJ1：42、2019TBDJ1：43、2019TBDJ1：44、2019TBDJ1：45）

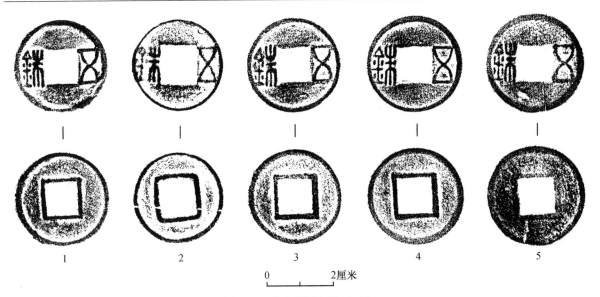

图一四　出土铜钱拓片（三）

1~5.五铢（2019TBDJ1：46、2019TBDJ1：47、2019TBDJ1：48、2019TBDJ1：49、2019TBDJ1：50）

（三）石器

磨盘　1件。2019TBDJ1：22，完整。磨盘为圆形，分为上下两面，上表面布满辐射状沟槽，中部环形凸起，内设有两个相对的漏孔和磨眼，下面粘有泥土与铁锈凝结物。实心石质。直径52、通高14厘米（图一五；图版二六，2）。

（四）陶器

瓮　1件。2019TBDJ1：25，可复原。口部微敛，窄斜沿，短颈，敞肩，斜弧腹，平底。粗砂灰胎，胎体厚重。外颈部饰三道凹弦纹。口径49.6、足径48、高94厘米（图一六；图版二八，1）。

四、结　语

1. 年代推断

窦家桥窖藏未见相关文献记载，亦未出土明显的纪年器物。仅能从窖藏所藏遗物本身进行年代推断。

此次发掘出土遗物以铜钱为最多，初步统计共清理出可辨钱文的各类型钱币数千枚，其中以五铢钱为主，同出的亦有少量半两、货泉等。

《史记·秦始皇本纪》载："（秦惠文王）立二年（前336年），初行钱。"一般认为半

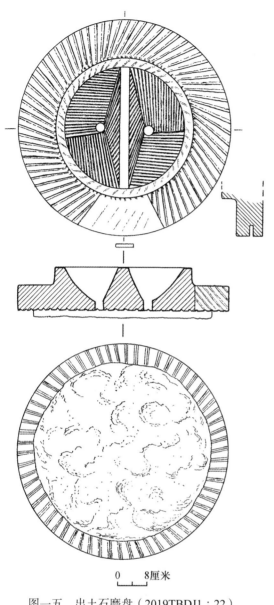

图一五 出土石磨盘（2019TBDJ1∶22）

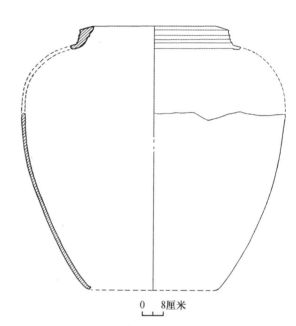

图一六 出土陶瓮（2019TBDJ1∶25）

两钱从此开始铸行。及至秦朝建立推行半两钱，方孔圆钱从此开始通行天下。汉朝始立，仍以半两钱为通货，绵延八十余年，其间流行的半两类型主要有高祖榆荚半两钱、高后八铢半两钱、文帝四铢半两钱、武帝半两钱（重三铢、四铢）等。而五铢钱的铸造最初是由武帝推动的，《史记·平准书》："有司言三铢钱轻，易奸诈，乃更请诸郡国铸五铢钱，周郭其下，令不可摩取镕焉。" 是年为武帝元狩五年（前118年）。当秦汉之时，有识之士已认识到货币对商品流通、社会经济发展的重要价值（《申鉴·时事》："议钱货。或问货曰：'五铢之制宜矣。'……'周而通之，海内一家，何患焉？'"）。同时中央政府也注意到了货币质量及数量对社会经济形成的负面影响，并采取了相应措施：秦代禁止民间私铸钱币；西汉高祖、惠帝允许民间铸钱；吕后二年（前186年）至文帝前元四年（前176年）禁民间铸钱；文帝前元五年至景帝中元五年（前145年）再次放民铸钱；景帝中元六年以后迄东汉末年，铸币权均属政府，民间禁止铸钱。自此开始五铢钱通用流行了700多年，直至唐朝建立始废，是中国历史上沿用时间最长的货币种类。

根据钱文、钱制变化，半两钱和五铢钱在不同时期的发展使用中均体现出了明显不同的时代特征。窦家桥窖藏所出半两钱（2019TBDJ1：5）的"两"字中间的"人"字简化成一横，一般认为这是武帝半两钱的特点。而磨郭五铢（2019TBDJ1：42）于宣帝末年出现，和剪轮五铢（2019TBDJ1：41）一起流行于西汉晚期元帝至平帝时期。货泉（2019TBDJ1：31、2019TBDJ1：32、2019TBDJ1：33）则是新莽王朝的主要货币。东汉晚期顺帝至桓帝时期（126～167年），流通中的五铢钱开始大量出现剪边（2019TBDJ1：40）、对文、綖环钱等，学者研究认为这是东汉晚期社会动荡，将当时通行的铜钱从外郭边缘磨碎或剪出，然后将铜钱的内郭直接凿掉以获取铜料造成的[1]。综上可知，窦家桥窖藏出土的铜钱年代上限为汉武帝时期，而下限则到了东汉晚期，所以该窖藏的埋藏时间应不早于东汉桓灵时期，一次性埋藏如此大数量的钱币很大可能是为了躲避东汉末年的战乱侵扰。

此外该窖藏内还出土了铜弩机、铁刀、铁剑、铁犁等兵器和农具的器物组合，同样的器形组合常见于汉代的北方窖藏当中；窖藏上用以填盖的石磨，在形制、纹饰等方面与洛阳尹屯新莽壁画墓[2]、山东邹城西晋刘宝墓[3]中随葬的石磨极为相似。出土的圆环形铁钉等则是典型的汉代车马器构件[4]。综合来看，窦家桥窖藏的年代应为东汉晚期。

2. 发掘意义

窦家桥汉代窖藏遗址是天津市首次发现的汉代窖藏遗址。其窖藏虽遭到严重破坏，但其埋入方式基本清楚，出土遗物数量大、种类多，有货币、兵器、生活器皿、生产工具等，年代明确，为同时期天津地区汉代考古学文化及区域历史研究提供了丰富的实物资料。

领队：甘才超
发掘：梅鹏云　盛立双　甘才超
　　　邹万霞　张志鹏　张书颖
绘图：刘坠生　马建堂
拍照：甘才超　张瑞
执笔：甘才超　文璋　李斌

注　释

［1］ 蒋若是：《秦汉钱币研究》，中华书局，1997年。
［2］ 洛阳市第二文物工作队：《洛阳尹屯新莽壁画墓》，《考古学报》2005年第1期。
［3］ 山东邹城市文物局：《山东邹城西晋刘宝墓》，《文物》2005年第1期。
［4］ 孙机：《汉代物质文化资料图说》，上海古籍出版社，2008年。

蓟州东五百户村唐代墓葬发掘简报

天津市文化遗产保护中心

　　东五百户村坐落于蓟州区东南部，隶属于五百户镇，为镇政府所在地，是该镇面积较大的村落。东五百户村北依天津最大的水库——于桥水库，南挨平缓的山坡，地势北低南高（图一）。2012年春天村民农耕时，在村南约300米的坡地上发现一个盗洞，盗洞边有破碎的青砖块。天津市文化遗产保护中心得知此情况后，随即派工作人员赴现场勘查，确定此处是一古代墓葬。2012年5月，天津市文化遗产保护中心对古墓葬进行了抢救性发掘。

　　墓葬位于一片不规则台地上，地表种植果树。为探明地下是否还有其他墓葬，对这片台地进行了考古勘探。经过勘探，发现了2座古代砖室墓，编号为2012JWWM1、2012JWWM2（以下省略2012JWW），两墓东西并列，M1在西，M2在东，发现被盗的墓葬为M2。在勘探的基础上，布方进行了发掘，根据现场情况，布了一个9米×7米的探方，两墓置于探方内。经过将近一个月的工作，两座墓葬发掘完毕。两墓均为单砖室墓，规模相当，形制基本相同。具体情况报告如下。

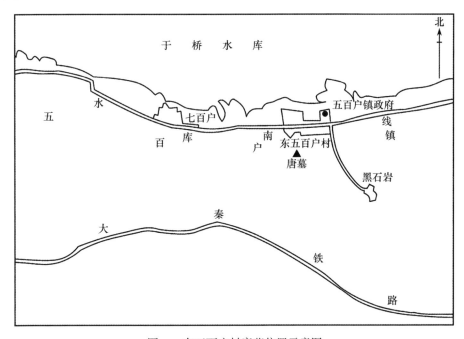

图一　东五百户村唐墓位置示意图

一、M1

开口于表土层下，墓向南，由墓道、墓门、墓室组成。墓圹南北长4.2、东西宽1.6～2.14、墓口距地表深0.75、墓底距地表深1.43米（图二）。

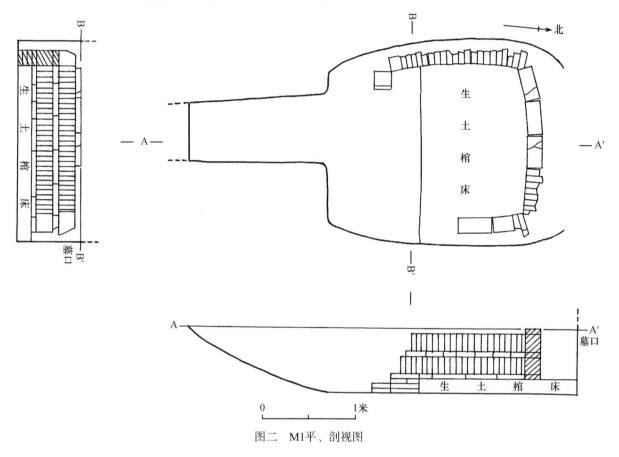

图二　M1平、剖视图

墓道位于墓葬南部，南高北低，平面呈长方形斜坡状。南北残长1.5、东西宽0.6～0.7、深0.68、坡长1.64米。

墓门位于墓道的北部，墓室的南部，破坏严重，砌门砖及封门砖都已无存。

墓室呈圆角方形，四边略向外弧，北部有生土棺床。墓室东西长1.6、南北宽1.44、残存高度0.68米。棺床东西长1.6、南北宽1.12、高0.16米，棺床上未发现铺砖痕迹及棺木、骨架。

墓墙用青砖一平一竖垒砌，因遭到破坏，北墙、西墙残存5层砖，东墙仅剩1层砖。此墓用砖长0.35、宽0.18、厚0.05米，系单面绳纹砖，所饰绳纹22条左右（图三）。

M1由于被盗严重，没有出土随葬品。

0 ┄┄ 3厘米

图三　M1墓砖拓片

二、M2

开口于表土层下，墓向南，由墓道、墓门、甬道、墓室四部分组成。墓圹南北长约3.04、东西残宽2.2~2.6米，墓圹南、西、北三壁保存较好。墓口距地表深0.75、墓底距地表深2.15米（图四）。

墓道位于墓葬南部，南高北低，南部被破坏，残长0.9、宽1.03~1.05、深1.4米。

墓门没有发现封门砖。

甬道东墙保存7层砖，西墙仅剩1层砖。东墙长0.7、宽0.54、残高0.68米，用青砖二平一竖垒砌。

墓室呈圆角方形，四边略向外弧，北部有生土棺床，棺床上有一处砖印，应为砖墙的痕迹。墓室南北长2.14、东西残宽2.4米。棺床东西残长2.4、南北宽1.3~1.4、高0.16米。棺床上未发现棺木及骨架，但清理出2件残缺的银钗及4块白瓷片，4块瓷片可拼成1件。

墓室底部有一个扰坑，深约0.5米，可能是被盗掘时所挖。墓室东侧有一个盗洞，为最近被盗时所挖，盗墓者就是从此处进入墓内的。

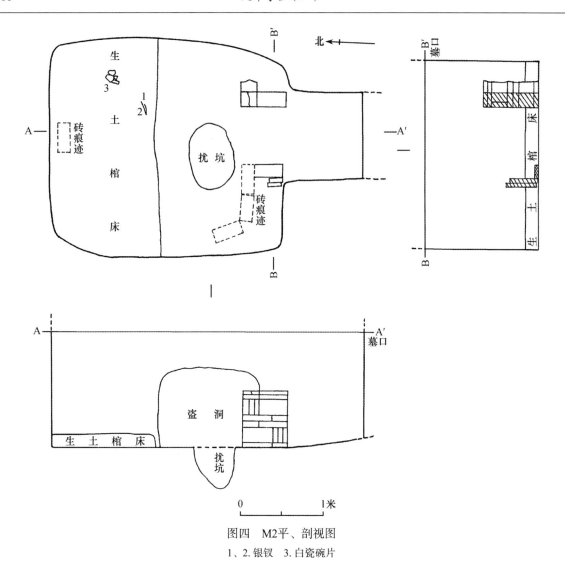

图四　M2平、剖视图

1、2.银钗　3.白瓷碗片

　　此墓用砖长34.5、宽17.8、厚5.2厘米，系单面绳纹砖，绳纹为24条左右（图五）。

　　M2虽然也被盗掘，但出土了少量随葬品，包括2件银钗及1件白瓷碗片。

　　银钗　M2∶1，分两叉。头宽1、残长8.6厘米（图版二九，1）。M2∶2，残长9.6、直径0.2厘米（图版二九，2）。

　　白瓷碗片　M2∶3，为碗的残片。敞口。外腹施半釉，釉色白中微闪黄。残高8.5、残长12.8厘米（图版二九，3）。

三、结　语

　　两墓破坏较为严重，随葬品很少，也无纪年文字出土，为我们判断年代带来一定困难。判断年代当参考本地区及周边地区的同类型墓葬，辅之以器物的对比。从墓葬形制看，东五百户砖室墓墓室为圆角弧边方形，带棺床。1992年发掘的蓟县白马泉晚唐墓M1墓室也为弧边方

0　　3厘米

图五　M2墓砖拓片

形，带棺床，只是白马泉唐墓的设计和施工工艺要高一些[1]。2007年发掘的蓟县上宝塔唐墓墓葬形制也与东五百户砖室墓相似[2]。总体上看，东五百户砖室墓与白马泉晚唐墓及上宝塔唐墓为同类墓葬，应属同一个时代。20世纪70年代发掘的北京昌平唐墓及清河唐墓的墓室也为弧边方形，与东五百户砖室墓的形制相似，而且东五百户M2出土的白瓷碗片与昌平唐墓出土的白釉碗在形制、胎质、釉色上很相似，应为同时代的产物[3]。参考比较天津及周边地区发掘的唐代墓葬来看，东五百户砖室墓应为唐代墓葬。

天津发现的唐墓较少，经科学发掘的有东丽军粮城唐墓1座[4]、蓟县白马泉唐墓2座、蓟县上宝塔唐墓1座。蓟县东五百户唐墓虽然破坏较为严重，出土随葬品不多，但为蓟县东南部山区第一次发现，依然是研究唐代墓葬不可多得的资料。

领　　队：相　军

照相、绘图：相　军

执　　笔：相　军

注　释

［ 1 ］　天津历史博物馆考古队、蓟县文物保管所：《天津蓟县白马泉晚唐墓》，《文物春秋》1996年第4期。

［ 2 ］　天津市文化遗产保护中心、蓟县文物保管所：《蓟县上宝塔唐墓》，《天津考古》（二），科学出版社，2013年。

［ 3 ］　北京市文物工作队：《北京市发现的几座唐墓》，《考古》1980年第6期。

［ 4 ］　天津市文化局考古发掘队：《天津军粮城发现的唐代墓葬》，《考古》1963年第3期。

蓟州塘坊唐墓三区发掘简报

天 津 市 文 化 遗 产 保 护 中 心
天 津 市 蓟 州 区 文 化 遗 产 保 护 中 心

　　2019年3～4月，因基本建设工程需要，天津市文化遗产保护中心组织对蓟州区津蓟挂
2018-004地块进行了考古勘探，发现唐至明清时期墓葬六十余座，同年5～8月对该墓地进行了
考古发掘。考古发掘区位于蓟州城区南部渔阳镇塘坊村南，南环路北侧、中昌北大街西侧，南
邻州河（图一），GPS坐标为北纬40°03′57″、东经117°28′04″。

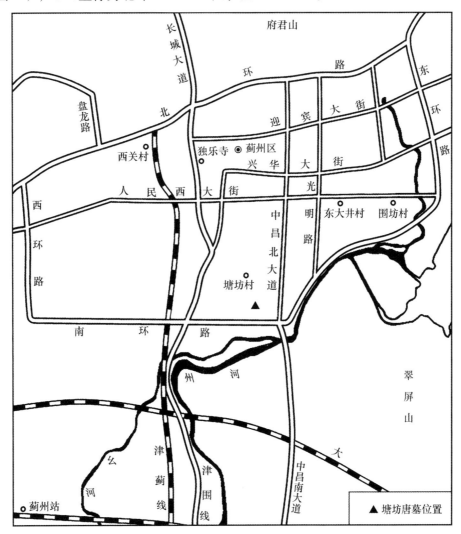

图一　塘坊唐墓位置示意图

一、墓葬结构与随葬品

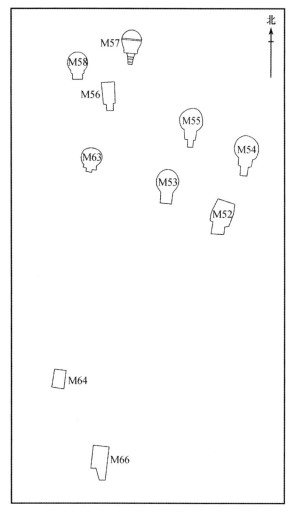

图二　三区墓葬分布示意图

塘坊遗址共分为三个区，其中三区发现的唐代墓葬数量最多（共10座），分布也最为集中有序（图二；图版三○，1），下面主要从墓葬形制结构及随葬品等方面对这批唐墓做一详细介绍。

（一）M52

1. 墓葬形制

M52位于三区的东南部，西北邻M53、北邻M54。开口于第2层下，打破生土，南北向，坐北朝南，墓室平面呈弧方形。墓口距地表0.5、南北总长4.6、东西宽1.7～3.1、墓底距墓口深1.4米。该墓由墓道、墓门、墓室三部分组成（图三；图版三一，1）。

墓道　位于墓门的南部，平面呈长方形台阶状，内填花土，土质较松。台阶宽0.6、深1米。

墓门　位于墓道的北部，墓室的南部，由于破坏，残留墓门东西两侧底层砖。长0.24、宽0.18、高0.12米。砖被处理加工过。门东西宽1.12、进深0.38米。

墓室　位于墓门的北部，由于被破坏严重，残留墓室圹南北长3、东西宽2.1～3.1米，未发现骨架及棺床。

2. 随葬品

共发现陶罐8件、陶三彩罐1件、陶盘2件。

陶罐　8件。完整或可复原5件，残3件。M52：11，仅残存口沿部分。泥质灰陶。微侈口，口沿内壁有一圈凹槽，圆唇，束颈。口径18厘米（图四，1）。M52：8，残存口沿及上腹部。泥质灰陶。微侈口，平沿，方唇，束颈，溜肩，鼓腹。口径9.4、腹径14.2厘米（图四，2）。M52：9，残存口沿及上腹部。泥质灰陶。微侈口，口沿内壁有一圈凹槽，圆唇，束颈，鼓腹，肩部有对称环状耳（残）。口径18厘米（图四，3）。M52：7，泥质灰陶。侈口，平

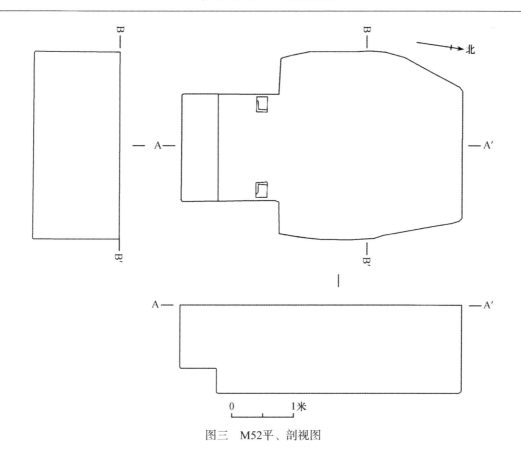

图三 M52平、剖视图

沿，圆唇，鼓腹，下腹斜收，平底。口径9.5、底径6.8、腹径17、通高16厘米（图四，4）。M52：2，泥质灰陶。微侈口，平沿，束颈，鼓腹，平沿。上腹部有一道弦纹。口径9.8、底径8、腹径16、通高15.8厘米（图四，5）。M52：4，泥质灰陶。侈口，圆唇，鼓腹，平底。口径13.8、底径9、腹径22.6、通高14.9厘米（图四，6）。M52：1，泥质灰陶。侈口，平沿，圆唇，鼓肩，腹微鼓，平底。口径9.8、底径8、腹径15、通高15厘米（图四，7）。M52：6，残，可复原。泥质灰陶。侈口，尖圆唇，束颈，鼓腹，平底。口径16、底径8.4、腹径21、通高17厘米（图四，8）。

陶三彩罐 1件。M52：3，底部残。敛口，圆唇，束颈，鼓腹。上腹部施白、黄、绿三种釉，其中绿釉略呈圆形均匀分布于器表，白釉呈圆点状分布于绿釉内，胎色呈红褐色。口径6.8、腹径9、底径4、残高6、壁厚0.35厘米（图五；图版三二，1）。

陶盘 2件。M52：5，泥质灰陶。敛口，尖圆唇，口沿下有一道凹槽，浅腹，平底。口径29.8、底径24、通高5厘米（图六，1）。M52：10，泥质灰陶。敛口，尖圆唇，口沿下有一道凹槽，浅腹，平底。口径29.8、底径24、通高5厘米（图六，2）。

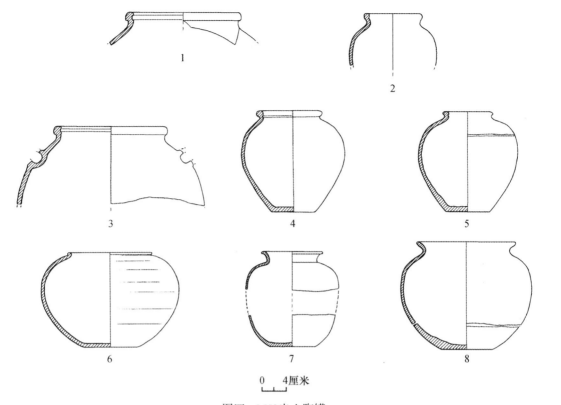

0 ├──┤ 4厘米

图四　M52出土陶罐

1. M52：11　2. M52：8　3. M52：9　4. M52：7　5. M52：2　6. M52：4　7. M52：1　8. M52：6

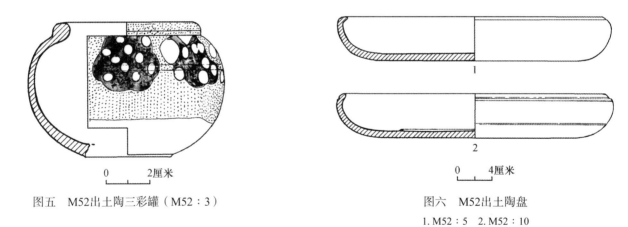

0 ├──┤ 2厘米

图五　M52出土陶三彩罐（M52：3）

0 ├──┤ 4厘米

图六　M52出土陶盘

1. M52：5　2. M52：10

（二）M53

1. 墓葬形制

　　M53位于三区的中部，东南邻M52、东北邻M55、西北邻M63。开口于第2层下，打破生土，竖穴土圹砖室墓，南北向，坐北朝南，墓室平面近似长椭圆形。墓口距地表0.3、南北总长4.6、东西宽3、墓底距墓口深1.1米。该墓由墓道、墓门、墓室三部分组成（图七）。

　　墓道　位于墓门的南部，平面呈长方形，内填花土，土质较松。墓道长1.7、深0.7～1.1

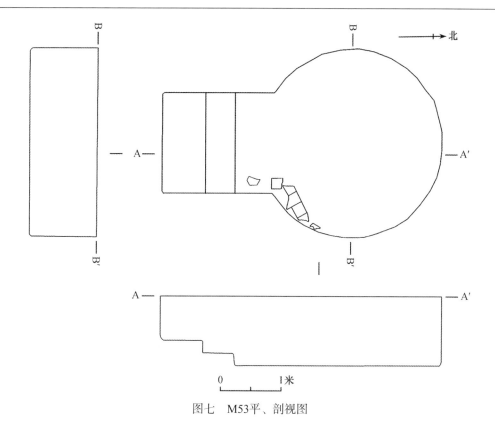

图七　M53平、剖视图

米。有两级台阶，第一级台阶宽0.7、深0.7米，第二级台阶宽0.5、深0.2米。

墓门　位于墓道的北部，墓室的南部，由于盗扰破坏，残留墓门圹。东西宽1.6米。残留东部半块砖。

墓室　位于墓门的北部，由于被破坏严重，墓室顶及墓室墙砖被盗扰一空，残留墓室东南部底层砖一层。厚0.06、残存长度1米。

2. 随葬品

陶盆　M53：3，泥质灰陶。敞口，平沿，口沿上有一道凹槽，方唇，斜直腹，平底。口径27、底径9.6、通高12厘米（图八，5）。

（三）M54

1. 墓葬形制

M54位于三区的东部，西南邻M52、西北邻M55。开口于第2层下，打破生土，南北向，坐北朝南，墓室平面近似椭圆形，竖穴土圹砖室墓。墓口距地表0.4、南北总长5.5、东西宽1～3.4、墓底距墓口深1.5米。该墓由墓道、墓门、墓室三部分组成（图九；图版三一，2）。

墓道　位于墓门的南部，平面呈长方形台阶状，内填花土，土质较松。墓道长1.2、宽1～1.9米。台阶面较平，有两级台阶。第一级宽0.56、深0.4米，第二级宽0.64、深0.64米。

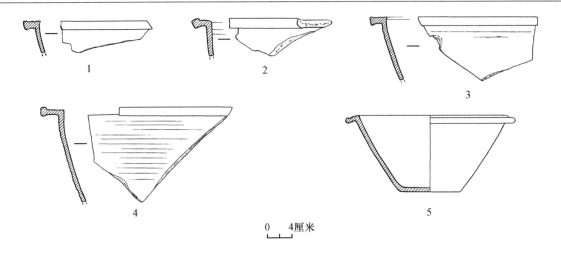

0　　4厘米

图八　出土陶盆

1. M54：2　2. M63：1　3. M54：3　4. M64：1　5. M53：3

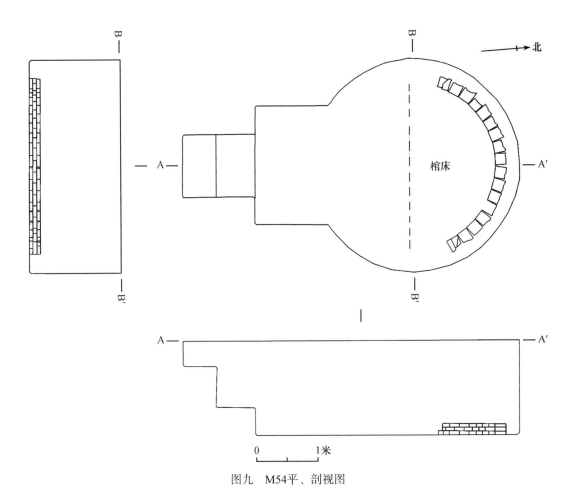

0　　1米

图九　M54平、剖视图

墓门 位于墓道的北部,墓室的南部,由于被破坏严重,残留土圹。土圹东西宽1.9、深1米。

墓室 位于墓门的北部,近似椭圆形,由于被破坏严重,墓室顶及四壁已无存,残留墓室北部3米长的底部基础砖三层,采用残砖长短不一致,南北向错缝垒砌。室内设有棺床,被破坏无存,残留棺床边线呈东西向,长约2.6米。

2. 随葬品

底部填土内出土铜镜1件、陶盆口沿2件。

铜镜 M54：1,雀绕花枝镜,圆纽,菱花形。直径9.6、厚0.35厘米。镜背面被两圈凸弦纹分为三区,内区有四只雀鸟与缠枝相间分布,绕纽飞翔,内外区之间四只鸾鸟与缠枝花叶纹相间

图一〇 M54出土铜镜（M54：1）

分布,绕镜一周,外区即镜缘处饰变形云纹和缠枝花叶纹（图一〇；图版三二,5、6）。

陶盆 M54：2,仅残存口沿部分。泥质灰陶。敞口,平沿,口沿上有一道凹槽,方唇,斜腹。残宽16、高4.8厘米（图八,1）。M54：3,仅残存口沿部分。泥质灰陶。敞口,平沿,口沿上有一道凹槽,方唇,斜直腹。残宽17.6、高9.4厘米（图八,3）。

（四）M55

1. 墓葬形制

M55位于三区的中部,东南邻M54、西南邻M53。开口于第2层下,打破生土,南北向,坐北朝南,墓室平面近似圆形。墓口距地表0.3、南北总长5.4、东西宽0.8～3.1、墓底距墓口深1.6米。该墓由墓道、墓门、墓室三部分组成（图一一）。

墓道 位于墓门的南部,平面呈长方形,有三级台阶。第一级台阶宽0.44、深0.6米,第二级台阶宽0.56、深0.3米,第三级台阶宽0.8、深0.6米。

墓门 位于墓道的北部,墓室的南部。墓门东西圹宽1.6、南北进深0.7米。墓门现被破坏无存。

墓室 位于墓门的北部,形状近似圆形,由于被破坏严重,墓顶及墓壁被破坏无存。墓室直径3.1米。墓室内北部设有棺床,呈东西向。东西长3.1、南北宽1.74米。棺床上面铺的砖被破坏无存,残留中部两块砖,呈南北向铺设,用砖规格为0.36米×0.18米×0.06米。未发现人骨和棺痕,棺床残高0.6米,棺床下为生土台。

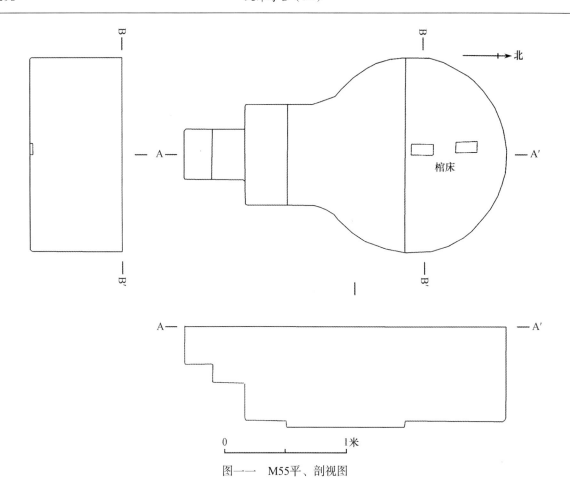

图一一　M55平、剖视图

2. 随葬器

无随葬品出土。

（五）M56

1. 墓葬形制

　　M56位于三区的中部，西北邻M58、东北邻M57、西南邻M63。开口于第2层下，打破生土，南北向，坐北朝南，平面近似长方"甲"字形。墓口距地表0.3、南北总长3.9、东西宽0.88~1.8、墓底距墓口深0.4米。该墓由墓道、墓门、墓室三部分组成（图一二）。

　　墓道　位于墓门的南部，平面呈长方形斜坡状。斜坡长1米。坡面较平，内填花土，土质较松。

　　墓门　位于墓道的北部，墓室的南部，由于被扰现已无存。

　　墓室　位于墓门的北部，形状近似梯形，由于被盗扰严重，墓顶墓室壁及墓室地均已无存。残留墓室南部两侧各有两块残砖，用砖规格为0.36米×0.18米×0.06米，未发现骨架。

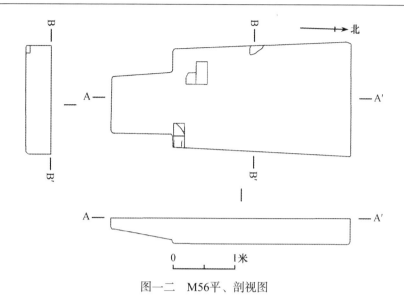

图一二　M56平、剖视图

2. 随葬品

无随葬品出土。

（六）M57

1. 墓葬形制

M57位于三区的北部，西邻M58。开口于第2层下，南北向，坐北朝南，平面近似椭圆形，竖穴土圹砖室墓。墓口距地表0.3、南北总长4.7、东西宽0.6～2.8、墓底距墓口深1.7米。该墓由墓道、墓门、墓室三部分组成（图一三）。

墓道　位于墓门的南部，平面呈长方形，内填花土，土质较松，有四级台阶。第一级台阶南北宽0.3米、深0.6米，第二级台阶南北宽0.4、深0.4米，第三级台阶南北宽0.3、深0.3米，第四级台阶南北宽0.5、深0.3米。

墓门　位于墓道的北部，墓室的南部。东西面宽1.24、南北进深0.34米。该墓门顶部和两壁被破坏无存，残存门两侧底层一层残砖。

墓室　位于墓门的北部，近似圆形，由于被破坏严重已无残存。墓室土圹直径2.8米。墓室北部设置有棺床，残留被破坏的棺床边沿痕迹，棺床呈东西向。南北宽1.4、东西长2.8米。未发现骨架。

2. 随葬品

无随葬品出土。

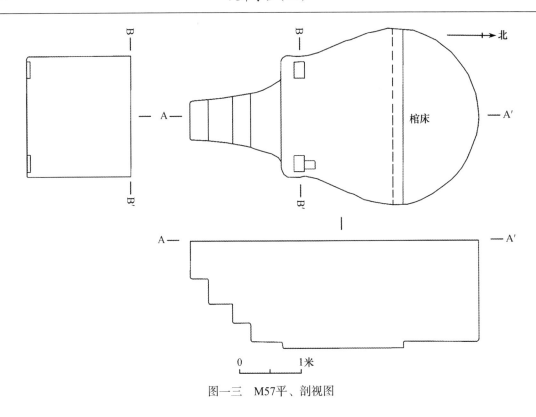

图一三　M57平、剖视图

（七）M58

1. 墓葬形制

M58位于三区的西北部，东北邻M57、东南邻M56。开口于第2层下，打破生土，南北向，坐北朝南，平面近似圆形，竖穴土圹砖室墓。墓口距地表0.3、南北总长3.7、东西宽1.4~2.8、墓底距墓口深0.9米。该墓由墓道、墓门、墓室三部分组成（图一四；图版三一，3）。

墓道　位于墓门的南部，平面呈长方形斜坡状。坡长0.9、宽1.4米。坡面较平，内填花土，土质较松。

墓门　位于墓道的北部，墓室的南部，由于被破坏，残留圹宽1.8、进深0.6米。墓门东侧残留一层底砖。长0.38、宽0.36米。用砖规格为0.36米×0.18米×0.06米。

墓室　位于墓门的北部，平面近似圆形，由于被破坏严重，墓顶及墓室壁砖结构全部无存。墓室内北部设有棺床，呈东西向，由于被破坏严重，断续残留棺床边砖一层，棺床面一小片区域有残砖铺砌，未发现骨架及棺痕，棺床内填花土。用砖规格为0.35米×0.18米×0.06米。

2. 随葬品

出土陶罐3件（图版三〇，2）、漆器1件（残损严重）。

陶罐　M58：1，泥质灰陶。敛口，鼓腹，口部外侧有一周细凹槽，肩部有两道弦纹，小平底。口径10.8、腹径21.8、底径8.6、通高12.7厘米（图一五，1；图版三二，2）。M58：3，

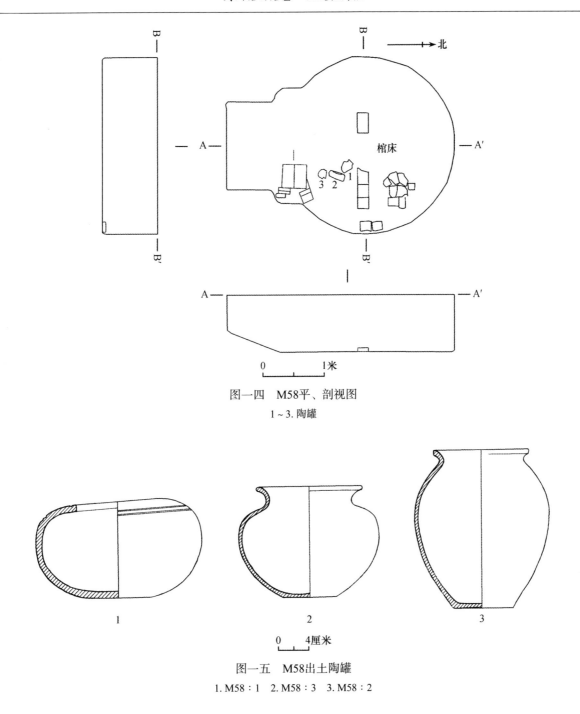

图一四　M58平、剖视图
1~3. 陶罐

图一五　M58出土陶罐
1. M58：1　2. M58：3　3. M58：2

泥质红陶。大敞口，束颈，鼓腹，平底。口径13.7、腹径18.4、底径7、通高14.2厘米（图一五，2；图版三二，4）。M58：2，夹砂灰陶。敞口，尖圆唇，溜肩，鼓腹，平底。口径12.6、腹径17.8、底径8.2、通高20.2厘米（图一五，3；图版三二，3）。

（八）M63

1. 墓葬形制

M63位于三区的中西部，东南邻M53、东北邻M56。开口于第2层下，打破生土，南北向，坐北朝南，平面近似呈圆形，竖穴土圹砖室墓。墓口距地表0.3、南北总长3.4、东西宽3.1、墓底距墓口深0.8米。该墓由墓道、墓门、墓室三部分组成（图一六；图版三一，4）。

墓道　位于墓门的南部，平面呈长方，内填花土，土质较松。有一级台阶，宽0.4、深0.5米。

墓门　位于墓道的北部，墓室的南部。墓门东西面宽0.66、南北进深0.54米。墓门顶、门壁被破坏无存，残留东壁底层砖。残高0.12、宽0.46米。西壁残留半块砖。残留封门砖呈东西向，残长0.54、宽0.06、高0.18米。门壁砖为平砖错缝砌制，用砖规格为0.35米×0.17米×0.05米。

墓室　位于墓门的北部，平面近似圆形，由于被破坏严重，墓室顶及四壁破坏无存，残留东半部底层砖。残宽0.18、厚0.18～0.2米。平砖错缝垒砌。用砖规格为0.36米×0.18米×0.06米、0.35米×0.17米×0.05米。

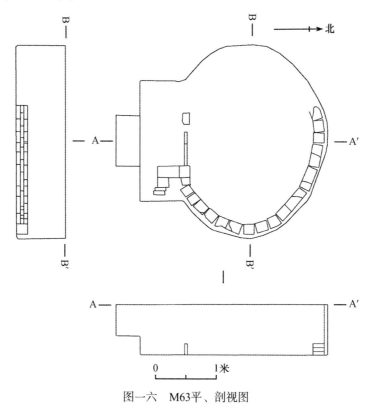

图一六　M63平、剖视图

2. 随葬品

　　陶盆　1件。M63：1，残存部分口沿及上腹部。泥质灰陶。敞口，平沿，口沿上有一道凹槽，方唇，斜直腹。残宽15、高7厘米（图八，2）。

（九）M64

1. 墓葬形制

　　M64位于三区的西南部，东南邻M66。开口于第2层下，打破生土，南北向，平面呈近似长方形（图一七），竖穴土圹砖室墓。墓口距地表0.3、墓圹南北长2.4、东西宽1.6、墓口距墓底0.8米。由于被盗扰破坏严重。墓室四壁砖、顶砖均无，残留墓室西部偏南一块残砖，未发现骨架、棺线，填土内清理出有宽沟状纹残砖，内填花土，土质较松。

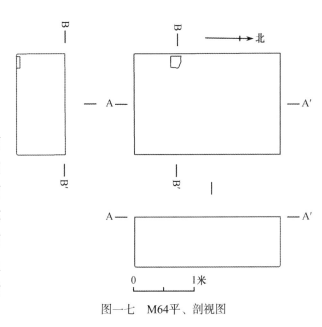

图一七　M64平、剖视图

2. 随葬品

　　陶盆　1件。M64：1，仅残存口沿部分。泥质灰陶。敞口，平沿，方唇，斜直腹。器表有横向弦纹（图八，4）。

（十）M66

1. 墓葬形制

　　M66位于三区的南部，西北邻M64。开口于第2层下，打破生土，南北向，平面近似"刀"形，竖穴土圹石头墓。墓口距地表0.4、墓圹南北总长4.5、东西宽1.1～2.2、墓口距墓底0.7米。该墓由墓道、墓室两部分组成（图一八）。

　　墓道　位于墓室的南部，呈长方形，有一级台阶，内填花土，土质较松。墓道口距底深0.4～0.7米。台阶南北宽0.5、深0.4米。

　　墓室　位于墓道的北部，近似长方形，由于被破坏严重，墓室顶、室壁面目全非，残留西部、北部和东部一部分石块，该墓由大小不均的石块垒砌而成，未发现骨架。

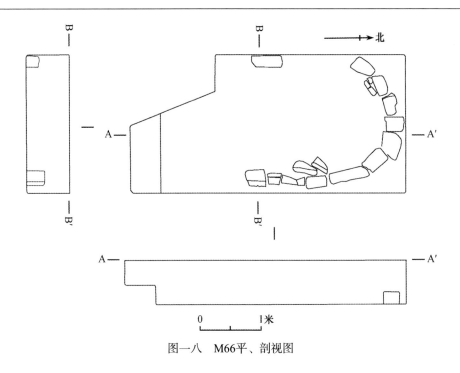

图一八　M66平、剖视图

2. 随葬品

无随葬品出土。

二、墓葬形制及年代

这批墓葬均未出土有明确纪年的遗物，但通过对墓葬形制、随葬品等方面的分析，可推知墓葬的相对年代。

1. 墓葬形制的类型分析

这10座墓葬均为竖穴土圹墓，其中9座砖室墓、1座石室墓。根据整体形制可分为带墓道的圆（椭圆）形墓（6座）、长方（弧方）形墓（2座）、刀形墓（1座）和不带墓道的长方形墓（1座）四类。

M53～M55、M57、M58、M63为墓室平面呈圆（椭圆）形的砖室墓，此种形制的墓葬在本地区唐代、辽代和金代墓葬中均有发现，尤以唐辽时期为主，北京大兴四合庄唐墓M1、M2[1]、北京大学第一医院唐墓M1[2]均为此类型。

M52为墓室弧方形带台阶状墓道的砖室墓，M56为长方形墓室带斜坡墓道的砖室墓，这类墓葬形制为也是本地区典型的唐代风格墓葬，北京大兴新城北区12号地唐墓M3～M5[3]，河北雄安新区安新县涞城东遗址唐墓M5[4]均为此类型。M64为长方形竖穴土圹砖室墓，无墓道；M66为中小型刀形土圹石室墓，这两种形制的墓葬在本地区较为少见，但是在其他地区也是唐墓的常见类型，河南偃师杏园唐墓M9316[5]、M9302、M9316等即为此类型。

2. 随葬品的年代分析

M54出土的菱花形雀绕花枝镜（M54：1），是流行于盛唐时期的典型器，这件铜镜与中宗神龙二年（706年）宋祯墓（偃师杏园M1008）[6]出土者纹饰非常相似，与玄宗开元十七年（729年）杏园袁氏墓[7]出土者形制相似、纹饰略有区别，按照菱花形镜和雀绕花枝镜演变规律，菱花镜始铸于盛唐中期武则天长寿年间，而雀绕花枝镜始于稍晚的中宗时期，一直流行百年之久。由上可知，M54所出铜镜应是雀绕花枝镜鼎盛时期的产物，其流行年代也应在此区间内，即8世纪中叶。

M52出土了双系陶罐（M52：9），双系陶罐作为本地区唐代墓葬中的典型器物，仅见于唐代早期的墓葬中，典型墓例如邯郸焦阿毛夫妇合葬墓[8]、河北鸡泽县郭行墓[9]、沧县前营村M2[10]、北京大兴新城北区12号地M5、M7[11]等；其中邯郸焦阿毛墓时代为开元二十六年（738年），鸡泽郭行墓时代为武周如意元年（692年），这两座纪年墓的时代都属于唐代早期。沧县前营村M2虽非纪年墓，但墓中出有三彩器出土，其年代也都为唐代早期，而M52也同样出土有三彩罐（M52：3）。该墓出土的敞口陶罐（M52：1）则与北京大兴新城北区12号地M5出土的陶罐（M5：4、M5：5）、M7出土的陶罐（M7：3）非常相似；陶盘（M52：5、M52：10）则与安新县涞城东遗址唐墓M6出土的陶盘（M6：2、M6：13）以及河北鸡泽唐BM4所出者（M4：9）相同。由此推测M52的年代应与这些周边地区唐墓接近，不晚于唐代中期偏早。

M58出土的3件完整陶罐时代特征也非常明显，陶罐（M58：1）与沧县前营村M2出土的瓷钵（M2：8）以及邯郸城区唐代墓群出土的所谓B型盂（M110：1）都非常相似，而另外两件陶罐（M58：2、M58：3）则与河北宣化2007年碧海云天唐墓M1出的Aa型陶罐（M1：6）相类，前文已知前营村唐墓和邯郸城区唐墓M110皆墓属唐代早期，而宣化碧海云天唐墓时代则为8世纪末9世纪初。综上判断，M58应不晚于唐中期。

其他墓葬均遭破坏更为严重，出土遗物非常少。其中M53、M54、M63、M64均出土了同一类型的陶盆残件，其中M53：3可修复，经比较发现与安新县涞城东遗址唐墓M5所出陶盆（M5：5）形制完全一致，故此这几座唐墓应也可推断为唐代中期。

除上述墓葬外，其他墓葬均无随葬品出土，仅有残存于墓葬底部的数量不等的墓砖出土，墓砖均为本地区典型的唐代粗绳纹砖，虽无法判定具体的年代，但结合墓葬形制佐证其为唐代墓葬应该是没有问题的。

三、结　　语

塘坊遗址三区唐墓分布集中，相距较近，朝向相同，形制相类，尤其北部的8座墓似乎按照一定的规律有序排列，且彼此之间无叠压打破关系，出土的同类器物形制基本相同，故推测它们可能属于同一家族墓地，并且时代相近。这批墓葬均被盗扰破坏严重，出土随葬品较少，但时代特征较为鲜明。根据出土器物推断，墓主主要为低级官吏和平民。

蓟州区甚至整个天津地区以前唐代墓葬的考古发现都很少，蓟州地区此前仅发现白马泉晚唐墓两座[12]，天津其他区域也只有军粮城地区零星发现了几座唐代墓葬[13]，本次发掘一次性集中发现十多座唐墓，极大地丰富了本地区的唐代墓葬资料，使我们对本地区唐代墓葬形制结构有了更加明确的认识，为研究本地区唐代丧葬习俗提供了宝贵资料，对进一步探索历史文化有着非常重要的意义。

领队：甘才超

发掘：甘才超 李 斌 文 璋

绘图：朱爱娟 刘坠生 甘才超

照相：甘才超 江美琪 张 瑞

执笔：甘才超 刘福宁 李 斌 文 璋

注　释

［1］ 北京市文物研究所：《北京大兴四合庄唐墓考古发掘简报》，《黄河·黄土·黄种人》2020年第20期。

［2］ 北京市文物研究所：《北京大学第一医院唐墓发掘简报》，《中国国家博物馆馆刊》2021年第10期。

［3］ 北京市文物研究所：《大兴新城北区12号地唐代墓葬发掘简报》，《文物春秋》2010年第4期。

［4］ 河北省文物考古研究院、安新县文物管理所：《河北雄安新区安新县涞城东遗址唐墓发掘简报》，《文物春秋》2020年第5期。

［5］ 中国社会科学院考古研究所：《偃师杏园唐墓》，科学出版社，2001年。

［6］ 中国社会科学院考古研究所：《偃师杏园唐墓》，科学出版社，2001年。

［7］ 中国社会科学院考古研究所：《偃师杏园唐墓》，科学出版社，2001年。

［8］ 邯郸市文物保护研究所：《邯郸城区唐代墓葬群发掘简报》，《文物春秋》2004年第6期。

［9］ 邯郸市文物保护研究所：《河北鸡泽县唐代墓葬发掘简报》，《文物春秋》2004年第6期。

［10］ 沧州市文物保护管理所、沧县文化馆：《河北沧县前营村唐墓》，《考古》1991年第5期。

［11］ 北京市文物研究所：《大兴新城北区12号地唐代墓葬发掘简报》，《文物春秋》2010年第4期。

［12］ 天津市文化遗产保护中心：《天津蓟县白马泉晚唐墓》，《文物春秋》1963年第3期。

［13］ 天津市文化局考古发掘队：《天津军粮城发现的唐代墓葬》，《考古》1963年第3期。

蓟州东后子峪辽代窑址发掘简报

天 津 市 文 化 遗 产 保 护 中 心
天津市蓟州区文化遗产保护中心

一、地 理 环 境

东后子峪窑址位于天津市蓟州区官庄镇东后子峪村北，战备路与燕山西大街交口东北侧 160～320米范围内（图一）。此地地处燕山南麓，西、北、东三面环山，地势北高南低，落差不大，相对平坦。山间树木茂密。紧邻遗址东部440米处有季节河道一条，现已干涸。遗址区域东距蓟州城区约4千米，西距三河市约13千米，南距东后子峪村约500米，北距平谷区约8千米。

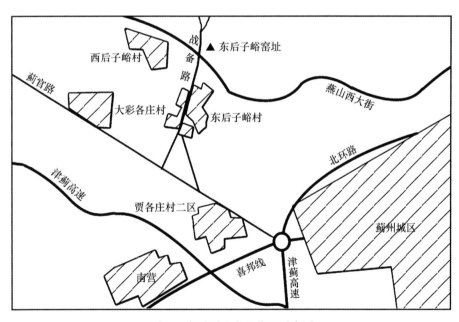

图一　东后子峪窑址位置示意图

二、发　掘　经　过

　　因蓟州区东方伊甸园项目工程文物保护工作需要，2019年12月，天津市文化遗产保护中心对该工程征地范围内经前期考古勘探发现的4座窑址（编号19JDY1～19JDY4，以下简称Y1～Y4）进行了考古发掘。

　　发掘区位于该建设项目地块西部。4座窑址自北向南依次分布，间距在10～30米。此次发掘共分成3个发掘区对其进行清理，布方3个（编号T1～T3），发掘面积236平方米（图二）。

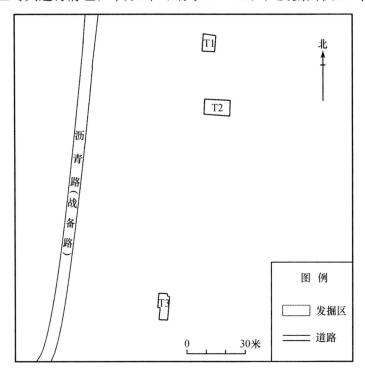

图二　发掘探方位置示意图

三、地　层　堆　积

　　东后子峪窑址发掘区分布较为分散，但堆积分布情况较为一致，整个遗址的地层堆积自上而下可分为3层。现以T1北壁为例（图三）进行简要介绍。

　　第1层：耕土。呈浅褐色，土质疏松。厚0.15～0.3米。含碎石和秸秆根茎等。

　　第2层：黄褐土，较致密。厚0.25～0.45米。含碎石及少量红砖块及灰陶片、瓦片，可辨器形有平底罐等，为1958年土地改革平整土地时所垫。

　　第3层：红褐色沙质黏土，较致密。厚0.05～0.3米。包含少量沟纹砖残块、灰陶片，可辨器形有平底罐等。Y1～Y4均开口于该层下。

　　第3层下为黄色生土。

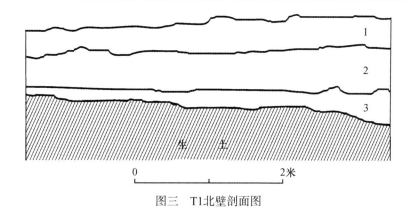

图三　T1北壁剖面图

四、遗　迹

1. Y1

单烟道马蹄形窑，半地穴式结构。位于T1中部，坐西朝东，方向92°。开口距地表埋藏深度0.4～0.5、东西通长5.36、南北宽1.2～4.4米。顶部不存，顶部下的窑体结构保存完好。由操作间、窑门、火膛、窑室、烟道五部分组成（图四；图版三三，1）。

操作间位于窑室东部。残存窑门附近的一小片区域，底部呈灰色，较硬，有明显的踩踏痕迹。内填有灰黑色土，土质较致密，包含红烧土块、灰渣等。东西残长1.1～1.35、南北宽0.84～1.4、残高0.05～0.42米。在清理操作间过程中出土少量绳纹砖残块、沟纹砖残块。

窑门已坍塌。位于窑室东部，操作间西部。内填灰色渣土，土质较致密，含木炭粒、红烧土块等。南北宽0.65、残高0.65米。

火膛位于窑门西侧，平面呈近椭圆形，中部明显内弧，可见火烧痕迹。火膛底部及四壁有青灰色烧结层，内填有少量草木灰和木炭残渣。东西长1、南北宽1.4、深0.06米。

窑室顶部已坍塌，无窑床。窑壁向上内收，烧结面保存较好。窑室底面相对平整，与方形烟道出风口基本处于同一水平面，坡度4°，青灰色烧结层上被大量木炭所覆盖。底面正中有两块细沟纹砖南北排列平行放置，无烧灼痕迹，用途不详。发掘过程中发现窑室西壁北侧有一缺角，可能是在建造时初次挖烟道时坍塌造成。填土为灰黑色花土，质地较为坚硬，含有黑色木炭粒和红烧土块，出土少量绳纹砖残块、沟纹砖残块。整个窑室东西长2.6、南北宽4、残高1.06米。

烟道一条，位于窑室西端中部外侧，距窑室西壁0.25米。平面近圆形，为先从生土竖向下挖后横向东挖与窑室相通，竖向部分上下内径一致，直径0.4、残高1.05米，横向部分进深0.35、宽0.3、高0.16米。烟道内填黄褐色花土，土质较致密，包含炭灰和红烧土块。清理过程中出土沟纹砖残块1件。

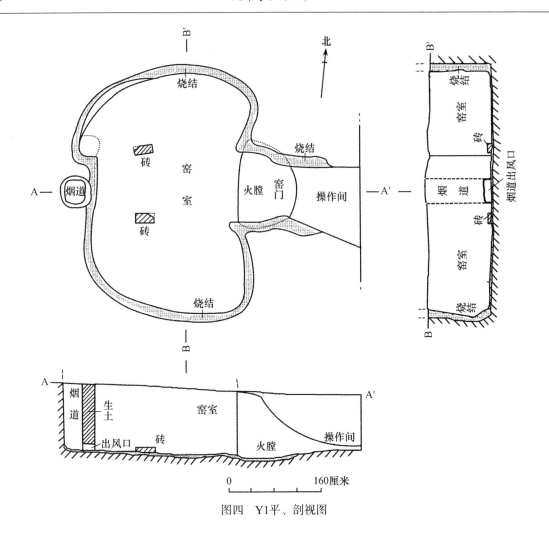

图四　Y1平、剖视图

2. Y2

单烟道马蹄形窑，半地穴式结构。位于T2西北部，坐西朝东，方向115°。东西通长5.35、南北宽0.9 ~ 2.3、距地表埋藏深度0.6米。由操作间、窑门、火膛、窑室、烟道五部分组成。清理过程中未见遗物出土（图五；图版三三，3）。

操作间位于窑室东端，大部分被现代沟打破。壁面较规整。底面呈东高西低缓坡状，踩踏痕迹明显，内填黑灰色花土，土质较致密，含有木炭颗粒和红烧土块等。东西残长0.9、南北宽0.6 ~ 1、残高0.5 ~ 0.6米。

窑门已坍塌，位于操作间西部，只剩门两侧向上拱曲的壁面。壁面呈红色。南北宽0.5、残高0.8米。填土可分为两层：上层为坍塌红烧土块堆积，含有石块、木炭粒等；下层为较疏松的灰褐色花土，含大量木炭粒、烧土块。

火膛大部位于窑门西部。平面近椭圆形，中部内弧，有明显的火烧痕迹。填土为黑灰色花土，质地较疏松，填土下为草木灰和炭灰粒。东西长1.1、南北宽0.4 ~ 0.5、残高0.75 ~ 0.8米。

窑室平面呈马蹄形，无窑床，窑室北部部分土坯顶券尚存。窑壁垂直底面向上内收，壁面青灰色结面保存较好。底面与烟道出风口齐平，西北高，东南低，坡度5°。底面呈黑色，

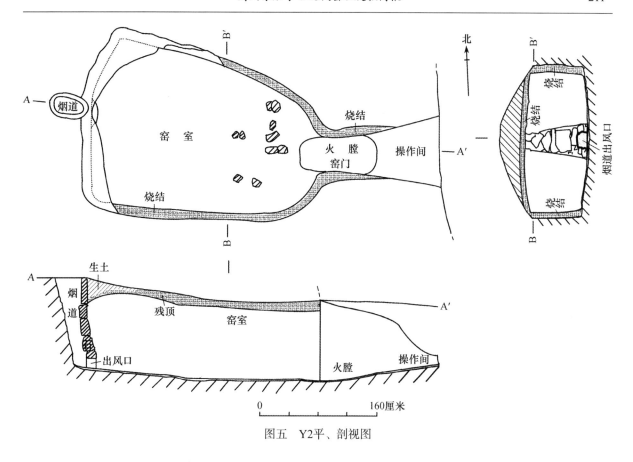

图五 Y2平、剖视图

散布大量木炭渣块。填土分为两层：上层为黑灰色花土，质地较为致密，包含红烧土块、黑色木炭颗粒和大块碎石；下层为灰褐色花土，较疏松，含大量木炭粒、烧土块。通长5.35、宽1.4~2.1、残高0.8~1.4米。

烟道一条，位于窑室西部，由土石堆砌而成。平面近椭圆形，部分凸出窑室西壁，应是先于窑室西壁掏挖竖向凹槽，再于内侧用石块筑成，凸出部位外围抹有泥皮，部分脱落露出石体。内填有黄褐色花土，土质较为坚硬，包含炭渣和红烧土块等。长径0.38、短径0.2、残高1.4米。

3. Y3

单烟道马蹄形窑，半地穴式结构。位于T3东部，坐东朝西，方向275°。东西通长3.6、南北宽0.68~2.2、距地表埋藏深度0.65米。由操作间、窑门、火膛、窑室、烟道五部分组成（图六；图版三三，2）。

操作间位于窑门西部，被现代沟打破大部分，只留下部分底面，底面保存较差，为灰褐色花土，质地较为疏松，含有少量木炭颗粒。东西残长0.85、南北宽0.9、残高1米。无遗物出土。

窑门已坍塌。位于操作间东侧，只留下拱曲的立面。内填灰色花土，较为疏松，含有木炭颗粒、红烧土块和碎石。长0.4、宽0.34、残高0.68米。无遗物出土。

火膛位于窑门东部，部分伸入操作间。平面近椭圆形，中部内弧，残留部分青灰色烧结层。内填灰色花土，较为疏松，含少量草木灰、木炭颗粒和红烧土块等。东西长1.02、南北宽

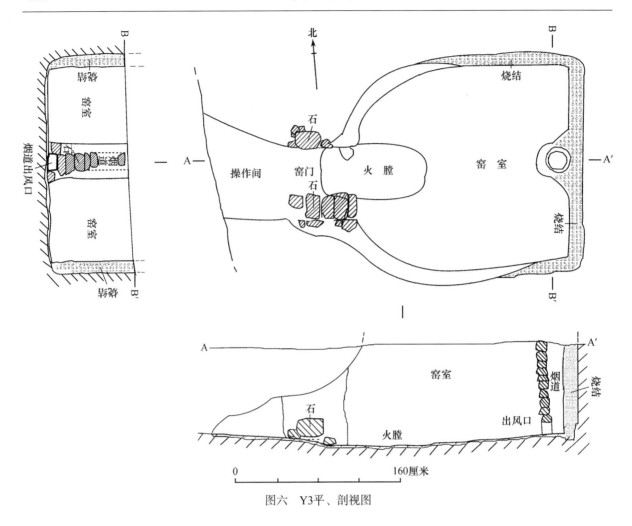

图六　Y3平、剖视图

0.51、高0.1米。无遗物出土。

　　窑室位于窑门东侧，无窑床。顶部已坍塌。窑壁垂直窑底，覆盖青灰色烧结面，个别区域烧结面剥落，露出红烧土。底面保存较差，烧结大部已不复存在，留下灰褐色花土，质地较为疏松，包含少量木炭颗粒。东西长2.14、南北宽0.68～1.9、残高0.71～0.95米，坡度5°。填土内出土少量沟纹砖残块、陶片。

　　烟道一条，位于窑室东壁中部。平面为圆形，口大底小。烟道壁凸出窑壁，由石块堆砌而成，砌筑方式与Y2相同。凸出部分抹有泥皮，已呈青灰色烧结，部分脱落露出石体。下部有方形烟道通风口。直径0.17、残高0.88米。内填有黑灰色花土，较坚硬，含有木炭颗粒。无遗物出土。

4. Y4

　　双烟道矩形窑，半地穴式结构。位于T4中部，坐北朝南，方向177°。南北通长12.25、东西宽0.5～1.75、开口距地表深0.65～0.75米。窑炉整体由北向南倾斜，坡度5°。顶部不存，顶部下的窑体结构保存完好。由操作间、窑门、火膛、窑室、烟道五部分组成（图七；图版三三，4）。

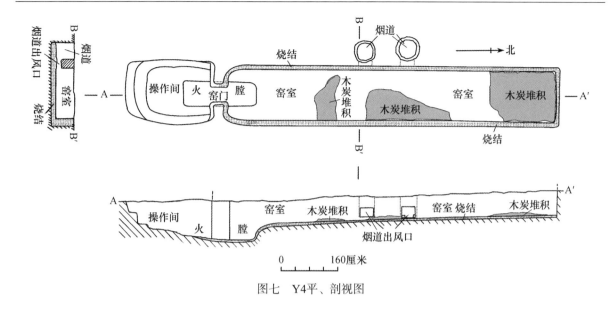

图七　Y4平、剖视图

操作间位于窑门南部，平面呈不规则椭圆形，四壁垂直向下内收。形制规整，壁面为黄褐色生土，南部似砌上下踏步3级。底面可分上下两层。上层底面经砖铺处理，铺砖均为沟纹砖，有红色砖和青色砖两种，在近窑门处还立有一近似圆柱形大石墩。内填灰色花土，质地较为疏松，含少量沟纹砖残块及红烧土颗粒、木炭粒。下层底面为黄褐色生土，较硬，有明显的踩踏痕迹。下层与上层间隔0.3米，其中填有灰色花土，较为致密，包含少量木炭颗粒和红烧土块等，应是二次利用所垫。整个操作间南北长2.2、东西宽1.75、残高0.75～1米。出土大量沟纹砖残块。

窑门位于操作间北部。已残缺，立面呈拱形。顶部已被破坏，内外两侧呈红色烧结。长0.4～0.7、宽0.5、残高0.7米。未见遗物出土。

火膛大部分位于窑室南部，部分穿过窑门深入操作间。平面呈南北长东西宽的圆角长方形，中部内弧。火膛内含有大量草木灰，较疏松，含有大量炭渣和红烧土块等，底部有明显的青灰色烧结层。南北长2.1、东西宽0.7、高0.2～0.36米。未见遗物出土。

窑室位于窑门北部，平面呈直角长方形。顶部已坍塌。两壁垂直底面，红色烧结面保存较好。底面较为平整，无窑床，平面覆盖红色烧结层。其上分布有大量木炭堆积。填土为黑灰色花土，土质较为致密，包含大量木炭渣块、红烧土块和沟纹砖残块。南北长9.5、东西宽1.35～1.4、残高0.6～0.7、底面烧结层厚0.08米。在窑室北部出土两块相对完整的沟纹砖，窑室中部出土残铁器1件。

烟道两条，位于西壁中部外侧，呈南北向排列，间距0.8米。两烟道形制一致，平面呈圆形，上下直径一致，为生土向下掏挖而成，下部均横向东挖与窑室相通，有方形出风口。烟道内壁被熏烤成带有黑色炭渣的烧结层。内填黑灰色花土，较疏松，含有炭渣和红烧土块等。南烟道距离窑壁0.25、直径0.45、残高0.6米，横向部分进深0.7、宽0.38、高0.25米；北烟道距离窑壁0.35、直径0.5、残高0.6米，横向部分进深0.85、宽0.4、高0.3米。未见遗物出土。

五、遗　物

窑址内出土遗物以残砖块为主，铁器残件一件，砖可分为沟纹砖和绳纹砖两种，现分别加以介绍。

（一）砖

绳纹砖　只出土于Y1。标本Y1：1，残，出土于操作间。砖体呈青灰色，一面素面，一面绳纹，绳纹纹饰已模糊。残长10.2、宽14.5、厚6厘米（图八，1；图版三四，3）。

细沟纹砖　厚度5.5～6.3厘米。标本1 Y4：1，出土于Y4窑室北部。砖体呈红色，一面为素面，一面为细沟纹。沟纹走向略倾斜，共23道。长42.9、宽21、厚5.5厘米（图八，4；图版三四，1）。标本2 Y1：5，残。出土于Y1操作间，砖体呈青灰色，一面素面，一面细沟纹。沟纹走向较直，共29道。残长16.3、宽17.2、厚5厘米（图八，2）。

粗沟纹砖　不见于Y1。标本1 Y4：3，残，出土于Y4操作间。砖体呈青灰色，一面素面，一面粗沟纹。沟纹间距较宽，走向较直，沟宽8、间距0.4～1.2、残长10、宽6、厚5.5厘米。标本2 Y3：1，残。出土于Y3窑室内填土底部，砖体呈青灰色，一面素面，一面粗沟纹。沟纹间距较宽，走向较直，间距1.2厘米。残长9、残宽11.2、厚5厘米（图八，3；图版三四，4）。

图八　出土青砖标本

1.绳纹砖（Y1：1）　2、4.细沟纹砖（Y1：5、Y4：1）　3.粗沟纹砖（Y3：1）

（二）铁器残件

共1件，出土于Y4窑室中部。Y4∶8，残，似铁犁刃部，纵剖面呈"人"字形，尖部呈刃状。残长11.1、残宽6.02、残高0.5～3厘米（图九；图版三四，2）。

六、结　语

Y1～Y3均为马蹄形窑炉，属于北方传统的陶窑形制。通过分析窑室内无窑床结构且底部散布大量木炭渣块，而无砖坯、瓦坯出土这一现象，初步判断这3座窑炉应为烧制木炭的炭窑；Y4形制与其他三座窑不同，与天津蓟县小毛庄Y1[1]、天津蓟县东营房Y1[2]形制特征较为相似。在发掘过程中四座窑址均未发现有堆砌青砖、瓦的痕迹，虽有燃烧不完全、火候不高的红色砖块出土，但是否为砖窑还有待商榷。这四座窑的操作间、窑门、窑壁均为生土，窑体应是从上向下掏挖而成。在窑体完成后再挖烟道与之相连，形成内外相通的完整的排烟系统。从遗址出土较多的沟纹砖块来看，四座窑址出的沟纹砖与天津蓟县东营坊Y1[2]、大兴北程庄M18∶28[3]、北京龙泉务辽代墓葬[4]出土的粗、细沟纹砖特征较为一致，初步判定窑址的年代为辽代。东后子峪窑址的发掘虽然出土遗物并不丰富，但形制功能很有特点，为天津地区同时期窑址的研究提供了难得的个案材料。

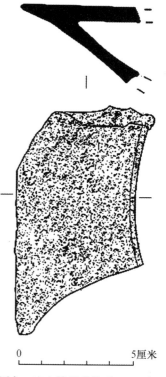

图九　出土铁器残件（Y4∶8）

领　　　队：甘才超

发　　　掘：甘才超　李　斌　刘福宁　胡　斌

绘　　　图：李　斌

文物修复、拓片：雷金夫

执　　　笔：李　斌

注　释

［1］　天津市文化遗产保护中心、蓟县文物保管所：《蓟县小毛庄唐代窑址发掘简报》，《天津考古》（一），科学出版社，2013年。

［2］　天津市文化遗产保护中心、蓟县文物保管所：《蓟县东营房金代窑址及明清墓地发掘报告》，《天津考古》（二），科学出版社，2013年。

［3］　北京市文物研究所：《大兴北程庄墓地——北魏，唐、辽、金、清代墓发掘报告》，科学出版社，2010年。

［4］　北京市文物研究所：《北京龙泉务辽金墓葬发掘报告》，科学出版社，2009年。

宝坻卷子村金墓发掘简报

天津市文化遗产保护中心

天津市宝坻区文化馆

2020年6月18日，宝坻区新开口镇卷子村村民在挖垃圾坑时发现一处古代墓葬。天津市文化遗产保护中心接到报告后，派遣专业技术人员赴现场调查，墓葬位于卷子村西北约170米的一片林地内（图一），墓葬顶部因挖掘机碾压已塌陷，暴露出近圆形墓室。为保护文物，避免施工对墓葬造成进一步破坏，在报请市文物局批准后，天津市文化遗产保护中心联合宝坻区文化馆对墓葬进行抢救性考古发掘。现将该墓葬（编号2020TBJM1，以下省略2020TBJ）具体情况简报如下。

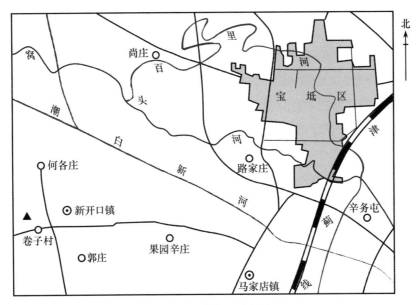

图一　墓葬位置示意图

一、墓葬形制

M1为圆形砖室墓，由墓道、墓门、墓室组成。墓道朝南，方向192°。墓圹总长5.32、最大宽度3.6、墓口距地表0.8、墓口距墓底深1.73米（图二；图版三五，1）。

墓道位于南部，为阶梯式，平面呈长方形。墓道总长1.8、宽1.1、距墓口深0.7～1.75米。

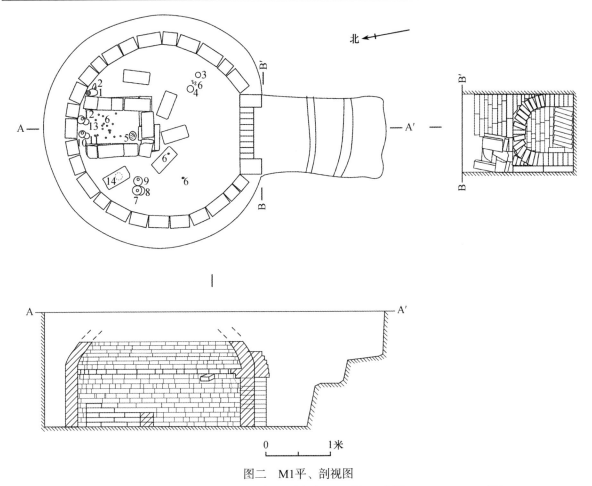

图二 M1平、剖视图

1. 瓷鸡腿瓶　2、3、8、9、11、13. 瓷碗　4. 陶灯碗　5. 石块　6. 铜钱　7、10、12、14. 瓷盘

墓道由上至下共修筑台阶2级，台阶壁均向内倾斜，由上至下依次为：台阶一，长0.56、高0.35米；台阶二，长0.5、高0.67米。墓门到最下一级台阶距离为0.61米。

墓门南接墓道，与墓室相连，为仿木结构，顶部已经坍塌。拱形券门，左右两壁券脚直接砌在墓底平面上，先用青砖南北向平砌6层后侧砖丁砌起券，砖与砖之间以泥土填缝，券门右侧紧贴墓圹，券门左侧用2块素面青砖侧立砌制成立颊；立颊之上为用一层砖平砌的横枋，凸出于券顶；横枋之上左半部分坍塌，结构不甚清晰，右半部分为6层青砖错缝叠砌，逐层内收。券洞用青砖封堵，封门砖封堵方式为最下一层竖立9块青砖，其上6层青砖错缝平铺。墓门总宽1.21、高1.13、券门宽0.78、进深0.38、高0.75米。

墓室位于墓门北侧，为简单仿木结构，平面呈圆形，顶部已部分坍塌。墓室直径2.5米左右，残高1.28米。墓室底与墓门底齐平，未见铺地砖，有少量淤土。墓室上部为穹隆顶，下部除墓门券顶内侧与阑额凸出外，周壁上下较直，墓室内侧均抹有一层白灰，但大部分已经脱落。墓室周壁高0.8、自墓底用残半素面青砖以平砖错缝叠砌，以泥土填缝。周壁上为一周凸出墓室约5厘米的青砖，形成室内阑额。灯台为整块青砖，位于墓室东壁近墓门处，恰突出于阑额之下（图版三五，2）。阑额之上起券，以泥土填缝，用残半青砖错缝砌筑。砖棹位于墓室北部，与墓壁相连，平面呈长方形，东西宽0.9、南北长1.08、棹壁为青砖错缝叠砌，现残存三层青砖，椁室顶部青砖已经坍塌，结构不甚清楚（图版三五，3）。砖椁内残存骨灰、糟朽木屑，以及铜钱、瓷碗、瓷盘、石块等。

墓室构筑所用青砖可分为两种，周壁和穹隆顶多用残半青砖，宽18~19、厚5.5~6.5厘米，部分青砖砌在墙体内的砖面上带有彩绘；砖椁和券门、封门砖所用多为整砖，长40~40.5、宽18~19、厚6~6.5厘米，部分青砖正面压印有手掌纹。

二、出土器物

M1出土器物14件（套），其中瓷器11件、陶器1件、石器1件，铜钱105枚。另采集有墓砖标本10件，在此一并介绍。

瓷鸡腿瓶　1件。M1：1，缸胎，外施茶叶末釉。小芒口，短颈，弧腹，平底。器底露胎无釉，肩部以下饰凹弦纹，肩部及下腹部有窑具支烧时留下的垫痕。口径7、底径6.8、最大腹径13.6、通高43厘米（图三，5；图版三五，4）。

瓷碗　6件。形制基本相同。侈口，圆唇，斜弧腹较浅，圈足微外撇。胎质较粗，内壁及口沿处施化妆土，外施透明釉，内底刮削一周涩圈，外壁施釉不及圈足，施釉部分有化妆土处呈黄绿色，无化妆土处呈青灰色。M1：2，口沿处有积釉，内底饰褐色✳状星纹。口径11.7、底径4.8、通高3.6厘米（图三，2）。M1：3，口沿处有积釉，外壁修坯痕迹明显，内底饰褐色✳状星纹。口径11.8、底径4.6、通高3.5厘米（图三，1；图版三五，5）。M1：8，已修复。口沿处有积釉，内底有粘连痕迹，外壁修坯痕迹明显，内壁饰三组褐色✳状星纹。口径11.6、底径4.9、通高3.4厘米（图四，1）。M1：9，口沿处有积釉，内底涩圈处有较多支砂，有粘连痕迹，外壁修坯痕迹明显，内壁饰三组褐色✳状星纹。口径11.9、底径4.8、通高3.6厘米（图四，2）。M1：11，碗口变形扭曲，外壁修坯痕迹明显，内底涩圈处有较多支砂，内壁饰三组褐色✳状星纹。口径11.4、底径5、通高3.4厘米（图四，3；图版三五，6）。M1：13，口沿处有积釉，内底涩圈处有较多支砂，内壁饰三组褐色✳状星纹。口径11.9、底径4.7、通高3.4厘米（图四，4）。

瓷盘　4件。形制基本相同。侈口，口沿外撇，腹壁斜直略曲，圈足，挖足较浅。胎质较粗，内壁及口沿处施化妆土，外施透明釉，内底刮削一周涩圈，外壁施釉不及圈足，施釉部分有化妆土处呈黄绿色，无化妆土处呈青灰色。M1：7，口径14、底径5.4、通高2.2厘米（图四，5）。M1：10，口径14.2、底径5.7、通高2.2厘米（图四，7）。M1：12，器物有轻微变形。口径14.2、底径5.4、通高2.3厘米（图四，8；图版三六，1）。M1：14，口径13.6、底径5.2、通高2.2厘米（图四，6）。

陶灯碗　1件。M1：4，泥质灰陶。敞口，尖唇，斜弧腹，下腹内收，饼形足。内底饰旋涡纹，足底有绳切纹，口沿处残存油污及烟熏痕迹。口径8.1、底径4.8、最大腹径9、通高2.9厘米（图三，4；图版三六，2）。

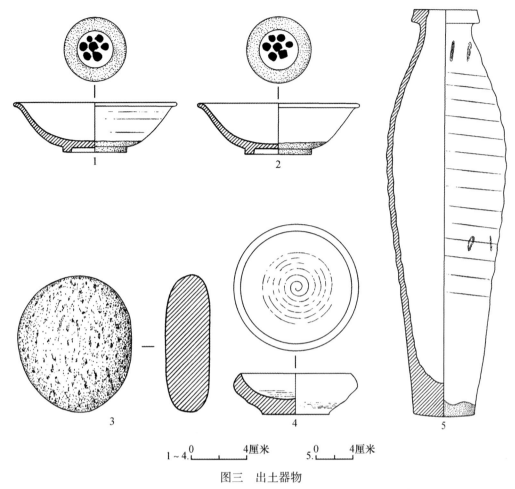

图三 出土器物

1、2. 瓷碗（M1：3、M1：2） 3. 石块（M1：5） 4. 陶灯碗（M1：4） 5. 瓷鸡腿瓶（M1：1）

石块 1件。M1：5，白色卵石。饼状，平面呈不规则椭圆形。长径9.6、短径8.2、厚3.2厘米（图三，3；图版三六，3）。

铜钱 105枚。大部分出土于砖椁底部，其余散布在砖椁周围，均锈蚀，以北宋铜钱为主，有少量唐代铜钱，仅发现1枚金代铜钱。钱币总类近20种，钱文书法各体兼备，真、隶、篆、行等书体俱有，版别也较多，通宝、重宝、元宝均有。现分别予以介绍。

开元通宝 7枚。M1：6-1，小平钱，圆形，方穿，钱文隶书，对读，光背。直径2.5、穿径0.7、厚0.1厘米，重3.5克（图五，1）。

乾元重宝 1枚。M1：6-2，小平钱，圆形，方穿，钱文隶书，对读，光背。直径2.3、穿径0.7、厚0.1厘米，重2.5克（图五，2）。

淳化元宝 2枚。M1：6-3，小平钱，圆形，方穿，钱文真书，对读，光背。直径2.4、穿径0.6、厚0.1厘米，重3.3克（图五，3）。

至道元宝 2枚，有隶、行两种字体。M1：6-4，小平钱，圆形，方穿，钱文行书，旋读，光背。直径2.4、穿径0.7、厚0.1厘米，重3.6克（图五，4）。M1：6-5，小平钱，圆形，方穿，钱文隶书，旋读，光背。直径2.5、穿径0.8、厚0.1厘米，重2.9克（图五，5）。

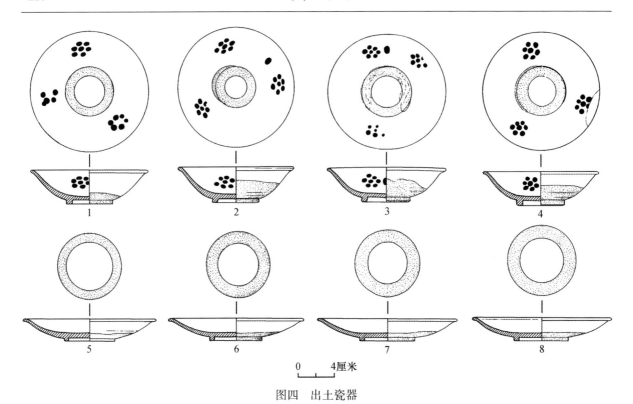

图四　出土瓷器

1~4. 碗（M1：3、M1：9、M1：11、M1：13）　5~8. 盘（M1：7、M1：14、M1：10、M1：12）

景德元宝　3枚。M1：6-6，小平钱，圆形，方穿，钱文真书，旋读，光背。直径2.3、穿径0.6、厚0.1厘米，重3.2克（图五，6）。

祥符通宝　2枚。M1：6-7，小平钱，圆形，方穿，钱文真书，旋读，光背。直径2.5、穿径0.7、厚0.1厘米，重3.6克（图五，7）。

祥符元宝　3枚。M1：6-8，小平钱，圆形，方穿，钱文真书，旋读，光背。直径2.5、穿径0.8、厚0.1厘米，重3.9克（图五，8）。

天禧通宝　2枚。M1：6-9，小平钱，圆形，方穿，钱文真书，旋读，光背。直径2.5、穿径0.7、厚0.1厘米，重3.5克（图五，9）。

天圣元宝　6枚。M1：6-10，小平钱，圆形，方穿，钱文真书，旋读，光背。直径2.4、穿径0.8、厚0.1厘米，重3克（图五，10）。

皇宋通宝　11枚。M1：6-11，小平钱，圆形，方穿，钱文真书，对读，光背。直径2.5、穿径0.8、厚0.1厘米，重3.5克（图五，11）。M1：6-27，小平钱，圆形，方穿，钱文篆书，对读，光背。直径2.5、穿径0.8、厚0.1厘米，重3.5克。

景祐元宝　1枚。M1：6-25，小平钱，圆形，方穿，钱文真书，旋读，光背。直径2.5、穿径0.8、厚0.1厘米，重3.2克。

嘉祐通宝　8枚，有真、篆两种字体。M1：6-12，小平钱，圆形，方穿，钱文真书，对读，光背。直径2.5、穿径0.8、厚0.1厘米，重2.5克（图五，12）。M1：6-26，小平钱，圆形，方穿，钱文篆书，旋读，光背。直径2.3、穿径0.6、厚0.1厘米，重3.2克。

图五　出土铜钱拓片

1. 开元通宝（M1∶6-1）　2. 乾元重宝（M1∶6-2）　3. 淳化元宝（M1∶6-3）　4、5. 至道元宝（M1∶6-4、M1∶6-5）

6. 景德元宝（M1∶6-6）　7. 祥符通宝（M1∶6-7）　8. 祥符元宝（M1∶6-8）　9. 天禧通宝（M1∶6-9）　10. 天圣元宝

（M1∶6-10）　11. 皇宋通宝（M1∶6-11）　12. 嘉祐通宝（M1∶6-12）　13、14. 治平元宝（M1∶6-13、M1∶6-14）

15. 熙宁元宝（M1∶6-15）　16、17. 元丰通宝（M1∶6-16、M1∶6-17）　18～20. 元祐通宝（M1∶6-18、M1∶6-19、M1∶6-20）

21. 绍圣元宝（M1∶6-21）　22. 大观通宝（M1∶6-22）　23. 政和通宝（M1∶6-23）　24. 正隆元宝（M1∶6-24）

治平元宝　3枚，有真、篆两种字体。M1：6-13，小平钱，圆形，方穿，钱文篆书，旋读，光背。直径2.4、穿径0.7、厚0.1厘米，重3.2克（图五，13）。M1：6-14，小平钱，圆形，方穿，钱文真书，旋读，光背。直径2.4、穿径0.7、厚0.1厘米，重2.5克（图五，14）。

熙宁元宝　7枚，有真、篆两种字体。M1：6-15，小平钱，圆形，方穿，钱文真书，旋读，光背。直径2.4、穿径0.7、厚0.1厘米，重3.6克（图五，15）。

元丰通宝　17枚，有行、篆两种字体。M1：6-16，小平钱，圆形，方穿，钱文篆书，旋读，光背。直径2.4、穿径0.7、厚0.1厘米，重3.6克（图五，16）。M1：6-17，小平钱，圆形，方穿，钱文行书，旋读，光背。直径2.4、穿径0.8、厚0.1厘米，重3.4克（图五，17）。

元祐通宝　6枚，有行、篆两种字体。M1：6-18，小平钱，圆形，方穿，钱文行书，旋读，光背。直径2.5、穿径0.7、厚0.1厘米，重2.7克（图五，18）。M1：6-19，小平钱，圆形，方穿，钱文行书，旋读，光背。直径2.5、穿径0.7、厚0.1厘米，重2.3克（图五，19）。M1：6-20，小平钱，圆形，方穿，钱文篆书，旋读，光背。直径2.4、穿径0.7、厚0.1厘米，重3.9克（图五，20）。

绍圣元宝　1枚。M1：6-21，小平钱，圆形，方穿，钱文篆书，旋读，光背。直径2.4、穿径0.7、厚0.1厘米，重3.2克（图五，21）。

大观通宝　1枚。M1：6-22，小平钱，圆形，方穿，钱文真书，对读，光背。直径2.4、穿径0.7、厚0.1厘米，重3克（图五，22）。

政和通宝　2枚，有真、篆两种字体。M1：6-23，小平钱，圆形，方穿，钱文篆书，对读，光背。直径2.5、穿径0.7、厚0.1厘米，重4克（图五，23）。

正隆元宝　1枚。M1：6-24，小平钱，圆形，方穿，钱文真书，旋读，光背。直径2.4、穿径0.7、厚0.1厘米，重3.1克（图五，24）。

墓砖　可分为两种。

第一种：墓室周壁和穹隆顶建造用砖多为残半青砖，部分带有彩绘，绘制方法为先在砖面上涂刷一层薄薄的白灰，彩绘直接绘制在白灰层表面，彩绘颜色以红黑色为主。M1：18，为红黑相间的线条。长37.5、宽19、厚5.5厘米（图版三六，4）。M1：21，两侧为红黑两条宽弦纹，中间为主体纹饰带。残长18.5、宽21、厚6厘米。M1：24，周边为红黑两条宽弦纹，中间为主体纹饰带，绘制有缠枝纹。残长29、宽18.5、厚6厘米（图版三六，5）。

第二种：砖椁及券门用砖，多为完整青砖，烧成温度较低，胎体较酥松，部分青砖正面印有右手手掌纹。M1：15，长40.5、宽19、厚6厘米（图六，1）。M1：16，长40.5、宽19、厚6厘米（图六，2；图版三六，6）。M1：17，长40、宽19、厚6.5厘米（图六，3）。

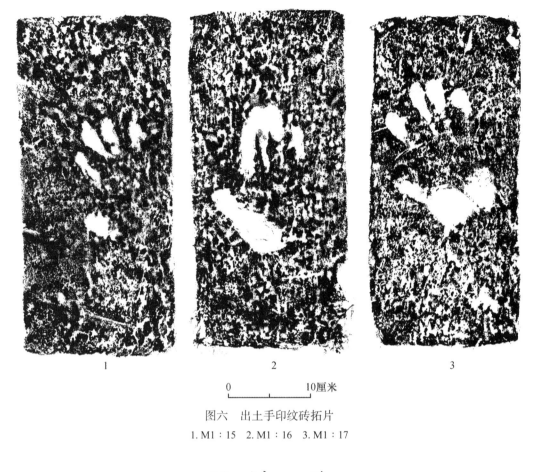

　　　　　1　　　　　　　　　　2　　　　　　　　　　3

0　　　　　　　　10厘米

图六　出土手印纹砖拓片
1. M1：15　2. M1：16　3. M1：17

三、讨　论

　　关于墓室紧邻北壁的长方形砖砌建筑，因底部发现有骨灰和糟朽木屑，推断当时应是安置木匣（木匣内盛放骨灰）的建筑，故本文称之为砖椁。之前周边地区辽金墓葬也多发现有类似的放置碎烧骨屑的建筑，有棺床、骨殖函、砖棺等多种不同叫法，但其性质与作用应是完全相同，都是墓内放置骨灰的一个处所。

　　本次发掘的墓葬没有出土带有明确纪年的材料，因此仅能从墓葬形制、随葬器物等方面来判定墓葬大体年代。就墓葬形制而言，卷子村金墓为带墓道单室圆形墓、砖椁平面呈长方形且北部紧贴墓室北壁、椁内发现有木匣盛放骨灰的特征与大兴北程庄M22、M25[1]，龙泉务M2、M27[2]等辽代晚期金代初期墓葬相似；墓室构筑所用正面印有手掌纹的青砖见于大兴北程庄M42、M44等辽代晚期墓；墓内随葬的陶灯碗M1：4内底饰漩涡纹，饼形足，口沿无流的特点形制与龙泉务M19、M23等辽代晚期墓葬相似；墓内随葬的瓷碗与河北曲阳北镇定窑遗址金代前期地层出土的灰青釉侈口碗（标本BZT1④：27）形制、大小和装饰基本一致[3]，定窑的粗化妆白瓷开始流行白釉酱彩装饰，在内壁饰三个或五个褐彩点发生在金代前期（从北宋灭亡至金海陵王五年），卷子村金墓出土瓷碗内底有涩圈、外壁施釉不及圈足，内壁饰褐色✳状星纹，具有典型的金代前期特征[4]。此外，墓葬出土的铜钱年代最晚者为正隆元宝，因此该墓的年代上限为正隆二年。综上，可以推定该墓的年代应为金代前期或稍晚，不早于正隆年间。但墓葬形制几乎完全保存了辽代的风格。

　　女真族的南侵主要是利用强权、武力的征服过程，而在文化和风俗上却未能征服和改变辽和北宋统治地区的广契丹和汉族人民，金代前期在辽和北宋故地的墓葬，几乎完全保存了前代的风格，甚至很难与前代的墓葬区分开来[5]。卷子村金墓与北京及周边地区辽代晚期的墓葬形制基本一致，反映了这一时期的历史背景。虽然卷子村金墓墓葬形制与周边地区辽代晚期墓葬基本一致，但随葬鸡腿瓶和大量瓷器的特点不同于以陶器为主要随葬品的辽代墓葬，而与宝坻茶棚村石椁墓[6]、北京三间房石椁墓[7]等金代中期墓葬相似。这可能与海陵王迁都燕京，推行汉化政策，强行将大批女真贵族迁徙到中原地区以后，民族间的互相影响以及经济的恢复发展，之后金墓逐步形成自己风格的历史有关。

　　该墓墓室内东南方向布置有灯台、灯碗，砖椁内随葬卵石的葬俗应与《大汉原陵秘葬经》中记载的"凡墓内安长生灯者，主子孙聪明安定，主子孙不患也"，"墓内安金石者，子孙无风疾之患"相合，体现了道家文化对本地葬俗的影响[8]。而砖椁底部有骨灰，说明该墓为火葬，则体现了佛教对本地葬俗的影响[9]，在宝坻地区始建于辽金时期的广济寺、大觉禅寺、陀罗尼经幢等众多佛教建筑也体现了当时佛教盛行的状况。

　　墓内随葬的瓷碗、瓷盘为采用涩圈叠烧的粗化妆白瓷，制作粗劣，结合该墓墓室建造不甚考究，多用残半青砖，且墓底也未见铺地砖等迹象，说明墓主人经济实力不高。

　　卷子村金墓年代为金代前期或稍晚，在墓葬形制、随葬品组合上表现出辽金时代过渡阶段的特征，并体现有火葬、放置长生灯和石块等葬俗，这为研究天津及周边地区金代墓葬的形制、分期及丧葬习俗补充了新的材料。

　　此外，砌筑墓壁所用带彩绘的残半青砖应是建造者从附近早期的壁画建筑中拆解下来后重复利用，说明卷子村金墓周围可能还存在一些金代前期之前的文化遗存，这为今后在该区域开展相关考古工作提供了一些有益线索。

　　附记：本次考古发掘项目负责人为刘健，参加发掘的有刘健、赵晨、尹承龙、盛立双、李寿祥、张书颖、张志鹏等。墓葬照片由刘健拍摄；器物线图由刘坠生绘制；器物照片由甘才超、尹承龙拍摄；铜钱和手印纹砖拓片由雷金夫制作。

　　　　　　　　　　　　　　　　　　　　　　　执笔：尹承龙　刘　健

注　释

[1]　　北京市文物研究所：《大兴北程庄墓地——北魏，唐、辽、金、清代墓葬发掘报告》，科学出版社，2010年。

[2]　　北京市文物研究所：《北京龙泉务辽金墓葬发掘报告》，科学出版社，2009年。

[3]　　北京大学考古文博学院、河北省文物考古研究院、曲阳县定窑遗址文物保管所：《河北曲阳北镇定窑遗址发掘简报》，《文物》2021年第4期。

［4］ 秦大树、高美京、李鑫：《定窑涧磁岭窑区发展阶段初探》，《考古》2014年第3期。

［5］ 秦大树：《金墓概述》，《辽海文物学刊》1988年第2期。

［6］ 天津市文化遗产保护中心、天津市宝坻区文化馆：《天津市宝坻区茶棚村发现金代石椁墓》，《北方文物》2020年第6期。

［7］ 北京市文物管理处：《北京市通县金代墓葬发掘简报》，《文物》1977年第11期。

［8］ 徐苹芳：《唐宋墓葬中的"明器神煞"与"墓仪"制度——读〈大汉原陵秘葬经〉札记》，《考古》1963年第2期。

［9］ 李伟敏：《北京地区的火葬墓及相关问题研究》，《考古》2012年第5期。

静海顺小王庄元代砖井发掘简报

天津市文化遗产保护中心

2011年11月，天津市文化遗产保护中心接到静海县文化馆报告，称静海县蔡公庄镇顺小王庄村农民取土时，在村东约500米处荒地内发现一座古代砖井。天津市文化遗产保护中心随即派工作人员赶赴现场勘察，到达现场后发现井口已暴露，井内填土大部分已被挖出井外。工作人员对现场进行了保护，并进行了抢救性清理和发掘。现场测得砖井地理坐标为东经117°03′24.8″，北纬38°45′27.3″（图一）。

由于村民取土不均，水井所在地呈坡形，为便于发掘，遂围着水井布一正方形探方，将水井套于方内，从上往下整体发掘。探方边长8米，方向30°。探方布完后，逐层发掘，从上至下，共分五层（图二）。

第1层：为耕土，分布在探方的西、南部。厚0.15~0.25米。层内含有草木灰和植物根茎，灰褐色土，土质较松，无包含物。

第2层：为红色胶泥土，分布在探方的西、南部。厚0.1~0.5米。土质较硬、较净，无包含物。

第3层：为黄色冲积淤土，分布在探方的西、南部。厚0.15~0.3米。土质较硬、较净，无包含物。

第4层：为红色胶泥土，分布在探方的西、南部。厚0.2~0.3米。土质较硬、较净，无包含物。

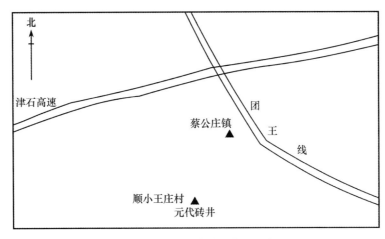

图一　顺小王庄元代砖井位置示意图

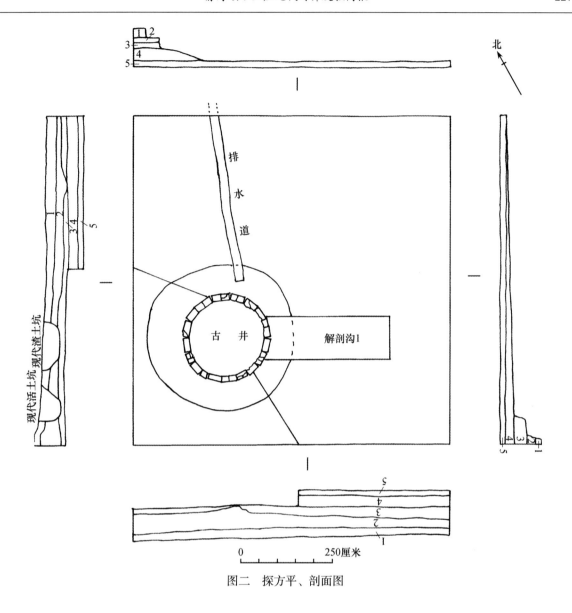

图二 探方平、剖面图

第5层：为黄色冲积淤土，分布在整个探方内。厚0.1~0.15米。土质较硬、较净，无包含物。

第5层下未进行发掘。

一、水井形制

水井位于探方西南部，砖砌井圈，平面为圆形，口小底大，井口直径1.88、底部直径2.34米。井口上部已遭破坏，井口距底深4.38米，残存73层砖，砖的下面铺一圈芦苇，芦苇厚0.05米。砖井从下往上呈"收"的形态，而井的外圹则口大底小，口直径3.7、底直径为3.04米。外圹口大底小是为了砌砖方便。井圈采用青砖错缝平砌，用砖规格为0.32米×0.16米×0.05米及0.32米×0.15米×0.05米两种（图三；图版三七，1、2）。

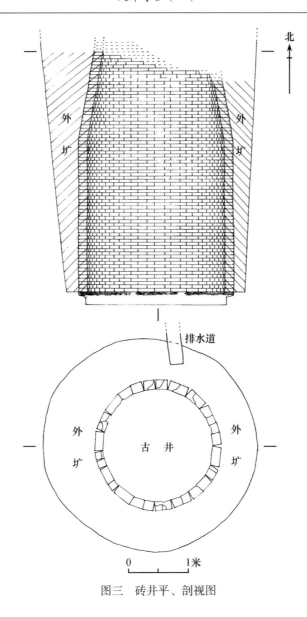

图三　砖井平、剖视图

　　井内堆积厚约2.5米，由于井内有水，无法分层。堆积以青黑色稀泥、青砖块、灰陶片为主，灰陶片大部分为口沿及底部。

　　在井的北侧距井圈0.44米清理出一条南北向的排水道，上部已被破坏，仅残留底部，长约4、宽0.22、深0.05米。内有碎砖块及陶片。

　　为观察井圈的外部结构，在井的东侧开了1条解剖沟，长3、宽1米，方向120°，共分3层（图四；图版三八，1）。

　　第1层：红色胶泥土。土质较硬、较净。厚0.3米。无包含物。

　　第2层：黑色胶泥土。土质较硬、较净。厚0.38米。无包含物。

　　第3层：黄褐色胶泥土。土质较硬、较净。厚0.32米。无包含物。

　　井的外圹填土为红褐色花土，土质较硬，未发现包含物。解剖沟中暴露的井圈共18层砖，砌法为平砖错缝而砌（图版三八，2）。

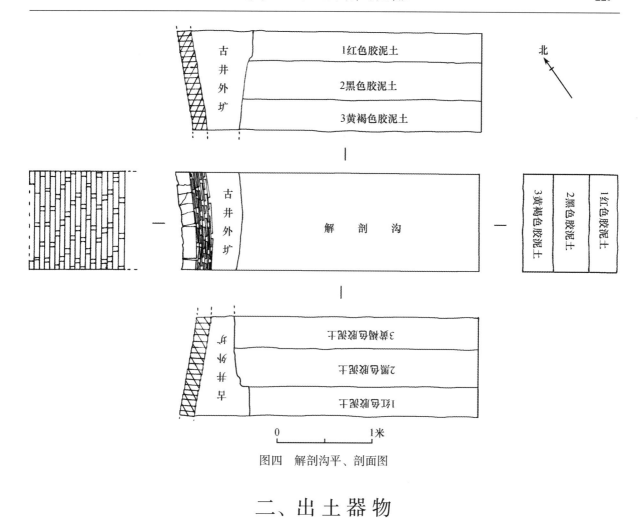

图四　解剖沟平、剖面图

二、出土器物

井内出土物基本是碎砖块和灰陶片，灰陶片以瓮、罐、盆残片居多，选择有代表性的介绍如下。

陶瓮　泥质。敞口、卷沿。口沿直径44厘米（图五，1）。

陶罐　泥质。直口，有双耳。肩部饰弦纹。口径24厘米（图五，2）。

陶盆　泥质。敞口。器身饰弦纹。口沿厚1厘米（图五，3）。

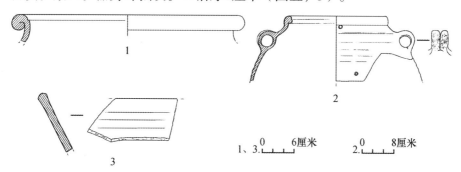

图五　砖井内出土器物
1.陶瓮　2.陶罐　3.陶盆

三、结　语

　　已知北方地区发表的砖井材料甚少，根据井的形制和结构推断年代缺乏参考。井内出土物较为单一，碎砖块和灰陶片占主体，其他种类器物基本不见。依据出土器物和井砖尺寸推断，静海顺小王庄井的年代应为元代。经过调查，在水井东约230米和西北约130米处发现了两处金至明时期的遗址，采集到的遗物有残陶滴水、红陶盆口沿残片、白瓷碗残片、青花瓷片。据此推测金至明时期该地可能有人居住，该井是此地居民的生活水源，也存在用于灌溉的可能。该井保存较为完整，为北方地区元代砖井研究提供了难得的实物资料。

领队：相　军

照相：戴　滨

绘图：相　军

执笔：相　军

宝坻单庄元代墓葬发掘简报

天津市文化遗产保护中心

天津市宝坻区文化馆

一、工作概况

2018年4月16日，天津市文化遗产保护中心接到报告，宝坻区单庄村东侧村民在清理地下树根时发现一座古墓葬，随即前往现场调查，初步确认此为一处元代墓葬，对周边区域做了考古勘探，共发现墓葬3座，并进行抢救性考古发掘。

发掘区位于天津市宝坻区朝霞街道单庄村东侧，唐通县以南，西邻东城北路，西南角GPS坐标为北纬 39°44′34.2″，东经117°18′42.2″。该区域原为一片树林，现树木已被砍伐。

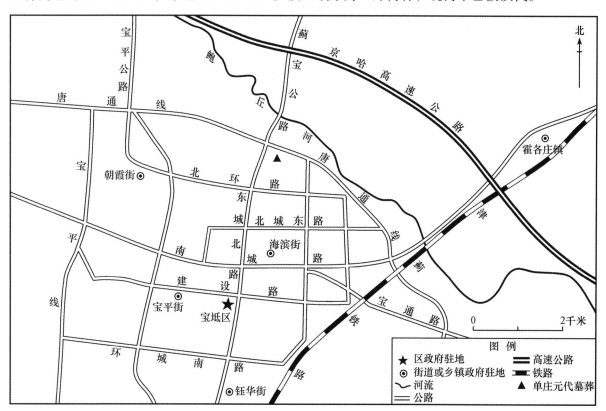

图一　单庄元代墓葬地理位置示意图

发掘区地层堆积情况如下。

第1层：黄褐色耕土层。土质较疏松。厚0.2～0.3米。墓葬均开口其下。

第2层：褐色土层。土质较硬。厚0.5～0.6米。

第2层下为生土层。

二、墓葬详述

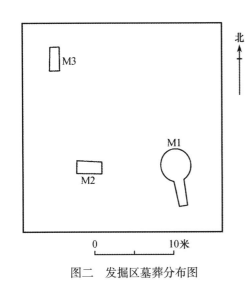

图二　发掘区墓葬分布图

本次发掘共清理元代墓葬3座，均为砖室墓，编号为M1～M3。

（一）M1

1. 墓葬形制

位于发掘区东南部（图二），西邻M2，方向330°。圆形单砖室墓。长6.4、宽3、残高0.8、墓底距墓口1.2米。内填花土，土质较疏松，内含碎砖块、瓷片等。墓葬由墓道、墓门及墓室组成（图三），现分述如下。

墓道　位于墓葬南部，斜坡状，平面大体呈长方形。长3.24、宽0.6～0.7、深1.2米。

墓门　位于墓道北侧，破坏严重，上部结构不详，仅存封门砖数层，为残砖错缝平砌封堵。墓门宽0.7、残高0.77、进深0.32米。

墓室　位于墓门北侧，平面呈圆形，上部已破坏。直径2.48、残高0.8米。墓壁为平砖错缝垒建，泥土黏合，均使用残砖。墓室底部见零星人骨，局部发现棺痕，墓底未发现铺砖痕迹。

2. 随葬品

出土黄绿釉瓷碗1件、鸡腿瓶2件、双鱼铜镜1件、铜钱6枚。

黄绿釉瓷碗　M1∶1，出土于墓室东部。米黄色胎，泛红，胎质较粗，内、外壁通施黄绿釉，釉面多孔隙。敞口，圆唇，弧腹，圈足。口径15.8、底径6.2、高6.4厘米（图四，1；图版三九，1）。

红褐釉鸡腿瓶　M1∶2，出土于墓室中部。黄褐色缸胎，胎质粗，外通施红褐色釉。直口，方唇，溜肩，弧腹，平底。肩腹部饰8周弦纹。口径4、底径4.3、最大径9.1、高17.2厘米（图四，3；图版三九，3）。

褐釉鸡腿瓶　M1∶3，出土于墓室中部。黄褐色缸胎，胎质粗，间杂砂石，外通施褐色釉。尖唇，敛口，溜肩，斜直腹，平底。腹部饰6周弦纹。口径4.7、底径3.8、最大径9.5、高

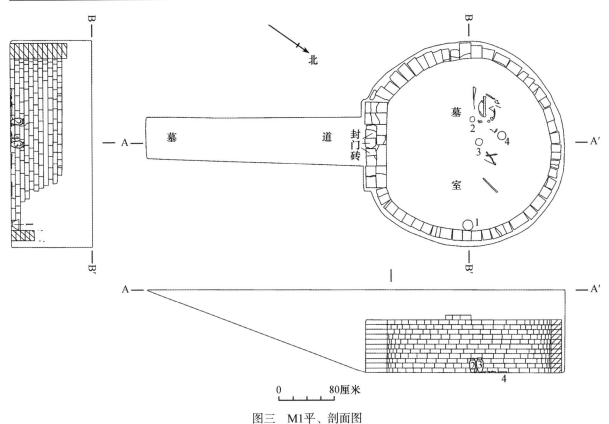

图三　M1平、剖面图
1.黄绿釉瓷碗　2.红褐釉鸡腿瓶　3.褐釉鸡腿瓶　4.双鱼铜镜

17厘米（图四，5）。

双鱼铜镜　M1∶4，出土于墓室中部。圆形，桥状纽，镜背为两鲤鱼首尾相对而游，镜缘处饰一周凸弦纹。直径14.1、缘厚1、镜厚0.4厘米（图四，2；图版三九，2）。

铜钱　共6枚，均锈蚀严重，可识读3枚。M1∶5-1，咸平元宝，北宋，真书，旋读，方穿，光背。钱径2.5、穿径0.6、郭宽0.3、郭厚0.1厘米，重2.9克（图五，1）。M1∶5-2，天圣元宝，北宋，篆书，旋读，方穿，光背。钱径2.5、穿径0.7、郭宽0.24、郭厚0.1厘米，重2.7克（图五，2）。M1∶5-3，景祐元宝，北宋，篆书，旋读，方穿，光背。钱径2.5、穿径0.55、郭宽0.3、郭厚0.12厘米，重3.2克（图五，3）。

（二）M2

1.墓葬形制

位于M1西约10米（图二），方向270°。长方形竖穴砖室墓，墓圹东西长2.75、南北宽1.3、墓口距地表0.8、墓底距地表1.6米。内填花土，土质较松，墓室用单砖相互错缝泥土黏合平砌而成，墓室内长2.1、宽0.45~0.63、现残高0.5米。墓室西壁设有一龛，宽0.25、高0.22、深0.17米。单人一次葬，骨架保存较差，头向西，仰身直肢，性别不详，骨架下铺白灰，厚约0.05米，未发现棺痕（图六）。墓砖规格0.37米×0.17米×0.06米。

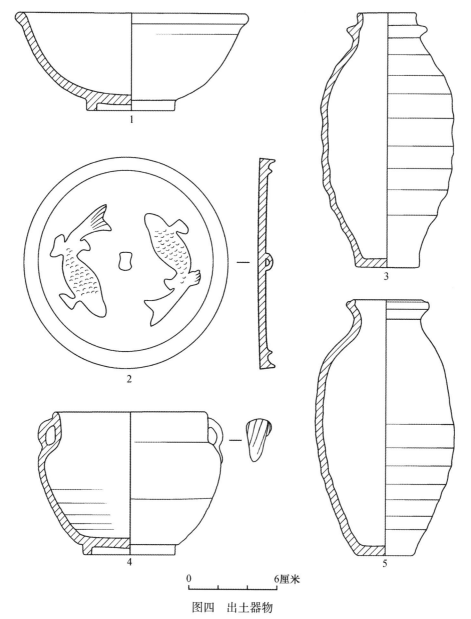

图四　出土器物

1. 黄绿釉瓷碗（M1∶1）　　2. 双鱼铜镜（M1∶4）　　3. 红褐釉鸡腿瓶（M1∶2）　　4. 黑釉双耳罐（M2∶1）
5. 褐釉鸡腿瓶（M1∶3）

2. 随葬品

出土黑釉双耳罐1件、铜钱10枚。

黑釉双耳罐　1件。M2∶1，出土于墓室西部。灰白色胎，外壁施半黑釉，釉色光亮，内壁施黑褐色釉。圆唇，直口，鼓肩，弧腹，圈足，内壁有旋坯痕，颈肩处有二对称桥形耳，耳呈垂叶状。口径10.5、最大径13、底径6.5、高9.5厘米（图四，4；图版三九，4）。

铜钱　共10枚，均可识读。M2∶2-1，开元通宝，唐，隶书，直读，方穿，光背。钱径2.4、穿径0.7、郭宽0.2、郭厚0.1厘米，重2.1克（图五，4）。M2∶2-2，太平通宝，北宋，隶书，直读，方穿，光背。钱径2.4、穿径0.6、郭宽0.2、郭厚0.1厘米，重2.3克（图五，5）。M2∶2-3，

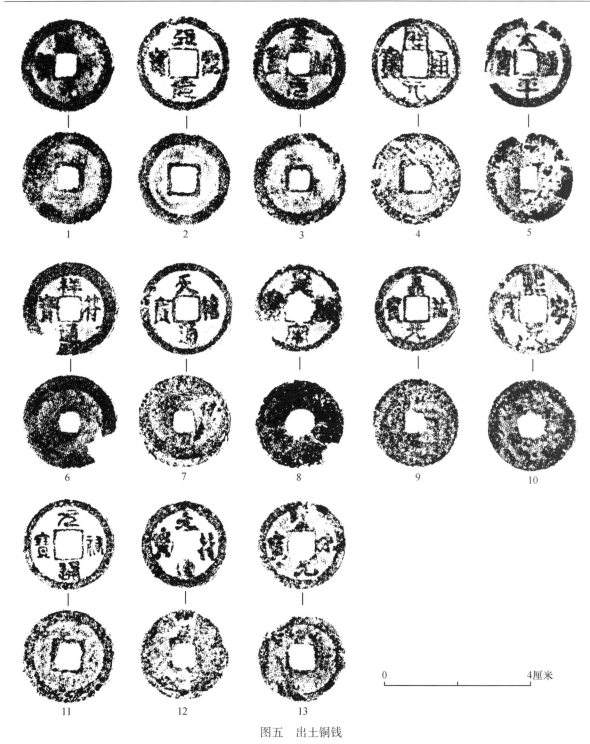

图五 出土铜钱

1. 咸平元宝（M1:5-1） 2. 天圣元宝（M1:5-2） 3. 景祐元宝（M1:5-3） 4. 开元通宝（M2:2-1） 5. 太平通宝（M2:2-2）
6. 祥符通宝（M2:2-3） 7. 天禧通宝（M2:2-4） 8. 皇宋通宝（M2:2-5） 9. 嘉祐元宝（M2:2-6） 10. 熙宁元宝（M2:2-7）
11. 元祐通宝（M2:2-8） 12. 元符通宝（M2:2~9） 13. 圣宋元宝（M2:2-10）

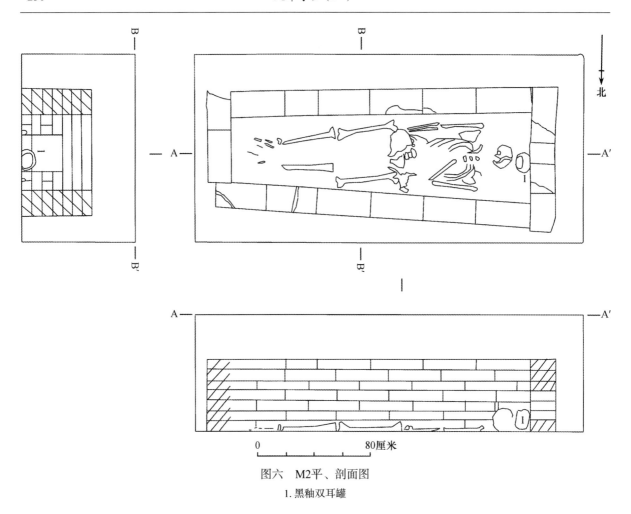

图六　M2平、剖面图
1. 黑釉双耳罐

祥符通宝，北宋，真书，旋读，方穿，光背。钱径2.5、穿径0.6、郭宽0.3、郭厚0.1厘米，重2.4克（图五，6）。M2∶2-4，天禧通宝，北宋，真书，旋读，方穿，光背。钱径2.5、穿径0.6、郭宽0.2、郭厚0.13厘米，重3.6克（图五，7）。M2∶2-5，皇宋通宝，北宋，篆书，直读，方穿，光背。钱径2.4、穿径0.7、郭宽0.18、郭厚0.11厘米，重2.9克（图五，8）。M2∶2-6，嘉祐元宝，北宋，楷书，旋读，方穿，光背。钱径2.35、穿径0.6、郭宽0.28、郭厚0.12厘米，重3.3克（图五，9）。M2∶2-7，熙宁元宝，北宋，楷书，旋读，方穿，光背。钱径2.45、穿径0.6、郭宽0.2、郭厚0.11厘米，重3.2克（图五，10）。M2∶2-8，元祐通宝，北宋，篆书，旋读，方穿，光背。钱径2.5、穿径0.7、郭宽0.2、郭厚0.11厘米，重2.7克（图五，11）。M2∶2-9，元符通宝，北宋，行书，旋读，方穿，光背。钱径2.4、穿径0.6、郭宽0.3、郭厚0.12厘米，重2.6克（图五，12）。M2∶2-10，圣宋元宝，北宋，行书，旋读，方穿，光背。钱径2.4、穿径0.65、郭宽0.2、郭厚0.1厘米，重2.4克（图五，13）。

（三）M3

1. 墓葬形制

位于M2西北15米（图二），方向175°。长方形竖穴砖室墓，墓圹南北长2.55、东西宽1、墓口距地表0.8、墓底距地表1.26米。内填花土，土质较松，墓室用单砖相互错缝泥土黏合平砌而成，墓室内长2.05、宽0.44～0.52米，由于破坏，现残高0.18米，单人一次葬，骨架保存较差，头向南，仰身直肢，性别不详，骨架下铺白灰，厚约0.05米，白灰下为铺地砖，未发现棺痕（图七）。墓砖规格为0.37米×0.17米×0.06米。

2. 随葬品

出土铜钱1枚（锈蚀严重，不可识读）。

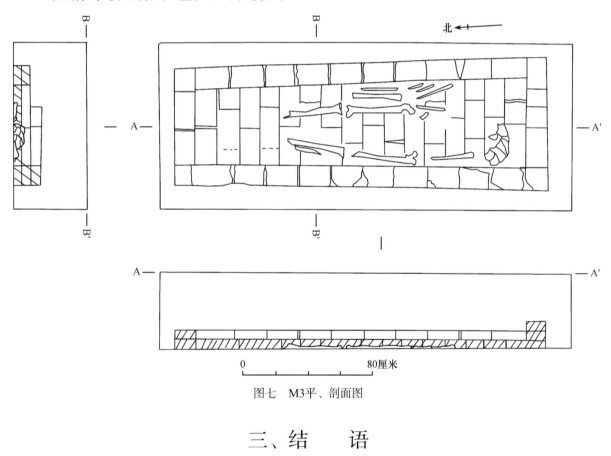

图七　M3平、剖面图

三、结　　语

M1墓室下部为圆形，内无高于墓底的棺床及仿木结构，此类墓葬在华北地区发现数量不多，如北京平谷河北村[1]、北京昌平兴寿镇[2]、徐水西黑山[3]。出土的黄绿釉瓷碗（M1∶1）与昌平兴寿镇M313∶1[4]类似，鸡腿瓶则与宝坻辛务屯M101∶5[5]、昌平兴寿镇M53∶1[6]类似，双鱼铜镜在金代最为流行，多造型厚重，双鱼纹饰生动活泼，线条变化丰富，镜背常满布水波纹，其主体双鱼的纹样一直沿用至明清，本次出土的双鱼铜镜（M1：4）与金代双鱼铜镜相比整体器形单薄，纹饰简单，线条单一，年代上应属元代中晚期。

M2、M3为长方形竖穴砖室墓，形制上与宝坻辛务屯M101[7]及北京朝阳区M12[8]相近，出土的黑釉双耳罐与宝坻辛务屯M101：1[9]类似。

此次发掘的三座墓葬均破坏严重，仅存下部，无法了解墓葬整体形制，结合出土铜钱及其他随葬品综合判断，年代应属元代晚期。

执笔：戴　滨

注　释

［1］　北京市文物研究所：《北京平谷河北村元墓发掘简报》，《文物》2012年第7期。

［2］　北京市文物研究所：《北京昌平兴寿镇元代墓葬发掘简报》，《文物春秋》2012年第3期。

［3］　南水北调中线干线工程建设管理局、河北省南水北调工程建设委员会办公室、河北省文物局等：《徐水西黑山——金元时期墓地发掘报告》，文物出版社，2007年。

［4］　北京市文物研究所：《北京昌平兴寿镇元代墓葬发掘简报》，《文物春秋》2012年第3期。

［5］　天津市文化遗产保护中心、宝坻区文化馆：《宝坻辛务屯元、明、清代墓地发掘报告》，《天津考古》（二），科学出版社，2013年。

［6］　北京市文物研究所：《北京昌平兴寿镇元代墓葬发掘简报》，《文物春秋》2012年第3期。

［7］　天津市文化遗产保护中心、宝坻区文化馆：《宝坻辛务屯元、明、清代墓地发掘报告》，《天津考古》（二），科学出版社，2013年。

［8］　黄秀纯、雷少雨：《北京地区发现的元代墓葬》，《北京文物与考古》（第二辑），北京燕山出版社，1991年。

［9］　天津市文化遗产保护中心、宝坻区文化馆：《宝坻辛务屯元、明、清代墓地发掘报告》，《天津考古》（二），科学出版社，2013年。

蓟州福润园项目元代窑址发掘简报

天津市文化遗产保护中心
天津市蓟州区文化遗产保护中心

一、工作概况

2018年4月，天津市文化遗产保护中心组织对蓟州区33#地块福润园地产项目用地范围进行了考古勘探，发现古代窑址1处。同年5月对该窑址进行了考古发掘。

发掘区位于蓟州区南环路南侧，津围线以西1.3千米（图一）。西南角GPS坐标为北纬40°01′14.6″，东经117°22′38.3″。

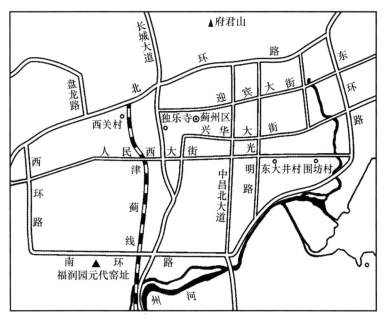

图一　福润园元代窑址位置示意图

二、地层堆积

发掘区地层堆积自上而下分为4层。

第1层：厚0~0.8米。垫土层，松散，均为现代建筑垃圾，内含石块、水泥块等。

第2层：厚0.8~1.3米。黄褐色，土质疏松，内含植物根茎等。

第3层：厚1.3~1.7米。红褐色，土质较硬，纯净。

第4层：厚1.7~2米。褐色，土质较硬，内含少量料姜石。

第4层以下为生土层。

三、窑址详述

本次发掘共清理元代窑址1处，编号为Y1。

1. 窑址形制

开口于第2层下，方向190°，平面整体呈"倒葫芦"状，顶部已被破坏，仅残留中下部，南北通长10.2、东西宽4.4~5.74米。该窑址由操作间、火门、火膛、窑室及烟道组成（图二；图版四〇）。现分述如下。

操作间位于窑址南部，土坑结构，平面为不规则状。南北长5.76、东西宽1.8~5.7米。由南向北至火门处呈斜坡状，坡度较缓，坡长5.1米。东、西两壁坡度较大。内填黄褐色杂土，土质较松，含有大量残砖、瓦、红烧土块、草木灰颗粒等。

火门位于操作间的北侧，北连火膛，仅残留底部。宽1.32、残高0.6、进深1.6米。自下而上先用平砖逐层叠压垒砌，至0.4米处出拱，砖壁残留红烧土。用砖规格为0.36米×0.16米×0.06米。

火膛位于火门的北侧，平面近似椭圆形。长2.86、宽0.78米。南侧与火门相通，上部为青砖逐层错缝平砌，下部为土壁，均有青灰色烧结层，底部残留大量草木灰，厚约0.3米。

窑室位于火膛的北侧，平面近圆形，东西长3.62、南北宽3.2、残高1.18米。西壁已被破坏，仅残留外侧红烧土，厚约0.3米。东、北两壁为平砖逐层错缝砌制，内侧青色烧结面保存较好，有二次修整痕迹，青色烧结面厚0.1~0.16、外侧红烧土厚约0.3米。用砖规格0.36米×0.16米×0.06米。窑床平面近似半圆形，东西长3.6、南北宽1.96米。表面为青色烧结面，厚约0.1米，下为红烧土，厚约0.2米。

烟道位于窑室的北壁两侧，共置2个。西侧烟道平面呈长方形。长0.3、宽0.18、残高1.18米。烟道上部为平砖错缝，下部一平一竖砌制，烟道内有明显烟熏痕迹。烟道下部设有2个烟孔，烟孔之间用两立砖隔开，两烟孔形制相同，宽0.16、进深0.36、残高0.2米。烟孔下部均残留有草木灰，厚约0.02米。东侧烟道距西侧烟道0.7米，结构与西侧烟道结构相同，保存稍差，

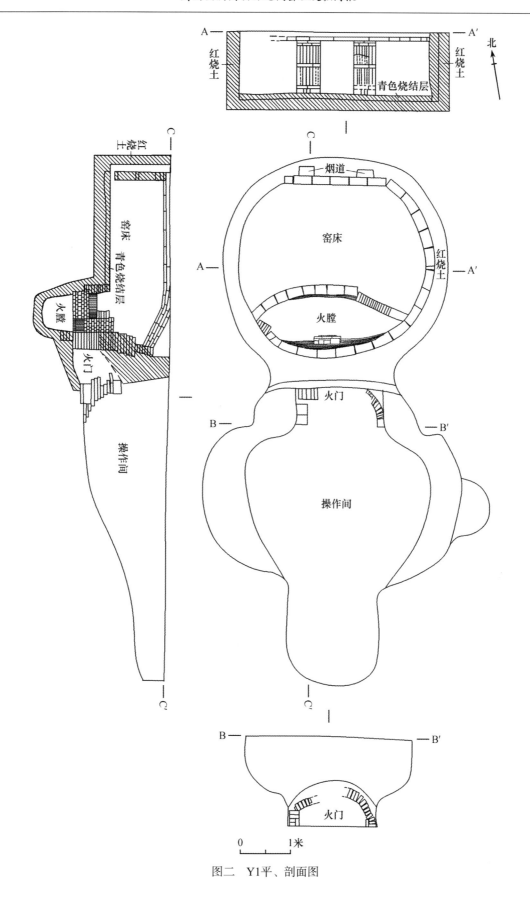

图二　Y1平、剖面图

平面近似长方形，长0.34、宽0.16、残高1.18米，烟道内有明显烟熏痕迹。烟道下部设两个烟孔，烟孔之间用两立砖隔开，两烟孔形制相同，宽0.16、进深0.32、残高0.22米。烟孔下部草木灰厚约0.02米。用砖规格为0.36米×0.16米×0.06米。

　　窑内堆积黄褐色杂土，内含残砖块、红烧土块、青色烧结块、草木灰等。

2. 出土器物

　　铁刀　Y1∶1，出土于操作间东北部，铁质，锈蚀严重。通长28.5、宽6.7、厚1.4厘米。刀身与刀柄一体打制，刀柄尾部内卷，刀身长10.5、刀柄长18厘米。该刀刀背宽，刀身重量大，刀柄较长便于劈砍，属于北方常用的柴刀（图三）。

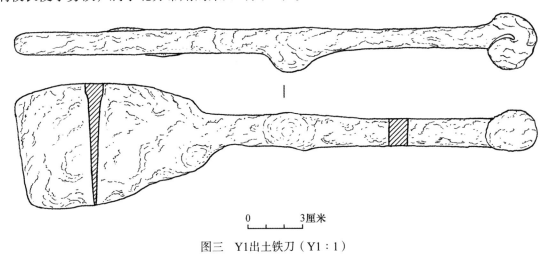

0　　　　3厘米

图三　Y1出土铁刀（Y1∶1）

四、结　　语

　　此次清理的元代窑址仅出土铁刀一柄，以及填土和窑床附近发现的零星碎砖瓦块，未发现其他器物，从窑址形制上看与天津武清区青坨元代窑址类似[1]，建窑用砖也为当地典型元代青砖，可判断该窑址应是一处元代瓦窑，天津地区发现的同时期窑址不多，这为研究天津地区元代瓦窑的结构、建造及烧造工艺提供了不可多得的实物资料。

　　　　　　　　　　　　　　　　　　　　　　　　　　执笔：戴　滨

注　　释

［ 1 ］　甘才超、戴滨、盛立双等：《武清区青坨元明时期窑址》，《中国考古学年鉴·2009》，文物出版社，2010年，第132页。

武清下丰庄明清遗址发掘简报

天津市文化遗产保护中心

　　下丰庄遗址位于武清区大碱厂镇下丰庄村北侧约300米处，西距全国重点文物保护单位大运河（天津段）北运河段约1300米。地势平坦，海拔约8米。明初江南移民丰姓来此定居，建立了三个丰家庄，下丰庄相对位置在南侧，故以此得名[1]。

　　为配合天津市"北水南调工程（中线）"的建设需要，2018年，天津市文化遗产保护中心在项目建设区域进行了考古调查和考古勘探，探明该区域存在古代墓葬、灰坑等遗迹现象，结合在地表采集到的明清时期瓷片等遗物，初步判断该区域是一处明清时期的生活遗址。2019年3月至4月，天津市文化遗产保护中心组织人员对工程建设涉及的遗址分布区进行了考古发掘工作。

　　本次发掘共划定墓葬发掘区2个，编号为Ⅰ区、Ⅱ区；遗址发掘区1个，编号为Ⅲ区，在Ⅲ区布设探方2个，编号2019TWXT1、2019TWXT2（图一）。发掘面积290.2平方米。出土大量明清时期遗物。现将发掘情况报告如下。

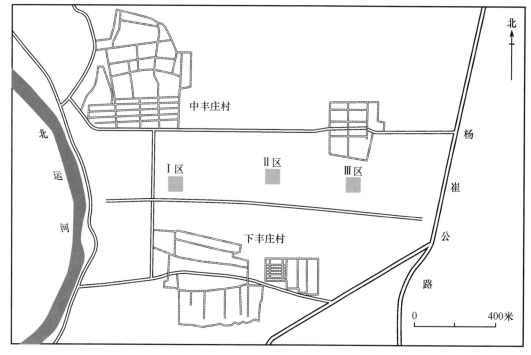

图一　下丰庄遗址位置示意图

一、地 层 堆 积

下丰庄遗址地层根据土质、土色可分为5层，以2019TWXT1①的西壁为代表，加以说明（图二）。

第1A层：表土层，灰褐色土，土质疏松。厚0.1～0.3米。含植物根茎。

第1B层：浅黄褐色土，土质疏松。厚0～0.2米。仅分布于探方南部，向南渐深，呈缓坡状。该层下开口遗迹有H3、H4、H6～H8及G1，该层出土的瓷器中青花、酱釉、青釉均有发现；另见零星陶器，均为泥质灰陶，素面，无可辨器形。

第2层：黄褐色土，土质疏松。厚0.07～0.2米。包含细砂、白土块、少量草木灰、红烧土块。全方分布，北部较薄，南部高低不平。出土少量瓦片、砖块、动物骨块、瓷片、泥质灰陶片；可辨器形有陶盆、瓷碗、瓷瓶等。该层下开口遗迹有H10～H14、H18、H20、G1。

第3A层：灰褐色土，土质疏松。厚0～0.13米。夹杂黄褐色土，包含草木灰、红烧土块。仅分布于探方西北角，Z1开口于该层下。该层出土的瓷器以青釉瓷为主，少量酱釉瓷。陶器较少，无可辨器形。

第3B层：灰褐色土，土质较致密。厚0～0.15米。包含较多草木灰、红烧土块，仅分布于探方北部。该层下有断续的踩踏面，厚0.02～0.03米。出土石砚1件以及少量瓷片。

第3B层下为生土。

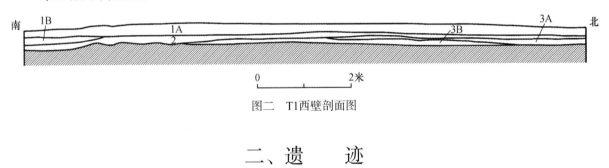

图二　T1西壁剖面图

二、遗 迹

下丰庄遗址清理各类遗迹共计34处，包括墓葬5座，灶3座，井1座，灰坑22座，灰沟2条，疑似踩踏面1处。其中M1～M3、J1位于Ⅰ区，M4位于Ⅱ区，其余均位于Ⅲ区（图三；图版四一，1）。

墓葬　5座。墓葬形制基本一致，开口距地表较浅，均为土坑竖穴墓，仰身直肢葬，整体保存状况一般。以M5为例。M5位于Ⅲ区南部，墓口距现地表深0.35米，平面呈梯形，方向18°，墓壁竖直，底较平，南北长2.06～2.08、东西宽0.82～0.9、墓底距现地表深1.14米（图

---

① 为行为简洁，下文介绍中省略"2019TWX"。

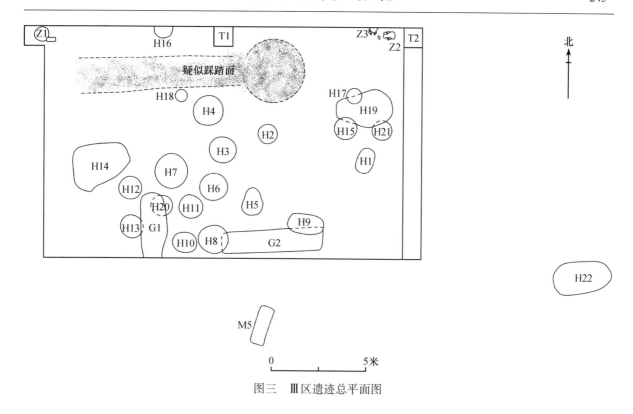

图三　Ⅲ区遗迹总平面图

四）。墓室内填疏松的灰褐色花土。葬具为木棺，平面呈梯形，长1.74、宽0.44~0.52、高0.4、棺板厚约0.04米。部分棺盖已朽，长1.86、残宽0.2~0.24、厚0.03米。中部南北向反扣一片青瓦，长0.22、宽0.16、厚0.03米。内葬一女性骨架，保存较好，头向北，人骨受扰动有移位，面向下，仰身直肢葬。出土遗物包括铜簪1件、瓷罐1件。

灶　3座。开口形状为不规则形，周围砌有土坯。以Z2为例。Z2位于T2东北部，西距Z3约0.42米。开口于第2层下，距地表深0.4米。平面呈不规则形，仅存底部。东西长0.63、宽0.22~0.37、深0.02~0.1米（图五；图版四一，3）。底部、壁面经焚烧形成烧结面，呈青色和红色，厚0.01~0.02米。南北砌有残土坯，北部有红烧土块，烧火方向应由西向东。灶内填土灰褐色，较疏松，夹杂草木灰、红烧土颗粒。无出土遗物。

井　1座。J1位于Ⅰ区西部，开口距地表深0.45米。外侧有近圆形井坑，直径约2.8米。井口被严重破坏，西部已坍塌，呈椭圆形，长径1.7、短径1.4米，其下用青砖错缝平砌，青砖变形严重，大体规格可分为31厘米×15厘米×7厘米、28.5厘米×14厘米×5.5厘米两种。出土零星瓷片。井内积水较深，砖体结构错位变形，为避免进一步坍塌，造成危险，并未清理至井底，清理深度1.6米，出土零星瓷片（图六；图版四一，2）。

灰坑　22座。开口形状较规整，均为圆形或椭圆形，直壁，平底。以H3为例。H3位于T1东部，北邻H4，西南邻H6。开口于第1B层下，距地表深0.2米，呈椭圆形，上部有小部分垮塌，口大底小，壁下部较直，平底。口径东西长1.48、南北宽1.36、底径南北长1.3、南北宽1.22、深0.56~0.6米。内填土可分三层：第1层浅灰色土，厚0.2米，较疏松，夹杂红烧土块、

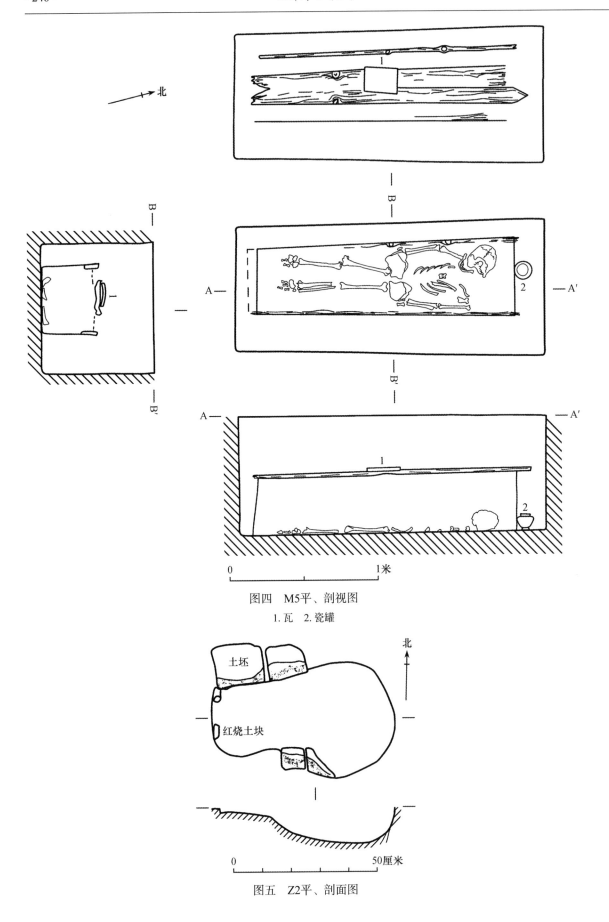

图四　M5平、剖视图
1. 瓦　2. 瓷罐

图五　Z2平、剖面图

青瓷片；第2层青灰色土，厚0.13~0.23米，较疏松，较纯净；第3层灰色土，厚0.14~0.26米，较疏松，夹杂红烧土块、瓷片、瓦片、动物骨块（图七）。

灰沟　2条。均呈长条形。以G1为例。G1位于T1东南部。开口于第1B层下，打破H13与H20，开口距地表深0.3米，呈长条形，南北向，向南延伸至探方外，口大底小，斜弧壁，底较平，口长3.2、宽1.02~1.38、底长3.1、宽0.52~1.02米。沟内填土共分两层：第1层为青褐色土，厚0.1~0.26米，较疏松，夹杂黄褐色土块；第2层为黄褐色土，厚0.16~0.18米，较疏松，出土少量泥质灰陶片、瓷碗底、瓷罐口（图八）。

疑似踩踏面　1处。位于Ⅲ区探方北侧。开口于第3B层下，由沙砾垫成，堆积极薄，未发现遗物。

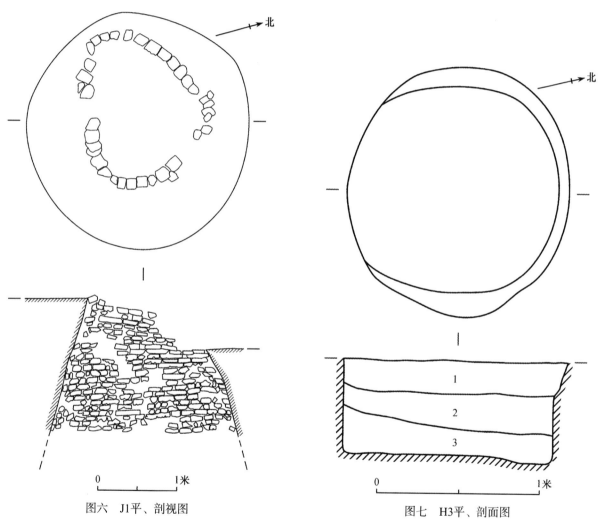

0　　　　1米

图六　J1平、剖视图

0　　　　1米

图七　H3平、剖面图

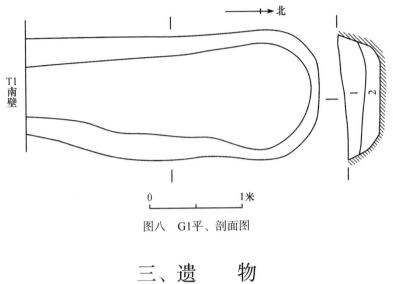

图八　G1平、剖面图

三、遗　物

下丰庄遗址出土遗物主要有陶器、釉陶器、瓷器、石器、料器、金属器等，共计700余件，可复原和完整器稀少，共选出有代表性的标本95件。

（一）陶器

出土数量较多，约占遗物总数的29%。有盆、纺轮、球三类。

盆　占陶器中的绝大多数，均残，不可复原。挑选标本8件。泥质灰陶。素面为主，个别有条带状彩绘和篦划纹。根据口沿特征可分三型。

A型　卷沿。标本H8：3，泥质灰陶。素面。残长7.4、宽2.8厘米（图九，1）。标本H4：8，泥质灰陶。素面。残长6、宽1.6厘米（图九，2）。

B型　宽折沿。标本H14：23，泥质灰陶。方唇略勾。素面。残长7.1、宽6.7厘米（图九，3）。标本H14：24，泥质灰陶。素面。残长7.2、宽5.2厘米（图九，4）。

C型　窄折沿。标本H7：25，泥质灰陶。素面。残长7.6、宽5.7厘米（图九，6）。标本T2①B：12，泥质灰陶。素面。残长10.2、宽7.2厘米（图九，5）。

盆底　1件。标本H8：5，泥质灰陶。素面。下腹微折，平底。底直径6.6、残高4.6厘米（图九，10）。

陶片　1件。标本H7：26，泥质灰陶。素面篦划纹。残长3.6、宽1.9厘米（图九，11）。

纺轮　3件。完整器1件，残器2件。泥质灰陶。形制均为近似圆形，中有穿孔。Z3：1，纺轮残片。残余平面形状为半圆形，中有穿孔。局部饰绳纹。直径3.5、厚1.4、穿孔直径0.8厘米（图九，7）。H6：1，纺轮。平面近似圆形，中间对钻穿孔。直径2.2、厚0.85、穿孔直径0.5厘米（图九，8；图版四二，1）。H19：1，纺轮残片。残存平面呈半圆形，中间穿孔。直径3.66、厚1.4、穿孔直径0.8厘米（图九，9）。

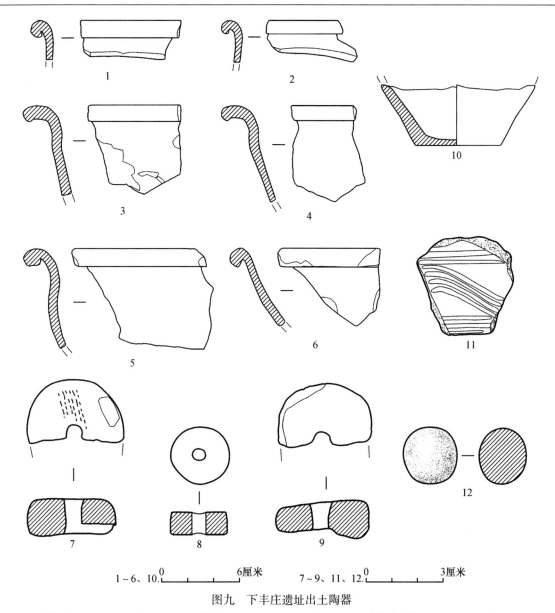

图九　下丰庄遗址出土陶器

1、2.A型盆（H8：3、H4：8）　3、4.B型盆（H14：23、H14：24）　5、6.C型盆（T2①B：12、H7：25）　7~9.纺轮
（Z3：1、H6：1、H19：1）　10.盆底（H8：5）　11.陶片（H7：26）　12.球（H7：4）

　　球　1件。完整。H7：4，泥质灰陶。椭球形。素面。剖面长径2.1、短径1.8厘米（图九，12）。

（二）釉陶器

　　2件。均为三彩釉陶。夹砂灰陶，陶质粗糙。标本T1③A：2，口沿标本。圆唇。施三色釉，由上至下分别为褐色、红色、绿色。残长10.4、宽4.6厘米（图一〇，1）。标本H8：1，口沿标本。圆唇。施三色釉，由上至下分别为褐色、红色、绿色。残长15.8、宽13.2厘米（图一〇，2）。

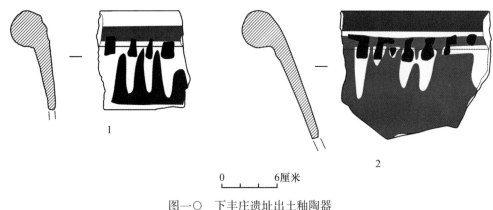

图一〇　下丰庄遗址出土釉陶器
1. T1③A：2　2. H8：1

（三）瓷器

出土数量较多，约占出土遗物总量的70%。共有青釉、酱釉、青花瓷三种。

1. 青釉瓷

分为龙泉青瓷和其他青釉瓷两类。

（1）龙泉青瓷　胎体灰白，致密坚硬，施青釉，釉厚，釉面光滑。可辨器形有碗、盘、高足杯。装饰技法有刻花和印花两种，纹饰内容有花草、回字纹、文字、人物故事等。约占遗物总量的9%。

碗　占绝大多数，复原2件。侈口，圆唇，弧腹，圈足。标本H7：1，复原。腹部弧直，圈足较高，碗底较厚。内壁上部模印回字纹、下部人物故事纹。口径15.2、底径6、高9.8厘米（图一一，1；图版四二，3）。标本H4：1，复原。内壁底部模印花卉纹。口径12、底径4.8、高6.6厘米（图一一，2）。标本H14：11，碗类口沿残片。外壁上部模印回字纹，下部划花花草纹；内壁上部模印回字纹，内壁下部划花花草纹。残长7.4、宽6厘米（图一三，2）。

盘　2件，残。标本T1③A：4，多角形盘。敞口，尖唇。外壁素面，内壁饰花草纹。残长10、宽5.4、复原直径18厘米（图一一，3；图版四二，5）。标本H14：15，多角形盘。敞口，尖唇。外壁素面，内壁出筋，饰花草纹。残长5.7、宽4.7、复原直径11.8厘米（图一一，4）。

高足杯　4件，残。标本H5：2，圆唇外撇，斜直腹，腹中部有凸棱，平底。内外皆满釉。素面，复原口径10、底径4.5、高3.2厘米（图一二，4）。标本T2①B：8，足部残片。竹节状，足底内收。灰白胎，胎质坚硬，足内无釉，余皆满釉。残高8、足径4.6厘米（图一二，5；图版四二，2）。标本H7：19，口沿残片。侈口，圆唇外撇，斜直腹。外壁划花。残长4.9厘米（图一二，6）。标本T1①B：7，口沿残片。侈口，圆唇外撇，斜直腹。外壁划花。残长9.4、宽5.6厘米（图一三，1）。

其他标本　标本T1②：4，碗底残片。圈足，足内中心突起。素面。残高3.4厘米（图一二，1）。标本H13：3，碗底残片。残高2.8厘米（图一二，2）。标本H3：8，碗类腹片。外

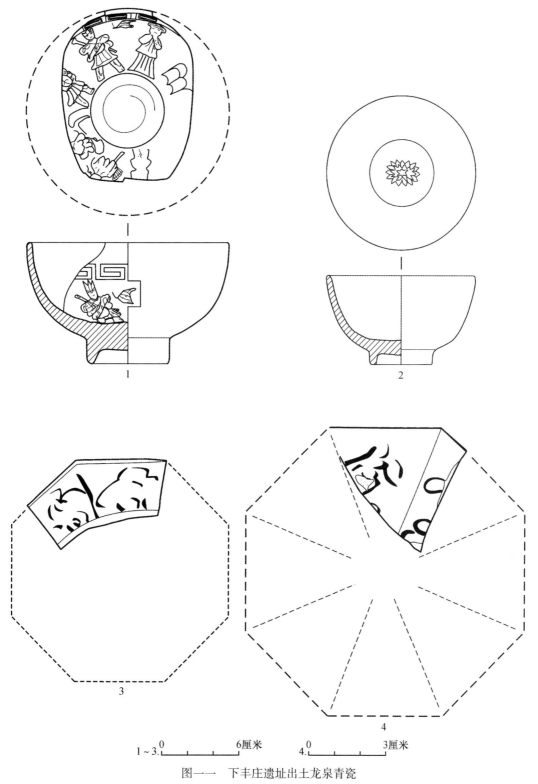

图一一　下丰庄遗址出土龙泉青瓷

1.模印人物故事碗（H7∶1）　2.印花碗（H4∶1）　3、4.划花多角盘（T1③A∶4、H14∶15）

壁素面，内壁饰花草纹。残长5.2、宽4.1厘米（图一二，3）。标本G1：2，碗类腹片。内、外壁均有模印纹饰。残长6.8、宽4.6厘米（图一二，7）。标本H19：3，碗类腹片。内壁模印花草纹。残长3.1、宽2.6厘米（图一二，8）。标本G1：5，碗类腹片。内壁模印花草纹。残长4.9、宽3.3厘米（图一二，9）。标本H7：16，碗底残片。内底戳印纹。残长8.6厘米（图一二，10；图版四三，1）。标本H4：10，碗类口沿残片。圆唇。外壁模印回字纹。残长2.7厘米（图一三，3）。标本T1②：6，碗类口沿残片。圆唇。外壁上部模印断续回字纹，下部划花花草纹。残长6.8厘米（图一三，4）。标本H7：18，碗类口沿残片。圆唇外撇，外壁刻划花草纹。残长4.6、宽3.6厘米（图一三，5）。标本H14：14，碗类口沿残片。圆唇。上部模印回字纹，

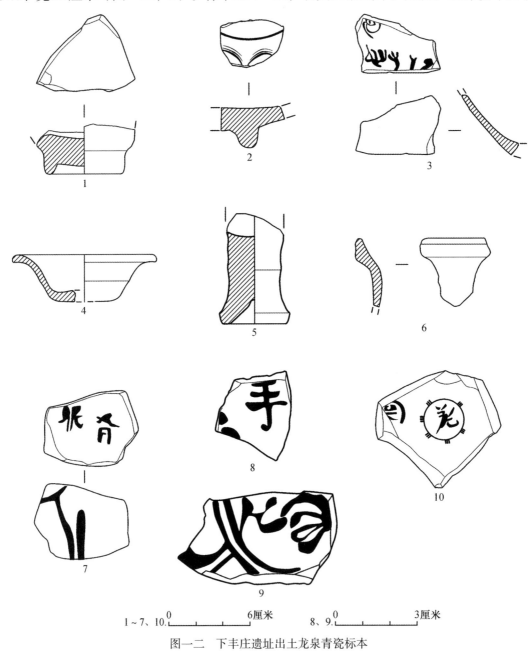

图一二　下丰庄遗址出土龙泉青瓷标本

1、2、10.碗底标本（T1②：4、H13：3、H7：16）　3、7~9.碗类腹片标本（H3：8、G1：2、H19：3、G1：5）

4、6.高足杯口沿标本（H5：2、H7：19）　5.高足杯足标本（T2①B：8）

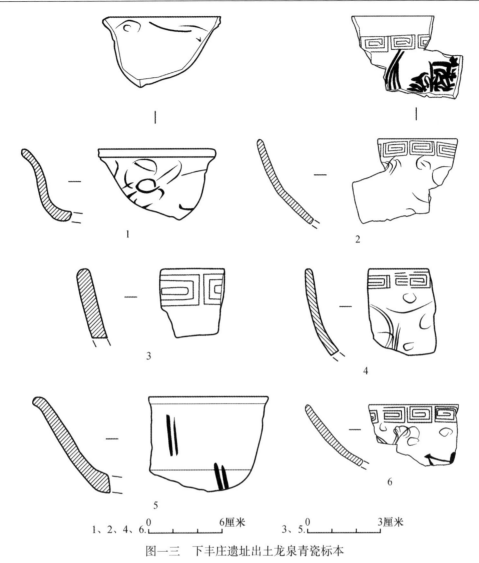

图一三　下丰庄遗址出土龙泉青瓷标本

1.高足杯口沿标本（T1①B：7）　2～6.碗类口沿标本（H14：11、H4：10、T1②：6、H7：18、H14：14）

下部划花花草纹。残长4.8厘米（图一三，6）。

（2）其他青釉瓷类最多，约占出土遗物总量的35%。灰胎，胎质较粗糙，釉面较薄，气泡较多。

碗　占绝大多数。形制基本相同，唇口，弧腹，圈足，有些足内可见鸡心状凸起。圈足和内底无釉，内底有叠烧痕迹。标本G1：1，可复原。足内中心突起。口径18.4、足径6.4、高8.4厘米（图一四，1）。标本H14：2，可复原。内底可见4处火石红。口径17.2、足径6.8、高8.8厘米（图一四，2）。标本H14：1，可复原。足外饰凹弦纹。口径16.8、足径6.8、高8.2厘米（图一四，3）。标本H14：3，可复原。腹微折，足底内收。口径15.2、足径5.2、高7.4厘米（图一四，4）。标本H14：4，可复原。口径16.4、足径6.8、高9.4厘米（图一四，5）。标本H14：5，可复原。足尖略外撇。口径17、足径7.2、高8.4厘米（图一四，6）。标本H14：6，可复原。唇下凹弦纹，足内中心突起。口径20.8、足径8.1、高9.6厘米（图一四，7；图版四二，4）。标本H14：7，可复原。口径17.2、足径6.8、高8.5厘米（图一四，8）。标本

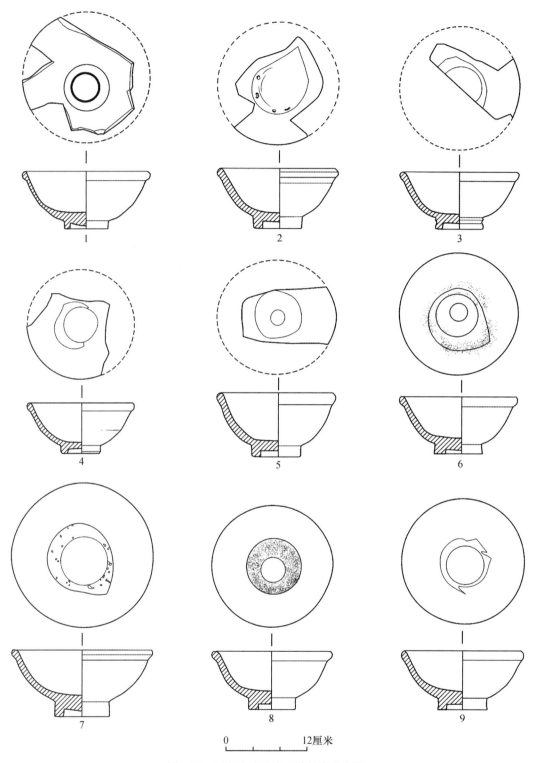

图一四　下丰庄遗址出土其他青釉瓷碗

1. G1：1　2. H14：2　3. H14：1　4. H14：3　5. H14：4　6. H14：5　7. H14：6　8. H14：7　9. H17：1

H17：1，可复原。足尖外撇。口径17.2、足径7.3、高8.4厘米（图一四，9）。标本H4：2，可复原。腹部凸弦纹。口径17.6、足径6.1、高8.5厘米（图一六，7）。标本T1①B：1，碗底残片。足径6.1、残高3.6厘米（图一五，1）。标本T1①B：10，碗底残片。足尖外撇。足径5.2、残高3.7厘米（图一五，2）。标本T2②：4，碗底残片。足径8、残高4厘米（图一五，3）。标本T1②：11，碗底残片。足尖外撇，足内中心略突。足径6.4、残高2.4厘米（图一五，4）。标本T2②：15，碗底残片。足径6.4、残高4.1厘米（图一五，5）。标本H17：2，碗底残片。足径6、残高4.8厘米（图一五，6）。标本H14：10，碗底残片。足尖略内收。足径6.4、残高5.2厘米（图一五，7）。标本H13：2，碗底残片。足内缘向足心倾斜，足内鸡心状突起。足径6.4、残高3.2厘米（图一五，8）。标本T1②：17，碗底残片。足径5.6、残高3厘米（图一五，9）。标本H11：11，碗底残片。足内缘向足心倾斜，足内鸡心状突起。足径7.2、残高5.2厘米（图一五，10）。标本H7：12，碗底残片。足尖内收，足底鸡心状突起。足径5.8、残高2.6厘米（图一五，11）。标本H7：13，碗底残片。足底有鸡心状凸起。足径5.6、残高3.4厘米（图一五，12）。标本H7：17，碗底残片。足中部微折，挖足较深。足径5.4、残高2.8厘米（图一五，13）。标本H7：23，碗类口沿残片。尖圆唇。残长4.6厘米（图一六，1）。标本H4：7，碗类口沿残片。方唇，唇下凹弦纹。残长4厘米（图一六，2）。标本H4：11，碗类口沿残片。圆唇。残长4厘米（图一六，3）。标本H4：12，碗类口沿残片。圆唇。残长4.1厘米（图一六，4）。标本H11：5，碗类口沿残片。圆唇。残长6.6厘米（图一六，5）。标本H17：5，碗类口沿残片。尖圆唇，唇下凸弦纹。残长5厘米（图一六，6）。

盏　1件。标本H13：1，敞口，尖唇，折腹，圈足。口径13.6、足径4.4、高3.2厘米（图一六，8；图版四二，6）。

2. 青花瓷

数量较少，占出土遗物总数不到5%，均残，无复原器，可辨器形只有碗一类。

碗　标本H4：4，碗底残片。内底花草纹（图一七，1）。标本T2①B：3，碗底残片。圈足，足内凸起。足径5.6、残高2.6厘米（图一七，2）。标本T1②：8，碗底残片。内底"福"字款（图一七，3）。标本H11：2，碗底残片。内底"福"字款。足径4.6厘米（图一七，4）。标本J1：1，碗底残片。足内绘制"佳居"款。足径4.2、残高2.4厘米（图一七，5；图版四三，2）。标本H18：6，碗底残片。内底螭虎纹（图一七，6）。标本H6：2，口沿残片。侈口，方唇外撇。外壁上部条带纹，下部花卉纹（图一七，7）。标本H5：3，器底残片。变体梵文纹（图一七，8）。标本H7：27，口沿残片。侈口，方唇外撇（图一七，9）。标本H19：4，口沿残片。侈口，尖唇。内壁上部条带纹，下部回字纹；外壁花草纹（图一七，10）。标本H4：5，口沿残片。方唇，撇口。缠枝花草纹（图一七，11）。

3. 酱釉瓷

出土数量约占遗物总量的20%，可辨器形有罐、缸和韩瓶。

罐　黄褐粗胎，酱釉，有挂釉现象。根据耳部特征，可分二型。

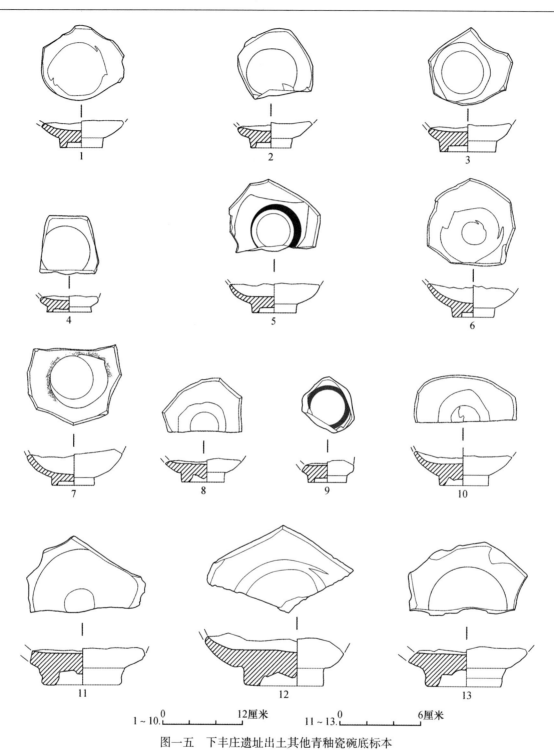

图一五　下丰庄遗址出土其他青釉瓷碗底标本

1. T1①B：1　2. T1①B：10　3. T2②：4　4. T1②：11　5. T2②：15　6. H17：2　7. H14：10　8. H13：2　9. T1②：17
10. H11：11　11. H7：12　12. H7：13　13. H7：17

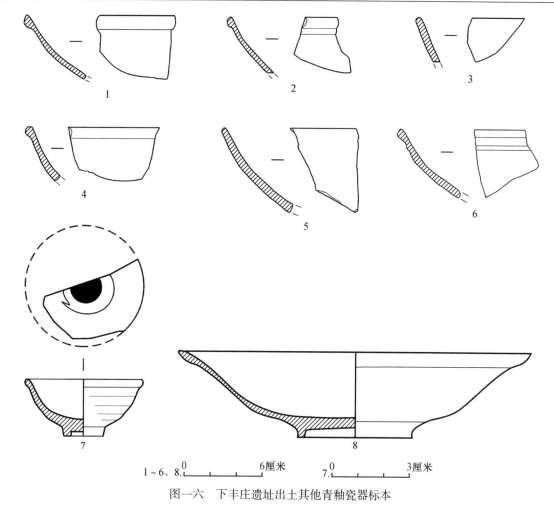

图一六　下丰庄遗址出土其他青釉瓷器标本

1~6.碗类口沿残片（H7∶23、H4∶7、H4∶11、H4∶12、H11∶5、H17∶5）　7.碗（H4∶2）　8.盏（H13∶1）

　　A型　有耳。标本H7∶15，罐类残片。敛口，溜肩，鼓腹，底部残缺，一侧有并排双耳，耳上出筋。红褐胎，胎质硬、粗糙，芒口，外壁施釉至肩部，有滴釉现象。复原口径15.4厘米（图一八，4；图版四三，3）。标本H10∶1，罐口沿残片。侈口，圆唇外撇。残长8.5、宽7厘米（图一八，6）。标本H11∶10，罐口沿残片。直口，唇部周壁、领中部略外突，领部下端有凸棱，溜肩，鼓腹，残存单耳，耳上出筋。从口部施釉至耳部，有流釉现象。残长11.8厘米（图一八，7）。

　　B型　无耳。1件。M5∶1，直口，鼓肩，弧腹，圈足。外壁施釉至下腹部，滴釉。口径10.2、足径6.6、高10.8厘米（图一八，8）。

　　缸　缸胎，胎质粗糙、疏松，夹沙砾，施酱釉，釉极薄，釉面粗糙不平，气泡多，器形较大，较厚。素面。标本H3∶10，缸腹片。残长5.2、宽4.2厘米（图一九，1）。标本T2①B∶1，缸腹片。残长11.2、宽7.2厘米（图一九，2）。

　　韩瓶　红褐色硬陶胎，内外施酱釉，器身饰弦纹。标本H13∶8，韩瓶口沿标本，敛口，尖唇，折沿。残长12厘米（图一九，3）。标本T2②∶2，韩瓶底标本，弧直腹，平底，底部外撇。底部直径6.2、残高7.8厘米（图一九，4）。

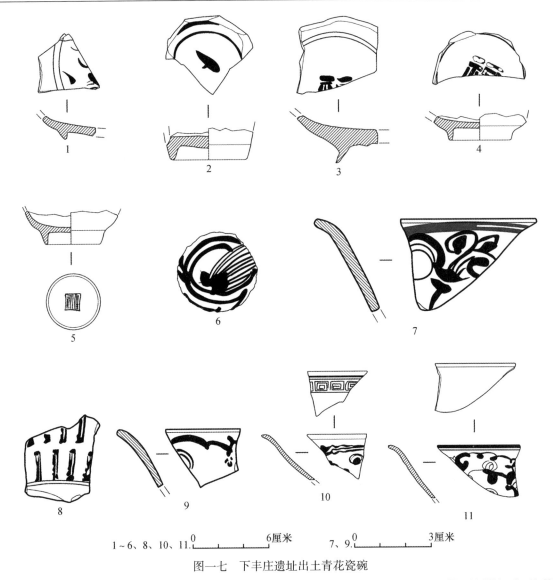

图一七　下丰庄遗址出土青花瓷碗

1. H4：4　2. T2①B：3　3. T1②：8　4. H11：2　5. J1：1　6. H18：6　7. H6：2　8. H5：3　9. H7：27　10. H19：4　11. H4：5

口沿标本　标本H18：3，酱釉口沿标本。尖圆唇，略外撇。施半釉，有滴釉现象。残长4.8厘米（图一八，1）。标本H14：18，酱釉口沿标本。圆唇。芒口，残余其他部分满釉。残长8.8厘米（图一八，2）。标本Z1：1，酱釉口沿标本。直口，方唇，领下侧外突，溜肩。芒口，残余其他部分满釉，腹部可见4条与釉色相同、但颜色相对较深的带状彩绘。残长7.8厘米（图一八，3）。

器耳标本　H14：13，耳部残片。耳上出筋。残长5厘米（图一八，5）。

（四）石器

石砚　1件。T1③B：1，长方形，四边阴刻双框，磨损严重，仅底部隐约可见，上凿一如意形砚池。长18.4、宽10.2、厚1.4～1.8厘米（图二〇，1；图版四二，7）。

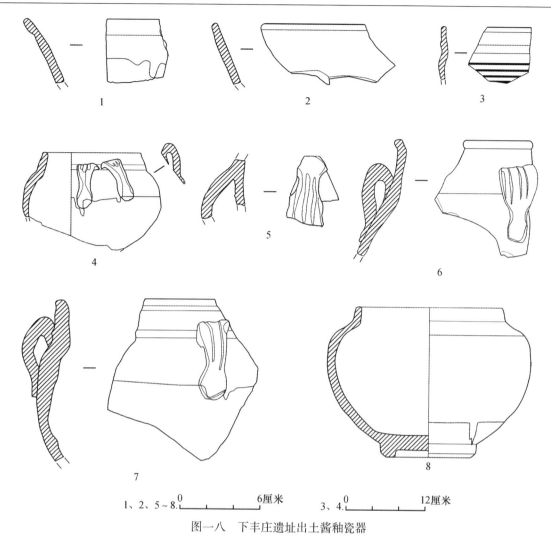

1、2、5~8. ⌷0 ————— 6厘米   3、4. ⌷0 ————— 12厘米

图一八 下丰庄遗址出土酱釉瓷器

1~3.口沿标本（H18：3、H14：18、Z1：1）   4、6、7.A型罐（H7：15、H10：1、H11：10）   5.器耳标本（H14：13）
8.B型罐（M5：1）

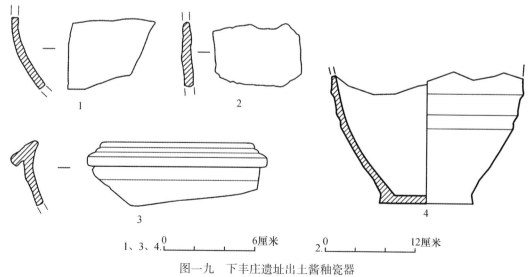

1、3、4. ⌷0 ————— 6厘米   2. ⌷0 ————— 12厘米

图一九 下丰庄遗址出土酱釉瓷器

1、2.缸（H3：10、T2①B：1）   3、4.韩瓶（H13：8、T2②：2）

（五）料器

1件。残。H14：8，蓝色。长2.7、厚0.34～0.4厘米（图二〇，2；图版四三，4）。

（六）金属器

铜簪　3件。M4：1，残，长条形。长10.16、直径0.3厘米（图二〇，3）。H7：2，长条形，簪首呈梅花状，簪尾尖头。长7.1厘米（图二〇，4）。H7：3，长条形，簪首呈伞形，隐约可见饰团菊纹，簪尾尖头。长4.5厘米（图二〇，5）。

铁器　1件。H11：1，铁器，锈蚀严重，无法辨认器形，长6.4厘米（图二〇，6）。

四、几 点 认 识

（一）遗址年代

1. 墓葬的年代

共5座墓葬，M1～M3分布在Ⅰ区，M4在Ⅱ区，M5在Ⅲ区。整体保存情况较差，出土铜钱均钱文不清。均为竖穴土坑单棺墓，可初步推断M1～M5的年代是明清时期。

M1随葬的铜钱中，钱文可辨的铜钱中年代最晚的是"光绪通宝"，M1的年代上限应为清代光绪年。

M2为迁葬墓，无随葬品。

M3仅有一半留存，无随葬品。

M4出土铜簪1件（图二〇，3），簪头不见；铜钱钱文不清。

M5保存较好，没有出土铜钱。棺上腰部附近覆瓦现象，在宝坻区辛务屯明代墓葬[2]中有相同习俗，一般作镇墓之用。M5出土的瓷罐M5：1与宝坻区辛务屯M35：1相似[3]。M5的年代应为明代。

2. 井的年代

J1受破坏和坍塌的影响，保存较差，井口变形，井砖受挤压错位，从开口层位和出土的瓷片特征推测，J1的年代应为清代。

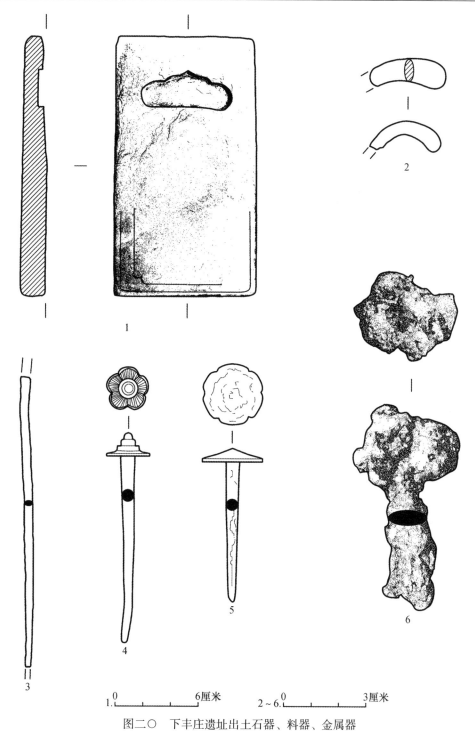

图二〇　下丰庄遗址出土石器、料器、金属器

1. 石砚（T1③B：1）　2. 料器（H14：8）　3~5. 铜簪（M4：1、H7：2、H7：3）　6. 铁器（H11：1）

3. 遗址的年代

遗迹间存在3组打破关系，但是涉及其中的遗迹出土的遗物数量较少，经过比较发现同类器形不多。从地层上看，下丰庄遗址的文化层一共4层，第1B、2、3A、3B层。其中第3A、3B层不是全方分布，集中在北侧，而且出土遗物较少。绝大多数遗迹在第1B和2层下开口，遗物也是这两层出土的占多数。

纵观下丰庄遗址出土的遗物，在器物组合和器物形态上基本一致。出土的遗物中，龙泉窑瓷器的年代指示性较强，且各层都有出土，所以把这些龙泉窑瓷器作为判断遗址年代的标尺。下丰庄遗址出土的龙泉窑瓷器的装饰手法以印花和刻划花为主，纹饰内容有人物故事、花草、文字、回纹带饰等。其中历史人物故事碗是"明代中期龙泉东区的道太等地瓷窑盛烧器物"[4]。戳印文字和口沿内外的回纹带饰，有学者认为在明正统元年至正德十六年间流行[5]。器形上，竹节状高足杯（图一二，5）和多角盘（图一一，3、4）也具有明代时期的特征[6]。

综上，下丰庄遗址Ⅰ区和Ⅱ区的年代为清代，Ⅲ区的年代为明代中晚期。

（二）遗址性质推测

总体来看，下丰庄遗址遗迹的分布相对密集，相互之间叠压打破关系不多，在Ⅲ区见有灶、灰坑等生活遗迹，却不见居住址，说明遗址的存续时间不长，联系到遗址与北运河较近，明清时期北运河要经常进行疏浚，推测该遗址很有可能与当时人们为了完成某些工程而形成的临时聚集性活动场所有关。

领队：甘才超

发掘：甘才超 文 璋 李 斌

绘图：文 璋

照相：文 璋

修复：雷金夫

执笔：文 璋

注 释

［1］ 张洪生：《武清地名趣谈》，中国文联出版社，2013年。

［2］ 天津市文化遗产保护中心：《宝坻区辛务屯元、明、清代墓地发掘报告》，《天津考古》（二），2013年。

［3］ 张洪生：《武清地名趣谈》，中国文联出版社，2013年，第23页。

［4］ 浙江省文物考古研究所：《龙泉东区窑址发掘报告》，文物出版社，2005年。

［5］ 陈扬：《明代龙泉窑青瓷分期研究》，《东方博物》2016年第3期。

［6］ 北京市文物研究所：《北京毛家湾明代瓷器坑发掘简报》，《文物》2008年第4期；中国社会科学院考古研究所浙江工作队：《浙江龙泉县安福龙泉窑址发掘简报》，《考古》1981年第6期。

蓟州多宝佛塔佛龛出土文物抢救性清理与保护

天 津 市 文 化 遗 产 保 护 中 心
中 国 文 化 遗 产 研 究 院
天津市蓟州区文化遗产保护中心

一、历史沿革与项目缘起

多宝佛塔又称少林寺塔，位于官庄镇砖瓦窑村东，盘山少林寺东龙首山上（图一、图二）。占地面积200平方米。少林寺始建年代不详，相传建于魏晋时期，原名"法兴寺"，元初全真教昌盛时，被道教所占，易名为栖云观，寺内佛寺、佛塔被拆除。后复为佛教寺院，赐额为北少林寺。

据记载，少林寺包括寺、塔两部分。寺毁于抗日战争时期。塔原位于寺内，为古佛舍利塔，高两百尺，元时被道士破坏。明崇祯十七年（1644年）重建时移至寺东龙首山，清顺治九年（1652年）竣工。石砌基座，上有护栏，并设门，可进入塔内。塔身砖砌，八角十三层密檐

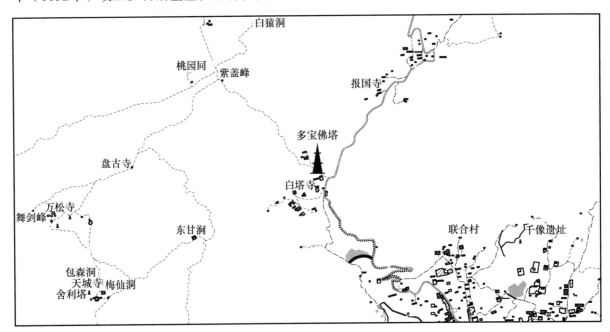

图一　多宝佛塔区位示意图

图二　多宝佛塔全景

式，高26米，须弥座上承托塔身。门洞上方嵌"多宝佛塔"石匾，南面辟门，内设佛龛，东、西、北三面设砖雕假门，其余四面设砖雕隔扇窗。第一层檐下砖雕斗拱，每面两朵，檐上铺瓦件小兽。密檐之间作矮层塔身，东、西、南、北四面作方窗。1991年8月2日，天津市人民政府将多宝佛塔公布为天津市文物保护单位。

多宝佛塔自1652年竣工后，无史籍记载修缮经历，整体残损严重，2015年多宝佛塔保护修缮工作由天津市文物局批准立项。2017年10月初在该塔的保护修缮过程中，佛塔八层密檐南部佛龛的封砖脱落，佛龛内发现铜质鎏金佛教造像一尊。蓟州区文物局向天津市文物局做出相关汇报，天津市文物局指示天津市文化遗产保护中心进行处理，随即天津市文化遗产保护中心派遣程绍卿、甘才超两名同志赴现场，提取出铜质鎏金佛教造像一尊（九龙浴太子）（图三）。通过现场初步探查发现其他密檐间的佛龛内亦有文物存在的迹象，但因人员、设备不足，无法具体判定，随后天津市文化遗产保护中心通过天津市文物局向国家文物局进行汇报。国家文物局指示天津市文化遗产保护中心会同中国文化遗产研究院立即进行抢救性清理，同时申报考古发掘执照，并组织佛教研究人员进行文物价值评估。蓟州区人民政府指示区公安局、官庄镇人民政府、盘山管理局、区文物局，全力配合，做好相关保障工作（图四）。

二、前期勘察与工作准备

（一）前期勘察

2017年10月中旬，天津市文化遗产保护中心聘请的中国文化遗产研究院专业人员携带直径10.0毫米和2.8毫米的内窥镜到现场开展勘察工作。首先采用直径2.8毫米内窥镜试检测5个佛

图三　天津市文化遗产保护中心程绍卿、甘才超两位同志现场提取造像（九龙浴太子）

龛，结果仅发现一个佛龛内有文物存在的迹象，后采用直径10.0毫米的内窥镜进行复检均发现有文物存在。因此，决定采用直径10.0毫米的内窥镜进行检测。由于佛龛外立面所镶嵌花砖没有大于10毫米的缝隙，因此在花砖与佛龛外壁抹灰处打孔，以便将内窥镜镜头插入佛龛内。通过探查发现塔身三至十三层的佛龛内均有文物线索，确定发现文物21件，初步判断为造像与法器；疑似文物8件，不确定9件，共38件（表一）。

表一　多宝佛塔佛龛内窥镜检测结果统计表

佛龛朝向	东/件	南/件	西/件	北/件	数量/件
有造像	3	6	3	5	17
疑似有人造物体	2	0	1	1	4
疑似有造像	2	0	1	1	4
法器等	0	2	1	1	4
无法确认	2	3	2	2	9
无	3	1	3	3	10
备注	南十三层有木箱，南八层已取出，南十二层未检测				

（二）组织人员

依据探查结果和国家文物局指示，天津市文化遗产保护中心着手开展考古清理与文物现场保护的前期准备工作，决定由梅鹏云担任领队，刘健、尹承龙为队员，并联合中国文化遗产研究院杨淼、马菁毓、李元涛三位文保技术人员组成考古发掘与文物保护队伍，对塔身探测发现

图四 多宝佛塔南、西立面点云图

的文物进行清理保护，蓟州区文物局、天津市蓟州区文化遗产保护中心也派员进行了协助。同时天津市文化遗产保护中心还聘请国内著名文物保护专家詹长法、佛教考古专家李裕群驻现场进行指导。

为保障发掘工作顺利进行，现场对人员进行了详细分工，由天津市文化遗产保护中心与中国文化遗产研究院业务人员，配备架子工、瓦工、吊装人员，组成塔上文物清理提取组，负责对塔身出土文物进行清理、提取、包装、吊装（图五、图六）；塔下地面由聘请的二位专家、中国文化遗产研究院等专业人员组成文物预保护组，负责对清理出的文物落地后进行紧急预防性保护处理和包装，防止文物的进一步劣化（图七）；由天津市蓟州区文化遗产保护中心、蓟州区公安局相关人员组成保卫运输组，负责看管并运输每日出土的文物至天津市蓟州区文化遗产保护中心库房暂存。

（三）文物清理具体实施措施

此次考古清理情况复杂，结合蓟州以往出土过文物的佛塔的实际情况，出土纸质、丝织品、水晶、琉璃、玛瑙、金银、陶瓷等文物的可能性较大。文物材质上的差异，造成文物出土后劣化风险增高。因此，在严格按照田野考古操作规程、遵循普遍认同的文物科技保护的基本原则以及执行现场文物科技保护的操作规范基础上，也须从实际情况出发，采取详尽、稳妥的措施，保障文物安全。为此，特制定了详细的发掘与保护方案满足工作需求。

（1）扩大工作面，搭建吊装系统，保障文物与人员安全。已有的多宝佛塔维修工作台面仅90厘米宽，无法满足文物提取工作需要，将工作面扩大至150厘米左右，以满足工作需要；工作高度距地表8.5～23.5米，需搭建吊装系统，保障文物安全；购置安全带、防护服、安全帽等装备，保障人员安全。

（2）现场搭建临时保障用房，满足文物清理及预保护需求，由文保专业人员开展现场清理保护工作。

（3）根据文物所处环境，采取相应技术手段，确保佛塔本体安全，本次提取的对象置身于多宝佛塔塔身上部十二层密檐之间的东、西、南、北四面佛龛内，其外部以雕砖为封，这些雕砖是佛塔本体的重要构件，因此在清理佛龛内的文物时，注意对雕砖的保护，尽力整体提取；同时充分注意对多宝佛塔的整体保护，在搭建脚手架和工作台面时注意对密檐采取保护措施，避免佛塔本体受到损害。

（4）根据文物保存状况，采取相应提取手段，保障文物安全，本次文物清理以考古发掘的记录手段为基础，以保障出土文物安全为目的；在做好资料记录工作的同时，鉴别文物的保存状况，确定文物的提取方法。对质地保存完好或基本完好的文物，将其上面和周围附着物剔松扫净，直接提取；腐蚀严重或糟朽的出土文物，则在进行现场加固保护处理之后，再进行提取。

图五　出土文物吊装运输

图六　出土文物现场清理

图七　出土文物预防性保护

（四）工作程序与方法

（1）施工顺序采取由高至低逐层向下的方法，每一层文物提取完成即可将工作台面下移。

（2）每一个佛龛清理完成后，将开始工作时取下的佛龛封门雕砖放置在其内部，便于佛塔下一步维修时还原。

（3）文物清理的文字影像记录以考古发掘的记录手段为基础，补充文物保护方面的内容。编号采取临时号，每一龛设定为一个单位，根据层数与方向命名。例如，十三层南部佛龛第一件以"T-13N-1"命名（注：东、南、西、北四个方向以汉语拼音开头的字母命名），后期工作时统一按照考古编号修改。

（4）佛龛内的所有物品全部提取，文物与堆积物分别包装，再整体打包，等待实验室考古工作开展时进行处理；文物本体采样、检测与分析工作到时一并开展。

（5）现场清理中如果遇到糟朽严重的文物，则采取现场加固后整体提取的方法。

（6）文物清理后暂存临时保障用房内，由专人看护；每半日转运天津市蓟州区文化遗产保护中心库房内，本次工作全部结束后移交天津博物馆文物库房消毒、暂存；并立即着手编制出土文物抢救性保护修复方案（图八）。

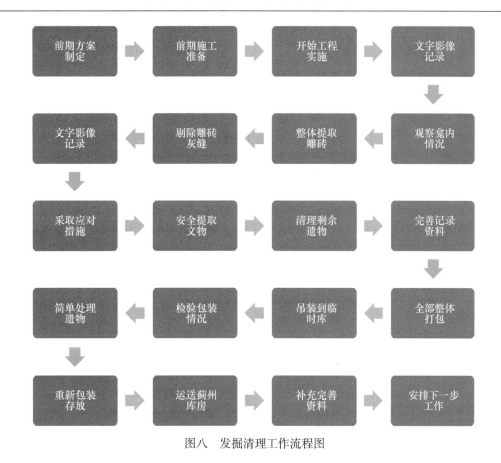

图八　发掘清理工作流程图

三、工作过程与出土文物概述

2017年11月初考古清理与现场保护工作同步开展，至清理工作完成，全部文物运至天津市蓟州区文化遗产保护中心库房保管。根据内窥镜检测结果未对一、二层全部佛龛，三层东、西、北部佛龛与四层北部佛龛进行清理，工作完成后我们用内窥镜再次对这几个佛龛进行了复查，未发现文物存在迹象。

（一）工作过程简述

按照工作方案由十三层开始逐层向下清理，首先采集资料，瓦工剔除灰缝，打开封砖，采集资料，仔细清理堆积物，发现文物后采集资料，如文物叠压影响向下的清理，文物保存状态又相对较好便直接提取，包装，继续向下清理，采集资料，提取文物，包装；测量佛龛尺寸，补全资料，用塑料整理箱将文物与遗存物分箱打包，吊装至塔下，进入临时房内，文物开箱，应急文物保护处理，采集资料，重新包装，交由天津市蓟州文化遗产保护中心人员接收，每半日工作结束后运至山下，装入负责押运的警车内，送到蓟州文物保管所库房。

（二）佛龛形态简述

十三层至五层佛龛口部平面呈方形，外以方形雕砖封堵，内用白灰抹平，深50～70厘米，顶部前边与开口齐平，后部上扬14厘米左右，龛后立面下部有一通气孔；四层与三层佛龛后底部下沉7厘米，立面、顶部与上边佛龛相同；四层东、西两龛结构深度，只有15厘米左右；封砖两侧灰缝由上至下逐层加大，四层至十三层封砖尺寸基本相同，三层南部佛龛由一大块长方雕砖封堵（图九）。

图九　多宝佛塔佛龛形态

（三）佛龛内堆积情况简述

此次清理的佛龛内不仅有文物存在，还存在一些因各种原因形成的堆积物，大致有三种情况，第一种是密封较严，佛龛内部除文物外只存在一些灰尘；第二种是封砖上存在小孔，蜜蜂在佛龛内筑巢，对文物造成影响，一些文物表面布满蜂巢；第三种是封砖缝隙或开孔较大，鸟类或蜜蜂在佛龛内部筑巢，文物被掩埋或包裹。按照工作方案，所有龛内堆积物已全部采集，装箱一并运至库房保存，等待下一步实验室考古清理（图一〇）。

（四）出土文物简述

本次清理共出土文物57件套，包括造像42尊（图一一～图一三）、佛塔模型3件（图一四）、丝织品2套（图一五）、铜饰1件、木龛（盒）3件、佛珠1套、已提取或散落的装藏7套（因与出土文物存在从属关系未计入总数）、铜钱5套（万历通宝、崇祯通宝、顺治通宝）；文物材质种类丰富，金属、陶、瓷、石、木、泥、丝织品、纸制品均有出土；出土的文物内容以佛教题材的造像为主，除四层南出土一尊泥质道教造像，十二层北与五层西未出土文物外，其余佛龛内均出土有佛教题材的文物，十三与十二层南部佛龛出土带木质佛龛的金属造像与丝织品，十层与九层北部出土两尊木质"喇嘛塔"模型，十一层西部出土带座木质佛教造

图一〇 多宝佛塔佛龛内堆积物（蜂巢、鸟巢、石灰粉尘、堆积土）

像，八层西部出土一尊木质漆金佛教造像，六层四个方向出土四尊木质漆金佛教造像，十一层北部出土残损严重的木盒一件，佛珠102枚，十三层西部佛龛出土一尊石质造像，十二层西部佛龛出土三尊瓷质造像，其余佛龛内出土的均为金属质地的造像。这些造像风格多样，供奉方式独特，有些造像罕见，其中"绿度母、宝冠释迦、文殊菩萨"等造像具有典型的藏传佛教风格。通过出土时的观察，仍有一定比例的造像中带有装藏，因现场工作条件有限未进行提取，此工作将于保护处理时一并进行。

图一一　十一层南部佛龛出土造像

图一二　十层南部佛龛出土造像

图一三　六层东部佛龛出土造像

图一四　十层北部佛龛出土佛塔模型

图一五 多宝佛塔十三层南部佛龛出土丝织、纸质经卷

四、结 语

此次清理多宝佛塔的四面佛龛供奉造像方式十分独特，出土的造像材质、种类多样，题材和样式丰富，其材质主要有青铜、石质、瓷器、漆木器、泥塑等。造像以圆雕为主，反映了明末清初时期造像的艺术特征及不同佛教的文化特征。此次出土的佛造像除了典型的汉传佛教塑像之外还出土了典型的藏传佛教塑像，也是藏传佛教塑像在当时历史时期中出现的中国最北端，对于研究京津冀地区甚至中原地区的汉藏佛教交流、藏传佛教传播以及当时的社会文化面貌等问题提供了重要的实物资料。

此次清理的所有文物均由多宝塔各面每层密檐下中部佛龛内出土（个别佛龛未见文物），在漫长的时间内，随着佛龛外封门雕砖的破损，部分佛龛被鸟窝、蜂巢、泥土等填充，致使文物受挤压而产生变形、破碎、覆盖包裹等严重病害。同时由于佛龛内壁有小孔与塔身中心孔相同，佛龛内文物处于半开放环境，导致文物出现了腐蚀、粘连、虫蛀、颜料层脱落、颜料层龟裂、缺失等严重病害。天津市文化遗产保护中心已经和中国文化遗产研究院完成出土文物保护方案的编制工作，并获得审批通过，目前正在进行文物本体的保护修复工作。

此次清理工作的圆满完成离不开当地行政与文物主管部门的通力配合。在此对给予清理工作大力支持的蓟州区人民政府、蓟州区官庄镇人民政府、蓟州区公安局、蓟州区盘山管理局、蓟州区文物局、天津市蓟州区文化遗产保护中心表示由衷的感谢！同时对参加工作的所有人员表示由衷的感谢！

　　附记：参加工作人员包括特聘专家詹长法、李裕群；天津市文化遗产保护中心：梅鹏云（领队）、刘健、尹承龙、程绍卿、甘才超、陈鑫、朱文君、马伯陶；中国文化遗产研究院：杨淼、马菁毓、李元涛、邵明申；蓟州区文物局：李天胜、蔡习军、黄超；天津市蓟州区文化遗产保护中心：刘福宁、刘建国、张磊、李铭泽、孟庆普。特此鸣谢！

执笔：刘　健　尹承龙

津南慈云寺遗址发掘简报

天津市文化遗产保护中心

天津市津南区文化和旅游局①

一、引 言

慈云寺遗址位于天津市津南区辛庄镇高庄子村的西侧（图一），北距海河975米，西临洪泥河1000米，东临老海河故道500米，南距津沽路500米，北距天津市区15千米。

慈云寺建筑历史悠久，据文献记载，其始建于明朝崇祯二年（1629年），由李氏八世祖李国祯三兄弟捐资修建以作李氏家庙使用。1990年定为津南区区级重点文物保护单位，2013年经市政府公布为天津市文物保护单位。现占地面积653平方米。其中，建筑面积306平方米，正殿及其左右耳房占地148平方米，东西配殿及其耳房占地158平方米。

2017年6～8月，为配合"天津市津南区辛庄慈云寺文物保护工程方案设计"，经国家文物局批准，天津市文化遗产保护中心在津南区文化体育局和辛庄镇政府的配合下，对慈云寺遗址展开了考古发掘工作，发掘面积共300平方米。本次发掘以探方发掘为主、探沟解剖为辅，共在院落内外布设探方12个、扩方2个、探沟1个（图二），共清理灰坑遗迹19处，出土陶瓷器、建筑构件等遗物数十件，为了解慈云寺的历史发展及后续的文物保护利用提供了重要的实物资料。现将发掘情况简要介绍如下。

二、地层堆积

慈云寺院落内地势起伏不大，各探方内地层情况相对简单。现以T0203与T0204西壁（图三）、T0304北扩方北壁（图四）为例说明地层堆积情况。

---

① 天津市津南区文化和旅游局，前身为天津市津南区文化体育局，2020年更为此名。

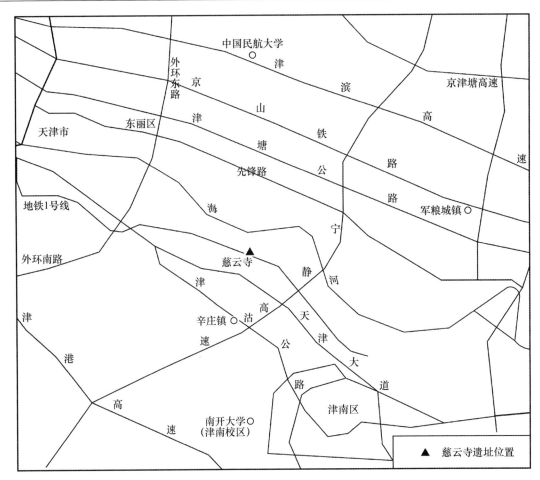

图一　慈云寺遗址位置示意图

1. T0203与T0204西壁

第1层：黑褐色土，土质疏松。包含较多植物根茎、炉灰渣、碎砖渣及废弃塑料袋。厚0.08～0.14米。

第2层：灰褐色土，土质疏松。包含较多黑色煤渣、青灰砖渣、草木灰。厚0.04～0.14米。

第3层：黄褐色土，土质致密。包含少量红砖砖渣、青砖砖渣。厚0.17～0.22米。

第4层：黄褐色土，土质致密。包含灰色碎砖、瓦片及少量彩绘瓷片。厚0.2～0.26米。

第5层：黑褐色土，土质致密。包含物较为纯净，为早期月台的夯土面。厚0.45～0.53米。

第6层：黑土层，土质致密。包含少量青花瓷片，为早期院内填土层，未完全揭露。

2. T0304北扩方北壁

第1层：黑褐色土，土质疏松。夹杂大量煤渣。厚0.2～0.3米。

第2层：灰褐色土，土质疏松。夹杂黑色煤渣与白色石灰。厚0.13～0.18米。

第3层：黄褐色土，土质致密。包含少量碎砖与白色石灰。厚0.29～1.24米。

夯土台1：黄褐色土，土质致密。包含少量青花瓷碎片。厚0.39～0.68米。

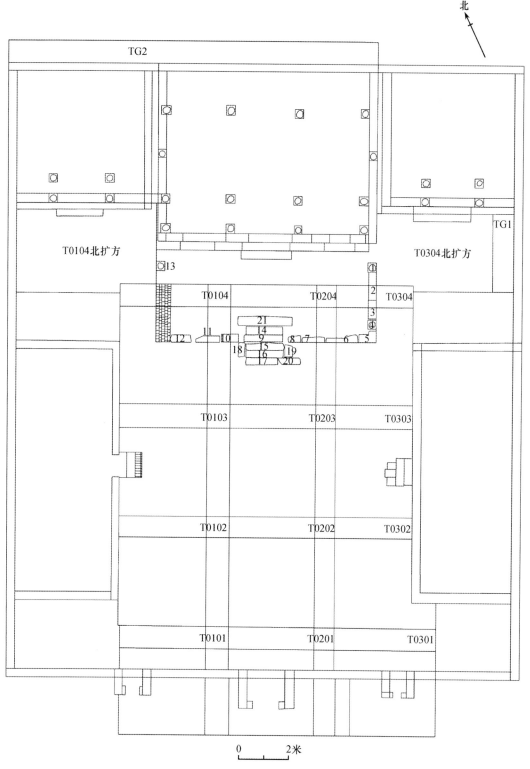

图二　慈云寺遗址总布方图
1、4、13.柱础石　2、3、5~12、14~21.阶条石

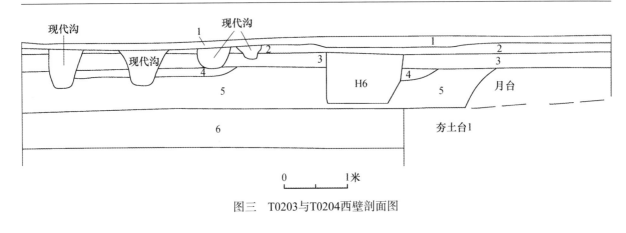

图三　T0203与T0204西壁剖面图

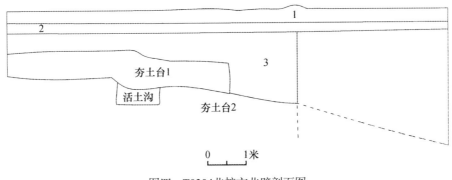

图四　T0304北扩方北壁剖面图

夯土台2：黄褐色土，土质致密。未见包含物。未完全揭露。

以上述探方地层堆积及其出土遗物为参照物，将本次发掘的慈云寺文化遗存分为三期。

第一期，以夯土台2、踩踏面堆积及其内出土的遗物为代表。

第二期，以夯土台1、月台及其内出土的遗物为代表。

第三期，以慈云寺内现存建筑（正殿、耳房、配殿、山门、围墙等）、T0203、T0204第1~4层、遗迹单位H1~H19以及前述各遗迹单位中出土的遗物为代表。

三、第一期遗存

（一）遗迹

本期典型遗迹为夯土台2，整体夯筑而成，仅分布在发掘区内北部的少数探方中。以正殿为中心，北面分布至正殿后距外壁约1.55米处，西面约分布至正殿西距外壁约2.37米处，东面分布至正殿东距外壁约4米处，南面分布至距正殿正门南约7.15米处，该期夯土遗存总分布面积约272平方米（图五）。

木桩遗迹　东部发现有两个、北部正殿后发现有七个（图五；图版四四，3），木桩坑洞直径0.1~0.2、深约1.3米。从地层堆积来看，这类木桩直接打破淤泥生土，推测应是最早修筑

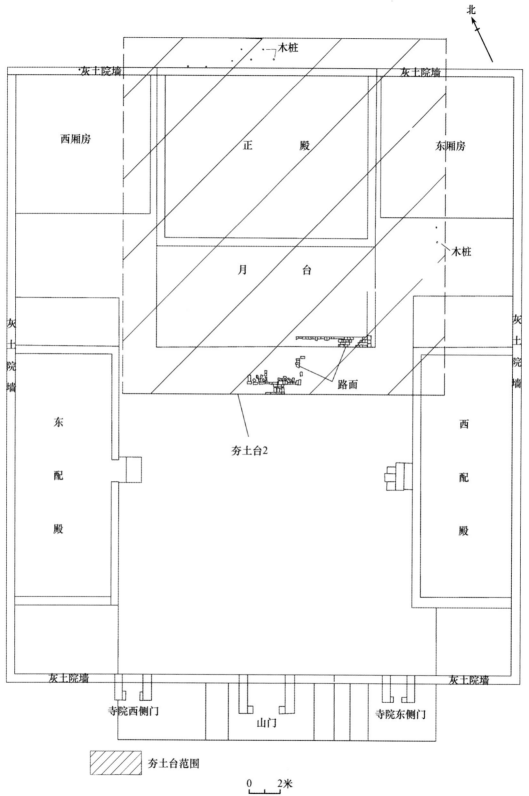

图五 夯土台2分布范围图

夯土台时留下的为加固夯土台边缘的木桩。

此外，在该期夯土面上正殿月台前部及东侧部分还发现有分布较为规整的砖砌路面（图五），多遭破坏，现存仅部分砖铺遗迹。路面所使用的砖多为长方形砖块，均长0.05～0.35、均宽0.1～0.3、均厚0.08～0.1米。

（二）遗物

本期所出土的遗物较少，有青花瓷、白地黑花瓷与青瓷三类，均残损严重。

1. 青花瓷

碗　1件。夯土台2：2，残存口沿及上腹。敞口，斜弧腹。胎色灰白，胎质致密。器施青白釉，釉色泛灰，釉下开片。外腹绘草叶花卉纹，青花晕散严重。口径16、残高5厘米（图六，1）。

2. 白地黑花瓷

碗　1件。夯土台2：1，残存下腹及底足。斜弧腹，圈足。胎色灰黄泛白，胎质疏松。器施白釉，釉色泛灰黄。内底下腹绘褐彩双圈弦纹，内底心绘草叶花卉纹。足径12、残高2.8厘米（图六，3）。

3. 青瓷

盆　1件。夯土台2：3，残存下腹及底足。下腹斜弧，圈足。胎色灰白，胎质致密，胎体厚重。施青釉，内满釉，外施釉至下腹，底足露胎。足径15.8、残高3厘米（图六，2）。

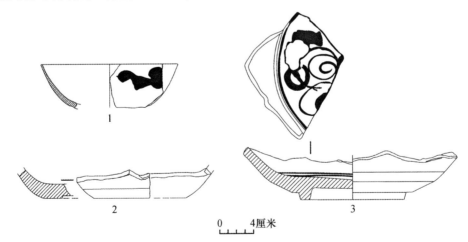

图六　夯土台2出土瓷器

1. 青花瓷碗（夯土台2：2）　2. 青瓷盆（夯土台2：3）　3. 白地黑花瓷碗（夯土台2：1）

四、第二期遗存

（一）遗迹

本期典型遗迹为夯土台1、月台夯土，其直接叠压于正殿前部的月台铺砖下，仅分布在发掘区北部少量探方中。

夯土台1为现存正殿及月台基础层夯土，夯土致密、厚重。其分布范围为：北以正殿后壁为界，南界距正殿南壁约7米，西界至正殿西侧约0.5米，东界至正殿东侧约4米处。总分布范围约213平方米（图七）。

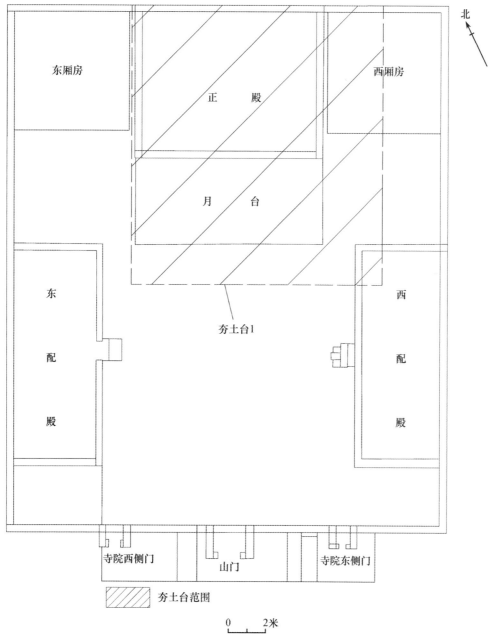

图七　夯土台1分布范围图

天津考古（三）

　　月台夯土层仅分布在现存正殿前，分布范围基本与现存月台重叠（图八；图版四四，2）。分布面积约为56平方米。在夯土东侧的平台上发现有多次夯筑叠高夯台的现象，每夯筑一次，夯层向上抬高约0.3～0.5米。

　　通过分析夯土台1和月台夯土层的剖面关系可知，当时修筑大殿和月台时，寺内地势仍较为低洼，为抬高地面，在原来低洼处夯筑垫土以抬高地面，形成了现今的夯土台基础层。

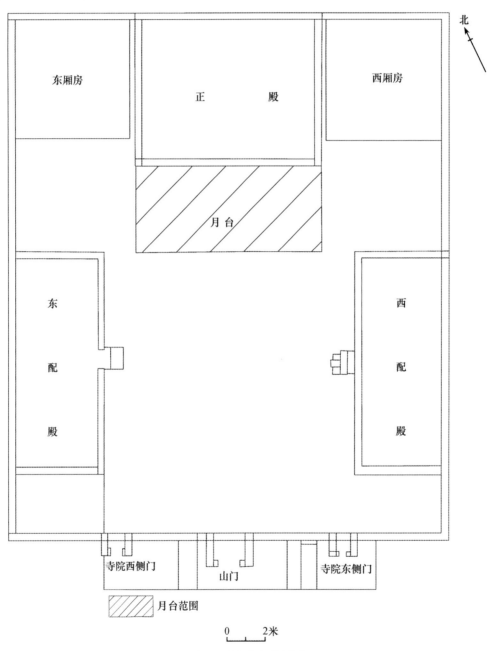

图八　月台分布范围图

（二）遗物

本期出土遗物较少，以青花瓷为主，以碗类居多，器物均残破严重。

碗　3件。月台填土：1，残存口部及上腹。敞口，斜弧腹。灰白胎，胎体致密。器施青白釉，釉色偏灰，内外满釉。外壁绘开光花卉纹，青花钴料泛黑，花卉晕散严重。高3.8、厚5.5厘米（图九，1）。月台：8，残存下腹及底足。斜弧腹，圈足。灰白胎，胎质致密。器施青白釉，内底涩圈，外施釉至下腹。内底心绘写意凤纹。足径5.6、高1.5厘米（图九，2）。月台：9，残存下腹及底足。斜弧腹，圈足。灰白胎，胎体致密。内底满釉，外施釉至圈足，足端刮釉。内地绘团菊花卉纹。足径6、高2.4厘米（图九，3）。

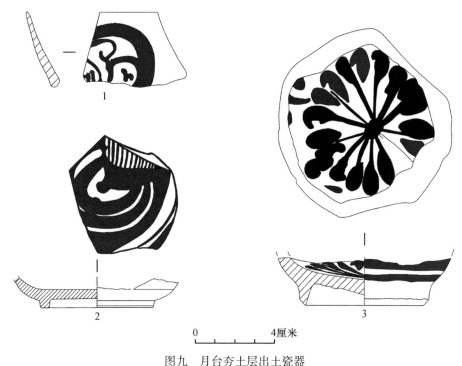

0   4厘米

图九　月台夯土层出土瓷器

1～3.青花瓷碗（月台填土：1、月台：8、月台：9）

五、第三期遗存

该期遗迹分为地面建筑与地下遗迹两部分。

（一）地面建筑

慈云寺寺庙整体保存较好。整体坐西北朝西南，南北长29.2、东西宽24米，现存建筑为典型四合院建筑，现存正殿、东西耳房、院落、东西配殿及南侧耳房、山门、角门等建筑。正殿及配殿均为主体单层木构架硬山筒板瓦顶古建筑，其两侧山墙均为硬山出墀头，后檐墙为封护墙。殿内均为五檩举架形式，前檐均出抱头梁，屋顶为木檩、木椽、木望板、硬山筒板瓦（青瓦及红瓦）顶。简单介绍如下。

慈云寺正殿位于院落北部（图一〇），平面呈矩形，面阔三间，进深三间，屋顶以筒板瓦铺建，正殿后壁绘有彩绘壁画。正殿东西长10.25、南北宽8米。正殿面阔三间，尺寸分别为3、3.3及3米，通面阔9.3米，进深分别为1.5、3.7及1.5米。

殿前铺有宽敞的月台，月台东西长10.25、南北宽4.5米。月台墙体顶部阶条石有部分缺失，少数阶条石存在轻微风化及高低不平的现象。前檐台明以青砖、白灰浆糙砌为阶与院落相接，设有东、西及南部三段。东、西二段已被破坏，仅存南部一段。

大殿两侧设东、西耳房（图一〇），均为面阔三间，面阔尺寸约为2.1、2.4、2.1米，通面阔均为6.6米；进深二间，进深尺寸分别约为1.5、4.3米，通进深约为5.8米。东、西月台正门外台明高度约为0.3、前檐台明设有阶条石，截面尺寸约为长0.3、宽0.15米。两侧耳房应为家庙的附属功能用房，供住宿、会客之用。

院落中部呈方形，东西两侧设两配殿，配殿与正殿结构相似，殿内设三间相通，南北长11.8、东西宽5.15米。东配殿与东殿之间设一便门相通，便门遭受过火灾，门楼已被破坏，发掘时仅存一层底砖。残存的便门面阔2.23、口宽0.9、进深1.2米（图一一）。东配殿屋顶铺西班牙瓦，西配殿后顶部多已坍塌。

配殿南侧建有现代砖砌房屋两间，单间，宽约4.75、进深3米。

山门位于寺院围墙的正南部中心，与正殿正门相对，券形拱门，拱门顶部书"慈云寺"（图版四四，1）。砖砌而成，顶部残缺。面阔2.6、口宽1.4、进深1.6米。山门两侧对称设有两小侧门，砖砌而成，平顶。面阔2.1、口宽0.9、进深1.2米。

（二）地下遗迹

发现有灰坑19处，灰沟2处，均开口于第2层下。灰坑形状有椭圆形、圆形与不规则形，以椭圆形居多，坑内堆积简单。灰沟为不规则长条形，包含物较少。以较有代表性的H6、H13进行说明。

H6　位于T0204的中部，打破第3、4层，与排水沟相连接。平面呈不规则形（图一二）。土坑斜壁，底中部不平。东西长2.6、南北宽1.8、深1.1米。填土灰色，土质疏松，含水分较高，包含较多的碎砖块、瓦片和极少的碎瓷片。

H13　位于T0304北扩方的东北部。平面呈圆形（图一三）。土坑，斜弧壁，小平底。直径0.5、深0.2米。灰褐色填土，土质松散，包含物纯净。

（三）遗物

依据器物种类将其分为青花瓷、彩绘瓷、酱釉器、陶器、建筑构件与其他器物。

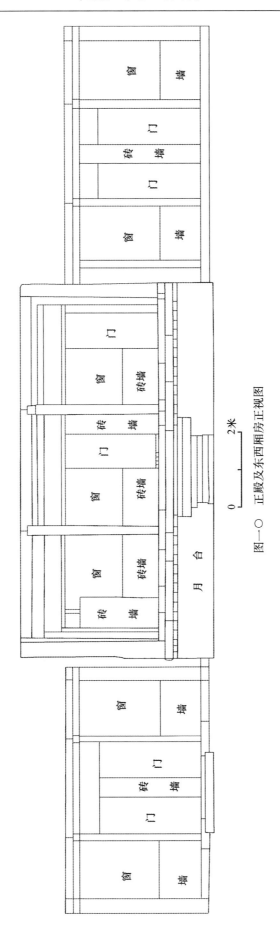

图一〇 正殿及东西厢房正视图

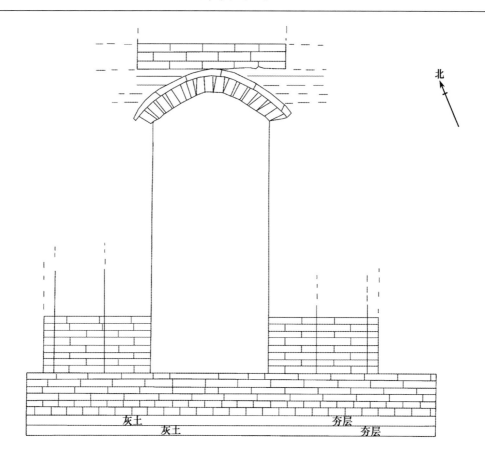

北

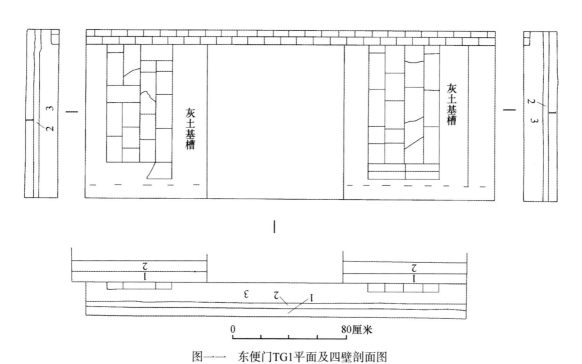

0　　　　　　　80厘米

图一一　东便门TG1平面及四壁剖面图

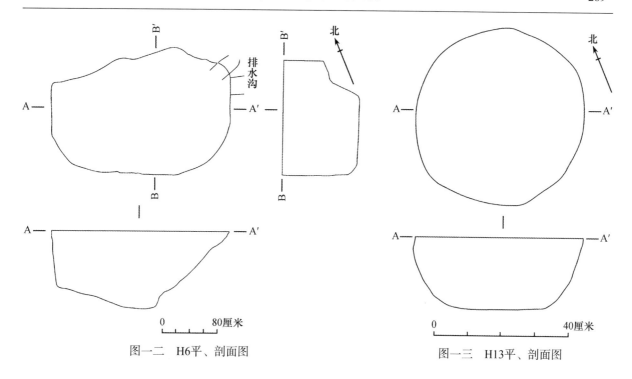

图一二　H6平、剖面图　　　　　　　　　　图一三　H13平、剖面图

1. 青花瓷

以碗类居多。

碗　均为残片。T0204③：2，残存口沿及上腹。敞口，斜弧腹，腹部斜直。灰白胎，胎质致密。施青白釉，釉色泛灰，内外满釉。外壁绘凤纹。残高3.7、厚0.5厘米（图一四，2）。H9：5，残存下腹及底足。斜弧腹，圈足。灰白胎，胎质致密。施青白釉，釉色泛青，内满釉，外施釉至圈足内，足端刮釉。外壁绘缠枝花卉双喜纹。足径6.7、残高4.5厘米（图一五，5）。H9：6，残存下腹及底足。斜弧腹，圈足。灰白胎，胎质致密。施青白釉，釉色泛青灰，内满釉，外施釉至圈足内，足端刮釉。外壁绘缠枝花卉纹。外足内粘有废渣。足径4.6、残高3.3厘米（图一五，4）。T0203③：1，残存上腹部。斜弧腹。胎色洁白。釉色泛青白，内外满釉。外腹壁印团寿纹。厚0.3厘米（图一四，1）。

2. 彩绘瓷

有碗、小盘两类。

碗　数量少。敞口微撇。H19：1，可复原。斜弧腹，圈足。胎色洁白，胎质致密。施白釉，釉色透亮有光泽，内底涩圈刮釉，外施釉至圈足内，足端刮釉。内口部绘青花单圈弦纹，内腹绘三组蓝彩菊花草叶纹。口径16.5、足径7、高6厘米（图一五，2；图版四五，6）。

小盘　依口部特征分为二型。

A型　敞口。H12：1，可复原。斜弧腹，腹部略直，内底下凹，圈足。胎色洁白，胎质致密。内外满釉。碗内壁绘三组五彩花绘草叶纹，外底心书红彩“湖南界牌”款。口径13.3、足径6.4、高2厘米（图一五，1）。

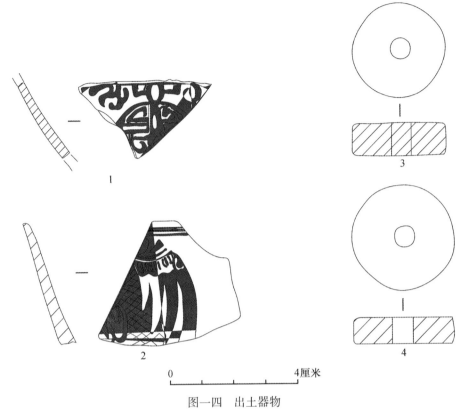

图一四　出土器物
1、2. 青花瓷碗（T0203③：1、T0204③：2）　　3、4. 陶纺轮（H16：4、月台：7）

　　B型　撇口。T0301②：2，可复原。浅弧腹，下腹略鼓，圈足。胎色洁白，胎质致密。内外满釉。碗内壁绘红绿彩花卉草叶纹。口径11.4、足径6.8、高2.2厘米。

3. 酱釉器

　　罐　数量少。H9：7，残存口沿及上腹。直口，短颈，溜肩。灰白胎，胎质疏松。施酱黑釉，内施釉至口沿，外施釉至腹部。内腹轮旋痕明显。口径19、残高5.1厘米（图一五，3）。

4. 陶器

　　烛台　残存承柄。H12：2，残破严重。圆柱形承柄，柄中部设两层承盘，呈台阶状相接。粗砂红胎，素面无釉。残高8厘米（图一五，6）。
　　纺轮　圆环形。H16：4，完整。圆环形，中部开一圆孔。粗砂灰胎。直径2.3、穿径0.5、厚0.8厘米（图一四，3）。月台：7，完整。圆环形，中部开一圆孔。粗砂灰胎。直径2.5、穿径0.5、厚0.7厘米（图一四，4）。

5. 建筑构件

　　主要为瓦当、板瓦、砖雕、门枕石、阶条石等。
　　瓦当　多为寿字纹，数量少。H6：5，可复原。瓦当呈筒状，半圆形，瓦舌内缩，舌面有

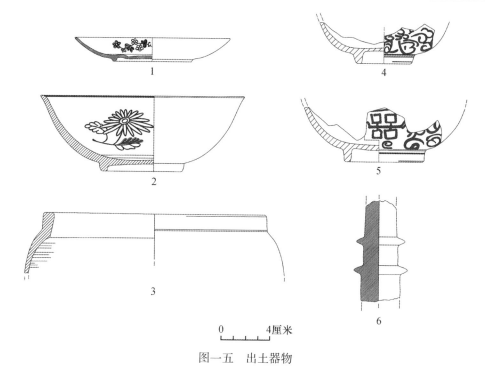

图一五　出土器物

1. A型彩绘瓷小盘（H12：1）　2. 彩绘瓷碗（H19：1）　3. 酱釉罐（H9：7）　4、5. 青花瓷碗（H9：6、H9：5）
6. 陶烛台（H12：2）

明显的轮制修整线，当面向上倾斜，做工规整。当面模制"寿"字纹。泥质灰胎，胎质粗糙。残长17.3、宽10.5、高5.5厘米（图一六，1）。H6：1，可复原。瓦当呈筒状，半圆形，瓦舌内缩，舌面有明显的轮制修整线，当面向上倾斜，做工规整。当面模制"寿"字纹。泥质灰胎，胎质粗糙。通长18.8、宽10、高13～19厘米（图一六，2；图版四五，1）。

板瓦　数量少。T0204③：1，完整。平面略呈梯形，瓦面略向上拱。粗砂灰胎。外顶面刻三道凹弦纹。长16、宽15.5～16.8、高4.4厘米（图一六，4）。

砖雕　数量多。H6：6，完整。整体呈正方形。正面前部设三组凹槽，凹槽呈斜坡状下滑。实心陶质。侧面刻有三组半"卍"字纹。砖长40、宽37.6、厚5.6厘米（图一七，3）。H6：2，残。整体呈串珠状。主体为长方形，两侧接环形串珠。实心陶质。残长19.2、宽12、珠厚3.4厘米（图一七，2）。H4：1，残。残存部分略呈半圆柱形。实心陶质。残长18.5、宽6.7、厚6厘米（图一七，1）。月台：1，残。残存部分呈不规则"W"形，正面刻有莲瓣纹、卷草纹。砖长38、宽28、厚3.6厘米（图一八）。月台：2，残。整体呈长方形，正面刻花瓣纹。实心陶质。砖长38、宽9.5、厚6厘米（图一九，2；图版四五，2）。T0302①：1，残。整体呈长方形。实心陶质。正面刻草叶纹。砖残长22.5、宽9.2、厚5厘米（图一九，1）。T0104北扩方：1，残。整体呈方形，正面刻洞箫纹。砖残长12、宽12.8、厚5厘米（图二〇，1）。H4：2，残。整体呈长方形。正面刻葫芦纹。砖残长18.6、宽12、厚5厘米（图二〇，2；图版四五，3）。T0102①：1，可复原。整体呈长方形。正面刻鱼纹。砖长24、宽12.5、厚5厘米（图二〇，3；图版四五，4）。

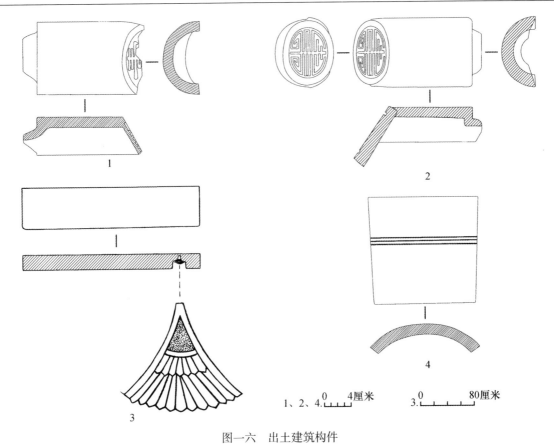

图一六　出土建筑构件

1、2.瓦当（H6∶5、H6∶1）　3.阶条石（月台∶11）　4.板瓦（T0204③∶1）

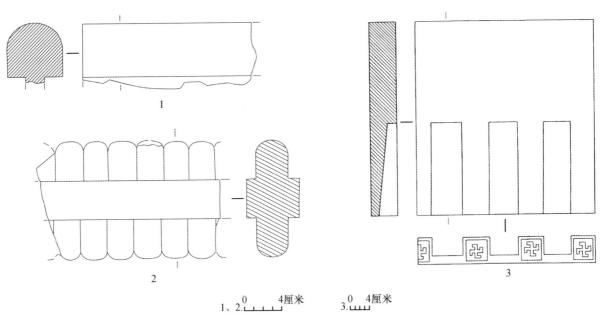

图一七　出土砖雕

1.H4∶1　2.H6∶2　3.H6∶6

0 4厘米

图一八　出土砖雕（月台∶1）

1

2

0 4厘米

图一九　出土砖雕
1. T0302①∶1　2. 月台∶2

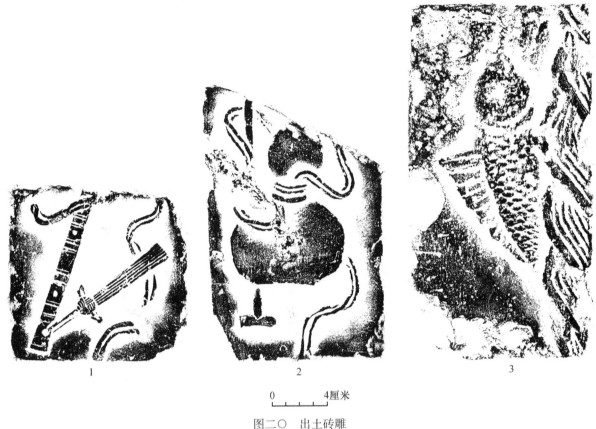

0   4厘米

图二〇　出土砖雕
1. T0104北扩方：1　2. H4：2　3. T0102①：1

　　门枕石　位于与门框相垂直的下槛下，作承托门扇转轴之用。月台：10，完整。平面为不规则的两座石墩，中部设凹陷的沟槽相连。前部较长，放置在门外，后部较短，放置在门内。实心石质。门外侧面分别刻有仙鹿、花草纹，顶面开方形凹槽。门内部表面素面，顶面凿有圆形海窝。总长3.52、宽为1.36米（图二一）。

　　阶条石　数量少。月台：11，完整。长方条形。一侧平面下部凿凸字形孔作排水用，悬空处刻有重瓣花纹。长265、宽58、厚22厘米（图一六，3）。

6. 其他器物

　　铜钱　2枚。器形较小，锈斑严重，均为光绪通宝。H13：1，完整。楷体，顺读，方穿，郭阔（图二二，1）。H13：2，完整。楷体，顺读，方穿，郭阔（图二二，2）。

图二一 出土门枕石（月台：10）

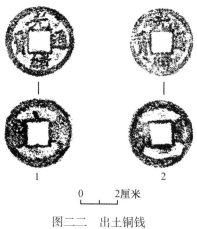

图二二 出土铜钱
1. H13：1 2. H13：2

六、认　识

（一）各期遗存年代推断

1. 第一期遗存

据文献记载：慈云寺，"始建于明，……，大殿梁上有明崇祯年题记"[1]。又"明崇祯二年（1629年），……，高庄子村李氏李国祯、李国祚、李国详三兄弟因船运和经商而富，……，为了祈保自家海上的运输安全之念，聚集若干银两，在高庄子村西南，修建了一所占地一百平方米青砖木结构的庙宇，坐北朝南，无配殿"，可见慈云寺的始建与高庄子村李氏家族在明末的兴起有关，始建年代应为明代崇祯年间。

从本次发掘的情况来看，第一期遗存的分布范围集中在发掘区北部（环绕现存正殿）的探方或探沟地层最底层，现存月台前还发现有砖块铺砌的路面遗迹，且周围还发现有等距的木桩孔洞将其打破。结合出土遗物来看，该期遗存内出土的遗物具有典型的明清交汇时期器物风格。综合来看，第一期遗存的年代应为明末清初，与慈云寺的始建记载相符。

2. 第二期遗存

该期遗存主要分布在发掘区的北部，环绕正殿及月台附近。从地层堆积来看，夯土台1、月台夯土层均为人工夯筑，直接叠压着第一期遗存，具有明显的夯筑抬高现象，其中所出土的开光花卉纹碗、团菊纹流行于清代中晚期，推测该期遗存的年代为清代中晚期（图版四五，5）。

3. 第三期遗存

分为地上建筑及地下遗迹。

地上建筑主要为现存的配殿、耳房、山门等，部分建筑保存情况较差，所使用的建筑风格，如配殿上加盖西班牙瓦，常见于民国时期的民间建筑上。

地下的遗迹有灰沟及灰坑两种，从灰沟的分布来看，其应为修建寺内用水及排水管道时所挖掘的深沟，包含物较纯净。灰坑大小不一，其内所出土的遗物年代较晚。缠枝花卉双喜纹碗（H9：5）的胎色整体泛青，胎体疏松，应为晚清至民国时期磁州窑的青花产品。"湖南界牌"五彩碗则应为1959年湖南界牌陶瓷总厂组建后的产品，其内出土的彩绘瓷碗、盘则常见于民国至近现代时期的民间生活遗址中。综合来看，第三期遗存的年代上限为清末至民国，下限则至近现代。

本次发掘所揭露的地层及遗迹、遗物情况与历史文献中关于慈云寺的记载基本吻合。

慈云寺始建于崇祯二年（1629年），由李氏家族捐资建成。系本次发掘的第一期遗存。

清代中晚期，洪水将地处低洼地带的慈云寺冲毁，李氏家族在前期的基础上重修。系本次发掘的第二期遗存。

清末民国时期，慈云寺再次毁于洪水之中，李氏家族再次捐钱大修，此次大修将正殿在原有基础之上砌墙保护，整个寺院在原有的基础上填土、整平，并夯实、加盖耳房、配殿及山门。随着慈云寺的衰落，民国时期高庄子村将其改作为高庄子小学使用，小学搬离后又作为教师宿舍使用。此期系本次发掘的第三期遗存。

（二）认识

1. 明清至民国时期天津民间社会生活及信仰

慈云寺为明末清初高庄子村李氏家族李国祯、李国祚、李国详三兄弟所建。据文献载，李氏家族祖籍为江苏南京市，永乐二年（1404年），李海、李江两兄弟携家搬迁至现津南区，与高、曹、穆、谢等几个大户同建了高庄子村。至李氏第十七代时，三兄弟因"因船运和经商而福"[2]，"为了祈保自家海上的运输安全之念，聚集若干银两，在高庄子村西南，修建了一所占地一百平方米青砖木结构的庙宇，坐北朝南，无配殿"[3]。此时，"庙宇正中塑南海观世音、右塑关公关云长及关平大小各一尊，左塑药王孙思邈一尊。殿内高空悬吊一只长1.5米、宽0.6厘米的海船模型，以表示李家海上船只安全"[4]。津南高庄子村临近海河，明晚期的李氏三兄弟以海河船运为依托迅速发家成为一方富贾，从寺内所供奉的南海观世音、所悬吊的海船模型来看，慈云寺作为李氏家族的家庙，在其初建时期承载了李氏家族对家族海上贸易兴盛的期望。

此外，"公元1893（光绪十九年），由李家后代进行全村集资，主要由几个大户人家出钱，开始扩建。在原主殿的东西两侧又增添了两间中兴配殿，外建山门，书慈云寺"[5]，"膜拜者逐盛，香火萦绕，尤其清末民初乃至77事变以前，盛极一时，每年四月十五至十七庙会期间，参拜、上香。为名利、为生存、还凤愿、求保佑、各有所求"[6]。可见，慈云寺除承担李氏家族家庙的作用之外，在清末民初逐渐成为区域型的信仰中心，以庙会或其他相关活动形式承载了高庄子村李氏以外的居民乃至周边地区的居民信仰寄托。

将本次发掘所获的材料与文献资料相结合，以高庄子村慈云寺为切入点，通过梳理慈云寺在不同时期历史语境下被赋予的抽象职能的演变，既从单一家庙职能到兼作区域信仰中心，为明清时期津南乃至天津地区民间社会经济发展及信仰形式的分析提供了重要的实物材料。

2. 人口迁徙与家庙文化

"以公庙设于私家，故亦称家庙也。"[7]家庙是中国传统的家族建筑之一，其产生反映了古代中国封建家族社会的发展需要，具有明显的儒家孝义文化"追远慎终"的特征。据目前的考古材料显示，至迟自商代，家庙文化的上层结构——国家"宗祠"就已形成并发挥作用。而随着传统宗族文化的发展，代表国家祭祀的宗庙文化逐渐向社会下层移动，形成了以家族或个人为单位的家庙祠堂文化。迨至明清时期，随着祭祀礼仪的进一步完善，民间已逐步形成了

"无祠则无宗，无宗则无祖"[8]的社会认识。

也有研究表明，明清时期的祠堂分布"多在江南地区"[9]。慈云寺作为明清时期天津少有的家庙建筑，生动地展现了原江苏南京李氏家族向天津静海李氏家族转变所携带的家族组织结构理念（家庙文化）的北向传播，为研究天津地区明清时期人口迁徙等相关问题提供了新的视角。

另外，就家庙文化本身而言，本次发掘为研究以慈云寺建筑为依托的李氏家庙文化提供了重要的实物材料。在此基础上，继续结合族谱、地方志、口述材料等文献，对明清时期慈云寺在联结李氏宗族关系、维护家族宗法秩序、实施救助等方面所发挥的作用与功能进行深入探讨，为探讨北方地区明清时期以家庙、祠堂为中心的基层家族组织结构如何在民间社会中运作与发挥作用提供了重要的实物材料。

3. 文化遗产保护

慈云寺现存建筑为清末、民国时期重新修缮的，其建筑形式与结构是在明清时期寺庙基础之上建成的。结合本次考古工作所发现的明代猛虎下山壁画及现存建筑、出土的瓦当、砖雕等建筑材料，以实物形式补充了明清至民国时期天津地区民间建筑结构与形式的嬗变，为天津地区民俗、建筑的相关研究提供了重要的依据。

慈云寺作为明末清初修建的传统家庙建筑，历经清代、民国的修缮与改用、废弃，现今已转变为高庄子村内区域型的信仰场所。后续保护与研究工作在对本次考古发掘所揭露的资料进行充分利用的同时，还应着重展现慈云寺建筑背后所蕴含的南北方文化交流、家庙文化的传播与发展等非物质要素，秉持合理利用文化遗产的原则，使慈云寺所承载的历史文化、科学艺术、教育、情感等意义得到传承。

领队：甘才超
发掘：甘才超　张　瑞　戴　滨
绘图：马宗林　刘坠生　马　俊
拓片：雷金夫
照相：张　瑞　甘才超
执笔：甘才超　张　瑞　戴　滨

注　释

［1］　国家文物局：《中国文物地图集·天津分册》，中国大百科全书出版社，2002年，第78页。

［2］　李之禄：《高庄子的慈云寺》，《津南文史资料选辑》（第八辑），天津大港光明报刊印刷厂印刷，1994年，第38～40页。

［3］　李之禄：《高庄子的慈云寺》，《津南文史资料选辑》（第八辑），天津大港光明报刊印刷厂印刷，1994年，第38～40页。

［4］ 李之禄：《高庄子的慈云寺》，《津南文史资料选辑》（第八辑），天津大港光明报刊印刷厂印刷，1994年，第38～40页。

［5］ 李之禄：《高庄子的慈云寺》，《津南文史资料选辑》（第八辑），天津大港光明报刊印刷厂印刷，1994年，第38～40页。

［6］ 李之禄：《高庄子慈云寺》，《津南文史资料选辑》（第八辑），天津大港光明报刊印刷厂印刷，1984年。

［7］ 刘宝楠：《论语正义》，中华书局，1990年，第63页。

［8］ 程一枝：《程典》十二《本宗列传》第二下，明万历二十六年家刻本。

［9］ 张开邦：《明清时期的祠堂文化研究》，山东师范大学硕士学位论文，2011年，第53页。

宝坻海滨医院清代墓地发掘简报

天津市文化遗产保护中心

天津市宝坻区文化馆

一、工作概况

2018年4月16日，天津市文化遗产保护中心接到报告，宝坻区海滨医院东侧工地在平整土地时发现有古墓葬埋藏迹象，经现场调查确认后，对该区域做了考古勘探，共发现墓葬7座，并对其进行了抢救性考古发掘。

发掘区位于天津市宝坻区海滨街道北城东路南侧，宝坻二中与滨海医院之间，紧邻滨海医院东围墙，西南角GPS坐标为北纬39°43′45.4″，东经117°18′29.1″（图一）。该区域原为苏北路宿舍，现正平改拆迁，地表大部分覆盖0.5~1.2米厚的建筑垃圾。

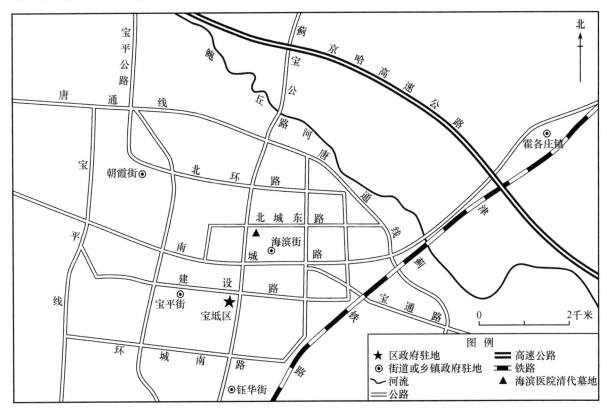

图一　海滨医院清代墓地位置示意图

发掘区地层堆积共2层。

第1层：为褐土层，土质较黏。厚0.5～0.6米。

第2层：为灰褐土层，土质黏。厚0.4～0.6米。

第2层下为生土层。墓葬均开口于第1层下。

二、墓 葬 详 述

本次发掘共清理清代墓葬7座，编号为M1～M7。

（一）M1

1. 墓葬形制

位于发掘区东部（图二），墓向10°，竖穴土坑墓，平面正方形。墓圹长2.8、宽2.8、墓口距地表深0.6、墓底距墓口0.4～1.2米。内填花土，土质较松。墓内放置3棺，棺木腐朽严重，可见棺板残痕。东棺长2、宽0.48～0.7、残高0.2米，棺板残厚约0.05米，棺内未见骨架；中棺长2、宽0.44～0.66、残高0.2米，棺板残厚约0.05米，棺内未见骨架；西棺长1.7、宽0.36～0.6、残高0.25米，棺板残厚约0.05米，棺内骨架较乱（图三）。

2. 随葬品

陶双耳罐1件（西棺），铜镜1件（西棺），铜钱5枚（东棺3枚、西棺2枚）。

陶双耳罐 M1：1，出土于西棺北部。泥质灰陶。圆唇，微敛口，鼓肩，斜弧腹，平底。素面无纹饰。口径9.6、底径5.8、高8.4厘米（图四，1）。

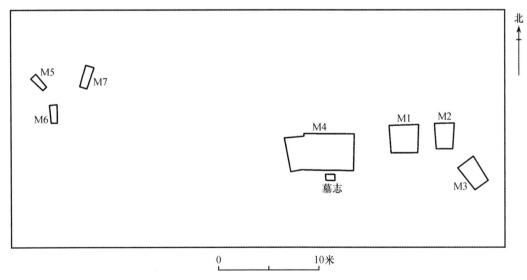

图二 发掘区墓葬分布图

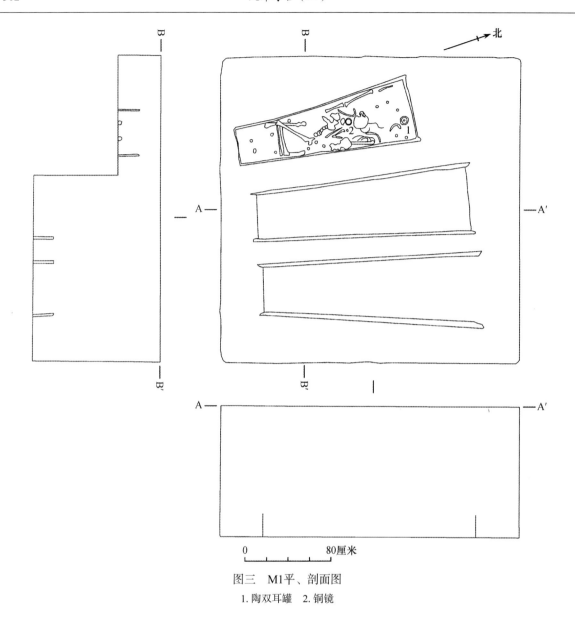

图三　M1平、剖面图
1.陶双耳罐　2.铜镜

　　铜镜　M1：2，出土于墓主人胸前。圆形，桥状纽。中部及镜缘处饰两周凸弦纹。直径10、镜厚1.2厘米（图四，5）。

　　铜钱　共5枚，均可识读。M1：3-1，出土于东棺，天启通宝，明，楷书，直读，方穿，背上"户"。钱径2.6、穿径0.65、郭厚0.12厘米，重3.4克（图五，1）。M1：3-2，出土于东棺，崇祯通宝，明，楷书，直读，方穿，光背。钱径2.65、穿径0.62、郭厚0.12厘米，重3.6克（图五，2）。M1：3-3，出土于东棺，天启通宝，明，楷书，直读，方穿，背上"工"。钱径2.65、穿径0.6、郭厚0.13厘米，重4.2克（图五，3）。M1：3-4，出土于西棺，顺治通宝，清，楷书，直读，方穿，背"户一厘"。钱径2.62、穿径0.6、郭厚0.12厘米，重3.1克（图五，4）。M1：3-5，出土于西棺，顺治通宝，清，楷书，直读，方穿，背上"宣一厘"。钱径2.57、穿径0.6、郭厚0.12厘米，重2.9克（图五，5）。

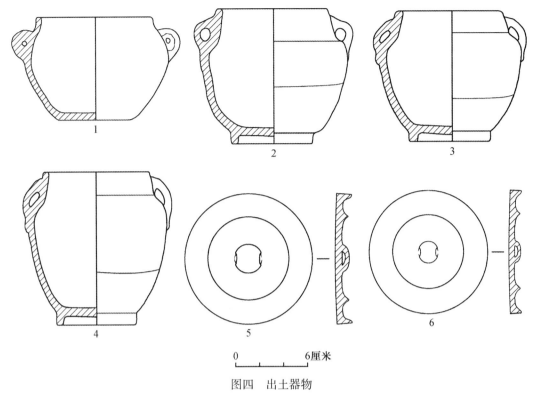

图四　出土器物

1.陶双耳罐（M1：1）　2.黑釉双耳罐（M2：1）　3、4.酱釉双耳罐（M2：2、M3：1）　5、6.铜镜（M1：2、M7：1）

（二）M2

1. 墓葬形制

位于发掘区东部（图二），西邻M1，墓向10°，长方形竖穴土坑墓。墓圹长2.8、宽1.9、墓口距地表深0.6、墓底距墓口0.7米。内填花土，土质较松。墓内放置双棺，棺木腐朽严重。东棺长2.1、宽0.54～0.64、残高0.2米，棺板厚0.04米，棺内仅见零星人骨；西棺长2.06、宽0.5～0.62、残高0.2米，棺板厚0.07米，棺内仅见零星人骨（图六）。

2. 随葬品

酱釉双耳罐1件（东棺），黑釉双耳罐1件（西棺）。

黑釉双耳罐　M2：1，出土于西棺北部。灰白色胎，口沿处无釉，外壁施半黑釉，釉色光亮，内壁施黑褐色釉。圆唇，微敛口，鼓肩，斜弧腹，圈足，颈肩处有二对称桥形耳。口径8.7、腹径11.8、底径6.5、高10.4厘米（图四，2）。

酱釉双耳罐　M2：2，出土于东棺北部。灰白色粗胎，口沿处无釉，外壁施半酱釉，釉色光亮，内壁施酱釉。圆唇，微敛口，鼓肩，弧腹，圈足，颈肩处有二对称桥形耳。口径8.7、腹径11.2、底径6.4、高9.8厘米（图四，3）。

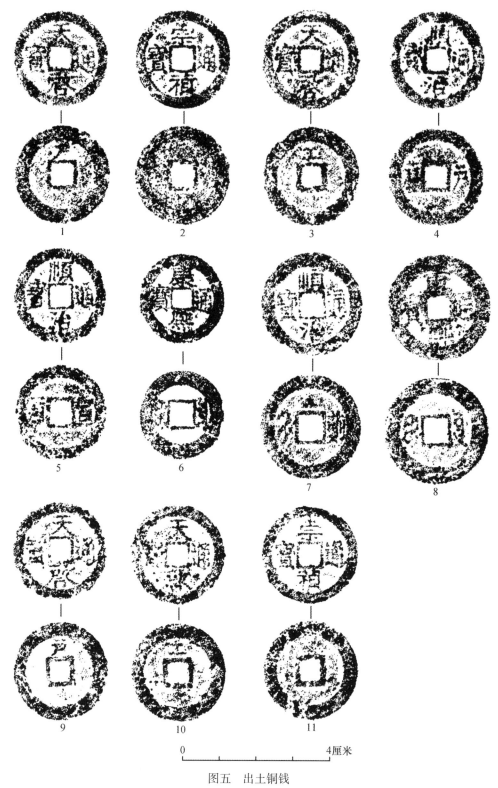

图五　出土铜钱

1. M1：3-1　2. M1：3-2　3. M1：3-3　4. M1：3-4　5. M1：3-5　6. M5：1-1　7. M6：1-1　8. M6：1-2　9. M7：2-1
10. M7：2-2　11. M7：2-3

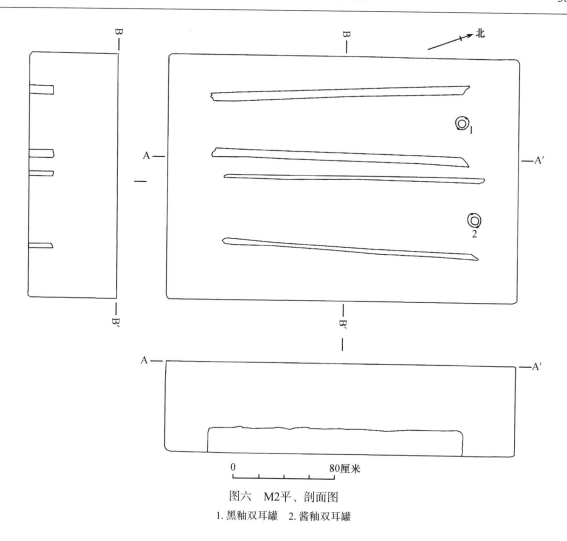

图六 M2平、剖面图
1. 黑釉双耳罐 2. 酱釉双耳罐

（三）M3

1. 墓葬形制

位于发掘区东南部（图二），墓向330°，长方形竖穴土坑墓。墓圹长2.8、宽1.9、墓口距地表深0.6、墓底距墓口0.8米。内填花土，土质较松。墓内放置双棺，棺木腐朽严重，可见棺板残痕，东棺长2、宽0.46~0.6、残高0.22米，棺板厚0.06米，骨架保存较差，仅见零星人骨；西棺长2.2、宽0.51~0.68、残高0.2米，棺板厚0.08米，棺内未见骨架（图七）。

2. 随葬品

酱釉双耳罐1件（东棺）。

酱釉双耳罐 M3:1，出土于东棺北部。灰白色粗胎，口沿处无釉，外壁施半酱釉，釉色光亮，内壁施酱釉。圆唇，微敛口，鼓肩，弧腹，圈足，颈肩处有二对称桥形耳。口径8.5、腹径11、底径6.2、高12厘米（图四，4）。

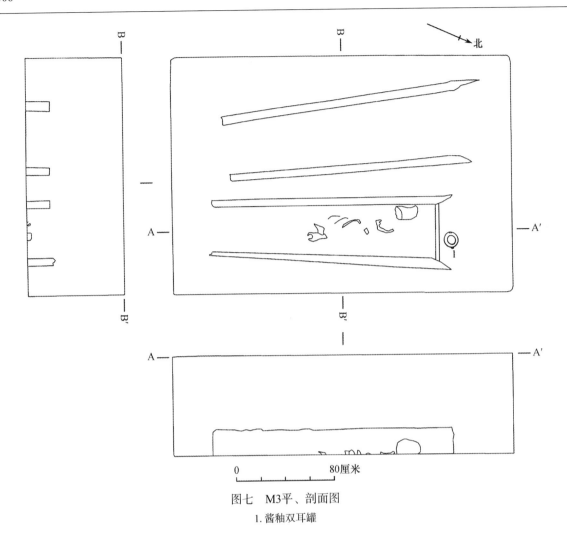

0　　　　　　　　80厘米

图七　M3平、剖面图
1. 酱釉双耳罐

（四）M4

1. 墓葬形制

　　位于发掘区中部（图二），墓向10°，长方形竖穴多室砖室墓。墓顶盖石板，墓圹长3.3~3.7、宽7~7.4米，墓口距地表0.6、墓底距墓口约1米，内填花土，土质较松，用砖规格0.32米×0.16米×0.07米。该墓由四个墓室组成，由西向东分别编号为甲、乙、丙、丁室，现分述如下（图八、图九）。

　　甲室　位于M4的西部，墓室平面呈梯形，长2.5、宽0.9~1.32、深1米。墓室四壁用青砖相互错缝白灰黏合平砌而成，墓室东壁与乙室西壁相接。东壁中下部设有方形孔洞。孔高0.32、宽0.34、深0.5米。方孔中间被一立砖分开，形成2个长方形孔。该墓顶石盖板部分缺失，中部盖板已倾塌，墓室内发现数块断裂的石板，经整理，盖板铭文自北向南为"清故史太孺人墓"。墓底铺青灰，未见棺木及人骨。

　　乙室　位于甲室东侧，丙室的西侧，长方形墓室，长2.8、宽1.2、深1米。墓室四壁用青

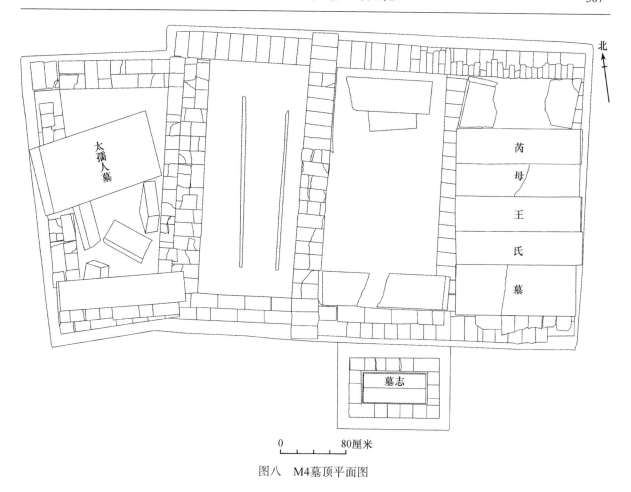

图八　M4墓顶平面图

砖相互错缝白灰黏合平砌而成，西壁中部设有方形孔洞，其位置和形制与甲室相同，东壁将乙、丙两墓室隔开，中部同样设有相同形制的方形孔洞，墓壁北部破坏严重，整体已严重向西倾斜。木棺腐朽较严重，并遭到一定程度破坏，其中发现零星人骨，木棺残长约2.1、宽0.48~0.6、残高0.3米，棺板厚约0.05米，底部见青灰。该墓墓顶未发现石盖板，仅在墓室内发现石块数枚，从墓壁顶端残存白灰痕迹判断，墓顶应整体封盖石板。

丙室　位于乙室东侧，丁室的西侧，长方形墓室，长2.8、宽1.2、深约1米。墓室西壁与乙室东壁共用同一墙体，东壁将丙、丁两墓室隔开，中部设有方形孔洞，形制与西壁相同。墓顶石盖板中部缺失，南、北部已断裂并落入墓室内，墓内未发现棺木及骨架，仅见铺底青灰。

丁室　位于丙室东侧，长方形墓室，长2.8、宽1.15、深1米。墓室西壁与丙室东壁共用同一墙体，东壁中部设有方形孔洞，形制与西壁相同。墓室顶部共有六块石盖板，北部第一块断裂，并有残缺，疑似盗洞，其余5块较完整，每块盖板中部均刻有一字，自北向南排列"芮母王氏墓"，墓室内发现掉落石盖板残块及零星人骨，墓底铺青灰。

此墓已经数次被盗扰。

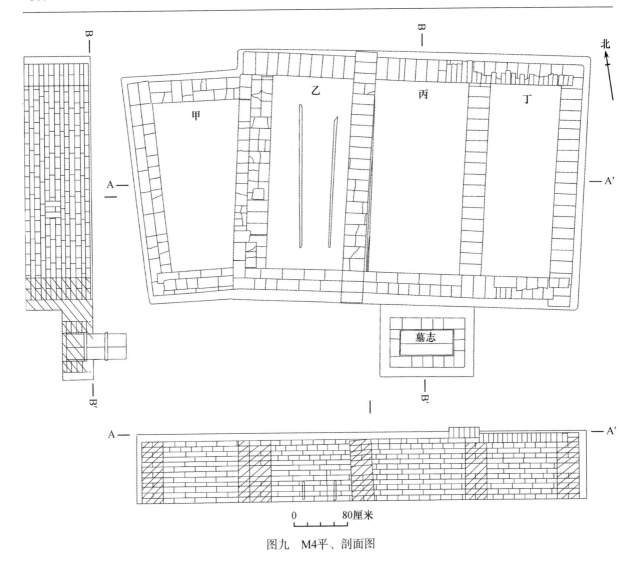

图九　M4平、剖面图

2. 墓志

出土墓志1合，正方形，青灰色石灰岩，盖、底相对扣合，其外用2道铁箍箍住，盖长89、宽77.5、厚18.5厘米，底长77.5、宽89、厚18厘米。墓志立于丙室南侧，其下及四周均用青砖包砌，上部已被破坏，无法判断是否包砖。墓志文字均为阴刻，志盖外侧楷书"孟白芮公合葬墓志铭"，志盖内侧篆书5行，满行5字，题"皇清乡饮大宾太学生孟白芮公暨配孺人王氏合葬墓志铭"，落款"弟维新篆"，四周线刻花卉纹带（图版四六），志铭楷书35行，满行46字，共1462字，四周饰花卉纹带，形制与志盖相同（图版四七）。

盖文为（图版四六）：

（外侧）孟白芮公合葬墓誌銘

（内侧）皇清鄉飲大｜賓太學生孟｜白芮公暨配｜孺人王氏合｜葬墓誌銘

志文为（图版四七）：

　　　鄉飲大賓太學生孟白芮公暨元配王孺人合塋墓誌銘」
　　　燕山處士大觀子眷晚生李孔昭頓首拜撰文」
　　巋進士吳橋縣訓導邑人眷弟劉儲頓首拜狀書」
　　　鄉進士奉直大夫陝西西安府知邠州事邑人眷晚生鄧光復頓首拜篆額」

　　渠陽世家芮氏，周芮伯裔也，後漢時芮公玄宰溧陽，遂籍馬。明興，北徙寶坻，始祖詁贈都御史琦，世居于邑，仕宦接武，族」塋于邑東郭，有明御祭墓制，為歷世累誌，無煩詳鎸。孟白公其七代孫也，諱陳堯，字孟白，兄弟五人公最幼，生而聰穎，日」誦千言，太公奇之，長就太學，廣交名士，志切匡時。邑人僉曰：芮氏元宗子也，功名抵掌間耳。乃太公年高倦勤，因其能而」付以家政堂搆，播穫之餘，博涉文史釋玄二氏之書，并登堂奧，志氣清明，精神強固，視天下事無不可游刃者，蓋公社稷」才也。太公知其才之足以有為，而度其時之不可以有為，故令之家食耳。及太公浸，三年喪畢，公相時審勢，遂決不仕進，」惟創業以承先，課子以傳後，睦族以明志而已矣，美業悉讓諸兄自取其薄者，曰：我多能喜動，無難別立。亦其親親之仁，」天性厚也。嘗用千金買族人一宅，經年修葺，費倍其值，既而族人贖之，原值還券，聊無難色，□□濟若乏而，豈同宗有市」心耶？其餘周族之急，撫族之孤，不可悉数。及崇禎丙子，清兵陷邑，諸兄死難，公自村埔，哀痛幾絕，首斂塋其族人，次及親」友，次及同邑，或為棺木以收其骸，或為義塚以瘞其骨，或為祠祀以表其節。大亂之後，邑俗不甚斃者，公之力也。越四年」庚辰，燕地大荒，饑人載道，公賑濟煮粥，存活甚衆，絕無德色，仁義之聲徹于長安。當是時，國家多事，吉下撫按保舉賢」才，亏旌滿路，公惟避之而已。未幾，甲申閏遷之變，公避居河干，躬耕代食，與一二隱君子講道樂貧，園林逸散。而公年亦」漸高矣，且公善風鑑，四方有賢者至，公即識之，延與子遊，其志可知矣。田居二三載，復喟然曰：兵荒之後親戚幾何？嵗時」伏臘不能盡歡，何以告祖宗哉！復入邑居，日會同姓，稼穡所得悉充周恤，晏飲之費不為少惜，更加意者，御祭祖塋，竭力」修餙，廟貌森嚴，行人嘖嘖，公于孝友睦媚任恤六行可謂備矣。然秉性剛方，不肯少阿人意，善則勸之，惡則規之，色未嘗」不温，言未嘗不屬也，鄉人服其義，縣尹欽其德，每遇鄉飲酒禮，輒延為上賓，公謙遜固辭，強而後可。年七十八，健若少年，」亦其厚德所積，與其內養所致也。一日病篤，謂其二子曰：我生平無奇，行惟勤儉睦族可訓子孫，爾輩世守勿替，吾無憾」矣。言畢而卒。公生于萬曆乙亥年十月二十五日，卒于順治壬辰年八月二十一日，享壽七十有八嵗。評公者，曰：孝謹如」萬石公，惡聞人過如馬文淵，未嘗臧否人物如龐德公，粹和忍隱如張公藝，斯言中之矣。又曰：使公得志立朝，正直足以」除奸佞，愷悌足以澤蒼生，才幹足以理煩劇，勞瘁足以靖封疆，顧終身田里，以德行成名，良可惜也。然保全身家于亂世，」惠濟鄉黨于凶年，非賢者能之乎？朝野不同局，道德無二致，人生世上可傳不朽者，詎必赫赫仕宦間哉？立朝而道不行，」孰若居鄉而有濟于物，公何恨焉。嫡配孺人王氏，名門女也，最嫻，內則尤善家務，公好與賢者遊，孺人能識公意，呦嗟治」具，閨中無聲，督子讀書，丙夜乃正，邑破死節，公甚戚然，生于萬曆甲戌年二月初十日，卒于崇禎丙子年八月十八日，享」壽六十有三歲。公子五人，長圖南，元配王氏出，邑庠生，敦孝行，有大才，丙子殉難，烈烈有聲，娶儒士王好仁女，出一子一」女，俱殉難，公甚痛之。次呷南，次室米氏出，邑庠生，厚重簡默，樸古之士，娶庠生劉佐女，繼庠生馬加棟女。三四俱殤。五化」南，次室史氏出，邑庠生，英傑倜儻，才可經國，娶薊州庠生吳可宗女，繼推官張奇勳女，又繼太學生王淙女。女六，長適知」縣吳可碩子廩生吳鉉，次適教授劉廷才子增生劉方新，次適儒官郝靈子儒士郝有綺，次適經歷張自立子儒士張光」祖，次適通判王溥子貢監王鼎呂，次適序班牛如鏊子庠生牛景淳。孫一，化南室王氏出，名鈺，幼未聘。孫女五，呷南三，化」南二，俱幼未字。是歲冬，奉公柩與孺人王氏合葬于東郭御祭祖塋之次，米氏柩亦同穴，為二子乞余誌之。余生也晚，未」得睹公早歲豐標，幸接公晚年氣槩，容貌偉梧，聲音洪響，器宇尊嚴，度量卓越，知少壯非常士也。據狀直書，以傳公志。

　　銘曰：燕山蒼蒼，青海茫茫，渠河之左，邑城之旁，秋風禾黍，」下有俊良，高才垂白，齎志永藏，子孫雲衍，厥后必昌。

3. 随葬品

未发现随葬品。

（五）M5

1. 墓葬形制

于发掘区西部（图二），墓向326°，长方形竖穴土坑墓，开口于第1层下。墓圹长2.4、宽1米，墓葬上部已被破坏，现残高0.2米。墓内填花土，土质较松。墓内放置单棺，棺木已腐朽，残长1.76、宽0.48～0.6、棺板残厚0.04米，仅见零星肢骨（图一〇）。

2. 随葬品

铜钱7枚。

铜钱　共7枚，锈蚀严重，可识读1枚。M5：1-1，康熙通宝，清，楷书，直读，方穿，背满文"宝泉"。钱径2.57、穿径0.6、郭厚0.12厘米，重2.1克（图五，6）。

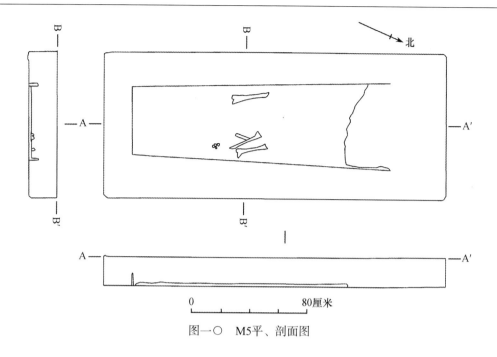

图一〇　M5平、剖面图

（六）M6

1. 墓葬形制

位于发掘区西部（图二），墓向5°，长方形竖穴土坑墓。墓圹长2.5、宽1.05米，墓葬上部已破坏，现残高0.25米。内填花土，土质较松。墓内放置单棺，棺木已腐朽，仅存棺痕，棺长1.8、宽0.48～0.6米，棺内骨架较乱，腐朽严重，头向北，仰身直肢（图一一）。

2. 随葬品

铜钱2枚。

铜钱　共2枚，均可识读。M6：1-1，顺治通宝，清，楷书，直读，方穿，背满汉文"蓟"。钱径2.8、穿径0.6、郭厚0.12厘米，重3.5克（图五，7）。M6：1-2，康熙通宝，清，楷书，直读，方穿，背满文"宝泉"。钱径2.84、穿径0.6、郭厚0.12厘米，重3.9克（图五，8）。

（七）M7

1. 墓葬形制

位于掘区西部（图二），西邻M5，墓向28°，长方形竖穴土坑墓。墓圹长2.6、宽1.1米，墓葬上部已破坏，现残高0.4米，内填花土，土质较松。墓内放置单棺，棺木腐朽严重，棺长2.06、宽0.5～0.66、残高0.28米，棺板厚0.08米，棺内骨架保存较差，头向北，仰身直肢（图一二）。

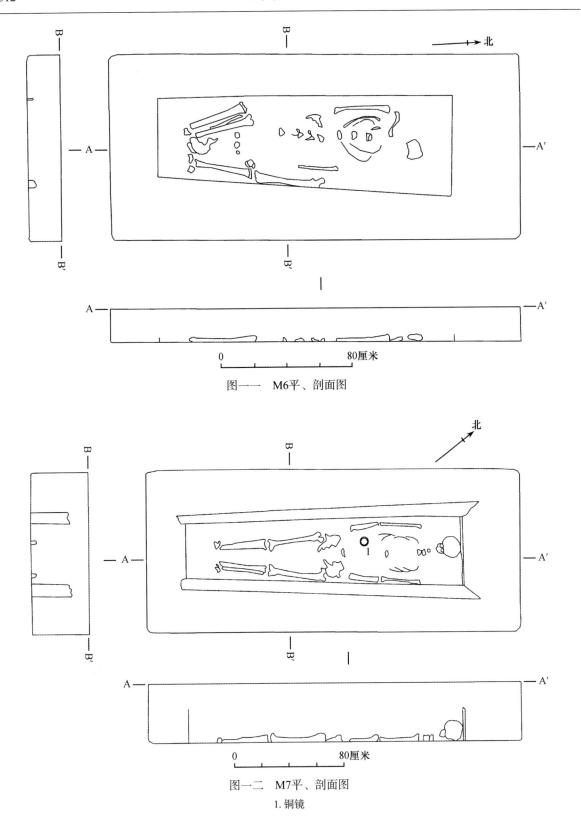

图一一　M6平、剖面图

图一二　M7平、剖面图
1. 铜镜

2. 随葬品

铜镜1件，铜钱3枚。

铜镜　M7:1，出土于墓主人腹部。圆形，桥状纽。中部及镜缘处饰两周凸弦纹。直径9.6、厚1.1厘米（图四，6）。

铜钱　共3枚，均可识读。M7:2-1，天启通宝，明，楷书，直读，方穿，背上"户"。钱径2.6、穿径0.56、郭厚0.17厘米，重3.7克（图五，9）。M7:2-2，天启通宝，明，楷书，直读，方穿，背上"工"。钱径2.65、穿径0.6、郭厚0.13厘米，重3.4克（图五，10）。M7:2-3，崇祯通宝，明，楷书，直读，方穿，光背。钱径2.62、穿径0.6、郭厚0.13厘米，重3.8克（图五，11）。

三、几点认识

（1）此次发掘的7座墓葬，从墓葬形制及随葬品分析，应属清代早期墓葬。其中M1～M4呈现区域性集中分布，并按宗法辈分关系成行排列，为当地典型家族墓形式。

M4志文记载："族葬于邑东郭，有明御祭墓制，为历世累志……""奉公枢与孺人王氏合葬于东郭御祭祖茔之次……"清乾隆十年《宝坻县志》记载：明右都御史芮钊墓位于宝坻城东北一里，并有祭碑，芮钊父芮琦为宝坻芮氏始祖，其后代均葬于此地，当地也流传"芮家坟"的位置在宝坻旧城海滨门外东北一里，其位置与发掘区吻合，20世纪80年代曾在此区域内出土石羊、石马，可见本次发掘的墓地应属宝坻芮氏家族墓地，当时还应设有神道、祠堂。

（2）M4为四人合葬墓，据墓室盖板铭文，甲室葬史氏，丁室葬王氏，乙室、丙室盖板缺失。通过M4墓志文可知，男性墓主人名芮陈尧，其正室妻王氏、次室米氏、史氏，同时志文记载："是岁冬，奉公枢与孺人王氏合葬于东郭御祭祖茔之次，米氏枢亦同穴……"可见芮陈尧及正室王氏、次室米氏应是同一时间葬入该墓，并立墓志，此时次室史氏应健在，甲室盖板铭文"清故史太孺人墓"，其中"孺人"在明清时为七品官的母亲或妻子的封号，后来也被用于对一般妇女的尊称，如丈夫已亡，且上无长辈，则称"太孺人"，这也与志文记载相印证。在墓葬结构上，乙、丙、丁室为整体一次修建而成，甲室于乙室西侧二次修建。由此可推断芮陈尧、王氏、米氏应对应乙、丙、丁三室，结合墓志摆放位置可判断乙室米氏，丙室葬芮陈尧，而史氏为其死后并葬。

另外，在本地区发现的明清时期夫妻合葬墓中，墓主人排列顺序多为男性居左，女性居右，如多妻，则男性居左，女性依正室、次室向右顺序排列，而像M4这种墓主人排列顺序并不常见，应属所谓的"夹棺葬"式，即男性居中，其左葬正室，其右葬次室。

（3）据M4志文，芮陈尧，字孟白，宝坻人，太学生。生于万历乙亥年（1575年）十月二十五日，死于顺治壬辰年（1652年）八月二十一日，终年78岁。其人颇有才学，正直真诚，为人孝友，审时度势而不愿仕进，甲申之变后曾隐居田园，归邑后勤俭治家，耕读克子，轻财好施，其德行令邑人钦佩，常延为乡饮大宾。《宝坻县志·卷之九·选举贡荐》记载："芮陈尧，授鸿胪寺主簿。"[1]

撰写志文的李孔昭为当时蓟州一带逸士，据《清史稿·列传二百八十八·遗逸二》："李孔昭，字光四，蓟州人。性孤介，平居教授生徒，倡明理学。崇祯十五年进士，见世事日非，不赴廷对，以所给牌坊银留助军饷。奉母隐盘山中，躬执樵采自给。母病，刲股疗之。北都陷，素服哭於野者三载。蓟州城破，妻王殉难死，终身不再娶。形迹数易，人无识者。清初，诏求遗老，抚按交章荐，不出。"[2]此人事迹在清《顺天府志》《蓟州志》[3]《宝坻县志》《宁河县志》等均有记载，其内容大致相同。徐世昌编选《晚晴簃诗汇》卷十三："李孔昭，字光四，号潜翁，蓟州人。明崇祯癸未进士。入国朝，不仕。私谥安节先生。有《秋壑吟》。"

刘储，《宝坻县志·卷之九·选举 贡荐》："刘储，授吴桥训导。"

邓光复，《宝坻县志·卷之九·选举 乡举》记载："邓光复，天启甲子，授山阴教谕，历升邠州知州，见乡贤。"《宝坻县志·卷之十一·人物上 乡贤》："邓光复，字二密，少负异才，与张奇勋、王溥、杜立德诸君相友善，比举天启甲子，贤书负声已三十余年矣。任山阴教谕，山阴人知为名宿也，争礼重之。擢邠州牧，易直子谅，令人仁让之心油然自生，未几，引归。崇祯十五年大兵再至，光复实在危城中，赞邑令高承埏居守。及鼎革，隐居，有荐者辄称疾笃，谢绝人事。杜公虽素契，及既贵，遇访之，亦不得见也。无何卒。"

芮陈尧、李孔昭、邓光复等人的事迹，可从一个侧面反映出包括墓主人在内的少数知识分子，虽曾涉足科举、官场，但面对明末政治黑暗，官场腐败，他们选择淡漠或批判。作为清初遗民，又亲身经历了明清朝代更迭，亲人罹难，外族入主，国仇家恨集于一身，自知天下已定，但不仕新朝。这些人或选择隐居园林避世，耻与投降变节者为伍，唯与志同道合者结交来往，研讨学术，或选择屏居乡里，治家克子，敦宗睦族。他们已开始有意识地转变自己的人生追求，逐渐放弃仕途及统治阶级的地位，从而转向世俗生活，通过其他途径实现人生价值。

（4）M4墓志简要记载了宝坻芮氏起源："渠阳世家芮氏，周芮伯裔也，后汉时芮公玄宰溧阳，遂籍马。明兴，北徙宝坻，始祖诰赠都御史琦，世居于邑……""孟白公其七代孙也"，明初芮琦从溧阳前马（今属江苏溧阳市竹箦镇）迁入宝坻，至芮陈尧已传七代，光绪年间抄本《芮氏族谱》中有关宝坻芮氏起源及芮陈尧的记载（表一），基本与墓志记载相吻合。而《芮氏族谱》中芮陈尧有五子，芮化南是第四子，而墓志记载"三四俱殇。五化南，次室史氏出"，二者则有出入，推测应是编写家谱时出现错误。

现知宝坻已出土芮氏墓志有三方，明郑府典膳正致仕后邨芮公墓志之铭，清诰授中宪大夫浙江提刑按察使司副使分巡温处道芮公（复传）墓碣铭，清诰授中宪大夫日讲起居注官左春坊左庶子提督陕甘学政芮君铁崖（永肩）墓志铭。

宝坻芮氏为当地仕宦大族，明清两代出过不少名宦乡贤，本次发掘的芮氏家族墓地及芮陈尧墓为宝坻芮氏家族研究提供了客观、翔实的资料。

表一　宝坻芮氏世系表

世系	名									
一世	琦									
二世	铜（琦四子）									
三世	谨（铜三子）									
四世	元魁（谨长子）									
五世	杲（元魁四子）									
六世	伯安（杲长子）									
七世	绍尧（伯安长子）	述尧（伯安次子）	法尧（伯安三子）	辅尧（伯安四子）	陈尧（伯安五子）					
八世					图南（陈尧长子）	翀南（陈尧次子）	振南（陈尧三子）	化南（陈尧四子）		幕南（陈尧五子）
九世						铨（翀南长子）		钰（化南长子）	鋐（化南次子）	

注：根据光绪年间抄本《芮氏族谱》整理。

执笔：戴　滨

注　释

[1]　《宝坻县志》，清乾隆十年版，成文出版社，民国六年。

[2]　赵尔巽等撰：《清史稿》，中华书局，1976年。

[3]　《蓟州志》，清康熙四十三年版，成文出版社，民国三十三年。

武清下朱庄清代墓葬及窑址发掘报告

天津市文化遗产保护中心

一、工 作 概 况

2018年3月，因配合津武（挂）2013—214、231地块房地产建设项目，天津市文化遗产保护中心在前期考古勘探的基础上对该项目用地范围内的古代遗存进行了考古发掘，共清理各类遗迹8处，其中窑址1处、仓储遗迹1处、墓葬6座，发掘面积共计295平方米。

考古发掘区位于天津市武清区下朱庄南约2.5千米，东邻颐洋花园，西邻北运河，发掘区西南角GPS坐标北纬39°19′38.3″，东经117°03′45.6″（图一）。

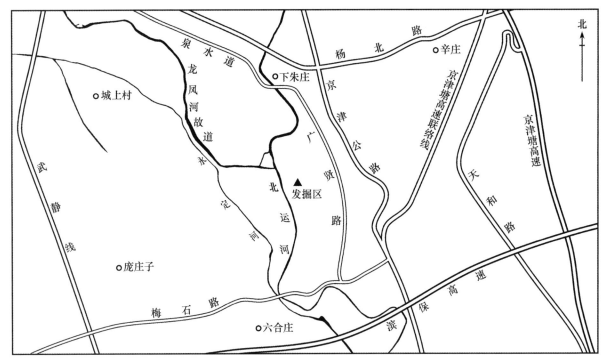

图一　下朱庄墓葬及窑址位置示意图

二、地 层 堆 积

第1层：厚0～0.4米。黄褐色，耕土层，土质松散，内含残砖、石块及植物根茎等。

第2层：厚0.4～0.9米。黑褐色，淤积层，土质疏松，内含少量细沙及碎石块。

第3层：厚0.9～1.3米。褐色，土质疏松，内含少量石块等。

第4层：厚1.3～2米。浅褐色，土质较净，内含沙。

第5层：厚2～2.6米。深褐色，土质较净，内含细沙。

第5层以下为生土。

该区域原生地层曾受到大面积扰动，致使第2层大部分缺失。

三、遗 迹 详 述

本次发掘共清理窑址1处，编号Y1；仓储遗迹1处，编号C1；墓葬6座，编号M2～M7（图二）。现将各遗迹具体情况详述如下。

（一）Y1

位于发掘区北部（图二），方向85°，发现于第1层下。平面近似"8"字形，破坏较严重，仅残留下部，东西向。通长7.78、宽2.42～5.4米。由操作间、火门、火膛、窑室及烟道组成（图三；图版四八，3），现分述如下：

操作间位于窑址西部，土坑结构，平面近似长方形，口大底小，南壁呈缓坡状。上口长5.2、宽4.4、底部长3.88、宽4.12、深0.5～1.4米。填土土质较松，内含残砖、瓦块，草木灰、红烧土块及木炭颗粒等。

火门位于操作间东侧，西与火膛相连，火门南北宽0.6、东西进深0.5、高0.6米。底部留有三层封门砖，上部为圆弧形，周壁残留青色烧结面及红烧土，厚0.02～0.04米。

火膛位于火门的东侧，平面近似月牙形，平底，低于窑床0.55米。火膛北部有一灰渣坑，

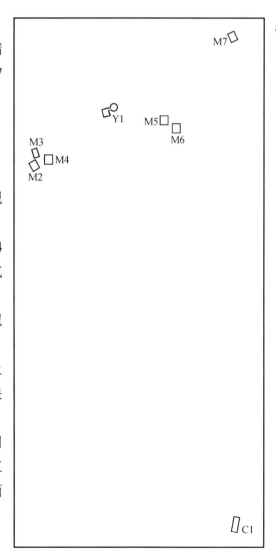

图二 遗迹分布示意图

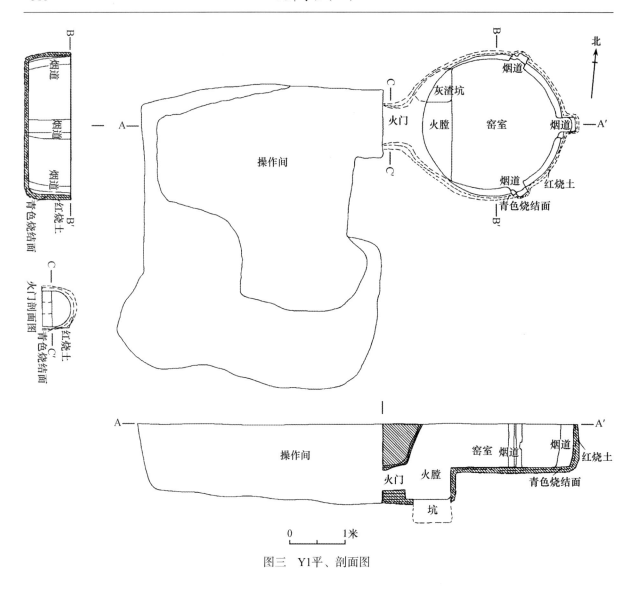

图三　Y1平、剖面图

用于盛放炭灰。南北宽1.9、东西进深0.5、深0.4米。周壁留有青色烧结面及红烧土，厚约0.05米。内有大量炭灰。

　　窑室位于火膛的东侧，平面近似圆形。直径约2.2、残高0.74米。窑壁留有青色烧结面及红烧土，厚约0.04米。窑床位于窑室东部，平面近似半圆形。南北长2.25、东西宽1.85米。表面为青色烧结面，厚约0.02米。下为红烧土，厚约0.03米。

　　窑室共设3个烟道，分别位于北壁、南壁及东壁中部，烟道平面近似方形。边长0.2、残高0.74米。

（二）C1

　　位于发掘区东南部（图二），方向15°，发现于第1层下。仓口距地表深0.4米。为长方形半地穴砖室结构。南北长7.5、东西宽2.6、残高0.35米。四壁为平砖错缝垒砌，仓底一层平砖铺地，上部已被破坏，北半部仓壁残留1～4层砖，铺地砖被破坏无存，仅留砖痕，南半部仓壁破坏无存，仅留铺地砖，仓门已被破坏，仅留踩踏面，低于仓底0.2米（图四；图版四八，1）。用砖规格为0.3米×0.13米×0.06米。

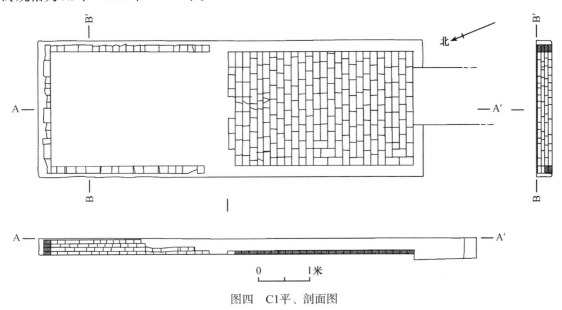

图四　C1平、剖面图

（三）M2

1. 墓葬形制

位于发掘区西北部（图二），东邻M4，方向350°，南北向，发现于第1层下。长方形竖穴土坑双棺合葬墓。墓圹南北长2.8、东西宽2.4、残深0.6米。内置双棺，棺木已朽，仅残留棺痕，东棺长2.26、宽0.6米，棺内骨架保存较差，仰身直肢，头向北，面向上，男性，棺内放置木炭；西棺长2.2、宽0.64米，棺内骨架保存较差，仰身直肢，头向北，面向上，女性，棺内放置木炭。两棺间距0.22米，西棺埋葬时间早于东棺（图五；图版四八，2）。

2. 随葬品

铜扣　M2：1，出土于M2东棺内。扣体呈球状，环状鼻。通体饰花叶纹。直径1.3厘米（图六，1）。M2：2，出土于M2西棺内。扣体呈球形，环状鼻。素面。直径0.7厘米（图六，2）。

铜钱　出土10枚，锈蚀严重，可识读1枚，为乾隆通宝。

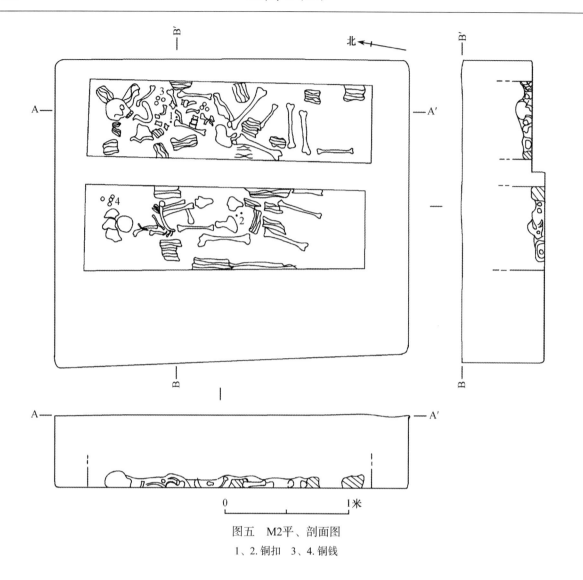

图五　M2平、剖面图
1、2.铜扣　3、4.铜钱

（四）M3

1. 墓葬形制

位于发掘区西北部（图二），南邻M2，方向350°，南北向，发现于第1层下。长方形竖穴土坑双棺合葬墓。墓圹南北长2.7、东西宽1.44、残深0.56米。内置双棺，棺木已朽，仅残留棺痕，东棺长1.85、宽0.42~0.58米，棺内骨架保存较差，骨架残长1.75米，仰身直肢葬，头向北，面向不详，男性；西棺长1.65、宽0.42~0.54米，棺内骨架保存较差，骨架残长1.54米，仰身直肢葬，头向北，面向西，女性。两棺间距0.18米，西棺埋葬时间早于东棺（图七；图版四八，2）。

2. 随葬品

铜钱　出土5枚，锈蚀严重，可识读1枚，为嘉庆通宝。

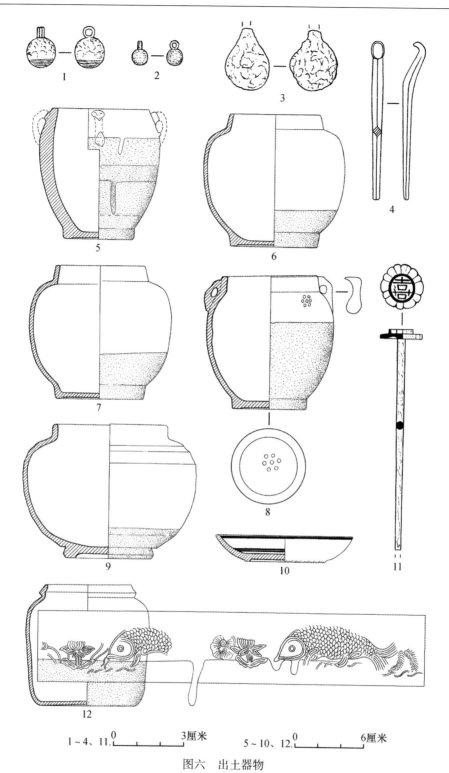

图六　出土器物

1～3. 铜扣（M2∶1、M2∶2、M4∶1）　4. 银耳勺（M5∶3）　5、12. 酱釉瓷罐（M5∶1、M6∶2）　6～9. 黑釉瓷罐（M5∶2、M6∶1、M7∶1、M7∶2）　10. 青花瓷盘（M7∶3）　11. 铜簪（M7∶4）

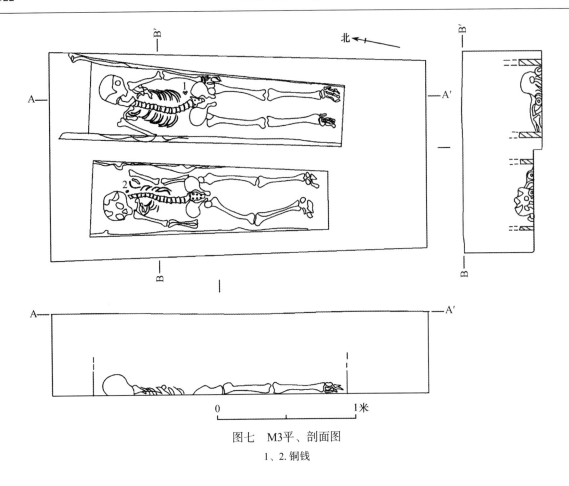

图七　M3平、剖面图
1、2.铜钱

（五）M4

1. 墓葬形制

位于发掘区西北部（图二），西北邻M3，方向350°，南北向，发现于第1层下。为长方形竖穴土坑三棺合葬墓。墓圹南北长2.8、东西宽2.8～3.1、残深0.52米。内置三棺，棺木腐朽严重，残留棺痕，东棺长1.92、宽0.56～0.6米，棺内骨架保存较好，骨架残长1.72米，仰身直肢，头向北，面向上，男性；中棺长2、宽0.6～0.7米，棺内骨架保存较完整，骨架残长1.6米，仰身直肢，头向北，面向上，女性；西棺长1.95、宽0.65～0.75米，棺内骨架保存较差，该棺中部被破坏，仰身直肢，头向北，面向上，女性。埋葬时间中棺最早，西棺晚最，西棺与中棺间距0.1、中棺与东棺间距0.22米（图八；图版四八，2）。

2. 随葬品

铜扣　M4：1，出土于M4东棺内。锈蚀严重，扣体呈球形，扣鼻缺失。素面。直径2厘米（图六，3）。

铜钱　出土15枚，锈蚀严重，可识读6枚，包括乾隆通宝1枚、嘉庆通宝2枚、道光通宝2枚、咸丰通宝1枚。

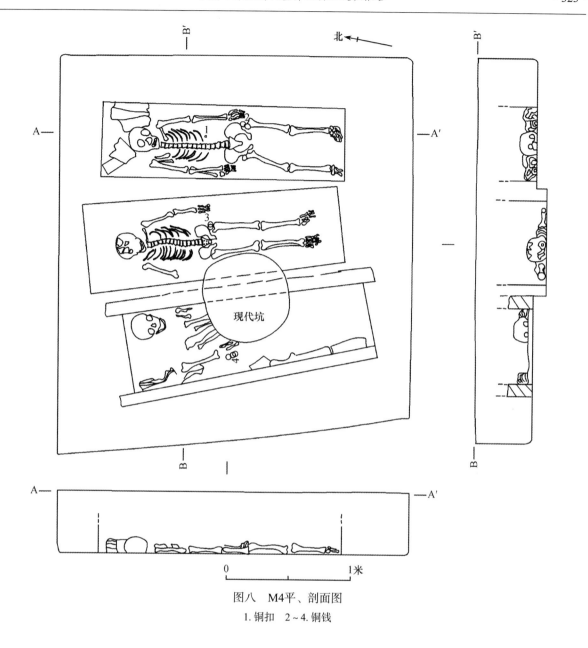

图八　M4平、剖面图
1. 铜扣　2~4. 铜钱

（六）M5

1. 墓葬形制

位于发掘区北部（图二），东南邻M6，方向5°，南北向，发现于第1层下。长方形竖穴土坑三棺合葬棺。墓圹南北长3.4、东西宽2.8、残深0.43米。内置三棺，棺木已朽，仅残留棺痕，东棺长2、宽0.5~0.8米，棺内骨架保存较好，骨架残长1.8米，仰身直肢，头向北，面向不详，男性；中棺长1.9、宽0.74米，棺内骨架保存较差，仰身直肢，头向北，面向不详，女性；西棺长1.76、宽0.6~0.7米，棺内骨架保存较差，仰身直肢，头向北，面向不详，女性。埋葬时间西棺最早，东棺晚最，西棺与中棺间距0.22、中棺与东棺间距0.2米（图九）。

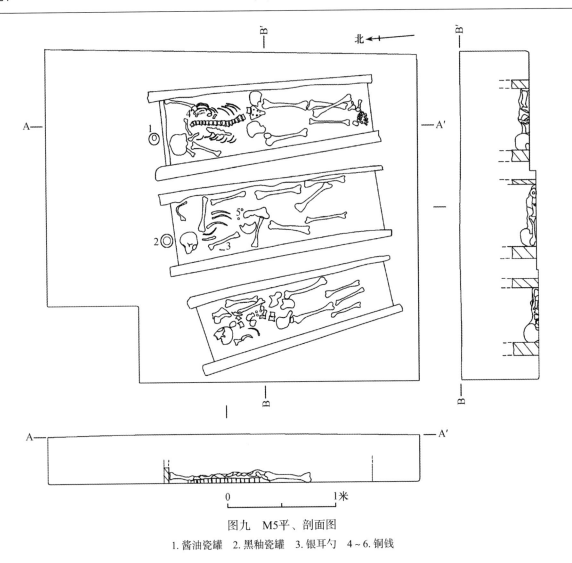

图九　M5平、剖面图

1.酱油瓷罐　2.黑釉瓷罐　3.银耳勺　4～6.铜钱

2. 随葬品

酱釉瓷罐　M5：1，出土于M5东棺北侧。敛口，方唇，鼓肩，弧腹，圈足，颈肩处有四桥形耳。灰白色胎，外壁肩部以上施酱釉。口径8.2、最大径10.3、底径6、高11厘米（图六，5；图版四九，1）。

黑釉瓷罐　M5：2，出土于M5中棺北侧。敛口，方唇，鼓肩，弧腹，肩腹部转折明显，圈足。灰白色胎，外壁施半黑釉，釉色光亮。口径7.8、最大径12.3、底径7.6、高11.2厘米（图六，6）。

银耳勺　M5：3，出土于M5中棺内。整体呈锥状，横截面为方形，无纹饰。通长7厘米（图六，4；图版四九，2）。

铜钱　出土8枚，锈蚀严重，可识读1枚，为顺治通宝。

（七）M6

1. 墓葬形制

位于发掘区北部（图二），西北邻M5，方向5°，南北向，发现于第1层下。长方形竖穴土坑双棺合葬墓。墓圹南北长3.1、东西宽2.1、残深0.58米。内置双棺，棺木已朽，仅残留棺痕，东棺长1.95、宽0.52～0.66米，棺内骨架保存较差，骨架残长1.7米，仰身直肢，头向北，面向上，男性；西棺长1.8、宽0.36～0.5米，棺内骨架保存较差，骨架残长1.7米，仰身直肢，头向北，面向东，女性。西棺埋葬时间晚于东棺，两棺间距0.26米（图一〇）。

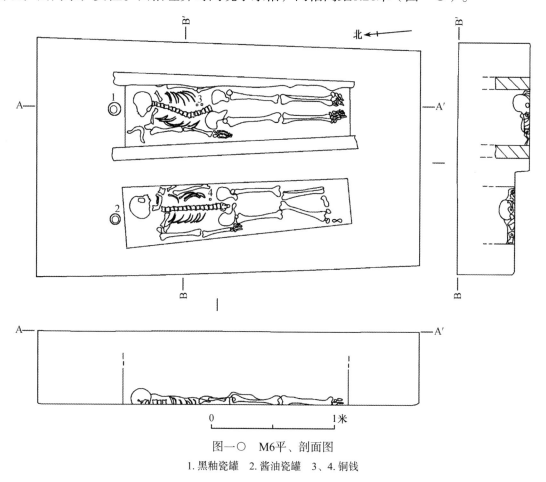

图一〇　M6平、剖面图
1.黑釉瓷罐　2.酱油瓷罐　3、4.铜钱

2. 随葬品

黑釉瓷罐　M6：1，出土于M6东棺北侧。敛口，方唇，鼓肩，弧腹，肩腹部转折明显，圈足。灰白色胎，外壁施半黑釉，釉色光亮。口径7.8、最大径12.5、底径7.8、高11.3厘米（图六，7；图版四九，3）。

酱釉瓷罐　M6：2，出土于M6西棺北侧。敛口，圆唇，鼓肩，斜直腹，肩腹部转折明显，底部微内凹。土黄色胎，外壁施半酱釉，腹部饰一周鱼戏莲花纹饰。口径7.5、最大径

10.6、底径8.5、高10厘米（图六，12；图版四九，4）。

　　铜钱　出土6枚，锈蚀严重，均不可识读。

（八）M7

1. 墓葬形制

　　位于发掘区东北部（图二），方向340°，南北向，发现于第1层下。长方形竖穴土坑双棺合葬墓。墓圹南北长2.8、东西宽2.2、残深0.74米。内置双棺，棺木已朽，仅残留棺痕，东棺长1.76、宽0.4～0.52米，棺内骨架保存较差，骨架残长1.7米，仰身直肢，头向北，面向上，男性；西棺长1.72、宽0.38～0.5米，仰身直肢，骨架保存较差，头向北，面向上，女性，西棺埋葬时间晚于东棺，两棺间距0.2米（图一一）。

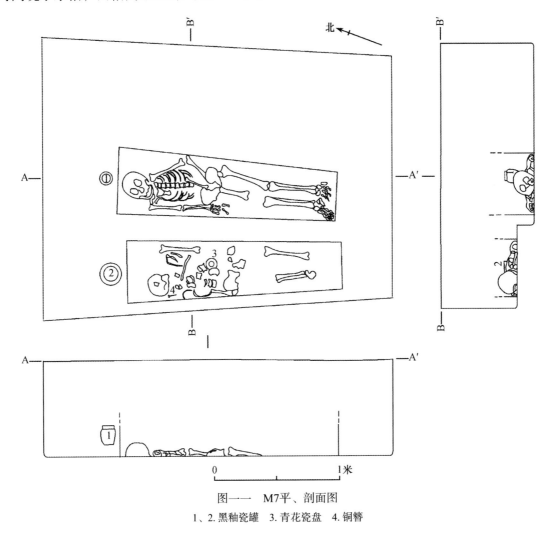

图一一　M7平、剖面图
1、2.黑釉瓷罐　3.青花瓷盘　4.铜簪

2. 随葬品

黑釉瓷罐 M7：1，出土于M7东棺北侧。敛口，方唇，鼓肩，弧腹，圈足，颈肩处有对称桥状双耳。灰白色胎，外壁肩部以上施黑釉，肩部及外底饰梅花点纹。口径8、最大径11.3、底径6.6、高11厘米（图六，8；图版四九，5）。M7：2，出土于M7西棺北侧。直口，圆唇，鼓肩，弧腹，圈足。肩部饰三周凸弦纹。灰白色胎，外壁施半黑釉，釉色光亮。口径9.8、最大径14.3、底径7.8、高11.2厘米（图六，9；图版四九，6）。

青花瓷盘 M7：3，出土于M7西棺内。尖唇，敞口，微弧腹，圈足。灰白色胎，通体施釉，内壁饰三周弦纹，外壁饰一周弦纹。口径12、底径7、高2.2厘米（图六，10；图版四九，7）。

铜簪 M7：4，出土于M7西棺内。簪首呈花蕊状，花心突起，内饰"喜"字，簪体为圆锥形，下部残缺。簪首直径1.8、残长9.5厘米（图六，11）。

铜钱 出土5枚，锈蚀严重，均不可识读。

四、结 语

此次清理的6座墓葬从墓葬形制及随葬品判断为本地区常见的中小型清代墓葬，墓葬级别较低，应为社会中下层平民墓葬，天津蓟州区东营房[1]及上宝塔[2]等地多有类似墓葬发现。

Y1整体保存较好，操作间、火门、火膛、窑室及烟道等结构完整，清理过程中仅在操作间填土和窑床附近发现少量碎砖瓦块，未发现其他器物。类似窑址在北京海淀区学院路[3]、昌平区朱辛庄[4]也有发现，从其形制及出土物综合判断，该窑址应是一处清代砖瓦窑。

C1在天津地区应是首次发现，破坏较严重，仅存下部，未发现出土物，无法判断其整体形制及用途，仅从用砖规格推断，其年代应属清代。

此次发掘清理，为进一步了解该地区当时人们的生产生活、丧葬习俗及社会发展状况提供了宝贵的实物资料。

执笔：戴 滨

注 释

［1］ 天津市文化遗产保护中心、蓟县文物保管所：《蓟县东营房金代窑址及明清墓地发掘报告》，《天津考古》（二），科学出版社，2013年。

［2］ 天津市文化遗产保护中心、蓟县文物保管所：《蓟县上宝塔清代墓地发掘报告》，《天津考古》（二），科学出版社，2013年。

［3］ 北京市文物研究所：《北京市海淀区学院路清代窑址发掘简报》，《北京文博文丛》（第3辑），北京燕山出版社，2017年。

［4］ 北京市文物研究所：《北京市昌平区朱辛庄与朝阳区豆各庄窑址发掘简报》，《北京文博文丛》（第4辑），北京燕山出版社，2016年。

西青密云路地块清代墓地发掘报告

天津市文化遗产保护中心

一、墓葬区概况

　　2018年8～9月，天津市文化遗产保护中心因配合基本建设，对天津市西青区密云路地块进行了考古发掘工作，本次共发掘古代墓葬16座，分别编号为M1～M16。发掘区域位于西青区青云桥西南侧，北至赵苑道，东至密云路，南至康安道，西至裕达路（图一），GPS坐标为东经110°06′52″、北纬39°08′58″。

　　发掘区地层堆积情况如下。

　　地表为建筑垃圾层。厚0.5～1.2米。

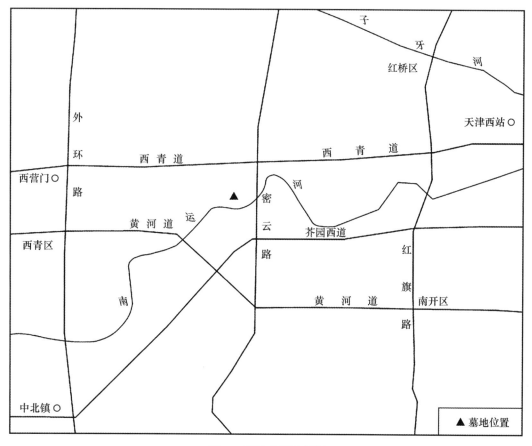

图一　墓地位置示意图

第1层：褐色，土质较黏。厚0.5～0.6米。

第2层：灰褐色，土质黏。厚0.4～0.6米。

第2层下为生土层。

二、墓葬形制和随葬品

M1　方向300°。平面呈长方形竖穴土圹墓，该墓的东部和西部被现代坑打破。墓圹较平整，东西长2.4、南北宽1、墓口距地表深0.6、墓口距墓底深0.36米。内填花土，土质较松。墓内放置单棺，棺木腐朽，棺东西长1.76、宽0.4～0.5、残高0.12、棺厚0.04～0.06米，棺底铺黑灰。棺内无骨架，应为搬迁墓（图二）。在棺的西部清理出白瓷罐1件（M1∶1），敛口，小圆唇，矮领起棱，圆肩，鼓腹，下腹收敛，平底内微凹。芒口，通体施白釉，开片，底部无釉。口径6.2、腹径10.6、底径7厘米（图三；图版五一，4）。

M2　方向310°。平面呈长方形竖穴土圹墓，该墓的西北角被现代坑所打破。墓圹较平整，东西长2.3、南北宽0.9、墓口距地表深0.6、墓口距墓底深0.46米。内填花土，土质较松。墓内放置单棺，棺木腐朽，棺东西长1.76、宽0.5～0.6、残高0.22、厚0.04米，棺内骨架保存较差，头向西，面向上，仰身直肢葬，为男性（图四）。在左右腿骨的中部清理出铜钱4枚（乾隆通宝）。在右腿骨南部清理出木拐杖1件（图版五○，1）。铜钱（M2∶1）完整，对读，方穿，郭阔，正面印"乾隆通宝"（图五，1）。

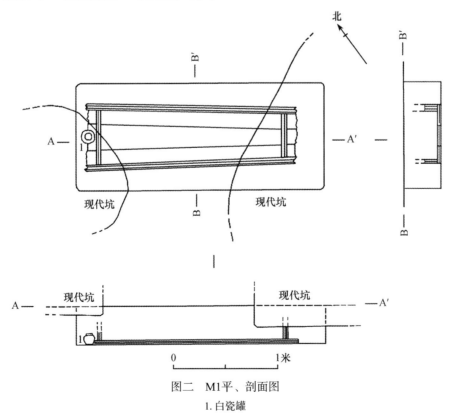

图二　M1平、剖面图

1.白瓷罐

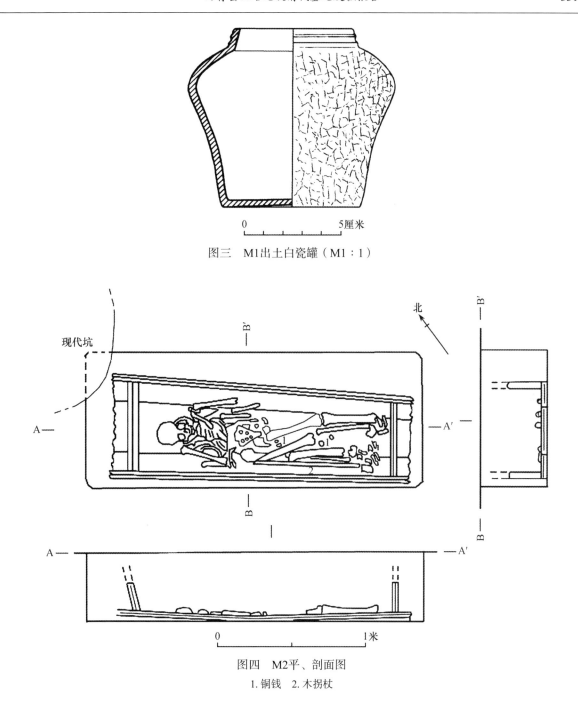

图三　M1出土白瓷罐（M1∶1）

图四　M2平、剖面图
1. 铜钱　2. 木拐杖

　　M3　方向45°。平面呈长方形竖穴土圹墓。墓圹较平整，南北长2.5、东西宽1.4～1.64、墓口距地表深0.6、墓口距墓底深0.7米。内填花土，土质较松。墓内放置双棺，棺木腐朽。东棺南北长1.86、东西宽0.46～0.5、残高0.27、厚0.02～0.03米，棺底铺青灰。棺内骨架保存较差，头向北，面向东，仰身直肢葬，为男性。在左右腿骨的中部清理出铜钱3枚（均为乾隆通宝）。在头骨北部清理出白瓷罐1件（M3∶1），直口，方折唇，矮领内收，圆肩，鼓腹，下腹收敛，平底内微凹。芒口，通体施白釉泛黄，底部无釉。口径6.2、腹径9.4、底径6.8厘米（图七；图版五〇，3）。西棺南北长1.76、东西宽0.4～0.54、残高0.27、棺

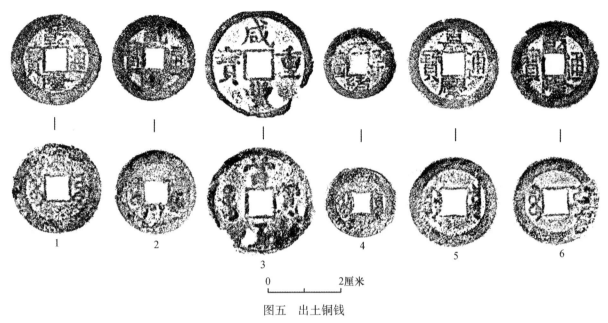

图五　出土铜钱

1. M2∶1　2. M4∶1　3. M5∶2-1　4. M7∶1-1　5. M14∶1-1　6. M14∶1-2

厚0.03～0.04米，棺底铺黑灰。棺内骨架保存较差，头向北，面向东，仰身直肢葬，为女性（图六）。

M4　方向95°。平面呈长方形竖穴土圹墓。墓圹较平整，东西长2.8、南北宽1、墓口距地表深0.7、墓口距墓底深0.68米。内填花土，土质较松。墓内放置单棺，棺木腐朽，棺东西长1.9、宽0.5～0.52、残高0.16～0.3、厚0.04～0.08米，棺底铺黑灰，棺内骨架保存较差，头向西，面向不详，仰身直肢葬，为男性（图八）。在左右腿骨的中部清理出铜钱1枚（乾隆通宝）。铜钱（M4∶1）完整，对读，方穿，郭阔，正面印"乾隆通宝"（图五，2）。

M5　方向125°。平面呈长方形竖穴土圹墓，该墓的中南部被现代坑所打破。墓圹较平整，东西长2.5、南北宽1.48～1.68、墓口距地表深0.5、墓口距墓底深0.66米。内填花土，土质较松。墓内放置双棺，棺木腐朽，北棺被南棺打破。北棺东西长1.86、南北宽0.44～0.56、残高0.3、厚0.02～0.1米，棺内骨架保存较差，头向东，面向不详，仰身直肢葬，为女性。在右胳膊的南部清理出铜钱2枚（乾隆通宝）。南棺东西长1.78、南北宽0.44～0.52、残高0.3、棺厚0.02～0.1米，棺内骨架保存较差，头向东，面向不详，仰身直肢葬，为男性。在右腿骨南部清理出铜钱2枚（咸丰重宝、嘉庆通宝）（图九）。在头骨的东部清理出白瓷罐1件（M5∶3），直口，方折唇，矮领，圆肩，鼓腹，下腹收敛，平底内微凹。芒口，通体施白釉，底部无釉。口径6.1、腹径10.1、底径7.1厘米（图一〇；图版五〇，2）。铜钱（M5∶2-1）残缺，对读，方穿，郭阔，正面印"咸丰重宝"（图五，3）。

M6　方向290°。平面呈长方形竖穴土圹墓。墓圹较平整，东西长2.4、南北宽1、墓口距地表深0.7、墓口距墓底深0.3米。内填花土，土质较松。墓内放置单棺，棺木腐朽，仅可见棺的痕迹，棺东西长1.87、宽0.48～0.56、残高0.18、厚0.01～0.02米，棺内无骨架，应为搬迁墓（图一一）。

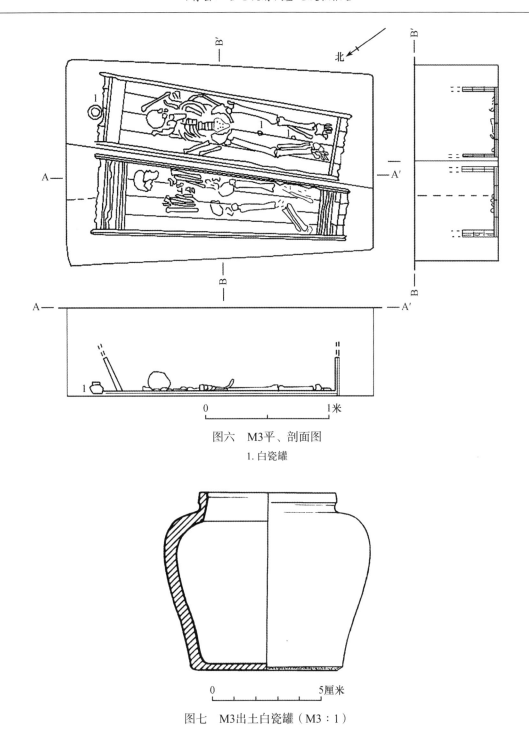

图六　M3平、剖面图
1.白瓷罐

图七　M3出土白瓷罐（M3∶1）

M7　方向290°。平面呈长方形竖穴土圹墓，该墓的西南角被M8的东北角打破。墓圹较平整，东西长2.4、南北宽1、墓口距地表深0.7、墓口距墓底深0.34米。内填花土，土质较松。墓内放置单棺，棺木腐朽，棺东西长1.8、宽0.45～0.5、残高0.18、厚0.02～0.05米，棺内骨架保存较好，头向西，面向不详，仰身直肢葬，为男性（图一二）。在左右腿骨的中部清理出铜钱3枚（光绪通宝）。铜钱（M7∶1-1）完整，对读，方穿，郭阔，正面印"光绪通宝"（图五，4）。

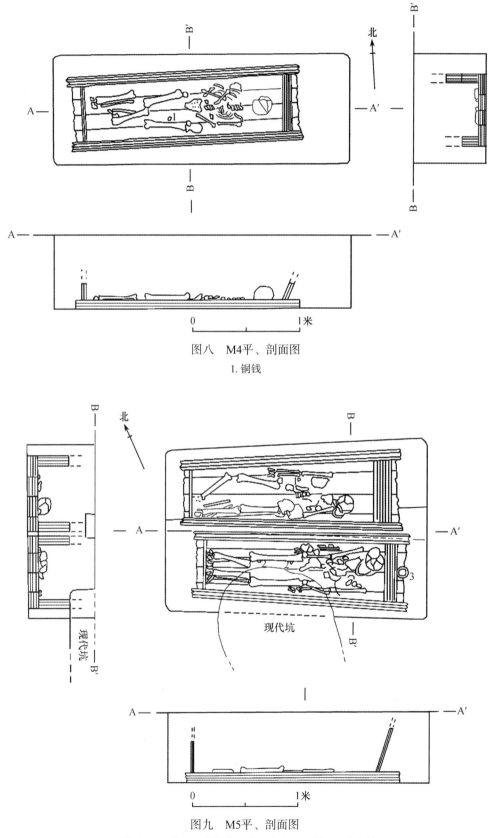

图八　M4平、剖面图
1. 铜钱

图九　M5平、剖面图
1. 乾隆通宝2枚　2. 咸丰重宝1枚、嘉庆通宝1枚　3. 白瓷罐

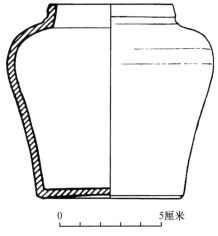

图一〇　M5出土白瓷罐（M5：3）

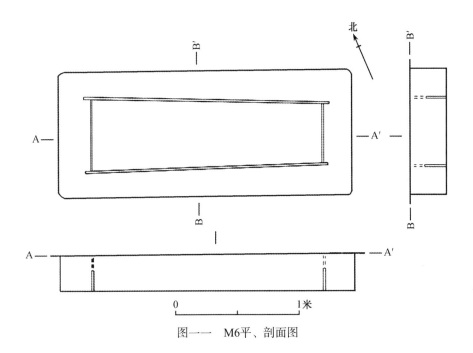

图一一　M6平、剖面图

　　M8　方向176°。平面呈长方形竖穴土圹墓，该墓的北部被现代垃圾坑所打破，该墓的东北角打破M7的西南角。墓圹较平整，南北长2.5、东西宽2、墓口距地表深0.7、墓口距墓底深0.4米。内填花土，土质较松。墓内放置双棺，棺木腐朽，西棺被东棺打破。东棺南北残存长1.6、东西残存宽0.52~0.62、残高0.16、棺厚0.04~0.1米，棺内骨架保存较差，头向南，面向不详，仰身直肢葬，为女性。西棺南北残长1.2、东西残宽0.42~0.5、残高0.16、厚0.06~0.1米，棺内骨架保存较乱，头向南，面向不详，乱肢葬，为男性（图一三）。在头骨南部清理出白瓷罐1件（M8：1），直口，方折唇，矮领，圆肩，鼓腹，下腹收敛，平底内微凹。芒口，通体施青白釉，开片，底部无釉，器形不正。口径6.2、腹径10.8、底径6.4厘米（图一四；图版五一，2）。

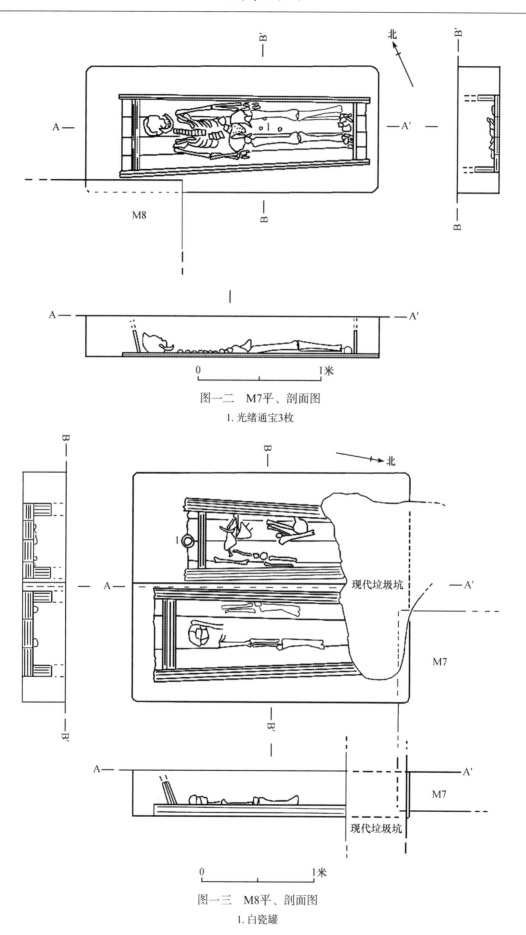

图一二　M7平、剖面图
1. 光绪通宝3枚

图一三　M8平、剖面图
1. 白瓷罐

M9 方向240°。平面呈长方形竖穴土圹墓。墓圹较平整，东西长2.7、南北宽1.3～1.4、墓口距地表深0.7、墓口距墓底深0.76米。内填花土，土质较松。墓内放置单棺，棺木腐朽，棺东西长1.8、宽0.5～0.58、残高0.46、厚0.04～0.1米，棺内骨架保存一般，头向西，面向上，仰身直肢葬，为男性（图一五）。

M10 方向110°。平面呈长方形竖穴土圹墓。墓圹较平整，东西长2.4、南北宽1～1.1、墓口距地表深0.7、墓口距墓底深0.7米。内填花土，土质较松。墓内放置单棺，棺木腐朽，棺东西长1.82、宽0.38～0.48、残高0.5、厚0.08～0.1米，棺内骨架保存一般，头向东，面向不详，仰身直肢葬，为女性（图一六）。

M11 方向110°。平面呈长方形竖穴土圹墓。墓圹较平整，东西长2.6、南北宽1～1.1、墓口距地表深0.7、墓口距墓底深0.7米。内填花土，土质较松。墓内放置单棺，棺木腐朽，棺东

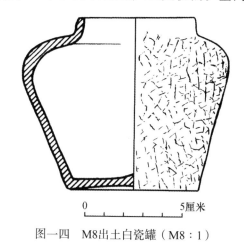

图一四 M8出土白瓷罐（M8：1）

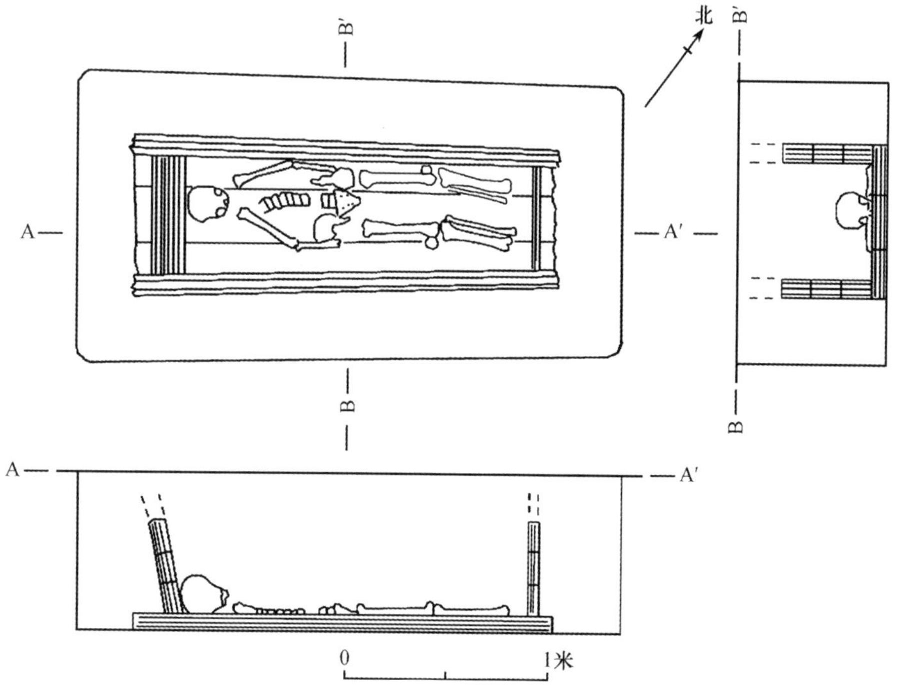

图一五 M9平、剖面图

天津考古（三）

西长1.76、宽0.38～0.52、残高0.5、厚0.08～0.1米，棺内骨架保存一般，头向东，面向上，仰身直肢葬，为男性（图一七）。在左右胳膊的中部清理出白料器1套（仿玉带片）（M11：1）（图一八；图版五二，1）、绿料器3件（绿石珠）（M11：2）（图一九；图版五二，2）、红珠子1件（M11：3）（图二〇；图版五一，1）。

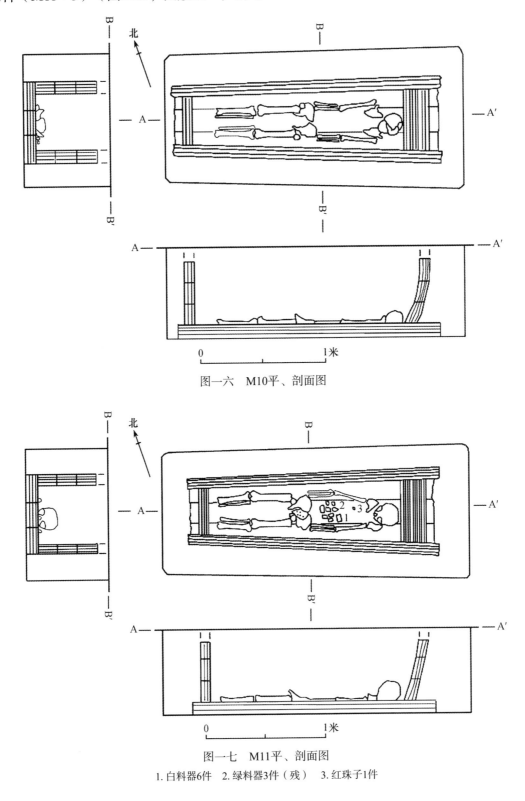

图一六　M10平、剖面图

图一七　M11平、剖面图

1.白料器6件　　2.绿料器3件（残）　　3.红珠子1件

图一八　M11出土白料器

1. M11：1-1　2. M11：1-2　3. M11：1-3　4. M11：1-4　5. M11：1-5　6. M11：1-6

　　M12　方向260°。平面呈长方形竖穴土圹墓。墓圹较平整，东西长2.3、南北宽1.1、墓口距地表深0.7、墓口距墓底深0.4米。内填花土，土质较松。墓内放置单棺，棺木腐朽，仅可见棺的痕迹，棺东西长1.88、宽0.52～0.6、残高0.2、厚0.02米，棺内无骨架，应为搬迁墓（图二一）。

　　M13　方向320°。平面呈长方形竖穴土圹墓，该墓的西北部被现代砖瓦坑打破。墓圹较平整，南北长2.5、东西宽1、墓口距地表深0.6、墓口距墓底深0.3米。内填花土，土质较松。墓内放置单棺，棺木腐朽，仅显棺的痕迹，棺南北长1.84、宽0.48～0.58、残高0.2、厚0.01米，棺内无骨架，应为搬迁墓（图二二）。

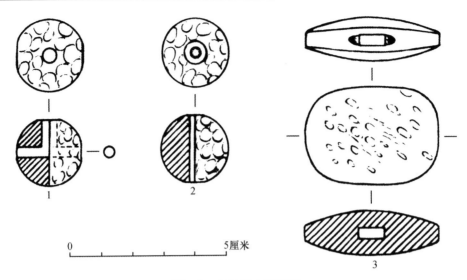

图一九　M11出土绿料器

1、2.圆球形（M11：2-1、M11：2-2）　3.扁圆形（M11：2-3）

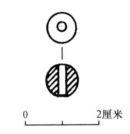

图二〇　M11出土红珠子（M11：3）

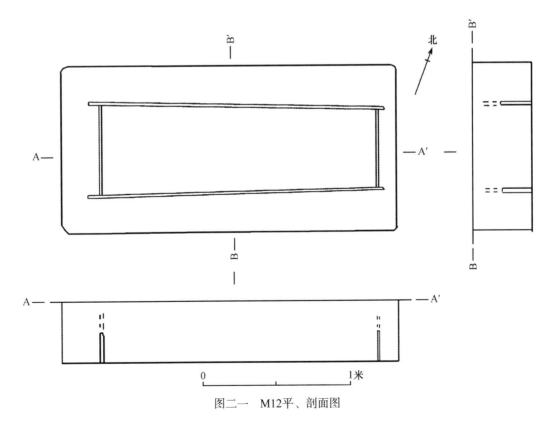

图二一　M12平、剖面图

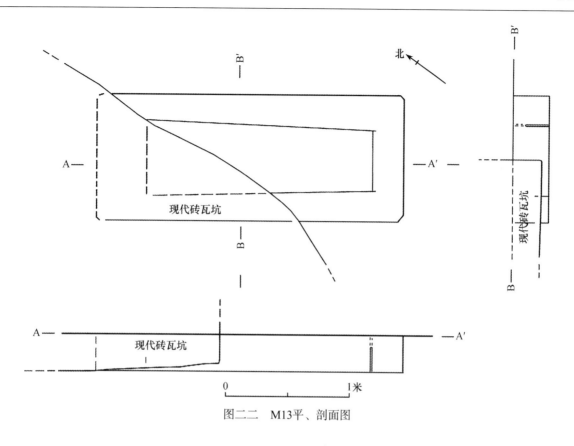

图二二　M13平、剖面图

M14　方向330°。平面呈长方形竖穴土圹墓。墓圹较平整，南北长2.8、东西宽1.4～1.6、墓口距地表深0.5、墓口距墓底深0.3～0.78米。内填花土，土质较松。墓内放置双棺，棺木腐朽。东棺南北长1.9、东西宽0.5～0.52米，残高0.1、棺厚0.02米，棺底铺青灰。棺内骨架保存较差，头向北，面向东，仰身直肢葬，为男性。在左右腿骨的中部清理出铜钱3枚（嘉庆通宝、乾隆通宝）。西棺南北长1.9、东西宽0.42～0.5、残高0.5、厚0.04～0.08米，棺内骨架保存较乱，头向北，面向不详，乱肢葬，为女性（图二三）。铜钱（M14∶1-1）完整，对读，方穿，郭阔，正面印"嘉庆通宝"（图五，5）。铜钱（M14∶1-2）完整，对读，方穿，郭阔，正面印"乾隆通宝"（图五，6）。

M15　方向210°。平面呈长方形竖穴土圹墓，该墓的北半部被现代垃圾坑打破。墓圹较平整，南北长2.6、东西宽1.2、墓口距地表深0.5、墓口距墓底深0.5米。内填花土，土质较松。墓内放置单棺，棺木腐朽，棺南北长1.8、东西宽0.38～0.48、残高0.18～0.2、厚0.06～0.1米，棺内无骨架，应为搬迁墓（图二四）。

M16　方向210°。平面呈长方形竖穴土圹墓，该墓的西半部被现代垃圾坑所打破。墓圹较平整，东西长2.8、南北宽1.6、墓口距地表深0.6、墓口距墓底深0.6米。内填花土，土质较松。墓内放置单棺，棺木腐朽，棺东西长1.76、宽0.46～0.56、残高0.28、厚0.08～0.12米，棺内骨架保存较乱，头向东，面向下，乱肢葬，为男性（图二五）。在右胳膊的西部清理出金簪1件（M16∶1）（图二六；图版五〇，4），在头骨的东部清理出白瓷罐1件（残）（M16∶2），直口，小圆唇，矮领，溜肩，鼓腹，下腹微收，平底内微凹。芒口，通体施白

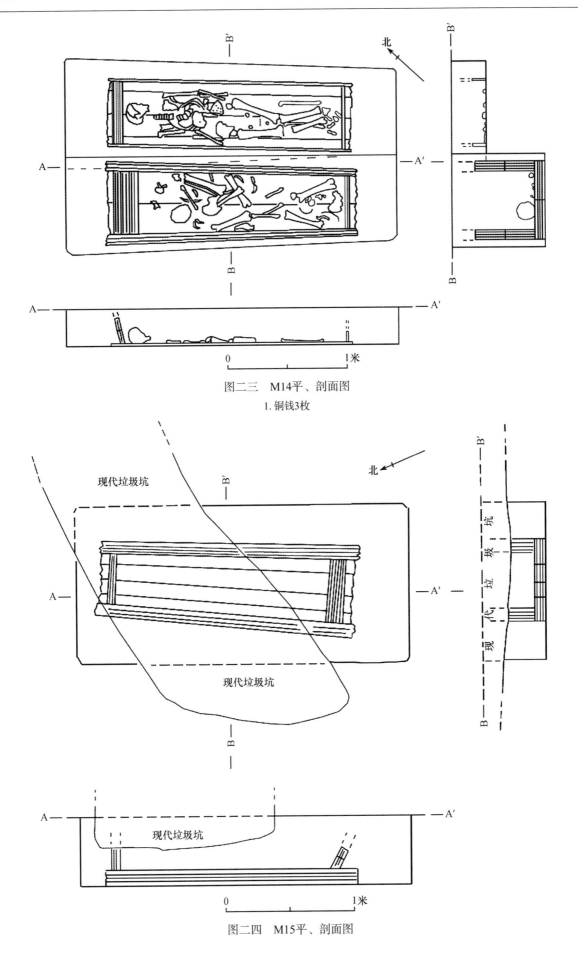

图二三　M14平、剖面图
1. 铜钱3枚

图二四　M15平、剖面图

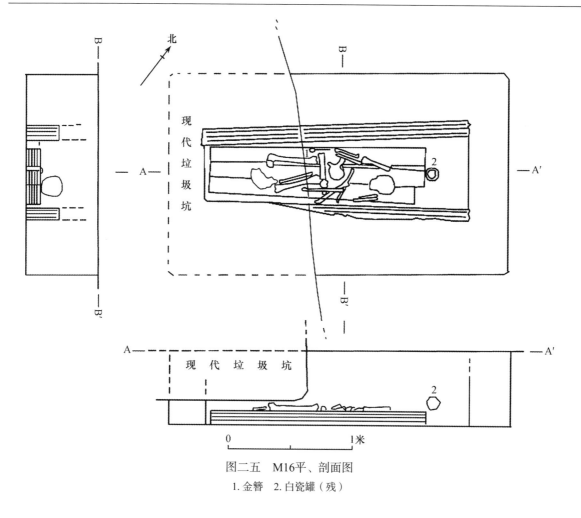

图二五 M16平、剖面图

1.金簪 2.白瓷罐（残）

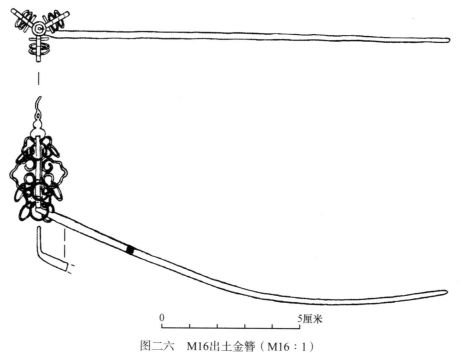

图二六 M16出土金簪（M16：1）

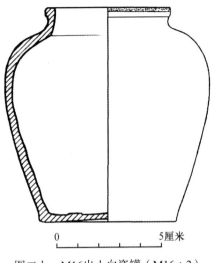

图二七　M16出土白瓷罐（M16∶2）

釉微黄，上半部有开片，底部无釉。口径6、腹径9.8、底径6.4厘米（图二七；图版五一，3）。

三、墓葬年代及文化内涵初步分析

本次发掘的墓葬没有出土带有明确纪年的材料，因此仅能从墓葬形制、出土器物等方面来判定墓葬大体年代。就墓葬形制而言，竖穴土圹墓是主要墓葬形制，单人葬和双人合葬为常见墓葬形式，这类形制为京津地区明清时期多处墓地所常见；墓内出土的白瓷罐形制与北京丽泽墓地M99、M102、M126等墓葬所出瓷罐非常相似[1]，属于清代中晚期特征；此外，墓葬出土的铜钱年代最晚者为光绪通宝。综上，可以推定该墓地的年代应为清代中晚期。

通过对本批墓葬的发掘清理，我们对该地区的墓葬的年代及墓葬习俗、墓室构造情况有了进一步的了解。这批墓葬主要有以下特点。

（1）墓葬中有一定数量的迁葬墓，是这个区域的一个重要特点。

（2）墓葬中木质葬具腐朽严重，人骨保存状态很差，葬式以仰身直肢为主。

（3）随葬品中，有个别墓葬墓主人头部有白瓷罐一件，出现金簪佩饰。

（4）墓葬中铜钱很少，都是清代铜钱。

（5）这批墓葬全部为清代中晚期墓葬，埋葬时期单一，墓区沿用时间较短。

综上可知，天津市西青区密云路墓葬为清代墓葬，墓葬结构简单，随葬品很少，墓主人身份、地位不高，应为平民。墓中出土的瓷器、金器、木器等为清代墓葬的考古学研究提供了重要资料。大运河畔清代中晚期的墓葬，近年来于天津发现较多，资料不断积累，认识亦不断深化。该批墓葬的发掘清理，为研究天津地区晚清时期运河沿岸墓葬的丧葬习俗、墓葬形制特点及其所反映的社会发展状况提供了重要的实物资料，在一定程度上也会促进晚清时期墓葬的综合考古学研究。

领队：张　瑞

发掘：甘才超　张　瑞

绘图：刘坠生

照相：张　瑞

执笔：张　瑞　甘才超

注　释

［1］　北京市文物研究所：《丽泽墓地——丽泽金融商务区园区规划绿地工程发掘报告》，科学出版社，2016年。

1. Ⅱ级阶地发现的石制品

2. Ⅳ级阶地发现的石制品

段庄旧石器地点发现的石制品

1. 静海区教育博物馆馆藏铭文砖1　　　　　2. 静海区文化馆馆藏铭文砖2

张官屯窑址采集铭文城砖

1. T2地层层位堆积

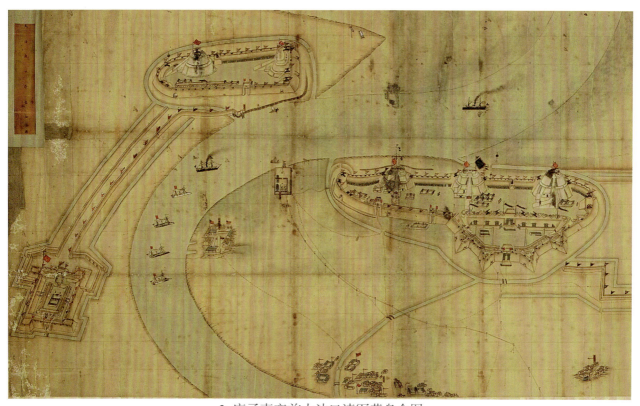

2. 庚子事变前大沽口清军营盘全图

大沽口北岸炮台遗址T2地层及庚子事变前大沽口清军营盘全图

1. 陶壶（M24：5）

2. 陶壶（M45：1、M45：2）

3. 陶鼎（M45：4、M45：5）

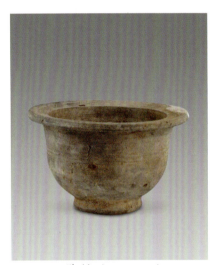

4. 陶簋（M43：1）

5. 铜带钩（M35：2）

6. 铜带钩（M35：2）

7. 陶瓿式罐（M51：2）

歇马台遗址墓葬出土器物

1. M5

2. M9

3. M11

4. M13

5. M14

路家庄遗址墓葬

1. 盆（M3 : 2）

2. 釜（M4 : 1）

3. 釜（M4 : 2）

4. 釜（M5 : 2）

5. 盆（M9 : 2）

6. 釜（M11 : 2）

路家庄遗址墓葬出土陶器

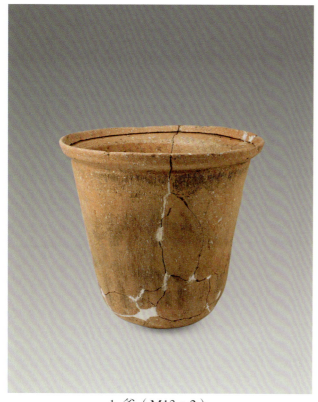

1.釜（M13：2）

2.釜（M14：1）

3.釜（M15：2）

4.盆（M15：1）

路家庄遗址墓葬出土陶器

1.发掘区鸟瞰

2.W1、W2

西钓台村西遗址

1.盆（W1：1）

2.瓮（W1：2）

3.盆（W2：1）

4.瓮（W2：2）

5.浅腹盆（H2：1）

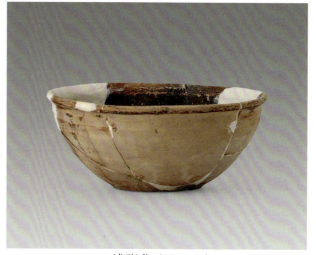

6.浅腹盆（H2：2）

西钓台村西遗址出土陶器

1. "公孙士悲"陶文（H44：1）

2. "市玺"陶文陶片（H45：1）

3. "市玺"陶文（H45：1）

4. "市玺"陶文（H45：1）

5. "奠阳陈得再右禀"陶文陶片（T0130②：8）

6. "奠阳陈得再右禀"陶文（T0130②：8）

西钓台村西遗址出土陶文

1. 发掘区全景

2. H22

3. H24

纪庄子遗址

2. H30

4. H33

1. H29

3. H32

纪庄子遗址灰坑

1. H17：1

2. H17：1

3. H23：1

4. H23：1

纪庄子遗址出土陶甑

1. 铜盆（2019TBDJ1：4）

2. 石磨盘（2019TBDJ1：22）

3. 铁犁（2019TBDJ1：31）

4. 铁戈（2019TBDJ1：2）

5. 铜弩机（2019TBDJ1：3）

6. 铁钎（2019TBDJ1：27）

窦家桥汉代窖藏出土器物

1. 铜钵（2019TBDJ1：10）

2. 铁环首刀（2019TBDJ1：1）

3. 铁剑（2019TBDJ1：15）

4. 铁网坠（2019TBDJ1：17、2019TBDJ1：18）

5. 铁锤（2019TBDJ1：8）

6. 铁钥匙（2019TBDJ1：9）

窦家桥汉代窖藏出土器物

1. 陶瓮口沿（2019TBDJ1：25）

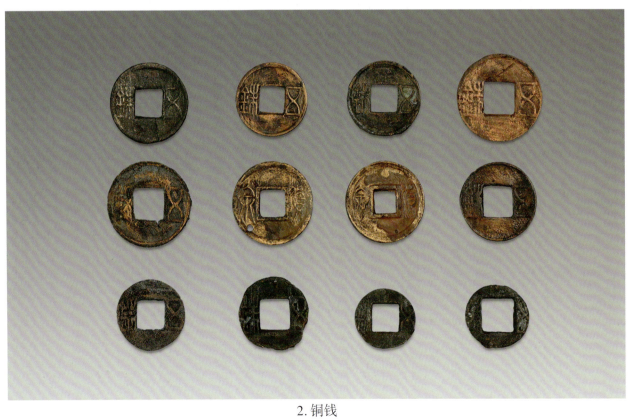

2. 铜钱

窦家桥汉代窖藏出土器物

1. 银钗（M2：1）

2. 银钗（M2：2）

3. 白瓷碗片（M2：3）

东五百户村唐代墓葬出土器物

1. 墓葬全景

2. M58随葬品

塘坊唐墓三区墓葬

1. M52

2. M54

3. M58

4. M63

塘坊唐墓三区墓葬

1. 陶三彩罐（M52：3）

2. 陶罐（M58：1）

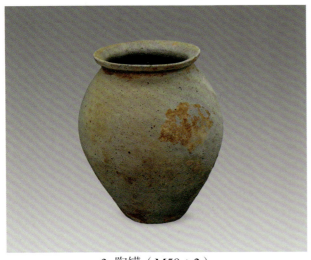

3. 陶罐（M58：2）

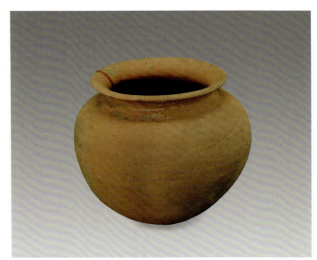

4. 陶罐（M58：3）

5. 铜镜背面（M54：1）

6. 铜镜正面（M54：1）

塘坊唐墓三区墓葬出土器物

1. Y1

2. Y3

3. Y2

4. Y4

东后子峪辽代窑址

1.细沟纹砖（Y4：1）

2.铁器残件（Y4：8）

3.绳纹砖（Y1：1）

4.粗沟纹砖（Y3：1）

东后子峪辽代窑址出土器物

1. M1

2. 灯台位置

3. 砖椁

4. 瓷鸡腿瓶（M1∶1）

5. 瓷碗（M1∶3）

6. 瓷碗（M1∶11）

卷子村金墓M1及出土器物

1. 瓷盘（M1：12）

2. 陶灯碗（M1：4）

3. 石块（M1：5）

4. 彩绘砖（M1：18）

5. 彩绘砖（M1：24）

6. 手印纹砖（M1：16）

卷子村金墓M1出土器物

1. 砖井全景

2. 砖井平面

顺小王庄元代砖井

1.解剖沟剖面

2.砖井外壁

顺小王庄元代砖井

1. 黄绿釉瓷碗（M1：1）

2. 双鱼铜镜（M1：4）

3. 红褐釉鸡腿瓶（M1：2）

4. 黑釉双耳罐（M2：1）

单庄元代墓葬出土器物

福润园项目元代窑址Y1

1. Ⅲ区第1B层下遗迹

2. J1

3. Z2

下丰庄明清遗址

1. 陶纺轮（H6：1）

2. 龙泉青瓷高足杯足标本
（T2①B：8）

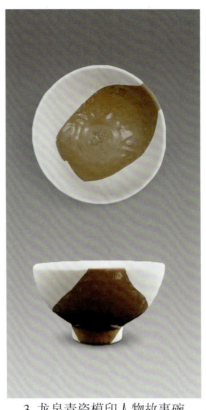

3. 龙泉青瓷模印人物故事碗
（H7：1）

4. 其他青釉瓷碗（H14：6）

5. 龙泉青瓷划花多角盘（T1③A：4）

6. 其他青釉瓷盏（H13：1）

7. 石砚（T1③B：1）

下丰庄明清遗址出土器物

1.龙泉青瓷戳印文字纹碗底标本（H7：16）

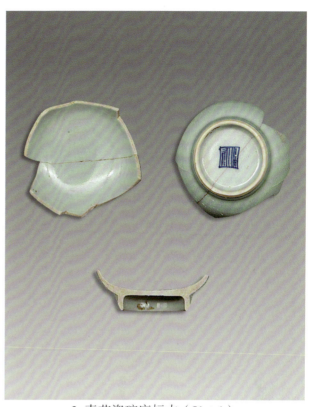

2.青花瓷碗底标本（J1：1）

3.酱釉瓷罐（H7：15）

4.料器（H14：8）

下丰庄明清遗址出土器物

1. 慈云寺山门

2. 月台夯土层

3. 木桩遗迹

慈云寺遗址

1. 瓦当（H6：1）

2. 花瓣纹砖雕（月台：2）

3. 葫芦纹砖雕（H4：2）

4. 鱼纹砖雕（T0102①：1）

5. 出土瓷碗底

6. 彩绘瓷碗（H19：1）

慈云寺遗址出土器物

海滨医院清代墓地M4出土墓志盖内侧

海滨医院清代墓地M4出土墓志铭

1. C1

2. M2 ~ M4

3. Y1

下朱庄清代墓葬及窑址

1. 酱釉瓷罐（M5：1）

2. 银耳勺（M5：3）

3. 黑釉瓷罐（M6：1）

4. 酱釉瓷罐（M6：2）

5. 黑釉瓷罐（M7：1）

6. 黑釉瓷罐（M7：2）

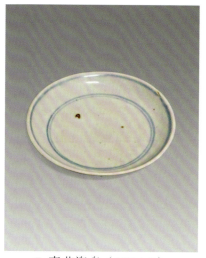

7. 青花瓷盘（M7：3）

下朱庄清代墓葬及窑址出土器物

1. 木拐杖（M2：2）

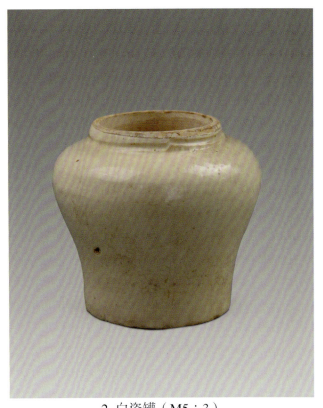

2. 白瓷罐（M5：3）

3. 白瓷罐（M3：1）

4. 金簪（M16：1）

密云路地块清代墓地出土器物

1.红珠子（M11：3）

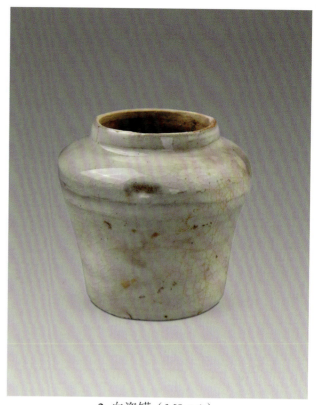

2.白瓷罐（M8：1）

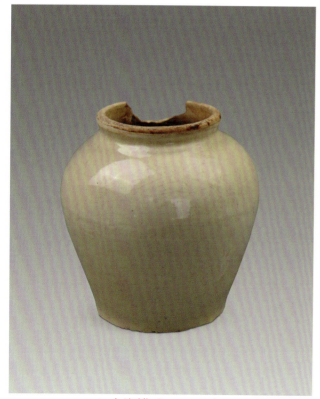

3.白瓷罐（M16：2）

4.白瓷罐（M1：1）

密云路地块清代墓地出土器物

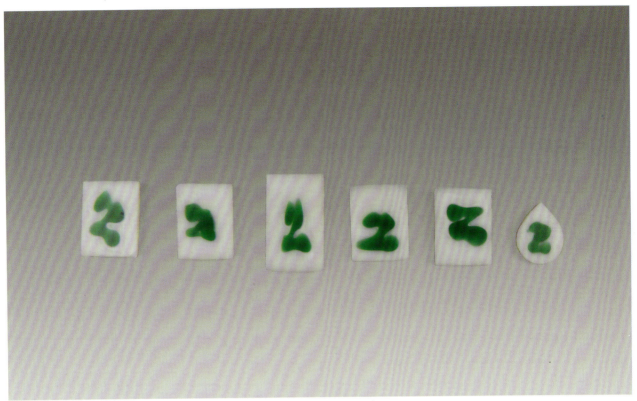

1.白料器（M11：1）

2.绿料器（M11：2）

密云路地块清代墓地出土器物